METAFÍSICA

ARISTÓTELES

Traducido por
PATRICIO DE AZCÁRATE CORRAL

ALICIA EDITIONS

ÍNDICE

LIBRO I

LIBRO SEGUNDO

LIBRO TERCERO

LIBRO CUARTO

LIBRO QUINTO

LIBRO SEXTO

LIBRO SÉPTIMO

LIBRO OCTAVO

LIBRO NOVENO

LIBRO DÉCIMO

LIBRO UNDÉCIMO

LIBRO DUODÉCIMO

LIBRO DECIMOTERCERO

LIBRO DECIMOCUARTO

INTRODUCCIÓN - PATRICIO DE AZCÁRATE

OBSERVACIONES PRELIMINARES. - OBJETO DE LA METAFÍSICA. - MÉTODO DE ARISTÓTELES. - LA FILOSOFÍA PRIMERA, SEGÚN ARISTÓTELES, ES LA CIENCIA DE LOS PRIMEROS PRINCIPIOS. - HISTORIA DE LA FILOSOFÍA PRIMERA ANTES DE ARISTÓTELES. - LÍMITES DE LA CIENCIA DEL SER. - VALOR Y AUTORIDAD DEL PRINCIPIO DE CONTRADICCIÓN. - ONTOLOGÍA. - TEOLOGÍA, 7

Aparte[1] y por cima de los datos de los sentidos y de la conciencia, hay todo un mundo que jamás conocerá el hombre perfectamente; pero en cuyo seno, sin embargo, le es dado penetrar. La experiencia nos da a conocer cualidades, fenómenos y cambios de todos géneros, pero todo esto es contingente, variable y accidental, y tales conocimientos no pueden constituir una ciencia verdadera. ¿Y es posible que en la naturaleza no haya más que cualidades, movimientos, sin base y sin principio? La razón no puede admitirlo, porque la razón nos precisa a referir necesariamente estas cualidades un ser, o a lo que se llama una sustancia. La razón atribuye el movimiento a una causa, y en medio de todos los cambios y del flujo perpetuo de la naturaleza, descubre principios inmutables y necesarios.

¿Pero cuál es esta sustancia que concibe la razón? ¿Es espiritual o material? ¿Cuáles son sus atributos? ¿En qué concepto se la puede considerar como principio? ¿No hay en el mundo más que una sola sustancia, un solo ser? Y por otra parte, ¿la causa de toda producción y de toda destrucción es una o múltiple, es inherente a cada ser o es independiente de él?, ¿no hay más que un solo motor?, ¿cuál es el fin del movimiento que comunica a los seres y qué relaciones unen al mundo con este motor único y eterno, si existe realmente? Tales son las principales cuestiones que plantea Aristóteles, y cuya solución da sucesivamente. La tarea es inmensa y difícil; y Aristóteles, que no lo ignora, no aspira ni siquiera a resolver completamente todos los problemas que suscita la cuestión de los principios, porque, en su opinión, esto equivaldría a querer penetrar en la esencia divina, en Dios mismo. Pero el hombre, sin pretender descubrir todos los secretos del universo, como aquél que tiene en su mano las leyes y los movimientos, y que, principio y fin de todas las cosas, sabe el principio, el fin y la extensión de todo lo que existe, puede, sin embargo, aspirar a conocer la verdad en los limites del poder concedido a su inteligencia. Se le ha dado el mundo como objeto de sus meditaciones, y es indigno del hombre, como dice Aristóteles, el no procurar la adquisición de conocimientos que puede alcanzar. Podrá errar en sus indagaciones, pero, así y todo, su trabajo no será perdido, porque su inteligencia se elevará con este estudio, la verdad habrá levantado alguna punta del velo que la cubre, pues es imposible, dice Aristóteles, que aquella se oculte por completo.

Esta es la tarea, tan noble y tan digna del hombre, que Aristóteles ha emprendido, y el resultado de sus indagaciones prueba, por lo menos en parte, que no exageraba el poder del genio humano.

Se ha dicho, y se repite aún, que lo que principalmente ha faltado a la antigüedad, ha sido el método. Si al decir esto se quiere dar a entender que las obras de los antiguos no presentan esa regularidad en la forma y ese encadenamiento entre las partes que distinguen a las obras modernas, y particularmente a las producciones del espíritu francés, seguramente se dice una verdad. Pero si Aristóteles, porque a él es a quien principalmente se dirige este cargo, si Aristóteles, repito, no procede siempre en la apariencia con un orden y una simetría perfecta; si en él aparecen las cuestiones muchas veces reproducidas o abandonadas contra lo que era de esperar, o interrumpidas en su desenvolvimiento para reaparecer más adelante, o sólo indicadas, y a veces enteramente omitidas cuando el curso de las ideas parece reclamarlas y exigir su desarrollo; si el método, por último, se muestra apenas en la superficie, no por eso puede decirse que no existe; y antes bien, él es el que dirige, el que inspira sin cesar el pensamiento, el que da esa unidad que no puede desconocerse, por poco que se intente romper la cubierta exterior y penetrar en el fondo de las cosas.

Aristóteles en ninguna parte ha formulado expresamente su método; no traza al principio de su obra las líneas en que habrá de encerrar su pensamiento; pero, guiado por aquel profundo buen sentido que es el carácter propio de su genio, sigue un método del cual jamás se separa. Este método no es estrecho ni exclusivo; se presta a todas las formas del pensamiento; no es ni la mera experiencia, ni la dialéctica, ni el método histórico; es una cosa mejor; sigue a la vez y sucesivamente todos estos métodos. Aristóteles no es el teórico del método, es metódico, como se era elocuente en las primeras edades: el Ulises de Homero no tenía necesidad de conocer cómo y por qué sabía persuadir a los hombres.

Una cosa que ha llamado la atención con frecuencia, y que ha podido influir en el juicio general que se forma de la filosofía de Aristóteles, es el que, en un tratado que tiene por objeto la indagación de los principios más elevados de la ciencia, en un tratado sobre la filosofía primera, sobre el ser, sobre Dios, tome por punto de partida la experiencia sensible. A cada instante, Aristóteles se apoya en los datos experimentales; sin cesar. nos lleva a ellos, y hasta formula las leyes de la experiencia. Pero cuidemos de no equivocarnos; si la experiencia de los sentidos está en el punto de partida, no está en todas partes, no se encierra en esto el pensamiento; aquella es tan sólo como una grada necesaria sobre la que es preciso apoyarse para subir más alto. La experiencia da la verdad, pero sólo una parte de la verdad; la experiencia no constituye la ciencia. Es esencialmente distinta de ella; la experiencia es, si se quiere, la condición, pero difiere de la ciencia tanto como difiere el albañil del arquitecto.

Todo debía inclinar a Aristóteles a despreciar el testimonio de los sentidos; así la autoridad de su maestro como las preocupaciones filosóficas contrarias a la certidumbre del mundo sensible esparcidas en su tiempo; pero su genio pudo más que las circunstancias, y uno de los principales caracteres de su doctrina es el regreso a la realidad y el restablecimiento de los sentidos en sus legítimos derechos. Sin embargo, Aristóteles sólo pide a éstos lo que pueden dar, lo que les corresponde, pero los abandona tan pronto como, lejos de servirle, pueden extraviarle. No se encierra, como se ha supuesto, en ese empirismo grosero, que pretende reducirlo todo a las nociones sensibles; lejos de ello, se dirige también al sentido íntimo, a este genio de la conciencia revelado por Sócrates y que inspiró a Platón, y a él pide los principios que los sentidos no pueden explicar.

En efecto, al lado de la experiencia de los sentidos, es preciso admitir una experiencia interior, la del pensamiento obrando sobre sí mismo, única que nos eleva a esos principios, a esas leyes del mundo, que los sentidos no pueden percibir. Es cierto que Aristóteles no ha distinguido expresamente estos dos modos de conocer, pero se sirve de ambos.

Una vez firme sobre esta base, entonces Aristóteles vuela y se lanza a esas regiones del pensamiento, tan atrevidamente recorridas antes de él por Platón. Si no toma de su maestro esas alas divinas que le llevaban al mundo de las ideas, su vuelo, no por ser mas regular, deja de ser menos audaz ni menos sublime. Una vez en estas alturas, ha podido exclamar, que Platón ha visto mal, que sus ojos han sido deslumbrados por la luz; pero de ninguna manera ha entrado en su plan el destruir este mundo de la inteligencia. Según él, como según Platón, la ciencia descansa en el conocimiento de lo general; y sólo posee verdaderamente la ciencia, a juicio de Aristóteles, el que conoce lo general, por más que en un caso particular aparezca menos hábil. El arquitecto construiría con más dificultad que el último de los albañiles un palacio; pero, sin embargo, el arquitecto forma los planos, y hace que se ejecuten.

Experiencia de la conciencia, experiencia interna, désele éste o cualquier otro nombre, unida a la experiencia sensible; he aquí el primer grado del método de Aristóteles; pero este método también es experimental en otros conceptos. Al filósofo no basta consultar sus sentidos y su razona en torno de él se hacen observaciones, y en todos tiempos la humanidad ha observado; y el resultado de estas observaciones sucesivas, consignado en el lenguaje, constituye el sentido común. El filósofo no puede desdeñar el sentirlo común, que es la expresión; por lo general exacta, aunque vaga, de la verdad; y Aristóteles, lejos de rechazar sus luces, por lo contrario las invoca, porque lo que principalmente desea es la ciencia, y la busca donde quiera que espera encontrar alguna parte de ella; él pide a la lengua y al pensamiento vulgar la definición de la filosofía; encuentra la verdad hasta en los versos de los poetas y hasta en los proverbios populares; y descorriendo el velo espeso que la cubre, la hace entrar en el dominio de la ciencia.

Sobre los poemas y los proverbios, expresión espontánea del pensamiento humano, se encuentran las meditaciones de los filósofos. La filosofía no nació la víspera de la época de Aristóteles; muchos hombres habían consagrado ya su tiempo al estudio de las grandes cuestiones de la naturaleza, habían trabajado en la ciencia y preparado sus progresos. Aristóteles no podía resignarse a creer que tantos sistemas sólo hayan sido productos estériles de la imaginación, sino que espera encontrar en ellos la verdad, o por lo manos, una parte do la verdad; y en su virtud pone manos a la obra, los analiza, los retuerce en todos sentidos, para arrancarles esta verdad tan deseada. Ecléctico, en la buena acepción de la palabra, no juzga que la verdad pueda ser el resultado de los esfuerzos de un solo hombre, pero tampoco cree, como ya hemos dicho, que ella se oculte por completo.

El método de Aristóteles, según se ve, es el mismo de la escuela moderna. La gloria de ésta consiste, no en haberlo inventado, pues que los genios más grandes yerran cuando quieren inventar, sino en haberle dado a conocer, y en haber presentado la teoría del mismo. Aristóteles ha practicado este método con sagacidad, con rectitud de miras, y en general, con una imparcialidad admirable. Compara las opiniones más opuestas, muestra sus relaciones, las completa, las desenvuelve las unas por medio de las otras; opone la escuela de Eléa a Pitágoras, Pitágoras a Platón, descubre el elemento de verdad que se encuentra en cada tino de ellos, y juzgando la doctrina bajo un punto de vista más elevado, y dominándola desde lo alto de su propio sistema, rechaza todo lo que es exclusivo, y sólo atiende a lo verdadero. Reconocido, como dice él mismo, a los que le han abierto el camino, y fortaleciendo su sistema con su asentimiento, sabe prescindir de ellos, y derribarlos cuando le estorban. No forma la ciencia con retazos tomados de aquí y de allá, sino que tiene un sistema fijo; a los materiales que él mismo ha preparado une algunos restos de los monumentos antiguos, y forma con ello un todo durable y permanente, que pueda resistir el empuje de los siglos. Exactitud de apreciación, elevación de miras, respeto al talento, aun cuando sus esfuerzos sean vanos, nada falta en este examen de los sistemas antiguos; siendo esta parte de la obra, sin duda alguna, uno de los más bellos trozos históricos que nos ha legado la antigüedad.

El método de Aristóteles, por consiguiente, es experimental, y a nuestros ojos éste es el gran fundamento de su gloria. No participamos en este punto de las preocupaciones de la Alemania filosófica, que echa en cara, casi como si fuera un crimen, a Aristóteles el haber proclamado la autoridad de la experiencia. Es muy general en Alemania el considerar la observación como un mal procedimiento; se la admite como un medio de comprobación, pero no se la concede el poder de conducir por sí misma a la verdad. Allí se construye la ciencia *a priori,* y con un soberbio desden, que se parece mucho al que Platón tenía respecto al mundo sensible, se relega muy lejos la experiencia. Desde este punto de vista sistemático se ha echado en cara a Aristóteles el no haber penetrado desde luego en esas regiones superiores, que no puede explorar la experiencia, y el haberse apoyado en conocimientos experimentales para llegar a nociones supra-sensibles.

No diremos nosotros con Bacon, que es preciso cortar las alas al genio; pero sí que el genio, por lo menos, no debe fiar demasiado en sus fuerzas; que ha de partir de la tierra, si quiere elevarse hasta los cielos, y tener siempre ante sus ojos esa tierra, si teme perderse en los espacios imaginarios. Es cierto que el hombre y el mundo sólo son seres relativos, comparados con el ser, con la sustancia eterna; pero no lo es menos, que sólo por medio del hombre y del mundo sensible podemos elevamos hasta Dios, porque antes de llegar a la cima de la ciencia, es preciso pasar por los grados intermedios; y si los sistemas, que se dicen nacidos de esta intuición espontánea, superior a la experiencia, han llegado al descubrimiento de alguna verdad, lo deben indudablemente a la experiencia misma. Quizás tales sistemas disimulan los medios de que se han servido, a la manera que el albañil destruye el andamio en que se ha apoyado para construir un templo, dejando sólo para que lo admiremos el monumento; quizás han olvidado el penoso procedimiento, la serie de observaciones mediante las que han llegado a esas grandes verdades, que son superiores a la experiencia, y sin embargo, sépanlo o no, la experiencia es la que les ha conducido a tal resultado. Aristóteles, mejor que otro alguno, ha tenido derecho para despreciar las pequeñas precauciones, las observaciones que pueden parecer minuciosas al hombre de genio, y, sin embargo, no lo ha hecho; nadie ha observado ni descrito nunca con el cuidado escrupuloso que él lo ha hecho.

La dialéctica constituye también una parte importante del método de Aristóteles. En nuestros días no se ha visto en la dialéctica otra cosa que un arma peligrosa, buena a lo más para los sofistas, y origen de todos los extravíos de la Edad Media y de las sutilezas de la Grecia. Los sistemas antiguos, y en particular este que nos ocupa, han parecido tan sólo un vano producto de este fútil método. No tenemos la pretensión de restituir a la dialéctica la autoridad soberana que ha perdido para siempre; por sí sola no puede darnos a conocer la verdad, como con razón se ha dicho. Sentar un principio y deducir de él hábilmente todas las consecuencias, no es crear una ciencia; resta el demostrar a seguida la legitimidad del principio, y la dialéctica no puede hacerlo. Mas porque neguemos a la dialéctica la autoridad de un método exclusivo, no quiere decir esto que la proscribamos absolutamente. La verdad sin duda brilla por sí misma pero muchas veces aparece nublada, tiene precisión de combatir y medir sus fuerzas con el error, y necesita, sobre todo en filosofía, en la que abundan tanto los sistemas falsos, asentarse en medio de ruinas y desembarazar el terreno, si no quiere quedar oscurecida, y hasta perecer. En la Grecia disputadora pulularon los sistemas; a ellos siguió el hastío, y fatigados de todas estas especulaciones, que se destruían las unas con las otras, hubo muchos que se echaron en brazos del escepticismo. ¿Cuál debía ser la misión del filósofo que pretendiese regenerar la ciencia y asentarla sobre nuevas e inquebrantables bases? ¿Debía simplemente dar a luz su sistema, y entregarle desnudo a los ataques de las doctrinas contemporáneas y del escepticismo? En este caso hubiera sucumbido muy pronto. El que se presenta como innovador, no debe temer la lucha, y, antes por lo contrario, debe provocarla. Aristóteles venía a hacer una revolución, tenía que destruir sistemas, y antes de edificar era preciso demoler, y por esta razón el dogma va siempre en él como escoltado por la crítica. Unas veces se arroja en medio de los sistemas opuestos, y apoyándose en sus propios principios, los destruye empleando una argumentación enérgica y vigorosa; sobre todo, ataca sin tregua a los sofistas, contra los cuales vuelve hábilmente las mismas armas de que ellos se sirven. Otras veces compara los principios de sus predecesores con los que él mismo ha establecido, y no para hasta convencerles de su impotencia y de su error. Pero no es esto solo; ataca su propio sistema, le somete a su inflexible análisis, expone las dificultades, las contradicciones, y hasta cierto punto le reduce a polvo; y cuando nos ve sin tener qué decir y sin esperanza, y cuando desesperamos de encontrar la verdad, en medio de las contradicciones que surgen por todas partes, hace que aparezca poco a poco la luz, que todo se concilie, que reine el orden allí donde sólo veíamos antes el desorden y el caos, y que el espíritu descanse en el seno de una admirable armonía.

¿Pero para qué tanto trabajo? ¿Por qué buscar la ciencia por tan tortuosos caminos? Porque nada contribuye tanto a que brille un sistema como esta continua confrontación con las dificultades que está llamado a resolver. Es muy bueno que un principio esté apoyado en la observación, relacionado con la experiencia y la razón universal; pero es mucho mejor aún el hacerse cargo de todas las dificultades. Hay, como dice Aristóteles, métodos diversos según son distintos los espíritus. Para unos, basta enunciar los principios para que los admitan; otros, por lo contrario, exigen que se les demuestre[2] todo rigurosamente; no admiten los principios, si no los ponéis en la imposibilidad de negarles su adhesión. a éstos es conveniente demostrarles la verdad provista, por decirlo así, de todas las armas.

El preámbulo de la *Metafísica* es de una extensión inmensa, y a primera vista desproporcionada. Se compone nada menos que de los seis primeros libros, cuando la obra entera consta sólo de catorce. Pero el asombro cesa tan pronto como se piensa en la marcha que habitualmente sigue el filósofo, y en el amplio método que acabamos de considerar, y desde el momento en que se reflexiona en las innumerables cuestiones de todas clases que impiden el acceso al problema ontológico. Por otra parte, la ontología, la ciencia del ser en tanto que ser, como la llama Aristóteles, acababa de nacer cuando salió a luz la *Metafísica.* Se trataba de darle fuerza y vida; no debía, por lo tanto, procederse con precipitación, ni podía tampoco parecer excesiva la precaución con que se caminara.

Era imposible, como se comprende fácilmente, que Aristóteles resolviese todas las cuestiones preliminares, sin exponer, por lo menos en parte, su propio sistema; y él así lo hace, aunque breve y accidentalmente. Todo lo que precede al libro séptimo realmente es tan sólo un preámbulo, incluso el libro sexto, en que Aristóteles trata, como dice, del ser que no pertenece a la ciencia. En el libro sétimo comienza Aristóteles a tratar verdaderamente del asunto que se propone, del estudio del ser en sí mismo del ser en tanto que ser. Los estrechos límites de nuestro trabajo no nos permiten hacer un análisis minucioso de esta parte; nos contentaremos con poner en claro aquellas verdades, en que el mismo Aristóteles ha creído deber insistir, y pueden servir principalmente para la inteligencia de su sistema. Los puntos que vamos a examinar son:

1° Objeto de la ciencia en general y de la filosofía en particular (Libros I y II);
2° Opiniones de los filósofos sobre los primeros principios de la filosofía (Libro I);
3° Límites de la ciencia del ser (Libros III, IV y VI);
4.° Valor y autoridad del principio de contradicción (Libro IV).

En cuanto a las dificultades que se exponen en el tercer libro, examinaremos algunas de ellas al tratar de las dos últimas cuestiones; de las otras nos ocuparemos en la segunda parte, en el estudio del ser, en la ontología propiamente dicha. El libro de las Definiciones (lib. V) περι των ποσαΧως, no será tampoco objeto de un extenso estudio; sólo cuidaremos recurrirá él cuando sea necesario para la inteligencia de los términos.

I

Hay, según Aristóteles, dos maneras de conocer, la experiencia y la ciencia; la experiencia, que nos revela los hechos, y la ciencia que demuestra y enseña la razón de los hechos, su causa y su principio. La ciencia tiene grados. En primera línea se coloca, hasta por la opinión vulgar, la especulación pura. La ciencia, a la que debe dedicarse el hombre sólo por ella misma, independientemente de todo resultado práctico, y cuyo fin no es la utilidad ni el placer, tiene ciertamente un valor propio que no tienen las artes ni los oficios. En fin, si a los grados de la existencia corresponden siempre los del conocimiento, la ciencia especulativa por excelencia es la ciencia de las primeras causas y de los primeros principios. Ahora bien, esta es la Filosofía en sí misma, la Ciencia de la verdad, la Ciencia del ser, la Teología, porque estos son los nombres que Aristóteles da sucesivamente a lo que nosotros llamamos Metafísica.

Después de haber desenvuelto de un modo admirable esta idea de la supremacía absoluta de la filosofía, después de haber demostrado que este ventajoso juicio nace de la opinión que se forma comúnmente de la filosofía y de los filósofos, Aristóteles pregunta cuáles son estos primeros principios, estas primeras causas, objeto de la ciencia que se propone tratar. Hay en su opinión cuatro causas primeras, cuatro principios primeros:

La sustancia,
La forma,
El principio del movimiento,
La causa final

En efecto, bajo las diversas modificaciones que presenciamos, concebimos algo que persiste; hay, por ejemplo, una sustancia única invariable bajo la variabilidad de los fenómenos del alma. Pero esta sustancia no existe en el estado de sustancia pura sin forma, sin cualidades; porque no sería entonces más que una abstracción, y sólo el pensamiento puede separar la forma de la sustancia. A la sustancia es preciso, por consiguiente, unir la forma, como segundo principio, y por forma Aristóteles no entiende sólo lo redondo o lo cuadrado, sino que entiende por ella la esencia misma de los seres, lo que los hace ser lo que son. La forma del hombre no la constituyen los brazos, las piernas, una cabeza dispuesta de tal o cual manera; consiste en el alma, en aquello que hace que sea un ser racional, en aquello que le distingue de los animales. Hay, pues, seres, sustancias, no sustancias abstractas sin atributos ni cualidades, sino sustancias realizadas, sustancias, ya pensadoras, ya materiales, con tal forma o tal cualidad. Pero no por esto se da una explicación del universo, aunque se haya referido todo él a estos dos principios, porque si sólo existiesen la forma y la sustancia, el mundo sería un teatro sin vida, y todo permanecería en una perpetua inmovilidad. Cada ser se daría en él con su forma y su sustancia, pero inerte, sin acción sobre sí mismo, sin poder mudar su manera de ser, siendo eternamente lo que era en un principio. No es esto el mundo que tenemos a la vista, no es esto el hombre que forma parte del mundo. Todo cambia; una transformación sucede a otra; el hombre sucede al hombre, la planta a la planta, y un eterno movimiento anima a todo el universo. La naturaleza no se ha dado a sí misma el movimiento; no puede decirse (sirviéndonos del ejemplo de que en alguna parte de su obra se sirve Aristóteles), que el hombre ha sido puesto en movimiento por el aire, el aire por el sol, el sol por la Discordia y así hasta el infinito[3], sino que es absolutamente necesario elevarse a la concepción de un primer motor, inmóvil y causa eterna de todo movimiento; y este motor único es Dios. Por último, si estudiamos la naturaleza, veremos que nada es obra del acaso, que todo tiene un fin, porque la razón nos dice, que todo movimiento debe tener una dirección, un fin. Este fin es un cuarto principio. La causa final, como se la llama, es el bien, el bien de cada ser, el bien del universo, el bien absoluto, que es Dios bajo otro punto de vista.

Tales son los principios fundamentales de la ciencia, siendo evidente, que ni existe una serie infinita de causas ni una infinidad de especies de causas. Es preciso fijarse necesariamente en las causas primeras, que no tienen otra razón de ser que ellas mismas. *El pensa-*

miento necesita de un punto de parada, de un punto fijo[4]; la ciencia sólo es posible con esta condición.

Deberemos observar al llegar aquí, que si bien es cierto que la inteligencia se eleva a la noción de estas cuatro causas, que bastan para explicar el universo, siendo inútil recurrir a un mayor número de ellas, no lo es menos que la ciencia no se para aquí. No basta haber sentado, por una parte, la existencia de la materia y de la forma, la existencia de los individuos, y, por otra, el principio eterno, causa de todo movimiento y de todo bien; es preciso combinar estos principios, generalizar y elevarse a esa unidad a que aspira la ciencia, fuera de la cual no se encuentra esa armonía, que es la única que puede satisfacer a la razón. Conforme al pensamiento de Aristóteles, la materia y la forma son eternas; son principios independientes, y en este concepto la materia es Dios lo mismo que él es el motor eterno. Si, como él dice, la planta produce la planta, si el hombre engendra al hombre, ¿cuál es la relación de estas existencias individuales con la causa primera de todo movimiento, toda vez que la cadena de las producciones no puede continuar hasta el infinito? ¿Es Dios solo el organizador de una materia eterna independiente de su propia sustancia? Este es el resultado que ofrece el estudio de la Metafísica de Aristóteles. Faltaba sólo, por tanto, identificar la forma con el pensamiento eterno, la materia con la forma, y elevarse o la idea de un Dios creador, causa y sustancia de todo lo que existe. Sólo en este punto se encuentra la unidad y la verdadera conciliación de todas las contradicciones. Quizás Aristóteles vislumbró este adelanto; algunas páginas del libro XII dan lugar a sospecharlo. Sin embargo, no expresó esta idea con claridad, y preciso es confesar que este abismo no tocaba a la antigüedad el salvarlo.

Aristóteles no habrá generalizádolo bastante, pero por lo menos no olvida ninguno de los hechos de la ciencia; y si al admitir un crecido número de causas ha podido rodear de alguna oscuridad cuestiones importantes, estas cuestiones subsistirán, y no se ha cerrado el paso para que las resuelvan los siglos futuros. Por lo demás, esto no ha podido embarazarle para hacer la crítica de los sistemas. Los filósofos anteriores tampoco trataron de realizar esta conciliación, y bajo otro punto ele vista era mucho menos completa su obra. Platón admitió la existencia eterna de la materia, o por mejor decir, omitió (tal es por lo menos la opinión de Aristóteles) dos de los cuatro principios, la causa del movimiento y el bien o causa final. El sistema de Aristóteles presenta por lo tanto una base bastante amplia para apreciar exactamente toda esta tradición filosófica.

II

Es un espectáculo grande y curioso el ver cómo la antigüedad se ha juzgado a sí misma; cómo, mirando atrás, ha apreciado el camino ya recorrido, y la segura mirada con que la razón, madura y fortalecida ya por la experiencia de los siglos, ha podido examinar el período de su infancia y los primeros pasos que diera en este camino.

El examen de los sistemas que hace Aristóteles, no es una historia sin vida; es la representación fiel de la marcha del espíritu humano; es un verdadero drama, en que se toma al hombre en el momento en que, débil todavía y deslumbrado por el espectáculo que se presenta a su vista, sólo ve en la naturaleza su parte más grosera; y en el que nos lo muestra dando cada día un nuevo paso; descorriendo poco a poco el velo que cubre la verdad, elevándose por último hasta la idea de Dios, y restableciendo a la inteligencia en el goce de sus más sagrados derechos. No se propone Aristóteles en manera alguna confundir a sus predecesores. No es, ni mucho menos, ese tirano que nos pinta Bacon, que para reinar pacíficamente, comienza por degollar a sus hermanos. Aristóteles sabe lo que cuesta la ciencia, y toma en cuenta, al juzgar a sus predecesores, las dificultades nacidas del tiempo. Indulgente con los hombres que han consagrado sus vigilias al estudio, sólo es severo con las doctrinas, porque esto interesa a la verdad.

Sin embargo, triste es decirlo, pero está severa imparcialidad desaparece cuando se trata del filósofo, a quien debía mostrarse más reconocido, llegando a ser hasta injusto con Platón, su antiguo maestro. Los motivos de semejante conducta han sido apreciados de diversas maneras, y a pesar de los esfuerzos de los críticos antiguos y modernos, todas las dudas que esta cuestión ha suscitado están lejos de haberse desvanecido. La teoría de las ideas, por ejemplo, no es en Aristóteles lo que es en Platón. Aristóteles la combate aislándola en medio del sistema todo, separándola de aquello que podía hacerla aceptable, y hay pocas doctrinas que puedan quedar en pié cuando se apela a mutilaciones semejantes.

Las primeras especulaciones filosóficas fueron necesariamente vagas e incompletas, y sólo se consideraron los principios bajo el punto de vista de la materia. En este sentido caminaron las indagaciones de la escuela Jónica, cuyas especulaciones no pasan más allá del principio material. Tales e Hipon admiten un solo elemento, el agua o lo húmedo; según Hipaso de Metaponte y Heráclito, el universo nace de las trasformaciones sucesivas del fuego, principio más sutil; en términos que el fuego es el que produce el orden y los trastornos del mundo. Empedocles aumenta el número de los elementos hasta cuatro. Anaxágoras los extiende hasta lo infinito, pero considerándolos como materiales. El principio de todos los seres es la materia, la sustancia, una o múltiple, que persiste la misma bajo todas las modificaciones, y de ella provienen todas las cosas; y todas las cosas van a parar a ella. El error de estos filósofos, según Aristóteles, consiste en reconocer sólo los principios de los seres corporales, no obstante existir también seres incorporales; o más bien consiste en explicar los seres inmateriales por medio de los principios de la materia.

Estos filósofos también suprimen o, por mejor decir, olvidan, la causa del movimiento; y sin embargo, toda producción y toda destrucción provienen de un principio, y este principio no es inherente a la materia; *ni la madera hace la cama, ni el bronce la estatua*[5]. Suprimida la causa del movimiento, el mundo queda sin explicación; toda producción y toda destrucción son imposibles. Estos filósofos nada dicen tampoco con respecto a la esencia o principio del bien. De los cuatro principios sentados por Aristóteles, esta escuela sólo admite uno, que es la sustancia, pero la sustancia considerada bajo el exclusivo punto de vista de la materia.

Los Eleatas van más lejos; no olvidan la causa del movimiento como los filósofos anteriores, sino que la suprimen de intento. Lo que llama su atención principalmente es la unidad del mundo, y en esta unidad absorben la pluralidad de los fenómenos. La gran cuestión que importa resolver, y que toda filosofía, por poco elevada que sea, precisamente ha de encontrar al paso, es la explicación de la unidad en la pluralidad[6]; y los Eleatas, en lugar de dar alguna explicación sobre ella, la suprimen, negando, bajo el punto de vista de la razón, la existencia de la pluralidad atestiguada por los sentidos, teniendo el cambio y la producción por una cosa imposible. El universo es uno, y vive en una inmovilidad perpetua. Parménides admite otros dos principios, lo caliente y lo frío, el fuego y la tierra, para dar razón de las apariencias sensibles, pero no por eso deja de sostener la unidad del todo. El principio del movimiento y la causa final no tienen cabida en semejante sistema. La idea de un Dios se encuentra, sin embargo, entre estos filósofos. Jenófanes mismo, aunque nutrido de las opiniones de los Jónicos, se forma de él una idea bastante elevada, pero sin distinguir a Dios de la materia[7]. Mas la divinidad, según ellos, no es una causa de movimiento, porque todo es inmóvil.

Con los Atomistas sucede lo contrario; lo que ven en la naturaleza es principalmente el lado sensible que los Eleatas habían despreciado; pero, a semejanza de éstos, a penas penetran en la cuestión ontológica. Leucipo y Demócrito admiten por principios lo lleno y lo vacío, el ser y el no-ser, y no bastándoles estos principios, introducen luego la causa del movimiento, pero lejos de considerarla como un principio separado, le identifican con la materia. Los átomos están en un movimiento eterno, y las diversas trasformaciones del mundo no son otra cosa que el resultado de este movimiento inherente a la materia. Considerar la causa del movimiento de este modo equivale a suprimirla, o por lo menos, no es tratar de ella de una manera científica. Estas especulaciones se parecen a las de los filósofos matemáticos del siglo XVIII, que explicaban todos los fenómenos por leyes generales, sin referir estas leyes a un principio que pudiera a su vez explicarlas.

La causa esencial parece haber sido vislumbrada Cambien por los Atomistas. Los cuerpos, según ellos, difieren, ya por la posición de las partes, ya por su orden y configuración, y estas diferencias son principios; pero sus ideas en este punto son de tal manera vagas, que es dudoso que se hayan dado a sí mismos razón del valor de estos hechos, y que se hayan elevado a la concepción científica del principio formal.

Todos estos sistemas, según se ve, han alcanzado la verdad en ningún punto; han admitido algunas de las causas enunciadas por Aristóteles; pero lo han hecho de una manera tan general, tan oscura y tan incompleta, que hay motivo para decir, con Aristóteles, que han visto y no han visto la verdad. El movimiento sobre todo parece haber embarazado a los primeros filósofos. Vieron claramente que el movimiento debe tener un principio, pero preocupados, como lo estaban en su mayor parte, con el punto de vista de la materia, no sabían formarse idea de este principio. Parménides y Empedocles le reconocen verdaderamente una existencia independiente, siendo en este punto superiores a sus contemporáneos y a sus predecesores, que no le separaban de la materia. Pero ¿qué es el Amor para Parménides? ¿Qué son la Amistad y la Discordia para Empedocles? ¿En qué consiste la acción de estos principios? Ellos nada nos dicen. Satisfechos con haber encontrado una explicación mediana, no salen de vagas generalidades, y no piensan en llevar más lejos sus indagaciones.

Anaxágoras es quizá el único de todos estos filósofos que se formó una idea clara de la causa motriz. En lugar ele atribuir al azar el orden y la belleza del mundo, declaró que había en la naturaleza una inteligencia (νους), causa del orden universal, y asentó que la causa del orden era al mismo tiempo el principio de los seres y la causa que los imprime el movimiento. Esta fue una idea fecunda para la ciencia; fue, como dice Aristóteles, la aparición de esta razón misma. Pero Anaxágoras no sacó de este principio todo el partido que era posible. Admitía dos elementos; por una parte, la Inteligencia, la unidad; por otra, lo indeterminado, una sustancia sin forma, sin cualidad alguna, organizada por la Inteligencia, pero se servía poco de esta Inteligencia. Era una especie de máquina, que sólo presentaba en escena cuando no podía recurrir a otra causa[8].

Los Pitagóricos[9] son los únicos en los que podemos encontrar el germen de un sistema más completo, si bien su opinión se resiente todavía de esa incertidumbre, que es siempre el carácter de los primeros desenvolvimientos de la razón. Los Pitagóricos desatienden las indicaciones de los sentidos, en que se habían fijado los Jónicos, y se elevan desde luego a las nociones racionales de orden y armonía; toman por punto de partida las ideas mas exactas que el hombre puede alcanzar, las ideas de número, que son a su juicio la regla más segura del conocimiento[10], y fijando luego sus miradas sobre el universo, explican todos los fenómenos por medio de estas ideas. Este método no es el mejor, porque es peligroso colocarse de primer golpe en la cima de la ciencia para descender después a los grados inferiores; sin embargo, no puede negarse, que en esto se muestra ya un progreso notable. El espíritu humano aparece aquí desligado ya definitivamente de los lazos de la materia, y la ontología entra en su verdadero camino. Esta teoría de los números estaba envuelta en muchas oscuridades, pero lleva en su seno un germen fecundo que debía desenvolver el porvenir, y Platón no hizo otra cosa que continuar la obra de los Pitagóricos agrandándola.

Los Pitagóricos, nutridos en el estudio de las matemáticas, y notando por otra parte las relaciones que existen entre los números y la armonía del mundo, hicieron del número el principio de todos los seres. Según ellos el número es un principio en un doble concepto: es primero la materia, el elemento integrante de los objetos, y es además el ejemplar, la forma de ellos; es, en fin, la causa de sus modificaciones y de sus diversos estados. Sin embargo, los números no existen como las ideas de Platón fuera de los seres, sino que son su sustancia misma y no se separan de ellos. La unidad es, según ellos, el principio de todas las cosas, pero no es el punto de vista de la unidad el que dominó entre los Pitagóricos. En la unidad están contenidos otros des principios: lo par o lo infinito, lo indeterminado, y lo impar o lo finito. El infinito se considera como la causa sustancial de los seres; lo finito es la forma, la causa de la determinación. Bajo este punto de vista los contrarios son los principios de los seres. Tal es la opinión admitida por los Pitagóricos. Varían acerca del número de estos principios, pero todos convienen en construir el mundo por medio de los contrarios. Su doctrina, sin embargo, no concluye aquí; se elevan, como ya hemos dicho, la concepción de una unidad, que es a la vez finita e infinita, y en la que llega a conciliarse y desaparecer toda contrariedad.

En rigor es posible encontrar en este sistema los cuatro principios de Aristóteles, pero mal definidos, mal determinados. La sustancia está en él representada por el número, elemento constitutivo de los seres, principio que tiene sobre el de los Físicos la ventaja de poderse aplicar a los objetos suprasensibles, y esto basta, como dice Aristóteles, para elevarse a la concepción de los seres que están fuera del alcance de los sentidos. Pero se aplica mal a los seres sensibles, únicos, sin embargo, de que se ocupan los Pitagóricos, porque principios abstractos no pueden dar razón de este mundo concreto que está a nuestra vista. Admitamos, por un instante, que con los números se pueda construir la extensión; ¿cómo se explican la pesantez y las otras cualidades de los objetos? Los Pitagóricos nada dicen de esto, y con efecto no podrían hablar de ellas. El principio formal comienza también a mostrarse. Los Pitagóricos dan los primeros ejemplos de la definición, haciendo consistir en relaciones numéricas la esencia de los seres, y pueden ser considerados en este concepto como los precursores de Platón y de Aristóteles.

En cuanto a la causa motriz no la suprimen absolutamente, como pretende Aristóteles; sólo que concilian mal su existencia con la de los números, y admiten, que el mundo es uno, que es de toda eternidad gobernado por un solo ser, y este ser, esta unidad, es Dios. No constituyen, sin embargo, la causa motriz como un principio aparte. Así como los números no están separados de los objetos, cuya sustancia son ellos, de igual modo la unidad (divina no está separada del universo que ella organiza y que gobierna, y del que es como su esencia y su alma. Dios, en tanto que unidad, es el bien, y como los Pitagóricos admiten la existencia del mal, y la refieren a lo infinito o a lo indeterminado, al principio material; y como por otra parte lo indeterminado es uno de los elementos de la unidad, les es difícil librarse de esta conclusión: que Dios es también la causa del mal. Sobre este punto, así como sobre otros muchos, no se han explicado claramente, y su sistema, cualquiera que sea su valor, no era más que un ensayo; al genio de Platón estaba reservando el darle un carácter verdaderamente científico.

Lo que llamó la atención a Platón como la había llamado a los Pitagóricos, fue la unidad y la armonía del universo, y las relaciones y diferencias entre los seres que le componen. Platón no absorbía, como se le ha echado en cara, al individuo en el género; no negó la pluralidad de los seres, pues lejos de esto la defendió contra los sofistas[11], pero no admitió que esta pluralidad fuese el objeto de la ciencia. Creía que era objeto de la opinión (δοξα), es decir, de un semi-conocimiento, intermedio entre la ciencia y la ignorancia. Los seres sensibles están sujetos a una multitud de trasformaciones y en un flujo perpetuo; sólo encierran una débil sombra de esa verdad inmutable a que aspira la ciencia, y que sólo puede encontrarse en el estudio de lo general. Por otro lado, la mayor parte de las palabras contenidas en las lenguas, las palabras *hombre, árbol,* son nombres comunes, expresan una noción común al género que abraza muchos individuos. Conocer este género, conocer los hechos generales que dominan y explican los hechos particulares, tal debe ser el objeto de la ciencia y de la filosofía, porque es preciso elevarse de los individuos a las especies, de las especies a los géneros, es decir, a las ideas, a las cosas universales[12]. Las *ideas,* en tanto que se aplican a muchos seres, son universales, son la unidad en la pluralidad. Para completar la ciencia, es preciso ascender hasta la unidad, en la que vienen a reunirse todos los géneros. Este sentido es en el que dice Platón, que las ideas, esencia de todos los seres, tienen la unidad por esencia. Partiendo de estos datos, Platón reconoce como principios de los seres estas ideas generales, estas formas inmateriales, que no perecen con el individuo, y que se reproducen incesantemente en cada uno de los miembros de la especie. Independientemente de los seres sensibles existen las ideas, tipos eternos con los que Dios ha creado el mundo, y en este sentido causas de la existencia de los seres contingentes que sólo existen a causa de su participación en ellas. Las ideas son los elementos de todos los seres; tienen por principio, bajo el punto de vista de la materia, lo *grande* y lo *pequeño,* o como dice Aristóteles, la *diada;* y bajo el punto de vista de la esencia, la unidad; y bajo esta doble relación las ideas son los números.

Platón parece haber considerado las ideas como la esencia de los seres sensibles; la *diada,* compuesta de lo grande y de lo pequeño, es su materia. Pero esta sustancia es perecedera, mientras que la sustancia de las ideas es una *diada* eterna.

Uno de los vicios de la teoría de las ideas, en opinión de Aristóteles, consiste en duplicar inútilmente el número de los seres en lugar de explicarlos. Decir que hay un tipo común, una idea de la que los individuos participan, no es explicar su existencia. Otro defecto no menos grave consiste en admitir ligeramente que hay ideas, sin apoyar esta hipótesis en ningún argumento sólido, sin explicar las contradicciones que resultan necesariamente de un sistema semejante. ¿En virtud de qué existen las ideas? ¿En concepto de esencia de los seres? Esto es imposible, puesto que están separadas de ellos; no se encuentran en los objetos que participan de ellas. ¿Las ideas son causas de movimiento? Tampoco, porque no se nos dice cuál sea la relación que une las ideas con los seres sensibles. Pretender que estos últimos participen de las ideas, es emplear una expresión vaga que nada explica; es forjar, dice Aristóteles, metáforas poéticas. Platón mismo parece condenarse en este punto, puesto que dice, que con respecto a un gran número de cosas que existen, los objetos del arte, por ejemplo, no hay ideas. La idea es inútil en cuanto a la producción y es por completo impotente para explicarla. Por último, las ideas no pueden aspirar tampoco al título de causa final, por más que Platón haya admitido que uno de los elementos de la *diada* era el bien.

Sin aceptar ni rechazar por entero estas acusaciones, procuremos penetrar más en el sistema de Platón, y recorrer en distintos sentidos este edificio, que aquí sólo vemos por un lado.

La teoría de las ideas no es una cosa aislada en la enseñanza de Platón, sino que estaba íntimamente ligada con su teología, y para comprenderla bien, es preciso no separarla de ella. Es sabido en qué consistía el método platoniano, reducido a elevarse gradualmente de lo particular a lo general, y de lo general a la unidad[13]. Siempre que se trata de la idea, Platón no se cuida de referirla a una cosa superior, sino que la estudia en sí misma; muestra su existencia; mas una vez bien examinado, desenvuelto y conocido este punto, pasa a una generalidad superior y llega a la idea de Dios; y todas las contradicciones que pudieran subsistir todavía, se borran completamente desde lo alto de este punto de vista. La idea no puede producir nada; Aristóteles lo ha dicho con razón, y Platón lo reconoce también; pero de esto a suprimir la causa del movimiento, hay una distancia inmensa. Tampoco la forma produce nada en el sistema de Aristóteles, y sin embargo Aristóteles admite el movimiento, causa de la producción y de la destrucción, y de ella forma un principio aparte. Por cima de la idea está Dios, que forma y que organiza; y la Divinidad es para Platón el verdadero principio del movimiento. Es indudable que parece dar a las ideas una excesiva autoridad, abriendo la puerta a falsas interpretaciones, cuando dice, que la Divinidad ha formado el mundo, fijos los ojos en las ideas[14]; consecuencia que se ha llegado a admitir, pues Platonianos hay que han dicho que Dios no pudo crear el mundo sin un modelo independiente de él, deduciendo de aquí los Epicúreos uno de sus argumentos contra la creación[15]. Pero no es menos cierto, que Platón reconoce la acción de una causa motriz, y mediante este principio explica los fenómenos del universo. Dios es el que ha empleado la materia, principio pasivo e inerte; el que le ha dado su forma; es decir, el que ha reproducido en ella los ejemplares eternos, por lo menos en cuanto la imperfección de la materia podía prestarse a esta reproducción. «El mundo es material, es sensible; ha sido creado por consiguiente, tiene un autor; y si no podemos alcanzar una noción clara de este autor, podemos por lo menos preguntarnos conforme a qué modelos ha formado el mundo[16].

Remontémonos más aún, y en lugar de considerar las ideas como tipos especiales independientes de la divinidad, digamos, que la idea no es más que el pensamiento de Dios, que Dios realiza en el universo este pensamiento eterno; y en lugar de anonadar la idea, como hace Aristóteles, refirámosla a un principio superior, y entonces se hace verdaderamente productora, es el principio de los seres sensibles, de los cuales se puede decir con verdad en este sentido, que participan de ella, y que de ella son como una representación y una débil sombra.

Lo que Aristóteles ha visto principalmente es el carácter propio de cada ser, la forma particular de cada individuo; el punto de vista de Platón era diferente, sin que por esto fuera menos verdadero. Platón se fijó en los caracteres comunes de los individuos, y partió de aquí para explicar el universo. En efecto, en la naturaleza no hay sólo objetos particulares, este árbol, después aquél, Sócrates y Calias; hay también el árbol, el hombre en general. Por una necesidad racional nos vemos precisados a admitir, que nuestras ideas generales no son puras concepciones; que hay una correspondencia perfecta entre el pensamiento del hombre y las leyes del universo, que son el pensamiento eterno. Nuestras ideas no tienen sólo una realidad sujetiva, sino que corresponden también a algo que está fuera de nosotros, y en este sentido las ideas son realidades. Y esto es tan cierto, que Aristóteles no anonadará la idea, haga lo que quiera; la reproducirá bajo otro nombre. Sin embargo, no es éste en absoluto el alcance y carácter del sistema de Platón. Ha incurrido en el error de hacer de estas ideas seres independientes, de no identificarlas con el pensamiento de Dios, o por lo menos de no haberlo hecho con la claridad necesaria, para que sus sucesores no se equivocaran al interpretar su pensamiento[17]. Aparte de esta falta, no son justos, en cuanto podemos juzgar hoy día, los cargos que le dirige su discípulo.

Platón tampoco se desentendió del principio de la esencia, pero no le consideró bajo el punto de vista de Aristóteles. La forma esencial de Aristóteles es más bien el carácter propio del individuo que el carácter general de la especie o del género; Platón olvidó demasiado al individuo; su doctrina tiende a absorber a éste en la generalidad, que era la única que le parecía a él digna de atención. Aristóteles, efecto de una reacción natural, coloca la esencia en el individuo y no la separa de él; según este filósofo, no es la idea la que produce al hombre, al realizarse en él; es un hombre, dice, el que produce un hombre. Lo general aparece aquí sacrificado a lo particular. Ni Aristóteles yerra absolutamente, ni absolutamente yerra Platón. Cada cual ha tomado un lado de la verdad; uno y otro tienen razón en lo que aceptan, y no la tienen en lo que niegan. La misma diferencia se encuentra en su cosmogonía y con los mismos caracteres. El dios de Aristóteles no se reproduce a cada instante en su obra; ha organizado el universo de toda eternidad; ha realizado la forma, ha dado el impulso, y los mundos siguen el camino que les ha trazado. En el movimiento primitivo están contenidas todas las trasformaciones futuras, que se producen poco a poco y nacen sin cesar las unas de las otras; donde se reconoce el germen cale la armonía prestablecida de Leibniz. El dios de Platón es un obrero más activo; ha formado el mundo, le renueva incesantemente produciendo nuevos individuos, pero conformándose siempre con el tipo que adoptó al principio por ser el más perfecto.

Difícil era que Platón, después de haber penetrado tanto en la ciencia, omitiese uno de los principios más importantes, principio que se manifiesta con la mayor evidencia, el principio del bien, la causa final. también en este punto las acusaciones de Aristóteles son, cuando menos, exageradas. Platón dice expresamente[18], que el bien es la noción suprema, el principio de todas las cosas, y que el bien es Dios. Dios es el principio de todo bien en el mundo sensible, y en el mundo inteligible, y el orden y la armonía del universo son el resultado de su acción incesante. Es imposible dejar de reconocer en estos caracteres la causa final.

Sin perjuicio de protestar contra la severidad de la crítica de Aristóteles, es preciso confesar que estos diversos principios no son siempre bien definidos por Platón, que los emplea con frecuencia de una manera poco científica. Platón no siempre está de acuerdo consigo mismo; acumula inmensos materiales útiles para la ciencia, pero la ciencia no ha dicho por su boca la última palabra.

Todos los principios de los seres han sido por tanto estudiados, ya por Platón, ya por los filósofos anteriores, pero es aún difícil reconocerlos en medio de la vaguedad y de las contradicciones de sus sistemas. Aristóteles va a apoderarse de sus descubrimientos, va a coordinarlos y aclarar los unos por medio de los otros, y uniendo a ellos sus propias indagaciones, constituirá la filosofía primera, y la asentará sobre bases de tal manera sólidas, que apenas podrán veinte siglos conmover el monumento por él levantado.

III

El fin de la ciencia se halla ya determinado[19]; es el conocimiento de los principios y de las causas del ser. Aristóteles, sobre este punto, está de acuerdo con Platón. Pero esta definición es también vaga y da lugar a un gran número de cuestiones, que es preciso esclarecer, si no queremos vernos entorpecidos a cada instante por insuperables dificultades[20]. Por ejemplo, ¿pertenece a una sola ciencia estudiar todas las especies de causas, o bien cada causa es objeto de una ciencia particular? Entre estas causas ¿cuál es la que más especialmente pertenece a la filosofía? ¿Es la causa final, es la sustancia? Admitida esta última suposición, ¿todas las sustancias son objeto de una sola ciencia o de muchas? ¿La filosofía primera abraza sólo las sustancias, o estudia también sus propiedades? ¿Es de su competencia el estudiar el ser bajo sus diversas relaciones de semejanza, desemejanza, &c., &c., o por lo contrario, es este el objeto propio de la dialéctica? ¿Están también sometidos a su dominio los principios de la demostración? Por último, ¿qué diferencia hay entre la filosofía primera y las otras ciencias, como las matemáticas y la física, por ejemplo? Todas estas cuestiones debe plantear el filósofo; porque antes de comenzar el estudio de una ciencia, es indispensable haberse formado una idea exacta de su extensión y de los objetos que comprende. mientras no se fije el camino que hay que recorrer, la ciencia realmente no es posible; queda fluctuante, incierta, y ni puede definirse a sí propia. Este es, por lo general, el defecto de la filosofía en los tiempos modernos; por no haber determinado dónde comienza y dónde debe hacer alto, se ha filosofado a la ventura; tenemos filosofía buena o mala, pero no se ha constituido la filosofía, no se ha creado una ciencia en la verdadera acepción de la palabra. Bajo este punto de vista como tantos otros, Aristóteles había dado un ejemplo útil y digno de tomarse en cuenta y trazado el camino al que tarde o temprano se había de volver.

Para él la filosofía es la ciencia del ser en general y de sus principios, no del ser en tal circunstancia dada, del ser físico o del ser matemático, sino del ser en tanto que ser. Las ciencias particulares, la física, las matemáticas, y en general todas las ciencias intelectuales, tienen principios más o menos rigurosos, pero sólo abrazan un objeto, un género determinado, no entran en ninguna consideración sobre el ser propiamente dicho, ni sobre la esencia. Unas parten del ser sin estudiarle en sí mismo; otras admiten desde luego la forma determinada como una propiedad del género de que se ocupan, pero sin decir nada de la existencia o no-existencia de este género. La física es la ciencia de los seres materiales, en tanto que están en movimiento o pueden recibirle; y sería la ciencia primera, si no hubiera otros seres que éstos, pero hay seres inmóviles, y la ciencia que los estudia tiene necesariamente la prioridad. La ciencia más elevada en todos conceptos, es la que recae sobre objetos inmóviles y eternos. Las matemáticas no pueden aspirar a este rango; los seres que abrazan, son ciertamente inmóviles, pero no están separados de la materia, se dan en la materia; el ser primero, el ser absoluto es, no sólo inmóvil, sino también independiente, y la única ciencia verdaderamente libre e independiente, debe ser necesariamente la que se ocupa del ser independiente, del ser en sí. Esta ciencia es la filosofía primera. Consiste en el estudio de los axiomas, que toda ciencia debe sentar en su punto de partida, y por este motivo esta ciencia domina todas las especulaciones particulares, y les suministra base y principios. La filosofía primera, ciencia universal en toda la acepción de la palabra, no se ocupa de una naturaleza particular, sino que abraza sin excepción alguna el estudio de todas las naturalezas. El ser en tanto que ser, la forma del ser, los atributos universales del ser en tanto que ser, he aquí su dominio; comprende todas las existencias.

El ser se entiende de muchas maneras[21], o es la sustancia, o sólo una modificación, una cualidad, una privación de la sustancia; pero estas diversas acepciones se refieren a una sola cosa, al ser en tanto que ser. De suerte, que una sola ciencia deberá ocuparse de todas las especies del ser, de todas las modificaciones de la sustancia. Abrazará igualmente el estudio de la unidad en todas sus acepciones, porque la unidad no puede separarse del ser; por último, debiendo ocuparse una misma ciencia de los contrarios, la filosofía será la ciencia de todos los contrarios, estudiará al mismo tiempo la unidad y la pluralidad, en las cuales viene a resumirse toda contradicción[22].

Si es este el fin de la filosofía primera, como es preciso concederlo a Aristóteles, ninguna ciencia se ha propuesto jamás recorrer un camino más largo. Comprende el estudio del mundo en toda su extensión, del mundo inteligible como del mundo sensible; vienen a resumirse en ella la unidad y la infinita variedad de los seres, y no conoce otros límites que los del pensamiento humano.

En su cualidad de ciencia universal, la filosofía es también la llamada a comprobar los principios lógicos del razonamiento. Todas las ciencias particulares los adoptan sin que ninguna los someta a examen, para lo cual no tiene derecho. Los axiomas abrazan todo lo que existe y no tal o cual género de seres, y sólo puede decidir, sobre la autoridad de estos principios, la ciencia del ser en tanto que ser. Todas las ciencias toman el ser como punto de partida, y han de apoyarse por consiguiente en los axiomas, pero como no estudian el ser bajo todas sus relaciones, no pueden comprobar los principios universales. Para asentar los principios más ciertos de lo que existe, es preciso tener conocimiento del ser en tanto que ser, y según Aristóteles, el único que posee este conocimiento es el filósofo[23]. El examen de dos axiomas, es por consiguiente uno de los principales objetos de la filosofía.

Cualquiera que sea la extensión de la filosofía primera, tiene sin embargo límites que es preciso indicar. La ciencia del ser en sí mismo, de sus propiedades y de sus modificaciones esenciales, no puede abrazar el estudio del ser accidental, ni examinar sus causas, porque el accidente no tiene causa propiamente dicha. Ninguna ciencia tiene en cuenta el accidente, porque el accidente apenas tiene más que una existencia nominal[24]. Basta estudiar la naturaleza del accidente y el modo de su existencia para convencerse de que no puede ser objeto de una ciencia. Lo accidental es lo opuesto a lo necesario; es una cosa que ni existe siempre, ni existe ordinariamente; es, por ejemplo, el frío en la canícula, es la curación operada por el cocinero. El accidente no puede ser el resultado de una fuerza, de una potencia propiamente dicha, sólo tiene una causa accidental, y esta causa es la materia, en tanto que es susceptible de ser otra que lo que es ordinariamente. Es una causa vaga, incierta, que no puede ser científicamente determinada. Lo accidental queda por consiguiente fuera de la ciencia.

Son verdaderas estas aserciones; sin embargo, es necesario precisarlas más. Es incontestable, que el accidente, en tanto que accidente, no puede ser objeto de una ciencia, y menos de la filosofía que es la ciencia de los seres inmutables. Pero el ser accidental, ¿existe realmente en el sentido en que lo toma Aristóteles?, ¿es cierto que no pueda referírsele a una causa necesaria, y entrar en el dominio de la ciencia? Esto parece evidente al hombre que no haga más que iniciarse en la observación de la naturaleza. Una multitud de hechos se presentan que al parecer no pueden someterse a ninguna ley, a ningún principio; el desorden reina por todas partes. Pero a medida que la inteligencia se ensancha, que la observación completa nuestros conocimientos, suprimimos poco a poco en el universo este inexplicable azar, esta propiedad oscura de la materia, que produce los seres accidentales, porque cada cosa tiene su ley necesaria, y todos los hechos que se realizan en la naturaleza, ya se presenten cada día, o ya se produzcan a largos intervalos, siguen inevitablemente esta ley; el azar no puede tener cabida en la armonía del universo. Verdaderamente no conocemos sino una sola causa de accidente, y esta causa no reside en la materia; es una fuerza, un poder activo, es la voluntad humana. Sólo es accidental lo que resulta de esta voluntad; todo lo demás es necesario e inmutable.

Sea de esto lo que quiera, Aristóteles está en lo verdadero, al afirmar, que el ser accidental no puede ser objeto de la filosofía. Sólo es de lamentar que a causa de estas ideas de accidente y de azar, haya restringido un poco la noción de esta armonía universal, que tan naturalmente se deriva de su sistema.

Lo verdadero y lo falso tampoco deben ser objeto de la filosofía, porque la filosofía estudia los seres en sí mismos, y el ser en sí es siempre lo verdadero, porque no es el pensamiento el que constituye la esencia de los seres, sino, por lo contrario, el es el que constituye lo verdadero y lo falso, puesto que lo verdadero y lo falso son la conformidad y disconformidad del sujeto con el atributo, y esta conformidad o disconformidad residen en el pensamiento. La ontología no se ocupa del examen de los seres que deben su existencia al pensamiento; sólo tiene por objeto la esencia y las leyes del ser considerado en sí mismo.

IV

Una vez determinados la extensión y los límites de la ciencia, sólo resta probar su posibilidad, darle una base sólida, es decir, asentar un principio incontestable, que pueda *a priori* legitimar todos sus resultados; y este principio, según Aristóteles, es el principio de contradicción.

Una de las cosas más incontestables a los ojos del sentido común, es, que el hombre, en el ejercicio de sus facultades intelectuales, puede llegar a conocimientos reales, absolutos, que no son relativos únicamente a su persona y a su manera de ver, sino que responden a algún punto de la verdad. Hay una correspondencia íntima entre el hombre y la naturaleza, porque la inteligencia humana es un espejo donde viene a reflejarse, unas veces confusamente y otras con el más vivo resplandor, la verdad eterna. Tal ha sido por lo menos en todos tiempos la opinión de la humanidad. Los filósofos, sin embargo, no siempre han reconocido la evidencia de este principio. Los hay que, de buena fe o por espíritu sofístico, han puesto en duda el testimonio de nuestras facultades, han sujetivado, si se nos permite esta expresión, el conocimiento humano, y confundiendo la verdad y el error, han pretendido condenar al hombre a una ignorancia absoluta, o por lo menos, cerrándole todo acceso a la verdad absoluta, le han reducido a un conocimiento pasajero, mudable y perecedero como la humanidad. Encerrado en tan estrecha esfera, cuando sólo se trata de los datos que suministran los sentidos, estos sistemas no pueden ser peligrosos, puesto que importa poco sostener que tal sabor es a la vez dulce y amargo, y que la miel no tiene en sí misma ningún sabor agradable o desagradable, pues no por esto dejará cada cual de consultar su gusto y vivir según su costumbre. Pero si, pasando de las nociones sensibles a las nociones ontológicas y a las nociones morales, se resuelven los problemas en el mismo sentido; si, como los sofistas de Grecia o como Hume en los tiempos modernos, se afirma que todo es bien o que todo es mal, o lo que es lo mismo, que no hay bien ni mal; si se sujetivan en una palabra las nociones de la razón, entonces la cuestión toma un carácter mucho más grave. La menor duda que dejéis cernerse sobre la verdad, dará sus frutos en la ciencia a pesar de todos los esfuerzos, y es preciso tener fe en la verdad, para buscarla con ardor y para descubrirla. Por consiguiente, cuando se comienza el estudio de la filosofía, es indispensable preguntar, si existe o no una vèrdad absoluta, accesible al hombre; o bien, si todo está confundido, si no hay diferencia alguna entre lo verdadero y lo falso, y si una misma cosa existe o no existe a un mismo tiempo.

Los dos grandes legisladores de la ciencia en la antigüedad y en los tiempos modernos, Aristóteles y Kant, han abordado esta cuestión, pero la han resuelto de muy diferente manera. Kant, reconociendo la universalidad de los juicios de la razón, niega, sin embargo, a esta facultad el derecho de elevarse a lo absoluto; sujetiva nuestros conocimientos, y los reduce a proporciones puramente humanas; comienza por suscitar una duda sobre sus propios descubrimientos, y se coloca en posición de no poder avanzar en la ciencia, sin ponerse en contradicción consigo mismo. Aristóteles, por lo contrario, marcha con paso firme; cree no sólo en la existencia de una verdad relativa, humana y perecedera, sino que va más allá, busca la verdad misma, y sienta desde luego que existe, y que el hombre puede alcanzarla y poseerla.

No es por vía de demostración como Aristóteles trata de asentar el principio de toda verdad; esto sería intentar lo imposible, y sólo la ignorancia podría emprender semejante tarea. Pero no toda verdad pide ser demostrada, porque entonces habría que ir ascendiendo hasta lo infinito, y veríamos huir eternamente delante de nosotros la certidumbre y la demostración misma. Para que ésta sea posible, es preciso que haya verdades primeras, incontestables, evidentes por sí mismas, principios de toda demostración. En estas verdades es preciso detenerse, porque en ellas tiene que apoyarse la ciencia. El más seguro de todos los principios, y en el que se apoyan todos los domas, es el de contradicción, que puede formularse de esta manera:

Es imposible que, bajo la misma relación, el mismo atributo pertenezca y no pertenezca, al mismo tiempo, al mismo sujeto.

El libro cuarto está casi todo él consagrado al examen de este principio. El escepticismo, antes de la aparición de la Metafísica, se había presentado ya bajo muchas formas, en términos que más de un sistema llegó hasta negar la posibilidad de la ciencia. A pesar de todos los esfuerzos de Platón, aún quedaban en rededor de la filosofía muchos obstáculos, que importaba destruir, muchas dudas, que al parecer autorizaban hechos reales, envueltos en argumentos especiosos, muy propios para seducir, por lo que tenían de paradójicos, y que reclamaban una crítica profunda y una severa apreciación.

A los que niegan la certidumbre del principio de contradicción, Aristóteles sólo les exige que designen y determinen un objeto, cualquiera que sea la palabra que empleen, y cualquiera que sea el sentido que quieran dar a esta palabra. Sea, por ejemplo, la palabra *hombre*; que designa un objeto, un ser determinado, uno solo, cuando menos en el pensamiento actual, porque sería preciso haber perdido el sentido para atribuir a la misma palabra una multitud de significaciones. Desde el momento en que habéis designado un objeto único, habéis determinado alguna cosa, habéis admitido implícitamente el Principio. Pretender, por lo contrario, que el hombre y lo que no es el hombre son la misma cosa, equivale a decir, que no hay nada determinado; es destruir el lenguaje, es hacer el pensamiento imposible, porque todo pensamiento, expresado o no, debe recaer sobre algo determinado, y la existencia sola del pensamiento desmiente las aserciones de los sofistas.

Por otra parte, no puede pretenderse que el mismo ser existe y no existe, y que nada es determinado, sin negar al mismo tiempo la existencia de la forma y de la esencia de los seres. Si el hombre y el *no-hombre,* hablando corno Aristóteles, son idénticos, no existe nada que constituya la esencia del hombre, todo es accidental en el mundo, y no puede haber ningún principio universal. Pero el accidente es siempre el atributo de un sujeto, y si no hay sujeto determinado, será preciso prolongar hasta el infinito la cadena de los accidentes, y decir que no hay más que accidentes de accidentes, lo cual es imposible. Necesariamente hay una sustancia determinada, y de aquí se deduce un argumento invencible contra la posibilidad de la existencia simultánea en el mismo individuo de las cosas contradictorias y de las contrarias.

Otra consecuencia de estos sistemas es, que todo es toda cosa, y que sólo existe una cosa sola. Porque si todas las afirmaciones contradictorias son verdaderas, si, como dice Protágoras, la opinión de cada hombre constituye la verdad, el hombre es una galera, y la galera es un hombre, y el mundo es un caos, una mezcla de elementos, y esa primitiva confusión de que hablaba Anaxágoras. Después de todo, los escépticos se han encargado de destruir ellos mismos su sistema. Afirman que todo es verdadero o que todo es falso; pero entonces una de dos cosas: o su aserción no admite ninguna excepción, y en este caso se destruye a sí misma; o la única cosa verdadera es esta misma aserción, de que todo es falso o que todo es verdadero, lo cual equivale a admitir que hay un principio verdadero en el acto mismo de pretender que no hay ni verdad ni falsedad (porque si todo es verdadero, todo es falso, y recíprocamente), y esto equivale a edificar con una mano y destruir con la otra. El consuelo que queda, como observa Aristóteles, es, que es mucho más fácil proclamar el escepticismo, que ponerlo en práctica. Los que en su tiempo rehusaban especulativamente admitir la distinción de lo verdadero y de lo falso, nunca dejaron de dedicarse a sus negocios; iban a Megara y evitaban el precipicio en que podían caer, dando así un mentís formal a sus principios.

Sin embargo, a pesar de lo absurdo de todas estas doctrinas, Aristóteles se ve obligado a confesar que tienen un lado especioso y que encuentran su justificación hasta cierto punto en los fenómenos sensibles. El error, según él, de todos los filósofos que han profesado el escepticismo en este concepto, nace de haberse fijado sólo en los objetos sensibles. Y así, Anaxágoras y Demócrito, viendo que las mismas cosas producen los contrarios, y no profesando otro principio superior al de la materia, han reconocido naturalmente la existencia simultánea de los contrarios en los mismos seres, porque no llegaron a conocer la distinción entre la potencia y el acto, sin la cual no puede explicarse la producción y la destrucción. Los contrarios existen realmente en el mismo ser, pero no existen en acto porque es de toda necesidad que uno de los contrarios sólo exista en potencia. La apariencia de los objetos sensibles condujo a Demócrito, a Parménides, a Anaxágoras y a Protágoras a creer que las opiniones de cada hombre son la medida de la verdad. Los juicios humanos varían al infinito según los diversos individuos; varían en el mismo hombre según las circunstancias, y en medio de esta diversidad de opiniones, ¿dónde está la verdad? Únanse a estas consideraciones las que se deducen de las trasformaciones incesantes de los seres, del movimiento de todas las cosas, y esta preocupación os podrá conducir hasta la opinión expresada por Heráclito y por su discípulo Cratilo; a saber, que no pudiendo haber conocimiento alguno de lo que es esencialmente variable, el hombre no puede afirmar nada, so pena de caer en el absoluto y perpetuo error.

Aristóteles responde a todos estos filósofos, que sólo han tenido en cuenta el mundo terrestre, y que aun cuando sus conclusiones fueran verdaderas con relación a este mundo; el hombre puede todavía encontrar la certidumbre en regiones mas elevadas, y que, despreciando el testimonio de los sentidos, podría aprovechar el testimonio de las demás facultades:

«Este espacio que nos rodea, dice, mansión de los objetos sensibles, y el único que está sometido a las leyes de la producción y de la destrucción, es, por decirlo así, una porción nula del universo. De suerte que hubiera sido más justo absolver este bajo mundo en gracia del mundo celeste, que no condenar el mundo celeste en obsequio del primero.»[25]

Pero sin atacar a estos filósofos desde un punto de vista que no es el suyo, consiente en encerrarse en el círculo estrecho en que han circunscrito sus indagaciones, admitiendo por un momento con ellos, que el conocimiento sólo recae sobre los objetos sensibles.

No es cierto, aun dentro de esta hipótesis, que todas las apariencias sean verdaderas, porque una cosa existe o no existe, y no varía según la opinión que se forme de ella. Si hay disidencia, diversidad de juicios o de gustos, esto nace del hombre y no de las cosas mismas. No se niega la existencia de la luz porque haya ciegos; ni es más fundado admitir la opinión de un enfermo o de un hombre de gusto pervertido, si se trata de las cualidades de tal o de cual sustancia, porque para esto es preciso atenerse al juicio de un hombre sano, y no tomar la excepción por la ley. Si se pregunta cuál es el hombre sano, a esto nada se puede responder; porque equivale a preguntar, cuáles son los hombres locos y cuáles los hombres racionales, cuándo se está dormido o cuándo se está despierto.

Las objeciones que se toman del desacuerdo que hay entre los sentidos en un mismo individuo, no son más difíciles de resolver, porque basta distinguir el dato de los sentidos de la idea que le sigue, o como diríamos hoy, la sensación de la percepción[26]. El hombre puede engañarse, pero los errores jamás nacen de los sentidos; proceden siempre del juicio, y con un poco de atención, es fácil evitarlos. Para esto basta distinguir los datos de los diversos sentidos. No debe oponerse, como se ha dicho, a los datos de la vista el testimonio del tacto o de cualquier otro sentido; cada uno de estos tiene su dominio propio, y no se le debe sacar de él, y antes bien debe concedérsele en la esfera de su acción una plena y entera autoridad. En cuanto a los argumentos tomados de los fenómenos que tienen lugar durante los ensueños, Aristóteles responde, que en este punto, nadie se engaña y no hay hombre (es el ejemplo de que él se sirve) que encontrándose en África, y habiendo soñado por la noche que estaba en Atenas, se levante por la mañana para irse al Odeón.

Semejante sistema obligaría a proclamar que no hay más realidad que la sensación; que sin los seres sensibles no habría absolutamente nada; y que el mundo sólo existe en el pensamiento del hombre; conclusiones que bastan por sí solas para refutarlo. «La consecuencia que sale de semejante sistema, es, dice Aristóteles, verdaderamente desconsoladora. Si son estas las opiniones de los hombres que mejor han visto toda la verdad posible, y son éstos los que la buscan con ardor y la aman, ¿cómo es posible abordar, sin sentir el desconsuelo más profundo, los problemas filosóficos? Buscar la verdad ¿sería otra cosa que perseguir sombras que se desvanecen?[27]

Dichosamente para la ciencia, la razón humana de tal manera tiene fe en sí misma, que no puede, haga lo que quiera, poner en duda su autoridad. Sin temor podemos decir, que es imposible demostrar que nuestras facultades no nos engañan. Fuera vano que pudiéramos tener una facultad superior a la misma razón, porque también quedaría sometida a la terrible objeción del escepticismo. Pero no es menos imposible dudar realmente, porque se puede muy bien profesar el escepticismo con la lengua, pero todo lo que se dice, como observa Aristóteles, no es de necesidad que se piense.

¿No se podría, sin embargo, sin atacar directamente el principio de contradicción, suponerse que entre dos contrarios hay un intermedio, que no es ni lo uno ni lo otro, o bien que es a la vez el uno y el otro? En ambas suposiciones, según Aristóteles, la producción y el cambio son imposibles. Sería preciso por otra parte admitir una infinidad de intermedios, lo cual obligaría a decir, como en los sistemas precedentes, que no hay nada verdadero ni falso, y que todo es indeterminado.

Para librarse de estas conclusiones, no queda más que un medio, que es determinar, definir, o, en otros términos, expresar alguna cosa, porque la noción, cuyo signo son las palabras, es la definición de la cosa de que se habla[28]. Partiendo de este principio, Aristóteles define los diferentes términos que va a emplear en el curso de su obra. Pero es preciso no formar un concepto equivocado sobre el valor y el papel que representan estas definiciones; no se vaya a creer, como muchas veces ha sucedido, que las definiciones en filosofía son principios generales, axiomas de los cuales la ciencia deduce una multitud de consecuencias particulares. La filosofía es una ciencia de hechos, y las definiciones en las ciencias de hechos no pueden tener este carácter. La definición en las matemáticas desempeña un papel doble; sirve para fijar la noción de la cosa de que se habla, y además es el concepto mismo; de manera que es una, verdadera hipótesis, de la que se deducen poco a poco todas las consecuencias. Verdaderamente es en este sentido el principio y el punto de partida de la ciencia. No sucede así en las ciencias de hechos, porque aquí no es posible asentar *a priori* un principio, que encierre en sí mismo todas las deducciones, que el análisis se encargará de sacar ulteriormente. En las ciencias de hechos la definición no está al principio, está en el punto de llegada, porque es la consecuencia y el resultado de la ciencia, como que sólo puede ser completa en el momento en que la ciencia esté completa también. Para definir el ser, la sustancia, es preciso conocerlas, no vagamente, sino de una manera exacta; es preciso haberlas estudiado bajo todas las relaciones, y haber descendido a los últimos grados del análisis. Si Aristóteles parte de ciertas definiciones, no las considera como principios *a priori,* como las definiciones matemáticas; no deduce su ontología de las definiciones; antes bien, hace todo lo contrario. Si define, es para hacernos ver desde luego el fin que se propone conseguir. Él esta ya en posesión de la ciencia, y trata de enseñarla; puede por tanto sin inconveniente mostrarnos desde luego los resultados que ha obtenido; es este un medio de guiarnos y animarnos a seguirle: *ignoti nulla cupido.*

Muy distinto método debió guiarle, cuando Aristóteles buscaba la verdad; entonces debió observar y no definir. Un solo ejemplo bastará para convencernos de ello. Tomemos la definición de la causa[29]. *La causa es, o la materia constitutiva con que está hecho un ser... o la forma, la razón de ser... Ella es también el primer principio de cambio, de reposo... en fin, ella es el término, es decir, aquello en cuya vista una acción se realiza.* Es evidente, que la palabra causa no despierta en nosotros inmediatamente todas estas ideas; la causa no se la ha considerado siempre bajo todas estas relaciones, y así semejante definición implica el conocimiento de todo el sistema; no es el principio, es el resumen. Entendiéndolo así, es cierto el decir, que se debe partir de las definiciones. El filósofo que quiere enseñar, debe comenzar por definir los términos que emplea, decir el sentido que les da, y este es el medio de hacerse comprender. Al apoyarse Aristóteles en definiciones, este es el fin que se propone. Pero como no dijo expresamente cuál era el carácter de la definición filosófica, se interpretó mal su pensamiento en la Edad Media. Aristóteles había sido un escrupuloso y celoso observador, mientras que los Escolásticos observaron poco, y si se quiere nada; se contentaron con sentar principios, que no habían descubierto por sí mismos, y que los recibieron formados de manos de una autoridad, que miraban como superior, a saber, la autoridad de Aristóteles. La dialéctica sustituyó al método de observación, y la ciencia se vio condenada por mucho tiempo o girar en el círculo trazado por el pensamiento antiguo.

Ontología.— Hasta ahora no hemos entrado, hablando propiamente, en la exposición del sistema ontológico de Aristóteles, pero ya es posible formar de él una idea bastante exacta. Ya tenemos fijados los límites de la filosofía primera, sabemos ya, que es el estudio del ser en sí mismo; que no se limita, como las demás ciencias especulativas, al examen de los seres sensibles o matemáticos, sino que aspira al conocimiento del ser propiamente dicho, es decir, del ser independiente e inmutable, y que la constituye el estudio de lo absoluto. Réstanos seguir a Aristóteles en este terreno, ver la solución que ha dado a esta cuestión tan difícil y tan controvertida del primer ser; comparar su sistema con los de sus predecesores, y demostrar los vínculos secretos que, bajo la apariencia de una diversidad absoluta, ligan sus doctrinas con las de Platón y de Pitágoras. Es fácil convencerse, sólo con leer la Metafísica, que a Aristóteles le preocuparon constantemente las doctrinas de Pitágoras, y principalmente la ontología de Platón. Parece que teme, sobre todo, encontrarse con su maestro; opone continuamente su sistema al sistema de Platón, a cada instante toca la teoría de las ideas, la presenta y la ataca bajo diversas fases. Aristóteles es innovador, y quiere que todo el mundo lo sepa. Sin embargo, entre Platón y Aristóteles no hay tanta distancia como podría uno figurarse; la diferencia consiste más en la forma que en el fondo del sistema; el cuidado mismo que pone Aristóteles en notar esta diferencia, da motivo para inspirar alguna duda, y cuando menos prueba que la distinción es muy sutil, muy delicada, y no fácil de advertirá primera vista.

La ontología es la ciencia del ser en sí mismo; pero el ser absoluto, independiente, no está sometido a nuestros sentidos; le concebimos, pero no le percibimos; los únicos seres que percibimos son relativos y perecederos; difieren esencialmente de la sustancia absoluta, y están con ella en la relación de lo contingente a lo necesario, de lo finito a lo infinito. Más aún; no cabe conocimiento de las sustancias sensibles; porque encierran materia, es decir, un principio de indeterminación[30]. No pueden ser definidas, o por lo menos, no cabe respecto de ellas una definición real, y escapan a la ciencia.

Mas por otra parte, por mucha distancia que haya entre los seres sensibles y el ser eterno, sólo pasando por los primeros podemos elevarnos a la idea del segundo, porque la sustancia sensible no es la única sustancia, pero es la más visible, la que atrae en primer término todas las miradas, y por ella es preciso comenzar, sin perjuicio de elevarse después a las más altas especulaciones. Tal ha sido la marcha de la humanidad, y éste debe ser el camino del filósofo, porque necesita apoyarse en lo que conoce para llegar a lo desconocido, apoyarse en sus ideas personales para llegar a las ideas absolutas. Estas consideraciones, que tomamos del mismo Aristóteles[31], nos revelan todo el plan de lo que es, propiamente hablando, su filosofía primera. Más prudente y más metódico que lo habían sido sus predecesores, Aristóteles no aborda inmediatamente la noción de la sustancia; no nos describe desde el principio su naturaleza y sus elementos, como se había hecho antes de él respecto del número y de la idea; parte de lo que todos los hombres conocen, de la sustancia sensible; la analiza, la descompone en sus diversos elementos, la reduce a sus principios propios, pide a estos principios cuenta de las diversas trasformaciones de la materia, de la producción y de la destrucción; y por último, cuando ha reconocido que estos principios no bastan, cuando un estudio profundo de los seres materiales ha demostrado, que no pueden existir solos, que no tienen su razón de ser en sí mismos; entonces y sólo entonces se eleva a la noción de otra sustancia, pasa de lo relativo a lo absoluto, de la pluralidad a la unidad, y procura conciliar lo uno con lo otro, dando razón de la unidad del ser y de la infinita diversidad de las existencias individuales.

Todas las cuestiones ontológicas pueden reducirse a la siguiente: *¿Qué es la sustancia?* Porque la sustancia es el ser mismo, el ser tomado absolutamente, el ser primero bajo la relación de la noción, bajo la relación del tiempo y de la naturaleza[32]. Esta cuestión ha sido tratada más o menos explícitamente por todos los filósofos, y la respuesta que han dado es el resumen y la más alta expresión de todo su sistema.

Si se dice que la sustancia es la materia, se cae necesariamente en los errores de los físicos; y entonces, o sólo se da a la materia sus verdaderos caracteres, y se la mira como un ser abstracto, indeterminado, imposibilitándose así absolutamente para explicar los fenómenos sensibles, los cuales son todos determinados y definidos; o bien, y este ha sido el error general, se ve uno obligado a dar a la materia caracteres que repugnan a su noción, porque se confunde la materia abstracta, indeterminada, con la forma, es decir, con el principio de la determinación por excelencia.

Si se admite que la sustancia es lo universal o el género, se cae en el sistema de Pitágoras o en el de Platón, porque el número y las ideas son universales, y es preciso reconocer entonces, o que la sustancia está en los objetos, en los individuos, pero en tanto que género, en tanto que atributo universal, y que el número, por ejemplo, o la proporción numérica que constituye al hombre, se encuentra en Sócrates o en Calias, de los que no está separada, viéndose de esta manera reducido a construir el individuo con lo general, sin poder decir lo que constituye en él la individualidad, lo que le distingue de lo general; o bien que la sustancia está fuera del individuo que le constituye, lo cual no es menos ininteligible, porque en este caso la sustancia no es ya la sustancia del individuo, ni puede en manera alguna explicar al individuo, y se hace completamente inútil para la producción de los seres y para la ciencia.

Resta una última suposición: la verdadera sustancia de los seres será la forma, es decir, el carácter propio de cada objeto, lo que le constituye, lo que le distingue de todos los demás individuos comprendidos en el género. Este sistema es el de Aristóteles. Se libra de las inconsecuencias de las opiniones precedentes; no separa la sustancia de cada ser del ser mismo, da perfecta razón de la existencia propia de cada objeto, dando por esencia al individuo, no un carácter universal, sino una sustancia particular, que es suya propia, que no puede separarse de él, y que sólo en él se encuentra y no en ningún otro.

Aquí se presenta una grave dificultad: indudablemente hay individuos en la naturaleza, y es indispensable determinar en qué consisten, cuál es su forma, su carácter esencial, pero también hay géneros y especies, y estos géneros no son vanas concepciones de nuestro espíritu, no los constituimos en nuestro pensamiento sino que tienen una existencia que no depende de nosotros. La ciencia debe explicarlos también, debe decirnos cuáles son estos caracteres comunes, que aparecen en los seres del mismo género y de la misma especie; y aun admitiendo que cada ser tiene su sustancia propia, es preciso reconocer también que hay tipos primeros que se producen en cada uno de ellos, y así, después de haber creado la ciencia de lo individual, es preciso crear la ciencia de lo general.

Aristóteles conoció la dificultad, y no la resolvió completamente. Según él, los principios son diferentes para los diferentes seres, y cuando quiere explicar los caracteres generales que presentan los individuos de un mismo género, o se contenta con decir, que los principios son idénticos por analogía, o bien considera la forma, no como la causa de la individualidad, sino como un principio genérico, y restablece bajo otro nombre la teoría de las ideas, que tantas veces y tan vivamente ha combatido.

La materia parece, a primera vista, tener más que toda otra cosa el carácter de sustancia; no tiene forma, ni cualidad, ni atributo alguno; es el sujeto que persiste bajo las diversas modificaciones, y sólo ella continúa permanente en medio de los cambios de todos géneros que experimentan los objetos. Mas por otra parte, la materia no es determinada; lejos de esto, su esencia es la falta misma de toda determinación; no es nada por sí misma, sino una posibilidad de ser, una simple potencia de devenir o llegar a ser[33]. Bajo esta relación el conjunto de la forma y de la materia, es decir, la materia realizada, tiene más bien el carácter de sustancia que la materia indeterminada, que pudiendo ser cualquiera cosa, no es nada por sí misma. Tampoco es esta todavía la verdadera sustancia. El ser realizado no es un primer principio, porque este concepto no pertenece ni puede pertenecer más que a la forma pura, a la esencia.

¿Qué es, pues, la forma, y cuál es la naturaleza de este principio? Esta cuestión, que es el punto fundamental del sistema de Aristóteles, no ha sido siempre, como ya hemos indicado, objeto por su parte de una solución precisa. ¿Es un género, un ejemplar común que se reproduce en los individuos, o es individual e inseparable de cada ser? Es lo uno o lo otro según la necesidad; o más bien, es a la vez lo uno y lo otro. Sin embargo, Aristóteles se inclina generalmente a colocar en la forma el principio de la individualidad[34]. Esto es lo que le distingue de Platón. La forma sustancial es, según él, la esencia determinada, y en este concepto es opuesta a la materia, la cual no tiene por sí misma ninguna cualidad, ninguna determinación.

La forma pura es el ser, hecha abstracción de todo elemento constitutivo; es, no sólo un atributo inherente al sujeto, sino que es una cualidad esencial, sin la cual no se le puede concebir. Músico y blanco no son la forma de Sócrates, porque se le puede concebir sin estos atributos, como que pueden ser separados de él sin que el ser se destruya; mientras que la forma, por lo contrario, no puede ser separada sin que tenga lugar la destrucción del objeto. La forma de Sócrates es el hombre, si se considera a Sócrates como espíritu y cuerpo; es el alma, si se le considera bajo un punto de vista más limitado, solamente como inteligencia.

Esta forma, esta esencia pura, es eterna; no se produce en un ser, sino que se realiza en él. Causa de la existencia de los objetos, la forma no perece con ellos, la única cosa que perece es la unión de tal forma y de tal materia; la forma perece en un objeto, sin que ella perezca; no está sujeta ni a las leyes de la producción ni a las de la destrucción.

Podríase preguntar aquí, cuál es, pues, esta forma que, siendo causa de la existencia individual, se reproduce sin embargo en una multitud de seres. ¿Consiste el individuo realmente en la forma? Y si es así, ¿cómo se hace de la forma un principio general? La forma no puede admitirse bajo este doble carácter; o es la esencia misma de cada ser, su naturaleza propia; o es la generalidad que se reproduce en todos los individuos del género; y no puede ser lo uno y lo otro a la vez. La forma de Sócrates es, o el carácter propio de Sócrates, lo que le distingue de todos los demás hombres; o es el hombre en general, es decir, el carácter que le es común con la especie. Según Aristóteles, la forma sólo tiene el primero de estos caracteres; tal es, por lo menos, la significación general de su sistema. Según Platón, por lo contrario, la forma, la idea, no es más que el tipo general.

Los dos sistemas son entre sí opuestos sin excluirse; o, más bien, so necesitan el uno al otro, y la verdad sólo puede encontrarse en su conciliación. Sí, la sustancia de cada ser es verdaderamente la forma determinada, el carácter propio, la diferencia, con tal que se admita también que, independientemente de esta determinación propia, cada individuo realiza en sí un tipo general, y que en cada ser se muestra la generalidad al lado de la particularidad. Sócrates es él mismo, es un ser determinado, pero Sócrates es también miembro de la humanidad, y la humanidad se manifiesta en él, como se manifiesta en cada uno de los demás miembros de aquella.

Por natural que sea esta consecuencia, Aristóteles la rechaza con todas sus fuerzas. Lo que ve sobre todo, y lo que casi únicamente ve en la naturaleza, es el individuo; como resulta claramente de la teoría de la definición aplicada a la forma. Admite, como Platón, que la esencia de los seres es aquello respecto de lo que cabe definición, y por definición es preciso entender lo que expresa un objeto primero, es decir, un objeto cuya noción no puede referirse a otro objeto. Partiendo de un dato común, Platón y Aristóteles se separan bien pronto; y como toda definición contiene dos términos, el género y la diferencia, Platón considera el género como la esencia de los seres; Aristóteles, por el contrario, la diferencia[35]. La definición, según la expresión de Aristóteles, es la noción suministrada por la diferencia, no tal diferencia tomada caprichosamente, sino la diferencia propia, característica, del individuo de que se trata; en una palabra, la última diferencia, y una definición semejante es la noción de la esencia misma del objeto.

Difícil era resolver con más claridad la cuestión. Apoyado en esta verdad incontestable, que la sustancia propia de un objeto sólo puede darse en el objeto mismo, Aristóteles descubre con toda evidencia el vicio de las doctrinas de Platón y de Pitágoras; pero olvidando, de otro lado, que la forma del objeto, es decir, su noción, su causa de existencia, no sólo se da en el objeto mismo, sino que, antes de darse en el objeto, ha debido darse en otra parte, si no realizada, por lo menos como potencia, como razón de ser; que la forma de cada uno de los seres de la naturaleza ha debido ser pensada por Dios, como la forma de la casa ha debido ser pensada por el arquitecto; que este pensamiento de Dios ha debido recaer, no sólo sobre los individuos, sino también sobre los géneros que los comprenden, sobre lo universal como sobre lo particular; olvidando, digo, esta verdad, no menos incontestable que la primera, no admite en ningún concepto esta sustancia universal que constituye el fondo de la doctrina de Platón y de Pitágoras. Lo universal, repite muchas veces, no puede ser sustancia[36]; no hay, según él, otras sustancias que las de los individuos, y la sustancia de un individuo no es común a los demás. Lo universal, por lo contrario, es común a muchos seres, designa la manera de ser, un modo de la existencia, pero no la existencia determinada. «Ni la unidad, ni el ser, ni atributo alguno general pueden ser sustancia... la sustancia no existe en ningún otro ser, sino en sí misma, y en el ser de que ella misma es sustancia»[37].

Platón habíase mostrado exclusivo, y Aristóteles no lo es menos; pero sería injusto acusarle por esto. Si se preocupó demasiado de cierto punto de vista de las cosas, era difícil que no sucediera así. La doctrina platoniana era peligrosa, por lo menos por su tendencia; pues que encerraba un germen de error, que se desenvolvió más tarde[38]. Asustado Aristóteles de esta tendencia, temiendo ver abismado el individuo en una vaga generalidad, le atribuye una importancia exagerada, le da una independencia absoluta, opone la teoría de la forma a la teoría de las ideas, y si alguna vez se ve precisado a aproximarse a Platón, lo hace con pena.

Y así, desde el punto de partida aparece una oposición completa entre el sistema de Platón y el de Aristóteles; la forma en lugar de la idea, es decir, la particularidad en lugar de la generalidad. Pero ya lo hemos dicho; esta oposición se contradice algunas veces, porque la forma no puede permanecer siendo puramente individual, y porque la generalidad, que incesantemente aparece, se desliza en medio de la teoría de la forma. Arrastrado por la fuerza misma de las cosas, Aristóteles muda más de una vez de punto de vista, y se separa, por más que no quiera, del camino que se había trazado. He aquí un vínculo que liga necesariamente a Aristóteles y a Platón; tan imposible era para Aristóteles suprimir la universalidad que se da en el mundo, como le fue a Platón suprimir los individuos, por más que a ello le arrastraba lógicamente su principio.

Si comparamos a Aristóteles con Pitágoras, tendremos la misma diferencia en la apariencia, pero en el fondo la misma relación. Los pitagóricos no separaban la sustancia de los individuos, y de esta manera se libraban de algunas de las inconsecuencias de los platonianos; pero formaban el individuo con una sustancia universal, sin explicar lo que constituía al individuo, y bajo este punto de vista su doctrina es idéntica a la de Platón.

Si penetrando más adelante en la teoría de la forma, la estudiamos bajo la relación de la potencia y del acto, de la unidad y de la pluralidad; si aplicamos esta teoría a la producción y a la destrucción de los seres, tendremos que señalar diferencias fundamentales entre la forma de una parte y el número y la idea de otra; pero también encontraremos nuevas analogías todavía más notables. Pero antes de pasar al estudio de la forma, considerada, ya como acto y causa final, ya como principio de movimiento y causa do existencia, y ya también como unidad en la pluralidad, porque tiene todos estos caracteres, es indispensable formarse una idea de su contrario, es decir, del principio material, que bajo todas las relaciones es opuesto a la forma.

Hay en todos los seres sensibles, bajo las cualidades y modificaciones, un elemento constitutivo, una materia, que no tiene por sí misma ni forma, ni cualidad, y por consiguiente que puede recibir todas las formas. La materia es el elemento preexistente en el que la forma se realiza, y sobre ella tiene lugar la producción, siendo también ella la que persiste después de la destrucción de la forma. En tanto que materia indeterminada es eterna, y, lo mismo que la forma sustancial, no está sujeta a producción o a destrucción. La materia propiamente dicha no es el fuego, ni el aire, ni la tierra, ni ninguno de los principios materiales admitidos por los Físicos; el fuego, el aire y la tierra, no son la materia pura; están ya realizados, determinados, y tienen una forma particular. La materia, por lo contrario, no tiene ninguna forma; tiene por carácter la indeterminación absoluta, y todo lo que no tiene este carácter, sólo relativamente puede llamarse materia. El bronce es la materia de la estatua, la madera es la materia de la cama; son indeterminados con relación a los objetos en que entran como elementos, pero no son absolutamente indeterminados, son materiales y no materia; son, como dice Aristóteles, *de esto* y no *esto*. La materia no es el infinito o el indefinido numérico de los pitagóricos; no es tampoco la diada de Platón; o más bien, es todo esto y más que esto; es lo indefinido, lo indeterminado bajo todas sus fases y en todas sus acepciones. Se encuentra la materia hasta en la definición; es en ella la parte indeterminada, es decir, el género en oposición a la diferencia, que especifica y determina el ser de que se trata en la definición[39].

Bajo otro punto de vista la materia es la potencia en oposición a la forma, que es el acto, el resultado, el fin; no debiendo entenderse por potencia la causa productora, porque la verdadera potencia entonces sería la forma; la potencia en la materia no es más que una simple posibilidad. Cuando se dice, que la materia es la potencia de los contrarios, esto quiere decir simplemente, que es susceptible de recibirlos, y que no siendo lo uno ni lo otro, puede por lo mismo hacerse lo uno y lo otro. La materia no es una potencia en la verdadera acepción de la palabra, porque es esencialmente inerte. Si alguna vez decimos, que la materia tiene una fuerza propia, una potencia pasiva o activa, es porque no se trata entonces de la materia primera, sino de una materia realizada, el fuego o el bronce, por ejemplo. Por consiguiente, la potencia debe atribuirse, no a la materia, sino a la forma.

Sin embargo, Aristóteles, siguiendo el ejemplo de Platón, atribuye algunas veces una fuerza propia a la materia. Platón admitió que la causa de todo mal era la materia; que su imperfección, siendo incapaz de reproducir la idea que se realizaba en ella, era la causa de todos los desórdenes del mundo, que ofuscaba la vista de la inteligencia humana, así como ocultaba la armonía del universo. La materia, por lo tanto, tenía una fuerza propia, una fuerza de resistencia al bien, y la divinidad había podido sólo imperfectamente triunfar de este poder.

La misma idea se reproduce en Aristóteles. En el mundo hay, según él, una fortuna,[40] hay producciones del azar lo mismo que hay producciones naturales; y todo esto, fortuna y azar, es un hecho de la materia, es el principio de todo lo que es accidental; es la causa del mal, y por lo mismo la divinidad queda libre de esta responsabilidad que los escépticos quisieron que pesara sobre ella, acusándole por todos los desórdenes del mundo. El Dios de Aristóteles es causa únicamente del bien, pero a costa del poder infinito es como Aristóteles le da este atributo, y hasta a costa de la Pro-videncia misma, la cual no puede hacerse pedazos ni ejercerse a medias. Esto de reconocer la materia como potencia del mal, es el último resto de ese dualismo, que aparece más o menos claramente en el fondo de la mayor parte de los sistemas de la antigüedad.

Por último, la materia, en tanto que es lo opuesto a la forma, es la causa de la pluralidad de los seres; y con respecto a los objetos sensibles, la unidad en la pluralidad no es otra cosa que la realización de la forma en la materia. Cada ser es a la vez uno y múltiple, uno por la forma, múltiple por los elementos.

Hemos visto, que la materia propiamente dicha no era verdaderamente una potencia, a no ser que lo sea accidentalmente y como causa del azar; puede llegar a serlo, pero no tiene en sí misma la causa del devenir y del ser. Lo mismo sucede con la materia realizada; no es potencia en tanto que materia, lo es sólo en tanto que posee la forma, en tanto que es determinada. La potencia, el poder de mudar haciéndose otro ser en tanto que es otro, como dice Aristóteles, puede existir, ya en seres inertes, ya en seres animados, en el alma, en el entendimiento. De aquí nacen los poderes irracionales, como la fuerza vegetativa en los árboles, y las potencias intelectuales, como las artes y las ciencias, que son potencias de este género. Pero en ambos casos la verdadera potencia es siempre la forma; es la noción que está en el espíritu, es la forma intelectual que constituye el arte y la ciencia, es el hombre y no el sémen el que produce al hombre, porque a la materia en ningún concepto puede considerarse como potencia productora. Las potencias irracionales no pueden producir los contrarios; cada una de ellas sólo produce un efecto; desde que el ser pasivo y el ser activo están el uno junto al otro, entonces, y sólo entonces, hay acto, y el acto siempre es el mismo. No sucede así con las potencias racionales, ya sean naturales, ya adquiridas. Siendo la ciencia una explicación racional, se aplica al objeto y a la privación del objeto, abraza los contrarios. El alma tiene can sí misma el principio del movimiento, es una fuerza activa, y cualquiera que sea el objeto en el que ejerza su acción, puede hacer salir de él los contrarios, a no encontrar obstáculos exteriores, y con tal que los efectos contrarios no sean simultáneos. La potencia productora es, pues, la forma determinada, sea en los objetos inertes, sea en la inteligencia. Se dice a veces, que las maderas y las tejas son la casa en potencia; se dice, que el semen es, en circunstancias dadas, el hombre en potencia; pero potencia en este caso sólo significa posibilidad y no causa productora, porque la verdadera potencia es el hombre de una parte y el pensamiento del arquitecto de otra. La forma, esencia del objeto, es pues también, bajo otro punto de vista, la causa productora. Tal forma no se produce ella misma, pero la forma produce una forma análoga; el hombre engendra un hombre, y el árbol produce un árbol.

La teoría del acto viene también en apoyo de estas conclusiones. El acto es lo opuesto a la potencia; se toma, o por el movimiento con relación a la fuerza motriz, o por la esencia y la forma en oposición a la materia indeterminada[41], pero de estas dos acepciones, la única que conviene realmente al acto, es la esencia y la forma. El movimiento no es un acto verdadero; es un acto incompleto, o más bien, no es más que el tránsito de la posibilidad al acto[42]. Porque es la actualidad verdadera y completa, la forma es realmente una causa final, es el objeto del movimiento, es el bien para el objeto, cuya esencia es ella misma, y es anterior a la misma potencia en los objetos materiales. Es anterior a ella bajo la relación de la sustancia, bajo la relación de la noción, y bajo la relación del tiempo. En efecto, la forma del hombre es anterior al niño, el hombre es anterior al semen, y la materia se pone en acto sólo cuando ha recibido la forma. La anterioridad bajo la relación de la noción no es menos evidente; el constructor, como dice Aristóteles, es el que puede construir, que ha aprendido, por consiguiente, a hacerlo; el conocimiento ha debido necesariamente preceder, y construyendo es como se aprende a construir. Por último, bajo la relación del tiempo el primer lugar pertenece también al acto. Los miembros en potencia parecen anteriores al hombre, pero esto no es más que una apariencia; el hombre procede del hombre, el músico del músico, hay siempre un primer motor, y este primer motor existe ya en acto[43]. Los tres principios de la forma, de la causa final y del movimiento, vienen, por tanto, a identificarse en un solo y mismo principio, aun para los objetos materiales. La identificación no es completa, es cierto; el hombre produce el hombre, pero el ser producido tiene una forma propia, y si la causa final no difiere de la esencia, difiere de la causa productora, y no hay identidad entre lo que es producido y lo que lo ha producido. Sólo en una esfera más elevada, bajo el punto de vista del ser absoluto, encontraremos verdaderamente la identidad absoluta. La causa productora y la causa final serán un solo y mismo principio, y Dios será a la vez la causa y el fin de todo movimiento.

Teología.— El espíritu concibe un ser eterno e infinito, y esta concepción basta por sí misma para que tengamos derecho a afirmar su infinita y eterna existencia. Hay sin embargo otras pruebas más visibles, si puede decirse así, y más al alcance de todos, y son las que se sacan del examen del mundo sensible; pruebas absolutas igualmente, porque descansan en un principio absoluto, el axioma de causalidad. Los argumentos con que Aristóteles prueba la existencia de Dios son principalmente argumentos físicos, como se los llama en el lenguaje de la filosofía moderna. La grandiosa y profunda teoría del ser sensible, de la que hemos procurado dar una idea, no es para Aristóteles más que un medio y no un fin; el fin verdadero es el conocimiento de Dios, porque el objeto de la filosofía primera es Dios mismo.

Toda producción viene, o de la naturaleza, o del arte, o del azar. La ciencia no se ocupa de las producciones del azar; Aristóteles nos ha dicho más arriba el por qué. En cuanto a las otras producciones, las del arte y las de la naturaleza, no son producciones en el sentido absoluto que se da a esta palabra, son sólo la realización de la forma eterna e increada en una materia eterna, increada. Y así, cuando se dice que un hombre es producido por un hombre, y que un árbol nace de una semilla, esto significa, que una forma preexistente se realiza en una materia preexistente; esta forma que se realiza, estaba ya en otro ser, en el árbol que ha producido la semilla, en el hombre que ha engendrado. El individuo, hombre o árbol, es causa del individuo, pero no causa absoluta. Su acción está subordinada a ciertas condiciones necesarias, a causas cooperantes, como las llama en cierto lugar Aristóteles[44]. Haylas inmediatas, las hay más lejanas, y aunque se relacionan las unas a las otras, la serie de las causas no se prolonga hasta el infinito. Se sube de causa en causa, del hombre a lo que le hace vivir, después a las leyes de su existencia, de aquí a los movimientos generales del mundo, luego a las causas diversas de estos movimientos, y por último a la causa primera y absoluta, al motor inmóvil.

La producción, o si se quiere, la creación por el pensamiento, nos hace tocar, por decirlo así, a la divinidad. Es en nosotros el resultado de una potencia natural, que la inteligencia puede modificar, que el trabajo desenvuelve y agranda, que hubiera podido dormir eternamente en nosotros, pero que no nos hemos dado a nosotros mismos. Esta producción forma parte del hombre, y las causas del hombre son las causas de esta potencia. Por otra parte el objeto verdadero del estatuario, del poeta, del músico, es, no la realización de la figura en la piedra, del pensamiento en el poema, de la melodía en el canto lírico de una manera cualquiera, sino lo bello, y lo bello es el bien, es decir, Dios mismo.

Resta, sin embargo, una dificultad relativamente a los seres sensibles. ¿Cómo puede operarse el tránsito de lo blanco a lo negro? ¿Cómo puede convertirse el vino en vinagre? No es posible ninguna transformación, si lo que llega a ser o deviene no estuviera ya en el ser que deviene. La cuestión no es embarazosa para la escuela de Megara, que pretende, que todo está en acto, porque entonces nada cambia en la naturaleza; cada cosa es eternamente lo que debe ser, y no hay producción. No es tampoco embarazosa para los que admiten la existencia simultánea de los contrarios; el mismo objeto es a la vez blanco y negro, vino y vinagre; no varía en su esencia por la producción, lo que se hace o deviene lo era ya; la única cosa que varía es la sensación, es decir, el hombre y no el objeto; pero pretender que los contrarios tienen una existencia simultánea, o lo que es lo mismo, que todo está en acto, en una palabra, negar el movimiento, es ponerse en contradicción con la evidencia, es echar a un lado la dificultad negándola, y no resolverla.

Aristóteles resuelve la cuestión de una manera mucho más racional, diciendo, que los contrarios existen ciertamente en los seres, pero en potencia y no en acto. Y así hay en el vino una materia primera, que en potencia es vino y vinagre, que puede hacerse sucesivamente lo uno y lo otro, pero no es lo uno y lo otro a la vez. Puede admitirse en el mismo concepto la existencia de un medio entre dos opuestos, medio por el que se opera el tránsito entre los dos extremos; entre lo blanco y lo negro está lo encarnado, que no es lo uno y lo otro, absolutamente hablando, pero que participa de ambos, y que sirve de medio para ir de lo blanco a lo negro. En igual forma entre el vino y el vinagre hay un intermedio, que participa del uno y del otro, y por cuyo medio se opera el tránsito. No hay transformación inmediata del vino en vinagre: hay antes una resolución del objeto en sus elementos primeros, es decir, en una materia, que es el medio entre los dos extremos. En este sentido dice Aristóteles, que para ir de un extremo a otro es preciso pasar por un medio, y que este medio sólo existe entre los extremos, porque el tránsito sólo se opera de un extremo a otro[45]. Sin embargo, no cabe una transformación absoluta. Para que dos cosas se cambien la una en la otra, es preciso que tengan una materia común, o en otros términos, que no difieran de género. No hay materia común entre lo perecedero y lo imperecedero[46], y el tránsito de uno a otro es imposible. Sólo hay cambio de lo contrario a lo contrario, y los contrarios pertenecen necesariamente al mismo género. Entre los contrarios hay, pues, una materia, que es lo uno y lo otro en potencia, que puede por consiguiente hacerse lo uno o lo otro según la acción de las circunstancias y el impulso de la causa motriz, pero que no puede hacerse o llegará ser lo uno y lo otro a la vez.

Y si se pregunta ahora, por qué el hombre se hace no-hombre, por qué está sujeto a destrucción, por lo menos en cuanto al cuerpo, basta responder, que hay en él una materia, que por sí misma no es ni el hombre ni el no-hombre, pero que puede afectar diversas formas; y que es, en potencia, el hombre y la privación. La única causa de cambio, no la causa motriz, sino la potencia que hace el cambio posible, es la materia, y de aquí se puede concluir con Aristóteles, que toda sustancia inmaterial es por esto mismo inmutable, y está al abrigo de toda alteración.

La demostración de la necesidad de un primer motor ocupa poco lugar en la Metafísica, porque de ella se había ocupado ya Aristóteles, y había resuelto esta cuestión en otra parte[47]. Aristóteles se limita a resumir el argumento en pocas palabras. Todo movimiento supone un motor, y como no puede haber una serie infinita de principios, es preciso necesariamente detenerse en una causa primera[48], que comunique el movimiento sin haberlo recibido, y que tenga en sí misma la razón de su existencia. Prueba, bajo una forma sintética, la existencia de Dios por el principio de causalidad, demostración que se ha hecho vulgar, como todo lo que es verdadero, que no era nueva ni aun en tiempo de Aristóteles, pero que la puso al abrigo de toda objeción, asentando que no puede haber una serie infinita de causas.

La eternidad del motor se prueba por la eternidad del movimiento, cuyo principio es él, y por la eternidad del tiempo. «Es imposible que el movimiento haya comenzado o que concluya; es eterno como lo es el tiempo, porque si el tiempo no existiese, no podría haber ni anterioridad ni posterioridad. El movimiento y el tiempo tienen la misma continuidad, porque, o bien son idénticos el uno al otro, o bien el tiempo es un modo del movimiento»[49]. En ambos casos es preciso que el movimiento sea eterno como el tiempo, y de aquí dedujo y concluyó la eternidad del motor. Este argumento o primera vista tiene algo de sofístico. El tiempo no está tan íntimamente ligado al movimiento, que no pueda separarse de él; el tiempo no es ni el movimiento ni uno de sus modos, porque se puede concebir un tiempo, en que no había aún movimiento. El movimiento no constituye el tiempo y puede, por tanto, no participar de su eternidad. Mas esta prueba, aunque presentada en forma un poco falsa, no por eso deja de ser firme. Platón no admitía la eternidad del movimiento. Los astros, según él, habían tenido un comienzo[50]; eternos en el porvenir no lo fueron en el tiempo pasado; y sin embargo, Platón creía también en la eternidad del motor. Y, en efecto, poco importa que el movimiento haya comenzado o que sea eterno, no por eso se puede menos de ir en busca de una causa primera, eterna, que no dependa de ninguna otra causa. En el sistema de Aristóteles, puede deducirse la eternidad de Dios directamente de la definición de su esencia. Si su forma sustancial es el acto puro, no pudo tener principio, porque hubiera tenido que existir en potencia antes de existir en acto, y ya no podría ser un primer principio, porque es de toda necesidad que la primera causa exista en acto.

La inmovilidad del motor aparece en la Metafísica[51], más bien admitida como un hecho que demostrada directamente. Por lo demás es muy fácil demostrarla. Para que el movimiento sea posible, es preciso que haya una causa, un motor. Si este motor está en movimiento, no es en tanto que es motor, porque si se supone un ser que se mueve en sí mismo, será preciso considerar en él dos cosas muy distintas, el movimiento y su causa, y en tanto que causa será inmóvil. Pero es hasta imposible dividir así al primer motor, admitiéndole por una parte como inmóvil, y por otra como poseyendo un movimiento propio, cualquiera que sea la simplicidad de este movimiento. La esencia de Dios es la actualidad pura, y en tanto que acto no puede estar en movimiento. El movimiento es un acto imperfecto; supone de una parte una potencia y de otra un fin, y en Dios no hay nada en estado de potencia, y la potencia y el fin se confunden en él en una actualidad absoluta. No es susceptible de ningún cambio, de cualquier naturaleza que sea, y en este respecto es exacto decir, que es necesario, pero necesario en concepto de causa final y de bien.

Puede asentarse *a priori* la unidad de Dios, apoyándose en los datos de la razón, que no puede concebir dos infinitos. Puede igualmente deducirse de la observación, del examen del universo, y de los fenómenos que en él se realizan. Aristóteles desprecia el primero de éstos dos métodos, que es ciertamente el más seguro, y el único que puede dar una perfecta evidencia. La prueba *a priori* se encuentra implícitamente comprendida en la mayor parte de sus opiniones sobre la divinidad, pero no la consigna formalmente en ninguna parte. De la uniformidad del movimiento del cielo y de la armonía del mundo deduce la unidad de Dios. Cada astro tiene un movimiento propio, en tanto que son esencias eternas, pero independientemente de estos movimientos particulares, un movimiento único arrastra a todo el cielo, y este movimiento sólo puede ser resultado de la acción de un principio único. La armonía del mundo es inexplicable, si no se admite un solo motor. Esta prueba es buena seguramente, y se presenta de suyo al observador menos atento, pero no es la mejor, ni es perfectamente rigurosa, y Aristóteles no lo ignoraba, porque sólo dedujo de ella una probabilidad, contentándose con añadir, que este sistema es, sin contradicción, preferible al de todos sus predecesores.

La esencia de Dios es el acto mismo, el acto puro; nada se halla en él en estado de potencia, porque no existiría realmente; no sería el primer motor si su esencia estuviese en potencia. Pero ¿en qué consiste su actualidad? ¿Es un ser sensible, es el mundo en su conjunto, es la inteligencia y la materia? Evidentemente no, porque entonces no sería la actualidad pura, siendo la materia potencia de los contrarios: el acto puro sólo puede encontrarse en la inteligencia, en el pensamiento absoluto, como que es la identidad perfecta de la inteligencia y de lo inteligible. No es una inteligencia ociosa é inerte: «la vida está en él, porque la acción de la inteligencia es una vida, y Dios es la actualidad misma de la inteligencia; esta actualidad tomada en sí misma, tal es su vida perfecta.» En el hombre, el pensamiento difiere de su objeto, no hay identidad entre la potencia y el fin, y así el pensamiento humano no es la actualidad absoluta. Esto no puede suceder en la inteligencia divina. Porque si su pensamiento dependiese de otro principio, su esencia no sería el pensamiento, sino una simple potencia; no sería su esencia la mejor, y el pensamiento sería para la divinidad un sacrificio. Pensar, he aquí el estado habitual de la divinidad, y pensando, sólo piensa en sí misma, piensa en una cosa indivisible, porque es ella misma el pensamiento absoluto, el bien en que piensa de toda eternidad. «La inteligencia se piensa a sí misma, en tanto que abraza. lo inteligible, porque se hace inteligible con este contacto, con este pensar, y hay, por consiguiente, identidad entre la inteligencia y lo inteligible... La posesión de lo inteligible es la actualidad de la inteligencia.» Dios es, pues, la actualidad pura y absoluta; fuera del pensamiento, que es su esencia, no hay nada para él, sólo piensa en sí mismo, y es el pensamiento del pensamiento.

Dios, en tanto que inteligible, es también el bien, y en este concepto es la causa del movimiento de todos los seres. En tanto que pensamiento siempre en acto goza de una felicidad eterna y perfecta. El goce para el hombre es la acción, pero su acción comienza y concluye, es imperfecta, y su felicidad no puede ser completa. La verdadera felicidad sólo pertenece al ser, cuya existencia es al mismo tiempo la actualidad absoluta; sólo Dios es perfectamente dichoso, y goza de la absoluta felicidad.

Entre las sustancias sensibles, se colocan en primer término los astros, sustancias eternas é increadas, verdaderos dioses intermedios, colocados entre el ser y los seres, entre Dios y el mundo. Si se consideran los astros en sí mismos, son principios, causas finales, porque tienen un movimiento propio, en medio del movimiento uniforme del cielo, y cada uno de estos movimientos debe necesariamente referirse a un motor propio; mas, de otro lado, los astros son arrastrados en el movimiento general del cielo, tienen un objeto a que aspirar, un fin, el motor inmóvil, el bien absoluto. Así se explica la unidad y la diversidad del universo. Aristóteles admite, como Platón, que Dios no obra directamente sobre el mundo: él mueve los astros como objeto del amor, y lo que él mueve imprime el movimiento a todo lo demás; pero Dios no por eso deja de ser el principio de todo movimiento. La única diferencia que puede notarse entre estos dos filósofos es que para Aristóteles los astros son eternos é imperecederos por naturaleza, mientras que según Platón nacen de la voluntad de Dios, y depende su inmortalidad de esta voluntad misma. Según uno y otro, los astros son dioses secundarios, y desempeñan un doble papel, en cuanto son puestos en movimiento por el ser inmóvil y absoluto, a la vez que son ellos motores con relación a los otros seres.

En cuanto al modo de acción, sea del motor primero, sea de los astros, no difiere nada: Dios es principio del movimiento en tanto que inteligible y deseable; es el bien, y aspirando hacia él es como los astros se mueven. Siendo el bien único y absoluto, todos tienen un mismo fin, una misma causa final, y de aquí nace la unidad del mundo. Mas, por otra parte, ellos mismos son causas finales en una esfera inferior, son el objeto de otros movimientos, el bien de otros seres, y a su diversidad se debe la diversidad de los movimientos de la naturaleza. Hay en el universo una cadena continua de movimientos, que nacen todos los unos de los otros, y que todos pueden reducirse en último análisis al motor único como a su principio supremo.

No es más allá de los límites del universo donde se piensa eternamente el pensamiento divino; el Dios de Aristóteles, sirviéndonos de una expresión célebre, no es un rey solitario abismado en la nada de la absoluta existencia. Es el Dios del mundo, y el mundo entero está pendiente del motor inmóvil. El movimiento de los seres es una perpetua aspiración hacia Dios, origen eterno del amor, único inteligible y único deseable. La naturaleza tiende con todas sus potencias al bien supremo; eternamente tiembla, si es posible emplear esta palabra, en presencia del ser amado. La armonía del mundo parte de Dios, y vuelve a Dios. Dios es el principio y el fin de todas las cosas. El mundo no es un imperio mal ordenado, no es una especie de poema plagado de episodios, dice Aristóteles; no es una mala tragedia, dice también, y por esto entiende una tragedia sin unidad. Sucede con el bien en el mundo, según Aristóteles, lo que con el bien en un ejército; lo constituyen a la vez el orden en el ejército y el general que lo manda. Y así el bien se halla por todas partes en el universo, y en él reinan la unidad, el plan regular y la eterna armonía. Dios es él mismo, es el pensamiento que se piensa por toda la eternidad en el seno de la felicidad suprema; pero es también el bien que se realiza sin cesar y sin fin en el universo; el orden universal es Dios.

Esta gran concepción de un Dios, que es la potencia motriz, que es el bien del mundo y su fin, de un Dios que tiene conciencia de sí mismo, puesto que se piensa a sí mismo, y que es el pensamiento del pensamiento; esta organización de todas las cosas y esta progresión continua de las existencias, desde la materia, es decir, la simple posibilidad, la indeterminación absoluta y casi el no-ser, hasta la absoluta realidad, hasta el ser que es, ¿esta concepción satisface completamente a la idea que nos formamos de Dios y de sus relaciones con el mundo?

El Dios de Aristóteles no tiene la omnisciencia, puesto que sólo se conoce a sí mismo, y que conocer otra cosa, sería para él, según Aristóteles, desmerecer; no tiene la omnipotencia, porque la materia es de toda eternidad, los astros son eternos como la materia, y todo es eterno en el mundo y persiste en medio de eternas vicisitudes; y Dios, según Aristóteles, no puede mudar nada de todo lo que existe; menos aún es creador, como que la idea de la creación, propiamente dicha, no pertenece a la filosofía antigua. Se ha sostenido que este Dios era Providencia, y también se ha negado que estuviera dotado de este sagrado carácter. En este punto todo depende de la inteligencia que deba darse a las palabras. La Providencia, según la acepción generalmente admitida y en el sentido propio de la palabra, esto es, el conocimiento de las necesidades de los seres inferiores y la atención perpetua a los cuidados que reclama su conservación, supone un Dios creador, omnipotente, sabedor de todas las cosas; omnisciente para que pueda prever; omnipotente para que obre según su voluntad; creador para que no haya nada que limite su poder. Todo lo que dice Aristóteles sobre la naturaleza del ser supremo, está en contradicción manifiesta con esta idea. El Dios, verdaderamente providencial, es un Dios que trabaja, es un obrero activo ocupado incesantemente en la reparación y en la perfección de su obra; mientras que el Dios de Aristóteles, si tiene los ojos sin cesar abiertos y jamás se duerme, (¿á dónde iría a parar sin esto, dice Aristóteles, su excelencia y su dignidad?) sobre sí mismo y sobre sí únicamente recae su eterna contemplación. La ciencia de Dios no es más que una conciencia; y bajo este punto de vista, en tanto que ser que sabe, Dios no es ni puede ser para Aristóteles más que el pensamiento del pensamiento.

---

1. Como en otro lugar dijimos ya, esta introducción es parte de la que precede a la traducción de la *Metafísica* hecha por M. M. Pierron y Zévort, de quienes tomamos también las notas.
2. Libro II, cap. III.
3. Libro II, cap. II.
4. Libro II, cap. II.
5. Libro I, cap. III.
6. Ev επι πωλλων.
7. Libro I, cap. V.
8. Libro I, cap. IV.
9. Aristóteles no distingue nunca las doctrinas de Pitágoras de las de sus discípulos. En su tiempo hubiera sido una tarea casi imposible. Pitágoras no escribió nada, según declaran los antiguos, y es probable que sus primeros discípulos siguieron

su ejemplo. La doctrina debió trasmitirse al principio oralmente, añadiendo cada uno sus propias ideas, hasta la época en que Filolao (nació hacia el año 392 antes de J.C.) formuló el sistema. No era fácil discernir la palabra de cada uno tratándose de una doctrina que se había enriquecido con los descubrimientos de cinco o seis generaciones; y así Aristóteles se contenta con examinarla en general, y emplea ordinariamente, al hablar de ella, una denominación tan vaga como comprensiva: *los llamados Pitagóricos.*

10. Philolaüs *apud. Stob. Ecl.*, I, 6, pág. 456.
11. Véase el *Parménides.*
12. Véase el *Filebo.*
13. *Filebo.*
14. *Timeo.*
15. *Exemplum porro gignundis rebus, et ipsa*
    Notilies hominum, divis unde insita primum?
    Lucr. v. 192.
16. *Timeo.*
17. Platón dice, sin embargo, en la *República,* que Dios es el principio de las ideas. Algunos pasajes del *Timeo* son más explícitos aún; en fin, Alcinoo, platoniano, que vivía hacia el siglo II antes de J. C., dice terminantemente que la idea, en opinión de Platón, era el pensamiento de Dios: «La idea es, con relación a Dios, su inteligencia; con relación a nosotros el primer objeto del entendimiento; con relación a la materia, la medida; con relación al mundo sensible, el ejemplar; con relación a si misma, la esencia...

    La existencia de las ideas la sienta Platón de esta manera. Ya sea Dios espíritu, ya sea inteligencia, tiene pensamientos, y estos pensamientos son eternos e inmutables; de aquí se sigue la existencia de las ideas.»

    Introducción a la *Filosofía* de Platón.
18. *República,* VI.
19. *Metaf.*, I, 2.
20. *Metaf.*, I, 3. Περι των απορηματων.
21. *Metaf.*, IV, 1.
22. *Metaf.*, IV, 2.
23. *Metaf.*, libro IV.
24. *Metaf.*, libro VI.
25. *Metaf.*, IV, 6.
26. Esta distinción, indicada por Aristóteles, es de grande importancia. Muchas veces se ha hecho caso omiso de ella en los últimos siglos; y de aquí una multitud de sistemas que han tenido por resultado hacer sujetivos todos nuestros conocimientos. Reid la reprodujo y la tomó como punto de partida de un sistema más completo y más racional; se valió de ella para combatir el escepticismo de Berkeley y de Hume.
27. *Metaf.*, IV, 5. –Por triste que sea esta doctrina, muchas veces ha sido profesada. Es una consecuencia necesaria del sistema de Locke sobre las ideas, y Berkeley y Hume la han sacado. En parte se encuentra también en la filosofía Escocesa. Las cualidades segundas, según Reid, no son percibidas directamente y en sí mismas; antes de asociarlas a las cualidades primeras, son tan sólo causas desconocidas de sensaciones, son sujetivas.
28. *Metaf.*, IV.
29. *Metaf.*, V, 2.
30. Libro VII, 15.
31. Libro VII, *et passim.*
32. *Metaf.*, VII, 1.
33. Libro VII y VIII.

34. Libro VII.
35. *Metaf.*, VII.
36. *Metaf.*, VII, *et passim.*
37. *Metaf.*, VII, *et passim.*
38. Misticismo de Alejandría.
39. *Metaf.*, VIII.
40. Libros VI y XI.
41. *Metaf.*, IX.
42. *Metaf.*, IX, 9 y XI, al fin.
43. *Libro* IX.
44. *Metaf.*, V, 5.
45. *Metaf.*, X.
46. *Metaf.*, XI.
47. *Phisica. ausc.* VIII.
48. La legitimidad de las conclusiones del efecto a la causa nunca se puso en duda en la antigüedad. El escepticismo con relación a la existencia de Dios y a la Providencia se apoyaba únicamente en el desorden del universo. En los tiempos modernos no consintiendo los progresos de la ciencia poner en duda la armonía del mundo, se abandonó esa arma ya impotente, y Hume dio una nueva base al escepticismo, pretendiendo que el principio de causalidad no tenía ningún valor, y que ni siquiera la idea de causa teníamos.
49. *Metaf.*, XI, 6.
50. Según Aristóteles (*Metaf.*, XII, 6), Platón admitía la eternidad del movimiento; pero Platón dice terminantemente en el *Timeo,* que los astros han sido creados, y que Dios les ha comunicado el movimiento de que gozan, en un instante dado de la duración. Si hubo algún movimiento anterior a la creación, fue debido a la materia y no procedió de Dios.
51. Esta demostración la habla hecho ya en la Física.

LIBRO I

-I. Naturaleza de la ciencia; diferencia entre la ciencia y la experiencia.

-II. La filosofía se ocupa principalmente de la indagación de las causas y de los principios.

-III. Doctrinas de los antiguos sobre las causas primeras y los principios de las cosas. Tales, Anaxímenes, etc. Principio descubierto por Anaxágoras, la inteligencia.

-IV. Del amor, principio de Parménides y de Hesíodo. De la Amistad y del Odio de Empédocles. Empédocles es el primero que ha reconocido cuatro elementos. De Leucipo y de Demócrito, que han afirmado lo lleno y lo vacío como causas del ser y del no ser.

-V. De los pitagóricos. Doctrina de los números. Parménides, Jenófanes, Meliso.

-VI. Platón. Lo que tomó de los pitagóricos, en qué difiere el sistema de Platón del de aquéllos. Recapitulación.

-VII. Refutación de las opiniones de los antiguos tocante a los principios.

- I. NATURALEZA DE LA CIENCIA ; DIFERENCIA ENTRE LA CIENCIA Y LA EXPERIENCIA.

Todos los hombres tienen naturalmente el deseo de saber. El placer que nos causa las percepciones de nuestros sentidos es una prueba de esta verdad. Nos agradan por sí mismas, independientemente de su utilidad, sobre todo las de la vista. En efecto, no sólo cuando tenemos intención de obrar, sino hasta cuando ningún objeto práctico nos proponemos, preferimos, por decirlo así, el conocimiento visible a todos los demás conocimientos que nos dan los demás sentidos. Y la razón es que la vista, mejor que los otros sentidos, nos da a conocer los objetos, y nos descubre entre ellos gran número de diferencias[1].

Los animales reciben de la naturaleza la facultad de conocer por los sentidos. Pero este conocimiento en unos no produce la memoria; al paso que en otros la produce. Y así los primeros son simplemente inteligentes; y los otros son más capaces de aprender que los que no tienen la facultad de acordarse. La inteligencia, sin la capacidad de aprender, es patrimonio de los que no tienen la facultad de percibir los sonidos, por ejemplo, la abeja[2] y los demás animales que puedan hallarse en el mismo caso. La capacidad de aprender se encuentra en todos aquellos que reúnen a la memoria el sentido del oído[3]. Mientras que los demás animales viven reducidos a las impresiones sensibles[4] o a los recuerdos, y apenas se elevan a la experiencia, el género humano tiene, para conducirse, el arte y el razonamiento.

En los hombres la experiencia proviene de la memoria. En efecto, muchos recuerdos de una misma cosa constituyen una experiencia. Pero la experiencia, al parecer, se asimila casi a la ciencia y al arte. Por la experiencia progresan la ciencia y el arte en el hombre[5]. La *experiencia,* dice Polus[6], y con razón, *ha creado el arte, la inexperiencia marcha a la ventura.* El arte comienza, cuando de un gran número de nociones suministradas por la experiencia, se forma una sola concepción general que se aplica a todos los casos semejantes. Saber que tal remedio ha curado a Calias atacado de tal enfermedad, que ha producido el mismo efecto en Sócrates y en muchos otros tomados individualmente, constituye la experiencia; pero saber que tal remedio ha curado toda clase de enfermos atacados de cierta enfermedad, los flemáticos, por ejemplo, los biliosos o los calenturientos, es arte. En la práctica la experiencia no parece diferir del arte, y se observa que hasta los mismos que sólo tienen experiencia consiguen mejor su objeto que los que poseen la teoría sin la experiencia. Esto consiste en que la experiencia es el conocimiento de las cosas particulares, y el arte, por lo contrario, el de lo general[7]. Ahora bien, todos los actos, todos los hechos se dan en lo particular. Porque no es al hombre al que cura el médico, sino accidentalmente, y sí a Calias o Sócrates o a cualquier otro individuo que resulte pertenecer al género humano. Luego si alguno posee la teoría sin la experiencia, y conociendo lo general ignora lo particular en el contenido, errará muchas veces en el tratamiento de la enfermedad. En efecto, lo que se trata de curar es al individuo. Sin embargo, el conocimiento y la inteligencia, según la opinión común, son más bien patrimonio del arte que de la experiencia, y los hombres de arte pasan por ser más sabios que los hombres de experiencia, porque la sabiduría está en todos los hombres en razón de su saber. El motivo de esto es que los unos conocen la causa y los otros la ignoran.

En efecto, los hombres de experiencia saben bien que tal cosa existe, pero no saben porqué existe; los hombres de arte, por lo contrario, conocen el porqué y la causa. Y así afirmamos verdaderamente que los directores de obras, cualquiera que sea el trabajo de que se trate, tienen más derecho a nuestro respeto que los simples operarios; tienen más conocimiento y son más sabios, porque saben las causas de lo que se hace; mientras que los operarios se parecen a esos seres inanimados que obran, pero sin conciencia de su acción, como el fuego, por ejemplo, que quema sin saberlo. En los seres inanimados una naturaleza particular es la que produce cada una de estas acciones; en los operarios es el hábito. La superioridad de los jefes sobre los operarios no se debe a su habilidad práctica, sino al hecho de poseer la teoría y conocer las causas. Añádase a esto que el carácter principal de la ciencia consiste en poder ser transmitida por la enseñanza. Y así, según la opinión común, el arte, más que la experiencia, es ciencia; porque los hombres de arte pueden enseñar, y los hombres de experiencia no. Por otra parte, ninguna de las acciones sensibles constituye a nuestros ojos el verdadero saber, bien que sean el fundamento del conocimiento de las cosas particulares; pero no nos dicen el porqué de nada; por ejemplo, no nos hacen ver por qué el fuego es caliente, sino sólo que es caliente.

No sin razón el primero que inventó un arte cualquiera, por encima de las nociones vulgares de los sentidos, fue admirado por los hombres, no sólo a causa de la utilidad de sus descubrimientos, sino a causa de su ciencia, y porque era superior a los demás. Las artes se multiplicaron, aplicándose las unas a las necesidades, las otras a los placeres de la vida, pero siempre los inventores de que se trata fueron mirados como superiores a los de todas las demás, porque su ciencia no tenía la utilidad por fin. Todas las artes de que hablamos estaban inventadas cuando se descubrieron estas ciencias que no se aplican ni a los placeres ni a las necesidades de la vida. Nacieron primero en aquellos puntos donde los hombres gozaban de reposo. Las matemáticas fueron inventadas en Egipto, porque en este país se dejaba un gran solaz a la casta de los sacerdotes.

Hemos asentado en la Moral[8] la diferencia que hay entre el arte, la ciencia y los demás conocimientos. Todo lo que sobre este punto nos proponemos decir ahora, es que la ciencia que se llama Filosofía[9] es, según la idea que generalmente se tiene de ella, el estudio de las primeras causas y de los principios.

Por consiguiente, como acabamos de decir, el hombre de experiencia parece ser más sabio que el que sólo tiene conocimientos sensibles, cualesquiera que ellos sean: el hombre de arte lo es más que el hombre de experiencia; el operario es sobrepujado por el director del trabajo, y la especulación es superior a la práctica. Es, por tanto, evidente que la Filosofía es una ciencia que se ocupa de ciertas causas y de ciertos principios.

---

1. La vista nos revela un gran número de diferencias de toda especie, porque todos

los cuerpos tienen un color, Aristóteles, *De sensu et sensibili,* cap. I, ed. de Bekker, pág. 437.

2. Se ignora si las abejas tienen o no el sentido del oído. Aristóteles, *Histor. Anim.,* libro. IX, núm. 40, Bekk., pág 627.
3. El perro, el caballo, el asno, &c. Asclepio, ap. Brandis, *Scholia in Aristol.,* pág. 552.
4. Hay animales que viven reducidos a sólo las impresiones de los sentidos. Arist., *Del Alma,* lib. II, 3.
5. La ciencia en su conjunto es el resultado de la experiencia de cada uno en particular. *Physic. auscult.,* lib. VII, 8, Bekk., pág. 247.
6. La experiencia es la que da arte para la dirección de nuestra vida; la inexperiencia nos hace marchar al azar. Polus, *ap. Plat., in Gorg.,* cap. II, ed. de H. Estienne, pág. 448. – Polus, de Agrigento, discípulo y amigo de Gorgias. Véase el *Gorgias* de Platón.
7. Mediante el conocimiento de lo general, tenemos la inteligencia de lo particular. No hay modo de conocimiento propio de lo particular. *Primeros Analíticos,* lib. II, 21. Véase también los *Últimos Analíticos,* lib, I, 1.
8. *Moral a Nicómaco,* lib. VI, 3.
9. Σοφια. Es la misma palabra que hemos traducido más arriba por *sabiduría.* Cousin observa que Aristóteles la emplea sucesivamente en el sentido popular y en su sentido elevado, que es la sabiduría por excelencia, *la Filosofía.*

- II. LA FILOSOFÍA SE OCUPA SOBRE TODO DE LA INDAGACIÓN DE LAS CAUSAS Y DE LOS PRINCIPIOS.

Puesto que esta ciencia es el objeto de nuestras indagaciones, examinemos de qué causas y de qué principios se ocupa la filosofía como ciencia; cuestión que se aclarará mucho mejor si se examinan las diversas ideas que nos formamos del filósofo. Por de pronto, concebimos al filósofo principalmente como conocedor del conjunto de las cosas, en cuanto es posible, pero sin tener la ciencia de cada una de ellas en particular. En seguida, el que puede llegar al conocimiento de las cosas arduas, aquellas a las que no se llega sino venciendo graves dificultades, ¿no le llamaremos filósofo? En efecto, conocer por los sentidos es una facultad común a todos, y un conocimiento que se adquiere sin esfuerzos no tiene nada de filosófico. Por último, el que tiene las nociones más rigurosas de las causas, y que mejor enseña estas nociones, es más filósofo que todos los demás en todas las ciencias; aquella que se busca por sí misma, sólo por el ansia de saber, es más filosófica que la que se estudia por sus resultados; así como la que domina a las demás es más filosófica que la que está subordinada a cualquiera otra. No, el filósofo no debe recibir leyes, y sí darlas; ni es preciso que obedezca a otro, sino que debe obedecerle el que sea menos filósofo.

Tales son, en suma, los modos que tenemos de concebir la filosofía y los filósofos. Ahora bien; el filósofo, que posee perfectamente la ciencia de lo general, tiene por necesidad la ciencia de todas las cosas, porque un hombre de tales circunstancias sabe en cierta manera todo lo que se encuentra comprendido bajo lo general. Pero puede decirse también que es muy difícil al hombre llegar a los conocimientos más generales; como que las cosas que son objeto de ellos están mucho más lejos del alcance de los sentidos.

Entre todas las ciencias, son las más rigurosas las que son más ciencias de principios; las que recaen sobre un pequeño número de principios son más rigurosas que aquellas cuyo objeto es múltiple; la aritmética, por ejemplo, es más rigurosa que la geometría. La ciencia que estudia las causas es la que puede enseñar mejor, porque los que explican las causas de cada cosa son los que verdaderamente enseñan. Por último, conocer y saber con el solo objeto de saber y conocer, tal es por excelencia el carácter de la ciencia de lo más científico que existe. El que quiera estudiar una ciencia por sí misma, escogerá entre todas la que sea más ciencia, puesto que esta ciencia es la ciencia de lo que hay de más científico. Lo más científico que existe lo constituyen los principios y las causas. Por su medio conocemos las demás cosas, y no conocemos aquéllos por las demás cosas. Porque la ciencia soberana, la ciencia superior a toda ciencia subordinada, es aquella que conoce el porqué debe hacerse cada cosa. Y este porqué es el bien de cada ser, que tomado en general, es lo mejor en todo el conjunto de los seres[1].

De todo lo que acabamos de decir sobre la ciencia misma, resulta la definición de la filosofía que buscamos. Es imprescindible que sea la ciencia teórica de los primeros principios y de las primeras causas, porque una de las causas es el bien, la razón final. Y que no es una ciencia práctica lo prueba el ejemplo de los primeros que han filosofado. Lo que en un principio movió a los hombres a hacer las primeras indagaciones filosóficas fue, como lo es hoy, la admiración[2]. Entre los objetos que admiraban y de que no podían darse razón, se aplicaron primero a los que estaban a su alcance; después, avanzando paso a paso, quisieron explicar los más grandes fenómenos; por ejemplo, las diversas fases de la Luna, el curso del Sol y de los astros y, por último, la formación del Universo. Ir en busca de una explicación y admirarse, es reconocer que se ignora. Y así, puede decirse que el amigo de la ciencia lo es en cierta manera de los mitos[3], porque el asunto de los mitos es lo maravilloso. Por consiguiente, si los primeros filósofos filosofaron para librarse de la ignorancia, es evidente que se consagraron a la ciencia para saber, y no por miras de utilidad. El hecho mismo lo prueba, puesto que casi todas las artes que tienen relación con las necesidades, con el bienestar y con los placeres de la vida, eran ya conocidas cuando se comenzaron las indagaciones y las explicaciones de este género. Es, por tanto, evidente que ningún interés extraño nos mueve a hacer el estudio de la filosofía.

Así como llamamos hombre libre al que se pertenece a sí mismo y no tiene dueño, en igual forma esta ciencia es la única entre todas las ciencias que puede llevar el nombre de libre. Sólo ella efectivamente depende de sí misma. Y así con razón debe mirarse como cosa sobrehumana la posesión de esta ciencia. Porque la naturaleza del hombre es esclava en tantos respectos, que sólo Dios, hablando como Simónides, *debería disfrutar de este precioso privilegio*[4]. Sin embargo, es indigno del hombre no ir en busca de una ciencia a que puede aspirar[5]. Si los poetas tienen razón diciendo que la divinidad es capaz de envidia, con ocasión de la filosofía podría aparecer principalmente esta envidia, y todos los que se elevan por el pensamiento deberían ser desgraciados. Pero no es posible que la divinidad sea envidiosa, y los *poetas*, como dice el proverbio, *mienten muchas veces*.

Por último, no hay ciencia más digna de estimación que ésta, porque debe estimarse más la más divina, y ésta lo es en un doble concepto. En efecto, una ciencia que es principalmente patrimonio de Dios, y que trata de las cosas divinas, es divina entre todas las ciencias. Pues bien, sólo la filosofía tiene este doble carácter. Dios pasa por ser la causa y el principio de todas las cosas, y Dios sólo, o principalmente al menos, puede poseer una ciencia semejante. Todas las demás ciencias tienen, es cierto, más relación con nuestras necesidades que la filosofía, pero ninguna la supera.

El fin que nos proponemos en nuestra empresa debe ser una admiración contraria, si puedo decirlo así, a la que provocan las primeras indagaciones en toda ciencia. En efecto, las ciencias, como ya hemos observado, tienen siempre su origen en la admiración o asombro que inspira el estado de las cosas; como, por ejemplo, por lo que hace a las maravillas que de suyo se presentan a nuestros ojos, el asombro que inspiran las revoluciones del Sol o lo inconmensurable de la relación del diámetro con la circunferencia[6] a los que no han examinado aún la causa. Es cosa que sorprende a todos que una cantidad no pueda ser medida ni aun por una medida pequeñísima. Pues bien, nosotros necesitamos participar de una admiración contraria: *lo mejor está al fin*, como dice el proverbio. A este mejor, en los objetos de que se trata, se llega por el conocimiento, porque nada causaría más asombro a un geómetra que el ver que la relación del diámetro con la circunferencia se hacía conmensurable.

Ya hemos dicho cuál es la naturaleza de la ciencia que investigamos, el fin de nuestro estudio y de este tratado.

---

1. Véase en el lib. XII, 10, el desenvolvimiento de este elevado concepto de la misión de la causa final en el universo.
2. Platón en el *Teetetes.* «Este estado de admiración es particularmente el del filósofo, porque es el principio de la filosofía.»
3. Para la apreciación del valor filosófico de los mitos, véase el curso de Cousin, 1828, primera lección, pág. 22; lección V, pág. 19, y también en algunos argumentos que acompañan a la traducción de Platón.
4. Véase en el *Protágoras* el pasaje de Simónides a que alude Aristóteles. Muchos críticos han procurado restablecer los versos de Simónides desparramados en el texto de Platón.
5. *Moral a Nicómaco*; X, 7, 8. Es de notar, sobre todo, el siguiente pasaje: «no debemos, a pesar de no ser más que hombres, limitarnos, como quieren algunos, a los conocimientos y sentimientos puramente humanos: ni reducirnos, mortales como somos, a una condición mortal; es preciso, por lo contrario, que en cuanto de nosotros dependa nos desatemos de los lazos de la condición mortal, y hagamos todo lo posible por vivir conforme a lo mejor que hay en nosotros.»
6. Nos ha sido imposible dejar de parafrasear esta fórmula matemática, así como otra que viene más adelante. En general, la tecnología geométrica de los griegos es poco explícita; no sucede lo mismo en nuestras lenguas vivas; porque nuestras fórmulas son proposiciones completas.

- III. DOCTRINAS DE LOS ANTIGUOS SOBRE LAS CAUSAS PRIMERAS Y LOS PRINCIPIOS DE LAS COSAS. TALES, ANAXÍMENES, ETC. PRINCIPIO DESCUBIERTO POR ANAXÁGORAS, LA INTELIGENCIA.

Evidentemente es preciso adquirir la ciencia de las causas primeras, puesto que decimos que se sabe, cuando creemos que se conoce la causa primera. Se distinguen cuatro causas. La primera es *la esencia, la forma propia de cada cosa*[1], porque lo que hace que una cosa sea, está toda entera en la noción de aquello que ella es; la razón de ser primera es, por tanto, una causa y un principio. La segunda es *la materia, el sujeto*[2]; la tercera el *principio del movimiento*[3]; la cuarta, que corresponde a la precedente, es *la causa final de las otras*[4], el bien, porque el bien es el fin de toda producción.

Estos principios han sido suficientemente explicados en la *Física*[5]. Recordemos, sin embargo, aquí las opiniones de aquellos que antes que nosotros se han dedicado al estudio del ser y han filosofado sobre la verdad; y que, por otra parte, han discurrido también sobre ciertos principios y ciertas causas. Esta revista será un preliminar útil a la indagación que nos ocupa. En efecto, o descubriremos alguna otra especie de causas, o tendremos mayor confianza en las causas que acabamos de enumerar.

La mayor parte de los primeros que filosofaron, no consideraron los principios de todas las cosas, sino desde el punto de vista de la materia. Aquello de donde salen todos los seres, de donde proviene todo lo que se produce, y adonde va a parar toda destrucción, persistiendo la sustancia misma bajo sus diversas modificaciones, he aquí el principio de los seres. Y así creen, que nada nace ni perece verdaderamente, puesto que esta naturaleza primera subsiste siempre; a la manera que no decimos que Sócrates nace realmente, cuando se hace hermoso o músico, ni que perece, cuando pierde estos modos de ser, puesto que el sujeto de las modificaciones, Sócrates mismo, persiste en su existencia, sin que podamos servirnos de estas expresiones respecto a ninguno de los demás seres. Porque es indispensable que haya una naturaleza primera, sea única, sea múltiple, la cual subsistiendo siempre, produzca todas las demás cosas. Por lo que hace al número y al carácter propio de los elementos, estos filósofos no están de acuerdo.

Tales[6], fundador de esta filosofía, considera el agua como primer principio. Por esto llega hasta pretender que la tierra descansa en el agua; y se vio probablemente conducido a esta idea, porque observaba que la humedad alimenta todas las cosas, que lo caliente mismo procede de ella, y que todo animal vive de la humedad; y aquello de donde viene todo, es claro, que es el principio de todas las cosas. Otra observación le condujo también a esta opinión. Las semillas de todas las cosas son húmedas por naturaleza y el agua es el principio de las cosas húmedas.

Algunos creen que los hombres de los más remotos tiempos y con ellos los primeros teólogos[7] muy anteriores a nuestra época, se figuraron la naturaleza de la misma manera que Tales. Han presentado como autores del Universo al Océano y a Tetis[8], y los dioses, según ellos, juran por el agua, por ese agua que los poetas llaman Estigia. Porque lo más seguro que existe es igualmente lo que hay de más sagrado; y lo más sagrado que hay es el juramento[9]. ¿Hay en esta antigua opinión una explicación de la naturaleza? No es cosa que se vea claramente. Tal fue, por lo que se dice, la doctrina de Tales sobre la primera causa.

No es posible colocar a Hipón[10] entre los primeros filósofos, a causa de lo vago de su pensamiento. Anaxímenes[11] y Diógenes[12] dijeron que el aire es anterior al agua, y que es el primer principio de los cuerpos simples. Hipaso de Metaponte[13] y Heráclito de Éfeso[14] reconocen como primer principio el fuego. Empédocles[15] admite cuatro elementos, añadiendo la tierra a los tres que quedan nombrados. Estos elementos subsisten siempre, y no se hacen o devienen; sólo que siendo, ya más, ya menos, se mezclan y se desunen, se agregan y se separan.

Anaxágoras de Clazómenas[16], mayor que Empédocles, no logró exponer un sistema tan recomendable. Pretende que el número de los principios es infinito. Casi todas las cosas formadas de partes semejantes, no están sujetas, como se ve en el agua y el fuego, a otra producción ni a otra destrucción que la agregación o la separación; en otros términos, no nacen ni perecen, sino que subsisten eternamente.

Por lo que precede se ve que todos estos filósofos han tomado por punto de partida la materia, considerándola como causa única.

Una vez en este punto, se vieron precisados a caminar adelante y a entrar en nuevas indagaciones. Es indudable que toda destrucción y toda producción proceden de algún principio, ya sea único o múltiple. Pero ¿de dónde proceden estos efectos y cuál es la causa? Porque, en verdad, el sujeto mismo no puede ser autor de sus propios cambios. Ni la madera ni el bronce, por ejemplo, son la causa que les hace mudar de estado al uno y al otro; no es la madera la que hace la cama, ni el bronce el que hace la estatua. Buscar esta otra cosa es buscar otro principio, el principio del movimiento, como nosotros le llamamos.

Desde los comienzos, los filósofos partidarios de la unidad de la sustancia[17], que tocaron esta cuestión, no se tomaron gran trabajo en resolverla. Sin embargo, algunos de los que admitían la unidad, intentaron hacerlo, pero sucumbieron, por decirlo así, bajo el peso de esta indagación. Pretenden que la unidad es inmóvil, y que no sólo nada nace ni muere en toda la naturaleza (opinión antigua y a la que todos se afiliaron), sino también que en la naturaleza es imposible otro cambio. Este último punto es peculiar de estos filósofos. Ninguno de los que admiten la unidad del todo ha llegado a la concepción de la causa de que hablamos, excepto, quizá, Parménides[18], en cuanto no se contenta con la unidad, sino que, independientemente de ella, reconoce en cierta manera dos causas.

En cuanto a los que admiten muchos elementos, como lo caliente y lo frío, o el fuego y la tierra, están más a punto de descubrir la causa en cuestión. Porque atribuyen al fuego el poder motriz, y al agua, a la tierra y a los otros elementos la propiedad contraria. No bastando estos principios para producir el Universo, los sucesores de los filósofos que los habían adoptado, estrechados de nuevo, como hemos dicho, por la verdad misma, recurrieron al segundo principio[19]. En efecto, que el orden y la belleza que existen en las cosas o que se producen en ellas, tengan por causa la tierra o cualquier otro elemento de esta clase, no es en modo alguno probable: ni tampoco es creíble que los filósofos antiguos hayan abrigado esta opinión. Por otra parte, atribuir al azar o a la fortuna estos admirables efectos era muy poco racional. Y así, cuando hubo un hombre que proclamó que en la naturaleza, al modo que sucedía con los animales, había una inteligencia, causa del concierto y del orden universal, pareció que este hombre era el único que estaba en el pleno uso de su razón, en desquite de las divagaciones de sus predecesores.

Sabemos, sin que ofrezca duda, que Anaxágoras se consagró al examen de este punto de vista de la ciencia. Puede decirse, sin embargo, que Hermotimo de Clazómenas[20] lo indicó el primero. Estos dos filósofos alcanzaron, pues, la concepción de la Inteligencia, y establecieron que la causa del orden es a un mismo tiempo el principio de los seres y la causa que les imprime el movimiento.

---

1. Hουσια και το τι ην ειναι. Esta última expresión, gramaticalmente inexplicable, es invención de Aristóteles. La emplea frecuentemente en la *Metafísica.* Designa el carácter distintivo del ser, lo que entra en la definición, la forma bajo la cual se concibe necesariamente cada objeto. Aristóteles emplea sin cesar en vez de esta fórmula otros términos que equivalen a lo que los escolásticos llamaban: *Quidditas, causa formalis, forma substantialis.*
2. *Causa materialis.*
3. El principio que hace pasar el sujeto, la materia, de lo posible, que es su naturaleza, a la realidad; la determina, la señala con un carácter distintivo, en una palabra, le da una forma. *Causa efficiens.*
4. El motivo, el fin de la acción, de todo lo que existe y se hace, la razón final de las cosas, *Causa finalis.* La locución ου ενεκα con que se designa la causa final se encuentra muchas veces en Platón, principalmente en el *Gorgias.* Pero Aristóteles es el primero que le ha dado esta forma sustantiva: το ου ενεκα.
5. Véase *Physic. auscult.,* II, 3. Bekk., pág. 194. Id. 7. Bekk., pág. 198.
6. De Mileto, 600 años antes de Jesucristo.
7. Orfeo, Museo, Eumolpo y los antiguos poetas.
8. Homero, Hesíodo y otros.
9. El razonamiento es fácil de completar: luego el juramento es lo que hay de más antiguo; más se jura por la laguna Estigia, por el agua; luego el agua es lo que hay de más antiguo.
10. De Fegime, siglo VI antes de Jesucristo. Tenneman, *Manual,* t. I, pág. 99, le supone de la escuela de Pitágoras.
11. De Mileto, hacia 557 a. de J. C.
12. De Apolonia, contemporáneo de Anaxímenes o posterior en algunos años a este filósofo, si hemos de juzgar por los desenvolvimientos que dio al principio, que es común a ambos.
13. Siglo VI. Tennemann le supone, como a Hipón, de la escuela de Pitágoras.
14. Hacia 500 a. a. de J. C., fundador de una escuela de escépticos, célebre en la Antigüedad. Aristóteles refuta más adelante muchas de sus opiniones.

15. De Agrigento, hacia 460 ó 444. Aristóteles le cita frecuentemente en la *Metafísica.*
16. Nacido hacia el año 500; amigo, y según algunos, maestro de Pericles. Aristóteles cita muchas veces la proposición famosa con que empieza el libro de Anaxágoras: όμοϋ ήν πάντα.
17. Los Eleatas.
18. De Elea, hacia el 400, hizo un viaje a Atenas; tenía entonces como sesenta años. Véase el *Parménides* de Platón.
19. El principio motor.
20. Anaxágoras era su compatriota y contemporáneo, y fue probablemente su discípulo.

- IV. DEL AMOR, PRINCIPIO DE PARMÉNIDES Y DE HESÍODO. DE LA AMISTAD Y DEL ODIO DE EMPÉDOCLES. EMPÉDOCLES ES EL PRIMERO QUE HA RECONOCIDO CUATRO ELEMENTOS. DE LEUCIPO Y DE DEMÓCRITO, QUE HAN AFIRMADO LO LLENO Y LO VACÍO COMO CAUSAS DEL SER Y DEL NO SER.

Debería creerse que Hesíodo entrevió mucho antes algo análogo, y con Hesíodo todos los que han admitido como principio en los seres el Amor o el deseo; por ejemplo, Parménides. Éste dice, en su explicación de la formación del Universo:

Él creó el Amor, el más antiguo de todos los dioses[1]

Hesíodo, por su parte, se expresa de esta manera:

Mucho antes de todas las cosas existió el Caos,
después la
Tierra espaciosa.
Y el Amor, que es el más hermoso de todos los
Inmortales[2],

con lo que parece que reconocen que es imprescindible que los seres tengan una causa capaz de imprimir el movimiento y de dar enlace a las cosas. Deberíamos examinar aquí a quién pertenece la prioridad de este descubrimiento, pero rogamos se nos permita decidir esta cuestión más tarde[3].

Como se vio que al lado del bien aparecía lo contrario del bien en la naturaleza; que al lado del orden y de la belleza se encontraban el desorden y la fealdad; que el mal parecía sobrepujar al bien, y lo feo a lo bello, otro filósofo introdujo la Amistad y la Discordia como causas opuestas de estos efectos contrarios. Porque si se sacan todas las consecuencias que se derivan de las opiniones de Empédocles, y nos atenemos al fondo de su pensamiento y no a la manera con que él lo balbucea, se verá que hace de la Amistad el principio del bien, y de la Discordia el principio del mal. De suerte, que si se dijese que Empédocles ha proclamado, y proclamado el primero, el bien y el mal como principios, quizá no se incurriría en equivocación, puesto que, según su sistema, el bien en sí[4] es la causa de todos los bienes, y el mal[5] la de todos los males.

Hasta aquí, en nuestra opinión, los filósofos han reconocido dos de las causas que hemos fijado en la Física: la materia y la causa del movimiento. Es cierto que lo han hecho de una manera oscura e indistinta, como se conducen los soldados bisoños en un combate. Éstos se lanzan sobre el enemigo y descargan muchas veces sendos golpes, pero la ciencia no entra para nada en su conducta. En igual forma estos filósofos no saben en verdad lo que dicen. Porque no se les ve nunca, o casi nunca, hacer uso de sus principios. Anaxágoras se sirve de la Inteligencia como de una máquina[6], para la formación del mundo; y cuando se ve embarazado para explicar por qué causa es necesario esto o aquello, entonces presenta la inteligencia en escena; pero en todos los demás casos a otra causa más bien que a la inteligencia es a la que atribuye la producción de los fenómenos[7]. Empédocles se sirve de las causas más que Anaxágoras, es cierto, pero de una manera también insuficiente, y al servirse de ellas no sabe ponerse de acuerdo consigo mismo.

Muchas veces en el sistema de este filósofo, la amistad es la que separa, y la discordia la que reúne. En efecto, cuando el todo se divide en sus elementos por la discordia, entonces las partículas del fuego se reúnen en un todo, así como las de cada uno de los otros elementos. Y cuando la amistad lo reduce todo a la unidad, mediante su poder, entonces, por lo contrario, las partículas de cada uno de los elementos se ven forzadas a separarse. Empédocles, según se ve, se distinguió de sus predecesores por la manera de servirse de la causa de que nos ocupamos; fue el primero que la dividió en dos. No hizo un principio único del principio de movimiento, sino dos principios diferentes, y opuestos entre sí. Y luego, desde el punto de vista de la materia, es el primero que reconoció cuatro elementos. Sin embargo, no se sirvió de ellos como si fueran cuatro elementos, sino como si fuesen dos, el fuego de una parte por sí solo, y de otra los tres elementos opuestos: la tierra, el aire y el agua, considerados como una sola naturaleza. Ésta es por lo menos la idea que se puede formar después de leer su poema[8]. Tales son, a nuestro juicio, los caracteres, y tal es el número de los principios de que Empédocles nos ha hablado.

Leucipo[9] y su amigo Demócrito[10] admiten por elementos lo lleno y lo vacío o, usando de sus mismas palabras, *el ser* y *el no ser*. Lo lleno, lo sólido, es el ser; lo vacío y lo raro es el no ser. Por esta razón, según ellos, el no ser existe lo mismo que el ser. En efecto, lo vacío existe lo mismo que el cuerpo; y desde el punto de vista de la materia éstas son las causas de los seres. Y así como los que admiten la unidad de la sustancia hacen producir todo lo demás mediante las modificaciones de esta sustancia, dando lo raro y lo denso por principios de estas modificaciones, en igual forma estos dos filósofos pretenden que las diferencias son las causas de todas las cosas. Estas diferencias son en su sistema tres: la forma, el orden, la posición. Las diferencias del ser sólo proceden según su lenguaje, de la *configuración*[11], de la *coordinación*[12], y de la *situación*[13]. La configuración es la forma, y la coordinación es el orden, y la situación es la posición. Y así A difiere de N por la forma; A N de N A por el orden; y Z de N por la posición. En cuanto al movimiento, a averiguar de dónde procede y cómo existe en los seres, han despreciado esta cuestión, y la han omitido como han hecho los demás filósofos.

Tal es, a nuestro juicio, el punto a que parecen haber llegado las indagaciones de nuestros predecesores sobre las dos causas en cuestión.

---

1. Simon Karsten, *Parmenid. Eleat. reliquiae,* pág. 42.
2. Hesíodo, *Teogon,* V, 116.
3. Aristóteles no cumplió esta promesa. En la *Metafísica* no toca esta cuestión ni se encuentra en ninguna de las obras suyas que conocemos.
4. La amistad.
5. La discordia.
6. Alusión al *Deus ex machina.*

7. Platón hace decir a Sócrates en el *Fedón*: «Veo un hombre que no hace de la *inteligencia* ningún uso, y que admite como cosas del orden del universo, no causas verdaderas, sino el aire, el éter, las aguas y otras cosas tan extrañas como éstas.» Véase esta viva pintura del desencanto que produjo a Sócrates la lectura de los libros de Anaxágoras.
8. Se titulaba este poema Περι φυσεως, y aún se conservan muchos fragmentos de él.
9. Hacia el año 500. Su patria es desconocida. Se cree que fue discípulo de Parménides.
10. De Abdera, nacido hacia 494 ó 490; según otros 470 ó 460. Adoptó y desarrolló el sistema de su maestro Leucipo. Escribió en verso como Empédocles y Parménides, como casi todos los filósofos antiguos.
11. 'Ρυδμος.
12. Διαθιγη.
13. Τροπη.

-V. DE LOS PITAGÓRICOS. DOCTRINA DE LOS NÚMEROS. PARMÉNIDES, JENÓFANES, MELISO.

En tiempo de estos filósofos y antes que ellos[1], los llamados pitagóricos se dedicaron por de pronto a las matemáticas, e hicieron progresar esta ciencia. Embebidos en este estudio, creyeron que los principios de las matemáticas eran los principios de todos los seres. Los números son por su naturaleza anteriores a las cosas[2], y los pitagóricos creían percibir en los números más bien que en el fuego, la tierra y el agua, una multitud de analogías con lo que existe y lo que se produce. Tal combinación de números, por ejemplo, les parecía ser la justicia, tal otra el alma y la inteligencia, tal otra la oportunidad[3]; y así, poco más o menos, hacían con todo lo demás; por último, veían en los números las combinaciones de la música y sus acordes. Pareciéndoles que estaban formadas todas las cosas a semejanza de los números, y siendo por otra parte los números anteriores a todas las cosas, creyeron que los elementos de los números son los elementos de todos los seres, y que el cielo en su conjunto es una armonía y un número. Todas las concordancias que podían descubrir en los números y en la música, junto con los fenómenos del cielo y sus partes y con el orden del Universo, las reunían, y de esta manera formaban un sistema. Y si faltaba algo, empleaban todos los recursos para que aquél presentara un conjunto completo. Por ejemplo, como la década parece ser un número perfecto, y que abraza todos los números, pretendieron que los cuerpos en movimiento en el cielo son diez en número. Pero no siendo visibles más que nueve, han imaginado un décimo, el *Antictón*[4]. Todo esto lo hemos explicado más al por menor en otra obra[5]. Si ahora tocamos ese punto, es para hacer constar, respecto a ellos como a todos los demás, cuáles son los principios cuya existencia afirman, y cómo estos principios entran en las causas que hemos enumerado.

He aquí en lo que al parecer consiste su doctrina: El número es el principio de los seres bajo el punto de vista de la materia, así como es la causa de sus modificaciones y de sus estados diversos; los elementos del número son el par y el impar; el impar es finito, el par es infinito; la unidad participa a la vez de estos dos elementos, porque a la vez es par e impar; el número viene de la unidad, y por último, el cielo en su conjunto se compone, como ya hemos dicho, de números. Otros pitagóricos admiten diez principios, que colocan de dos en dos, en el orden siguiente:

Finito e infinito.
Par e impar.
Unidad y pluralidad.
Derecha e izquierda.
Macho y hembra.
Reposo y movimiento.
Rectilíneo y curvo.
Luz y tinieblas.
Bien y mal.
Cuadrado y cuadrilátero irregular.[6]

La doctrina de Alcmeón de Crotona[7], parece aproximarse mucho a estas ideas, sea que las haya tomado de los pitagóricos, sea que éstos las hayan recibido de Alcmeón, porque florecía cuando era anciano Pitágoras, y su doctrina se parece a la que acabamos de exponer. Dice, en efecto, que la mayor parte de las cosas de este mundo son dobles, señalando al efecto las oposiciones entre las cosas. Pero no fija, como los pitagóricos, estas diversas oposiciones. Toma las primeras que se presentan, por ejemplo, lo blanco y lo negro, lo dulce y lo amargo, el bien y el mal, lo grande y lo pequeño, y sobre todo lo demás se explica de una manera igualmente indeterminada, mientras que los pitagóricos han definido el número y la naturaleza de las oposiciones.

Por consiguiente, de estos dos sistemas puede deducirse que los contrarios son los principios de las cosas, y además, que uno de ellos nos da a conocer el número de estos principios y su naturaleza. Pero cómo estos principios pueden resumirse en las causas primeras, es lo que no han articulado claramente estos filósofos. Sin embargo, parece que consideran los elementos desde el punto de vista de la materia, porque, según ellos, estos elementos se encuentran en todas las cosas y constituyen y componen todo el Universo.

Lo que precede basta para dar una idea de las opiniones de los que, entre los antiguos, han admitido la pluralidad en los elementos de la naturaleza. Hay otros que han considerado el todo como un ser único, pero difieren entre sí, ya por el mérito de la exposición, ya por la manera como han concebido la realidad. Con relación a la revista que estamos pasando a las causas, no tenemos necesidad de ocuparnos de ellos. En efecto, no hacen como algunos filósofos[8], que al establecer la existencia de una sustancia única, sacan sin embargo todas las cosas del seno de la unidad, considerada como materia; su doctrina es muy distinta. Estos físicos[9] añaden el movimiento para producir el Universo, mientras que aquéllos pretenden que el Universo es inmóvil. He aquí todo lo que se encuentra en estos filósofos referente al objeto de nuestra indagación:

La unidad de Parménides parece ser la unidad racional, la de Meliso[10], por lo contrario, la unidad material, y por esta razón el primero representa la unidad como finita, y el segundo como infinita. Jenófanes[11], fundador de estas doctrinas (porque según se dice, Parménides fue su discípulo), no aclaró nada, ni al parecer dio explicaciones sobre la naturaleza de ninguna de estas dos unidades; tan sólo al dirigir sus miradas sobre el conjunto del cielo, ha dicho que la unidad es Dios. Repito que, en el examen que nos ocupa, debemos, como ya hemos dicho, prescindir de estos filósofos, por lo menos de los dos últimos, Jenófanes y Meliso, cuyas concepciones son verdaderamente bastante groseras. Con respecto a Parménides, parece que habla con un conocimiento más profundo de las cosas. Persuadido de que fuera del ser, el no ser es nada, admite que el ser es necesariamente uno, y que no hay ninguna otra cosa más que el ser; cuestión que hemos tratado detenidamente en la *Física*[12]. Pero precisado a explicar las apariencias, a admitir la pluralidad que nos suministra los sentidos, al mismo tiempo que la unidad concebida por la razón, sienta, además del principio de la unidad, otras dos causas, otros dos principios, lo caliente y lo frío, que son el fuego y la tierra. De estos dos principios, atribuye el uno, lo caliente, al ser, y el otro, lo frío, al no ser.

He aquí los resultados de lo que hemos dicho, y lo que se puede inferir de los sistemas de los primeros filósofos con relación a los principios. Los más antiguos admiten un principio corporal, porque el agua y el fuego y las cosas análogas son cuerpos; en los unos, este principio corporal es único, y en los otros es múltiple; pero unos y otros lo consideran desde el punto de vista de la materia. Algunos, además de esta causa, admiten también la que produce el movimiento, causa única para los unos, doble para los otros. Sin embargo, hasta que apareció la escuela Itálica, los filósofos han expuesto muy poco sobre estos principios. Todo lo que puede decirse de ellos, como ya hemos manifestado, es que se sirven de dos causas, y que una de éstas, la del movimiento, se considera como única por los unos, como doble por los otros.

Los pitagóricos, ciertamente, han hablado también de dos principios. Pero han añadido lo siguiente, que exclusivamente les pertenece. El finito, el infinito y la unidad, no son, según ellos, naturalezas aparte, como lo son el fuego o la tierra o cualquier otro elemento análogo, sino que el infinito en sí y la unidad en sí son la sustancia misma de las cosas, a las que se atribuye la unidad y la infinitud; y por consiguiente, el número es la sustancia de todas las cosas[13]. De esta manera se han explicado sobre las causas de que nos ocupamos. También comenzaron a ocuparse de la forma propia de las cosas y a definirla; pero en este punto su doctrina es demasiado imperfecta. Definían superficialmente; y el primer objeto a que convenía la definición dada, le consideraban como la esencia de la cosa definida, como si, por ejemplo, se creyese que lo doble y el número dos son una misma cosa, porque lo doble se encuentra desde luego en el número dos. Y ciertamente, dos y lo doble, no son la misma cosa en su esencia; porque entonces un ser único sería muchos seres, y ésta es la consecuencia del sistema pitagórico.

Tales son las ideas que pueden formarse de las doctrinas de los filósofos más antiguos y de sus sucesores.

---

1. Pitágoras nació en Samos hacia el año 584.
2. Si se consideran los números, no como puras abstracciones, sino como seres propiamente dichos.
3. Καιρός, *opportunum tempus,* lo que hace que una cosa se verifique en tiempo oportuno.
4. 'Αντιχθων, *opposita terra,* el cuerpo, que en el conjunto del mundo está opuesto a la Tierra. Los verdaderos Pitagóricos llamaban Antichthone la esfera de la luna, porque es la luna la que determina los eclipses del sol para la tierra, y la tierra

nuestros eclipses de luna, que son los eclipses del sol para la luna. ¿Pero Aristóteles no indica aquí un cuerpo puramente imaginario? Lo hacen creer las expresiones de que se vale.

5. Alejandro cita la obra: *De Caelo* y el *Tratado sobre los Pitagóricos.* Este último libro, de que habla también Diógenes Laercio, no ha llegado a nosotros.
6. Todo cuadrilátero, uno de cuyos lados es mayor que el lado correspondiente, y cuyos lados no son paralelos. Santo Tomás, en su comentario sobre la *Metafísica,* edición de Amberes, tomo IV, f. 10, ha creído que se trataba aquí del rectángulo o cuadrado prolongado; pero rectángulo no es lo contrario del cuadrado, ambos tienen sus ángulos rectos y sus lados paralelos; tienen demasiados caracteres comunes.
7. Alcmeón es célebre, sobre todo como naturalista y como médico.
8. Φυσιόλογοι. Con este nombre designa Aristóteles ordinariamente los filósofos de la escuela Jónica.
9. *Tales, Anaxímenes,* &c.
10. De Samos, hacia 444. Meliso es conocido en la Historia como hombre de Estado y como general.
11. De Colofón; contemporáneo de Pitágoras. Fue a establecerse en 1536 a Italia en Velia o Elea, ciudad que dio su nombre a la escuela de [69] que fue fundador Jenófanes. Véase la disertación de Cousin sobre Jenófanes, Fragm. Hist., págs. 9 y ss.
12. Véase principalmente *Physic. auscult.,* lib. I, cap. II y III. Bekk., págs. 186, 187.
13. Según los Pitagóricos, lo finito, lo infinito y la unidad no tienen una existencia diferente de los sujetos en que se encuentran, mientras que los Jónicos, en el acto mismo que admiten que la tierra y el fuego son infinitos, distinguen el sujeto mismo, el principio material, fuego, aire o tierra, y la cualidad que ellos admiten, a saber: la infinitud o la inmensidad. En el sistema de los Pitagóricos no hay dos cosas: el sujeto y el atributo; según ellos el atributo de los Jónicos es el mismo sujeto.

-VI. PLATÓN. LO QUE TOMÓ DE LOS PITAGÓRICOS, EN QUÉ DIFIERE EL SISTEMA DE PLATÓN DEL DE AQUÉLLOS. RECAPITULACIÓN.

A estas diversas filosofías siguió la de Platón[1] de acuerdo las más veces con las doctrinas pitagóricas, pero que tiene también sus ideas propias, en las que se separa de la escuela Itálica. Platón, desde su juventud, se había familiarizado con Cratilo[2], su primer maestro, y efecto de esta relación era partidario de la opinión de Heráclito, según el que todos los objetos sensibles están en un flujo o cambio perpetuo, y no hay ciencia posible de estos objetos.

Más tarde conservó esta misma opinión. Por otra parte, discípulo de Sócrates[3], cuyos trabajos no abrazaron ciertamente más que la moral y de ninguna manera el conjunto de la naturaleza, pero que al tratar de la moral, se propuso lo general como objeto de sus indagaciones, siendo el primero que tuvo el pensamiento de dar definiciones, Platón, heredero de su doctrina, habituado a la indagación de lo general, creyó que sus definiciones debían recaer sobre otros seres que los seres sensibles, porque ¿cómo dar una definición común de los objetos sensibles que mudan continuamente? Estos seres los llamó *Ideas*[4], añadiendo que los objetos sensibles están fuera de las ideas, y reciben de ellas su nombre, porque en virtud de su participación en las ideas, todos los objetos de un mismo género reciben el mismo nombre que las ideas. La única mudanza que introdujo en la ciencia fue esta palabra, *participación*. Los pitagóricos dicen, en efecto, que los seres existen a *imitación de los números*; Platón que existen por *participación* en ellos. La diferencia es sólo de nombre. En cuanto a indagar en qué consiste esta participación o esta imitación de las ideas, es cosa de que no se ocuparon ni Platón ni los pitagóricos. Además, entre los objetos sensibles y las ideas, Platón admite seres intermedios, los seres matemáticos, distintos de los objetos sensibles, en cuanto son eternos e inmóviles, y distintos de las ideas, en cuanto son muchos de ellos semejantes, mientras que cada idea es la única de su especie.

Siendo las ideas causas de los demás seres, Platón consideró sus elementos como los elementos de todos los seres. Desde el punto de vista de la materia, los principios son lo grande y lo pequeño; desde el punto de vista de la esencia, es la unidad. Porque en tanto que las ideas tienen lo grande y lo pequeño por sustancia, y que por otra parte participan de la unidad, las ideas son los números. Sobre esto de ser la unidad la esencia por excelencia, y que ninguna otra cosa puede aspirar a este título, Platón está de acuerdo con los pitagóricos, así como lo está también en la de ser los números causas de la esencia de los otros seres. Pero reemplazar por una *díada*[5] el infinito considerado como uno, y constituir el infinito de lo grande y de lo pequeño, he aquí lo que le es peculiar. Además coloca los números fuera de los objetos sensibles, mientras que los pitagóricos pretenden que los números son los objetos mismos, y no admiten los seres matemáticos como intermedios. Si, a diferencia de los pitagóricos, Platón colocó de esta suerte la unidad y los números fuera de las cosas e hizo intervenir las ideas, esto fue debido a sus estudios sobre los caracteres distintos de los seres, porque sus predecesores no conocían la Dialéctica. En cuanto a esta opinión, según la que es una díada el otro principio de las cosas, procede de que todos los números, a excepción de los impares, salen fácilmente de la díada, como de una materia común. Sin embargo, es distinto lo que sucede de como dice Platón, y su opinión no es razonable: porque hace una multitud de cosas con esta díada considerada como materia, mientras que una sola producción es debida a la idea. Pero en realidad, de una materia única sólo puede salir una sola mesa, mientras que el que produce la idea, la idea única, produce muchas mesas. Lo mismo puede decirse del macho con relación a la hembra; ésta puede ser fecundada por una sola unión, mientras que, por lo contrario, el macho fecunda muchas hembras. He aquí una imagen del papel que desempeñan los principios de que se trata.

Tal es la solución dada por Platón a la cuestión que nos ocupa;

resultando evidentemente de lo que precede, que sólo se ha servido de dos causas: la esencia y la materia. En efecto, admite por una parte las ideas, causas de la esencia de los demás objetos, y la unidad, causa de las ideas; y por otra, una materia, una sustancia, a la que se aplican las ideas para constituir los seres sensibles, y la unidad para constituir las ideas. ¿Cuál es esta sustancia? Es la díada, lo grande y lo pequeño. Colocó también en uno de estos dos elementos la causa del bien, y en el otro la causa del mal; punto de vista que no ha sido más particularmente objeto de indagaciones de algunos filósofos anteriores, como Empédocles y Anaxágoras. Acabamos de ver breve y sumariamente qué filósofos han hablado de los principios y de la verdad, y cuáles han sido sus sistemas. Este rápido examen es suficiente, sin embargo, para hacer ver que ninguno de los que han hablado de los principios y de las causas nos ha dicho nada que no pueda reducirse a las causas que hemos consignado nosotros en la *Física*, pero que todos, aunque oscuramente y cada uno por distinto rumbo, han vislumbrado alguna de ellas.

En efecto, unos hablan del principio material que suponen uno o múltiple, corporal o incorporal. Tales son por ejemplo, lo grande y lo pequeño de Platón, el infinito de la escuela Itálica, el fuego, la tierra, el agua y el aire de Empédocles, la infinidad de las *homeomerías* de Anaxágoras. Todos estos filósofos se refirieron evidentemente a este principio, y con ellos todos aquellos que admiten como principio el aire, el fuego, o el agua, o cualquiera otra cosa más densa que el fuego, pero más sutil que el aire, porque tal es, según algunos, la naturaleza del primer elemento[6]. Estos filósofos sólo se han fijado en la causa material. Otros han hecho indagaciones sobre la causa del movimiento: aquellos, por ejemplo, que afirman como principios la Amistad y la Discordia, o la Inteligencia o el Amor. En cuanto a la forma, en cuanto a la esencia, ninguno de ellos ha tratado de ella de un modo claro y preciso. Los que mejor lo han hecho son los que han recurrido a las ideas y a los elementos de las ideas; porque no consideran las ideas y sus elementos, ni como la materia de los objetos sensibles, ni como los principios del movimiento. Las ideas, según ellos, son más bien causas de inmovilidad y de inercia. Pero las ideas suministran a cada una de las otras cosas su esencia, así como ellas la reciben de la unidad. En cuanto a la causa final de los actos, de los cambios, de los movimientos, nos hablan de alguna causa de este género, pero no le dan el mismo nombre que nosotros ni dicen en qué consisten[7]. Los que admiten como principios la inteligencia o la amistad, dan a la verdad estos principios como una cosa buena, pero no sostienen que sean la causa final de la existencia o de la producción de ningún ser, y antes dicen, por lo contrario, que son las causas de sus movimientos. De la misma manera, los que dan este mismo carácter de principios a la unidad o al ser, los consideran como causas de la sustancia de los seres, y de ninguna manera como aquello en vista de lo cual existen y se producen las cosas. Y así dicen y no dicen, si puedo expresarme así, que el bien es una causa; mas el bien que mencionan no es el bien hablando en absoluto, sino accidentalmente.

La exactitud de lo que hemos dicho sobre las causas, su número, su naturaleza, está, pues, confirmada, al parecer, por el testimonio de todos estos filósofos y hasta por su impotencia para encontrar algún otro principio. Es evidente, además, que en la indagación de que vamos a ocuparnos, debemos considerar los principios, o bajo todos estos puntos de vista, o bajo alguno de ellos. Pero ¿cómo se ha expresado cada uno de estos filósofos?; y, ¿cómo han resuelto las dificultades que se relacionan con los principios? He aquí los puntos que vamos a examinar.

---

1. Nació en Atenas en el año 430 ó 429 antes de Jesucristo; murió en 348.
2. Discípulo de Heráclito, Cratilo exageró todavía más sus doctrinas, como se verá más adelante, lib. IV, cap. V, llegando hasta condenar los hombres a un silencio absoluto, a causa de la absoluta incertidumbre de todas las cosas.
3. Nació en Atenas en 470 ó 469; murió en 400.
4. Ἰδεας y tres líneas más adelante ειδεσι. Estas palabras las considera Aristóteles como completamente sinónimas. Platón distingue ordinariamente estos dos términos. Pero también a veces emplea ιδεα por ειδος, y recíprocamente.
5. Δυας. Esta expresión no es probablemente la de Platón y sí de los filósofos Platonianos. Designa el principio material; es esa naturaleza potencial y ese ser indeterminado que es a la vez los contrarios, y que, realizándose, puede igualmente hacerse lo uno o lo otro. Los Pitagóricos adoptaron igualmente esta expresión. Mas, según ellos, la diada no es la materia en tanto que diada, lo es como primer término múltiple.
6. Anaximandro, si hemos de creer a Alejandro de Afrodisia, *Schol.*, pág. 553; Sepúlveda, pág. 22. Otros creen que Anaximandro tomó por principio el infinito, opinión que puede conciliarse con la observación de Alejandro de Afrodisia.
7. Alejandro de Afrodisia, *Schol.*, pág 553. Sepúlv., pág. 22, «puesto que Platón ha hablado de la causa eficiente, diciendo que *debemos encontrar y demostrar cuál es el formador y el padre del Universo*; y puesto que ha indicado la causa final y el fin de las cosas, diciendo que *todo está en* [74] *poder del rey del universo, y que todo existe en vista suya,* ¿cómo es, se preguntará, que Aristóteles no halla las dos causas en cuestión en el sistema Platoniano? ¿Será porque Platón no las enumera entre las causas? Observación que hace Aristóteles en el libro: *Sobre el*

bien. ¿Será porque Platón no las presenta como principios de la producción y de la destrucción y porque no ha aclarado suficientemente la noción de estas causas?»

Cualquiera que sea el motivo que ha determinado a Aristóteles, se echa de ver que aquí falta algo. Aristóteles no nos presenta aquí la doctrina de Platón en su integridad. Véase el *Timeo* y el lib. X de las *Leyes.*

-VII. REFUTACIÓN DE LAS OPINIONES DE LOS ANTIGUOS TOCANTE A LOS PRINCIPIOS.

Todos los que suponen que el todo es uno, que no admiten más que un solo principio, la materia, que dan a este principio una naturaleza corporal y extensa, incurren evidentemente en una multitud de errores, porque sólo reconocen los elementos de los cuerpos, y no los de los seres incorporales; y sin embargo, hay seres incorporales, y después, aun cuando quieran explicar las causas de la producción y destrucción, y construir un sistema que abrace toda la naturaleza, suprimen la causa del movimiento. Otro defecto consiste en no dar por causa en ningún caso ni la esencia, ni la forma; así como el aceptar, sin suficiente examen, como principio de los seres un cuerpo simple cualquiera, menos la tierra; el no reflexionar sobre esta producción o este cambio, cuyas causas son los elementos; y por último, no determinar cómo se opera la producción mutua de los elementos. Tomemos, por ejemplo, el fuego, el agua, la tierra y el aire. Estos elementos provienen los unos de los otros unos por vía de reunión y otros por vía de separación. Esta distinción importa mucho para la cuestión de la prioridad y de la posterioridad de los elementos. Desde el punto de vista de la reunión, el elemento fundamental de todas las cosas parece ser aquel del cual, considerado como principio, se forma la tierra por vía de agregación, y este elemento deberá ser el más tenue y el más sutil de los cuerpos. Los que admiten el fuego como principio son los que se conforman principalmente con este pensamiento. Todos los demás filósofos reconocen en igual forma, que tal debe ser el elemento de los cuerpos, y así ninguno de los filósofos posteriores que admitieron un elemento único, consideró la tierra como principio, a causa sin duda de la magnitud de sus partes, mientras que cada uno de los demás elementos ha sido adoptado como principio por alguno de aquellos. Unos dicen que es el fuego el principio de las cosas, otros el agua, otros el aire. ¿Y por qué no admiten igualmente, según la común opinión, como principio la tierra? Porque generalmente se dice que la tierra es todo. El mismo Hesíodo dice que la tierra es el más antiguo de todos los cuerpos[1]; ¡tan antigua y popular es esta creencia!

Desde este punto de vista, ni los que admiten un principio distinto del fuego, ni los que suponen el elemento primero más denso que el aire y más sutil que el agua, podían por tanto estar en lo cierto. Pero si lo que es posterior bajo la relación de la generación es anterior por su naturaleza (y todo compuesto, toda mezcla, es posterior por la generación), sucederá todo lo contrario; el agua será anterior al aire, y la tierra al agua.

Limitémonos a las observaciones que quedan consignadas con respecto a los filósofos, que sólo han admitido un solo principio material. Mas son también aplicables a los que admiten un número mayor de principios, como Empédocles, por ejemplo, que reconoce cuatro cuerpos elementales, pudiéndose decir de él todo lo dicho de estos sistemas. He aquí lo que es peculiar de Empédocles.

Nos presenta éste los elementos procediendo los unos de los otros, de tal manera que el fuego y la tierra no permanecen siendo siempre el mismo cuerpo. Este punto lo hemos tratado en la *Física*[2], así como la cuestión de saber si deben admitirse una o dos causas del movimiento[3]. En nuestro juicio, la opinión de Empédocles no es, ni del todo exacta, ni del todo irracional. Sin embargo, los que adoptan sus doctrinas, deben desechar necesariamente todo tránsito de un estado a otro, porque lo húmedo no podría proceder de lo caliente, ni lo caliente de lo húmedo, ni el mismo Empédocles no dice cuál sería el objeto que hubiera de experimentar estas modificaciones contrarias, ni cuál seria esa naturaleza única que se haría agua y fuego.

Podemos pensar que Anaxágoras admite dos elementos por razones que ciertamente él no expuso, pero que si se le hubieran manifestado, indudablemente habría aceptado. Porque bien que, en suma, sea absurdo decir que en un principio todo estaba mezclado, puesto que para que se verificara la mezcla, debió haber primero separación, puesto que es natural que un elemento cualquiera se mezcle con otro elemento cualquiera, y en fin, porque supuesta la mezcla primitiva, las modificaciones y los accidentes se separarían de las sustancias, estando las mismas cosas igualmente sujetas a la mezcla y a la separación; sin embargo, si nos fijamos en las consecuencias, y si se precisa lo que Anaxágoras quiere decir, se hallará, no tengo la menor duda, que su pensamiento no carece, ni de sentido, ni de originalidad. En efecto, cuando nada estaba aún separado, es evidente que nada de cierto se podría afirmar de la sustancia primitiva. Quiero decir con esto, que la sustancia primitiva no sería blanca, ni negra, ni parda, ni de ningún otro color; sería necesariamente incolora, porque en otro caso tendría alguno de estos colores. Tampoco tendría sabor por la misma razón, ni ninguna otra propiedad de este género. Tampoco podía tener calidad, ni cantidad, ni nada que fuera determinado, sin lo cual hubiese tenido alguna de las formas particulares del ser; cosa imposible cuando todo está mezclado, y lo cual supone ya una separación. Ahora bien, según Anaxágoras, todo está mezclado, excepto la inteligencia; la inteligencia sólo existe pura y sin mezcla. Resulta de aquí, que Anaxágoras admite como principios: primero, la unidad, por que es lo que aparece puro y sin mezcla; y después otro elemento, lo indeterminado antes de toda determinación, antes que haya recibido forma alguna.

A este sistema le falta verdaderamente claridad y precisión; sin embargo, en el fondo del pensamiento de Anaxágoras hay algo que se aproxima a las doctrinas posteriores, sobre todo a las de los filósofos de nuestros días.

Las únicas especulaciones familiares a los filósofos de que hemos hablado, recaen sobre la producción, la destrucción y el movimiento ; porque los principios y las causas, objeto de sensible]. Pero los que extienden sus especulaciones a todas sus indagaciones, son casi exclusivamente los de la sustancia, los seres, que admiten por una parte seres sensibles y por otra seres no sensibles, estudian evidentemente estas dos especies de seres. Por lo tanto, será conveniente detenerse más en sus doctrinas y examinar lo que dicen de bueno o de malo, que se refiera a nuestro asunto.

Los que se llaman pitagóricos emplean los principios y los elementos de una manera más extraña aún que los físicos, y esto procede de que toman los principios fuera de los seres sensibles: los seres matemáticos están privados de movimientos, a excepción de aquellos de que trata la Astronomía. Ahora bien, todas sus indagaciones, todos sus sistemas, recaen sobre los seres físicos. Explican la producción del cielo, y observan lo que pasa en sus diversas partes, sus revoluciones y sus movimientos, y a esto es a lo que aplican sus principios y sus causas, como si estuvieran de acuerdo con los físicos para reconocer que el ser está reducido a lo que es sensible, a lo que abraza nuestro cielo. Pero sus causas y sus principios bastan, en nuestra opinión, para elevarse a la concepción de los seres que están fuera del alcance de los sentidos; causas y principios que podrían aplicarse mucho mejor a esto que las consideraciones físicas.

¿Pero cómo tendrá lugar el movimiento, si no hay otras sustancias que lo finito y lo infinito, lo par y lo impar? Los pitagóricos nada dicen de esto, ni explican tampoco cómo pueden operarse, sin movimiento y sin cambio, la producción y la destrucción, o las revoluciones de los cuerpos celestes. Supongamos por otra parte, que se les conceda o que resulte demostrado que la extensión sale de sus principios; habrá aún que explicar por qué ciertos cuerpos son ligeros, por qué otros son pesados. Porque ellos declaran, y ésta es su pretensión, que todo lo que dicen de los cuerpos matemáticos lo afirman de los cuerpos sensibles; y por esta razón jamás han hablado del fuego, de la tierra, ni de los otros cuerpos análogos, como si no tuvieran nada de particular que decir de los seres sensibles.

Además, ¿cómo concebir que las modificaciones del número y el número mismo sean causas de lo que existe, de lo que se produce en el cielo en todos tiempos y hoy, y que no haya, sin embargo, ningún otro número fuera de este número que constituye el mundo? En efecto, cuando los pitagóricos han colocado en tal parte del Universo la Opinión y la Oportunidad, y un poco más arriba o más abajo la Injusticia, la Separación o la Mezcla, diciendo para probar que es así, que cada una de estas cosas es un número[4] y que en esta misma parte del Universo se encuentra ya una multitud de magnitudes, puesto que cada punto particular del espacio está ocupado por alguna magnitud, ¿el número que constituye el cielo es entonces lo mismo que cada uno de estos números, o bien se necesita de otro número además de aquél?[5]. Platón dice que se necesita otro. Admite que todos estos seres, lo mismo que sus causas, son igualmente números, pero las causas son números inteligibles, mientras que los otros seres son números sensibles.

Dejemos ya a los pitagóricos, y respecto a ellos mantengámonos a lo dicho. Pasemos ahora a ocuparnos de los que reconocen las ideas como causas[6]. Observemos por lo pronto, que al tratar de comprender las causas de los seres que están sometidos a nuestros sentidos, han introducido otros tantos seres, lo cual es como si uno, queriendo contar y no teniendo más que un pequeño número de objetos, creyese la operación imposible y aumentase el número para poder practicarla. Porque el número de las ideas es casi tan grande o poco menos que el de los seres cuyas causas intentan descubrir y de los cuales han partido para llegar a las ideas. Cada cosa tiene su homónimo; no sólo la tienen las esencias, sino también todo lo que es uno en la multiplicidad de los seres, sea entre las cosas sensibles, sea entre las cosas eternas.

Además, de todos los argumentos con que se intenta demostrar la existencia de las ideas, ninguno prueba esta existencia. La conclusión de algunos no es necesaria; y conforme a otros, debería haber ideas de cosas respecto de las que no se admite que las haya. En efecto, según las consideraciones tomadas de la ciencia, habrá ideas de todos los objetos de que se tienen conocimiento, conforme al argumento de la unidad en la pluralidad, habrá hasta negaciones; y, en tanto que se piensa en lo que ha perecido, habrá también ideas de los objetos que han perecido, porque podemos formarnos de ellos una imagen. Por otra parte, los razonamientos más rigurosos conducen ya a admitir las ideas de lo que es relativo y no se admite que lo relativo sea un género en sí; o ya a la hipótesis del *tercer hombre*[7]. Por último, la demostración de la existencia de las ideas destruye lo que los partidarios de las ideas tienen más interés en sostener, que la misma existencia de las ideas. Porque resulta de aquí que no es la díada lo primero, sino el número; que lo relativo es anterior al ser en sí; y todas las contradicciones respecto de sus propios principios en que han incurrido los partidarios de la doctrina de las ideas.

Ademas, conforme a la hipótesis de la existencia de las ideas, habrá ideas, no sólo de las esencias, sino de muchas otras cosas; porque hay unidad de pensamiento, no sólo con relación a la esencia, sino también con relación a toda especie de ser; las ciencias no recaen únicamente sobre la esencia, recaen también sobre otras cosas; y pueden sacarse otras mil consecuencias de este género. Mas, por otra parte, es necesario, y así resulta de las opiniones recibidas sobre las ideas; es necesario, repito, que si hay participación de los seres en las ideas, haya ideas sólo de las esencias, porque no se tiene participación en ellas mediante el accidente; no debe haber participación de parte de un ser con las ideas, sino en tanto que este ser es un atributo de un sujeto. Y así, si una cosa participase de lo doble en sí, participaría al mismo tiempo de la eternidad; pero sólo sería por accidente, porque sólo accidentalmente lo doble es eterno. Luego no hay ideas sino de la esencia. Luego idea significa esencia en este mundo y en el mundo de las ideas; ¿de otra manera qué significaría esta proposición: la unidad en la pluralidad[8] es algo que está fuera de los objetos sensibles?[9]. Y si las ideas son del mismo género que las cosas que participan de ellas, habrá entre las ideas y las cosas alguna relación común. ¿Por qué ha de haber entre las díadas perecederas y las díadas también varias, pero eternas[10], unidad e identidad del carácter constitutivo de la díada, más bien que entre la díada ideal y la díada particular?[11]. Si no hay comunidad de género, no habrá entre ellas más de común que el nombre; y será como si se diese el nombre de hombre a Calias y a un trozo de madera, sin haber relación entre ellos.

Una de las mayores cuestiones de difícil resolución sería demostrar para qué sirven las ideas a los seres sensibles eternos, o a los que nacen y perecen. Porque las ideas no son, respecto de ellos, causas de movimiento, ni de ningún cambio; ni prestan auxilio alguno para el conocimiento de los demás seres, porque no son su esencia, pues en tal caso estarían en ellos. Tampoco son su causa de existencia, puesto que no se encuentran en los objetos que participan de las ideas. Quizá se dirá que son causas de la misma manera que la blancura es causa del objeto blanco, en el cual se da mezclada. Esta opinión, que tiene su origen en las doctrinas de Anaxágoras y que ha sido adoptada por Eudoxio[12] y por algunos otros, carece verdaderamente de todo fundamento, y sería fácil acumular contra ella una multitud de objeciones insolubles. Por otra parte, los demás objetos no pueden provenir de las ideas en ninguno de los sentidos en que les entiende de ordinario esta expresión[13]. Decir que las ideas son ejemplares, y que las demás cosas participan de ellas, es pagarse de palabras vacías de sentido y hacer metáforas poéticas. El que trabaja en su obra, ¿tiene necesidad para ello de tener los ojos puestos en las ideas? Puede suceder que exista o que se produzca un ser semejante a otro, sin haber sido modelado por este otro; y así, que Sócrates exista o no, podría nacer un hombre como Sócrates. Esto no es menos evidente, aun cuando se admitiese un Sócrates eterno. Habría por otra parte muchos modelos del mismo ser y, por consiguiente, muchas ideas; respecto del hombre, por ejemplo, habría a la vez la de animal, la de bípedo y la de hombre en sí.

Además, las ideas no serán sólo modelos de los seres sensibles, sino que serán también modelos de sí mismas; tal será el género en tanto que género de ideas; de suerte que la misma cosa será a la vez modelo y copia[14]. Y puesto que es imposible, al parecer, que la esencia se separe de aquello de que ella es esencia, ¿cómo en este caso las ideas que son la esencia de las cosas podrían estar separadas de ellas? Se dice en el *Fedón*, que las ideas son las causas del ser y del devenir o llegar a ser[15], y sin embargo, aun admitiendo las ideas, los seres que de ellas participan no se producen si no hay un motor. Vemos, por el contrario, producirse muchos objetos, de los que no se dice que haya ideas; como una casa, un anillo, y es evidente que las demás cosas pueden ser o hacerse por causas análogas a la de los objetos en cuestión.

Asimismo, si las ideas son números, ¿cómo podrán estos números ser causa? ¿Es porque los seres son otros números, por ejemplo, tal número el hombre, tal otro Sócrates, tal otro Calias? ¿Por qué los unos son causa de los otros? Pues con suponer a los unos eternos y a los otros no, no se adelantará nada. Si se dice que los objetos sensibles no son más que relaciones de números, como lo es, por ejemplo, una armonía, es claro que habrá algo de que serán ellos la relación. Este algo es la materia. De aquí resulta evidentemente que los números mismos no serán más que relaciones de los objetos entre sí. Por ejemplo, supongamos que Calias sea una relación en números de fuego, agua, tierra y aire; entonces el hombre en sí se compondría, además del número, de ciertas sustancias, y en tal caso la idea número, el hombre ideal, sea o no un número determinado, será una relación numérica de ciertos objetos, y no un puro número y, por consiguiente, no es el número el que constituirá el ser particular.

Es claro que de la reunión de muchos números resulta un número; pero ¿cómo muchas ideas pueden formar una sola idea? Si no son las ideas mismas, si son las unidades numéricas comprendidas bajo las ideas las que constituyen la suma, y si esta suma es un número en el género de la miríada, ¿qué papel desempeñan entonces las unidades? Si son semejantes, resultan de aquí numerosos absurdos; si no son semejantes, no serán todas, ni las mismas, ni diferentes entre sí. Porque ¿en qué diferirán no teniendo ningún modo particular? Estas suposiciones ni son razonables, ni están de acuerdo con el concepto mismo de la unidad.

Además, será preciso introducir necesariamente otra especie de número, objeto de la aritmética, y todos esos intermedios de que hablan algunos filósofos. ¿En qué consisten estos intermedios, y de qué principios se derivan? Y, por último, ¿para qué estos intermediarios entre los seres sensibles y las ideas? Además, las unidades que entran en cada díada procederán de una díada anterior, y esto es imposible. Luego ¿por qué el número compuesto es uno? Pero aún hay más: si las unidades son diferentes, será preciso que se expliquen como lo hacen los que admiten dos o cuatro elementos; los cuales dan por elemento, no lo que hay de común en todos los seres, el cuerpo, por ejemplo, sino el fuego o la tierra, sea o no el cuerpo algo de común entre los seres. Aquí sucede lo contrario; se hace de la unidad un ser compuesto de partes homogéneas, como el agua o el fuego. Y si así sucede, los números no serán esencias. Por lo demás, es evidente que si hay una unidad en sí, y si esta unidad es principio, la unidad debe tomarse en muchas acepciones; de otra manera, iríamos a parar a cosas imposibles.

Con el fin de reducir todos los seres a estos principios, se componen las longitudes de lo largo y de lo corto, de una especie de pequeño y de grande; la superficie de una especie de ancho y de estrecho; y el cuerpo de una especie de profundo y de no profundo. Pero en este caso, ¿cómo el plano contendrá la línea, o cómo el sólido contendrá la línea y el plano? Porque lo ancho y lo estrecho difieren en cuanto género de lo profundo y de su contrario. Y así como el número se encuentra en estas cosas, porque el más y el menos difieren de los principios que acabamos de asentar, es igualmente evidente que de estas diversas especies, las que son anteriores no se encontrarán en las que son posteriores[16]. Y no se diga que lo profundo es una especie de ancho, porque entonces el cuerpo sería una especie de plano. Por otra parte, ¿los puntos de dónde han de proceder? Platón combatió la existencia del punto, suponiendo que es una concepción geométrica. Le daba el nombre de principio de la línea, siendo los puntos estas líneas indivisibles de que hablaba muchas veces. Sin embargo, es preciso que la línea tenga límites, y las mismas razones que prueban la existencia de la línea, prueban igualmente la del punto.

En una palabra, es el fin propio de la filosofía el indagar las causas de los fenómenos, y precisamente es esto mismo lo que se desatiende. Porque nada se dice de la causa que es origen del cambio, y para explicar la esencia de los seres sensibles se recurre a otras esencias; ¿pero son las unas esencias de las otras? A esto sólo se contesta con vanas palabras. Porque participar, como hemos dicho más arriba, no significa nada. En cuanto a esta causa, que en nuestro juicio es el principio de todas las ciencias, principio en cuya virtud obra toda inteligencia, toda naturaleza, esta causa que colocamos entre los primeros principios, las ideas de ninguna manera la alcanzan. Pero las matemáticas se han convertido hoy en filosofía, son toda la filosofía, por más que se diga que su estudio no debe hacerse sino en vista de otras cosas[17]. Además, lo que los matemáticos admiten como sustancia de los seres podría considerarse como una sustancia puramente matemática, como un atributo, una diferencia de la sustancia, o de la materia, más bien que como la materia misma. He aquí a lo que viene a parar lo grande y lo pequeño. A esto viene también a reducirse la opinión de los físicos de que lo raro y lo denso son las primeras diferencias del objeto. Esto no es, en efecto, otra cosa que lo más y lo menos[18]. Y en cuanto al movimiento, si el más y el menos lo constituyen, es claro que las ideas estarán en movimiento; si no es así, ¿de dónde ha venido el movimiento? Suponer la inmovilidad de las ideas equivale a suprimir todo estudio de la naturaleza[19].

Una cosa que parece más fácil demostrar es que todo es uno; y sin embargo, esta doctrina no lo consigue. Porque resulta de la explicación, no que todo es uno, sino que la unidad en sí es todo, siempre que se conceda que es todo; y esto no se puede conceder, a no ser que se reconozca la existencia del género universal, lo cual es imposible respecto de ciertas cosas.

Tampoco en este sistema se puede explicar lo que viene después del número, como las longitudes, los planos, los sólidos; no se dice cómo estas cosas son y se hacen, ni cuales son sus propiedades. Porque no pueden ser ideas; no son números; no son seres intermedios; este carácter pertenece a los seres matemáticos. Tampoco son seres perecederos. Es preciso admitir que es una cuarta especie de seres.

Finalmente, indagar en conjunto los elementos de los seres sin establecer distinciones, cuando la palabra elemento se toma en tan diversas acepciones[20], es ponerse en la imposibilidad de encontrarlos, sobre todo, si se plantea de esta manera la cuestión: ¿cuáles son los elementos constitutivos? Porque seguramente no pueden encontrarse así los principios de la acción, de la pasión, de la dirección rectilínea; y sí pueden encontrase los principios sólo respecto de las esencias. De suerte que buscar los elementos de todos los seres o imaginarse que se han encontrado, es una verdadera locura. Además ¿cómo pueden averiguarse los elementos de todas las cosas? Evidentemente, para esto sería preciso no poseer ningún conocimiento anterior. El que aprende la geometría, tiene necesariamente conocimientos previos, pero nada sabe de antemano de los objetos de la geometría y de lo que se trata de aprender. Las demás ciencias se encuentran en el mismo caso. Por consiguiente, si como se pretende, hay una ciencia de todas las cosas, se abordará esta ciencia sin poseer ningún conocimiento previo. Porque toda ciencia se adquiere con el auxilio de conocimientos previos[21], totales y parciales, ya proceda por vía de demostración, ya por definiciones; porque es preciso conocer antes, y conocer bien, los elementos de la definición. Lo mismo sucede con la ciencia inductiva[22]. De otro lado, si la ciencia de que hablamos fuese innata en nosotros, sería cosa sorprendente que el hombre, sin advertirlo, poseyese la más excelente de las ciencias.

Además ¿cómo conocer cuáles son los elementos de todas las cosas, y llegar sobre este punto a la certidumbre? Porque esta es otra dificultad. Se discutirá sobre los verdaderos elementos, como se discute con motivo de ciertas sílabas. Y así, unos dicen que la sílaba *xa* se compone de *c*, de *s* y de *a*; otros pretenden que en ella entra otro sonido distinto de todos los que se conocen como elementos[23]. En fin, en las cosas que son percibidas por los sentidos, ¿el que esté privado de la facultad de sentir, las podrá percibir? Debería, sin embargo, conocerlas, si las ideas son los elementos constitutivos de todas las cosas, de la misma manera que los sonidos simples son los elementos de los sonidos compuestos.

Resulta evidente de lo que precede, que las indagaciones de todos los filósofos recaen sobre los principios que hemos enumerado en la *Física*, y que no hay otros fuera de éstos. Pero estos principios han sido indicados de una manera oscura, y podemos decir que, en un sentido, se ha hablado de todos ellos antes que nosotros, y en otro, que no se ha hablado de ninguno. Porque la filosofía de los primeros tiempos, joven aún y en su primer arranque, se limita a hacer tanteos sobre todas las cosas. Empédocles, por ejemplo, dice que lo que constituye los huesos es la proporción[24]. Ahora bien, este es uno de nuestros principios, la forma propia, la esencia de cada objeto. Pero es preciso que la proporción sea igualmente el principio esencial de la carne y de todo lo demás[25]; o si no, no es principio de nada[26]. La proporción es la que constituirá la carne, el hueso y cada uno de los demás objetos; no será la materia, no serán estos elementos de Empédocles, el fuego, la tierra, el agua y el aire. Empédocles se hubiera convencido ante estas razones, si se le hubieran propuesto; pero él por sí no ha puesto en claro su pensamiento.

Hemos expuesto más arriba la insuficiencia de la aplicación de los principios que han hecho nuestros predecesores. Pasemos ahora a examinar las dificultades que pueden ocurrir relativamente a los principios mismos. Éste será un medio de facilitar la solución de las que puedan presentarse.

---

1. Véase más arriba.
2. *Physic. auscult.*, particularmente en los primeros capítulos del primer libro, Bekk., páginas 184 y siguientes.
3. Véase *Physic. auscult.*, lib. VIII, y en la *Metafísica* la mayor parte del lib. XII.
4. Siendo cada una de estas cosas un número, se encontrarían necesariamente en el mismo grado la una con relación a la otra, en la escala de los seres y en la escala de los números.
5. Véase para los detalles, *Asclepio, Schol.*, pág. 559; Alejandro, página 560 y 561; Sepúlveda, pág. 26, 27; Philopon, f. 5, a.
6. Los argumentos con que Aristóteles va a refutar la teoría de las ideas, se encuentran más adelante casi en el mismo orden, y casi siempre en los mismos términos. Véase XIII, 4, 5.
7. Es decir, que además del hombre individual y del hombre genérico, o la idea de hombre, deberá haber un tercer hombre.

   He aquí las diversas formas bajo las cuales se presentaba este argumento famoso, que Aristóteles, aquí como en el libro XIII, sólo indica de paso. Oigamos a Alejandro de Afrodisia:

   «Cuando decimos *el hombre se pasea,* no es del hombre en tanto que idea de lo que se trata: la idea es inmóvil; tampoco se trata de hombre particular: porque ¿puede hablarse de un ser que no se conoce? Sabemos que un hombre se pasea, pero quién es el individuo de que hablamos nosotros no lo sabemos. Por consiguiente, de un hombre distinto de los dos primeros es del que decimos *el hombre se pasea.*

   »Fanias, en su libro contra Diodoro, atribuye al sofista Polixenes otro argumento del tercer hombre, que es el siguiente:

   »Si el hombre es hombre por su participación, por su comercio con la idea y el hombre en sí, es preciso que haya un hombre cuya existencia dependa de la idea. No es el hombre en sí el que lo es por una participación con la idea, porque él mismo es la idea; y tampoco es algún hombre particular. Sólo resta que sea un tercer hombre, cuya existencia depende de la idea.

   »Aún podría presentarse este argumento de otra manera: si lo que se [80] afirma de muchas cosas a la vez es un ser aparte, distinto de las cosas de que se afirma (y esto es lo que pretendían los Platonianos), es preciso, si así sucede, que haya un tercer hombre... *El hombre* es una denominación que se aplica a los individuos y a la idea. Hay, pues, un tercer hombre distinto de los hombres particulares y de la idea. Hay al mismo tiempo un cuarto que estará en la misma relación con éste y con la idea y los hombres particulares; después un quinto, y así hasta el infinito.» *Brand. Schol.*, pág. 566, Sepúlveda, pág. 29, 30.

   Asclepio reproduce poco más o menos el argumento bajo esta tercera forma. *Brand. Schol.*, pág. 567.

8. El modelo que se aplica a muchos objetos, la idea.
9. Alejandro de Afrodisia: «Una cualidad, en este mundo, no puede corresponder a una esencia en el mundo de las ideas. Si las ideas son esencias, sus imágenes no pueden ser en parte esencia y en parte otra cosa.» *Schol.,* pág. 570; Sepúlv., pág. 31.
10. Las diadas matemáticas, el número dos, la línea. Los seres matemáticos eran intermedios entre las cosas sensibles y las ideas: había entre ellos y las cosas sensibles esta comunidad genérica de que se trata.
11. To δυας εινας, lo que hace que la diada sea una diada, su esencia. Aristóteles se sirve frecuentemente del infinito, ya como aquí, precedido de un nominativo, ya precedido de un dativo para designar la esencia, el carácter propio del ser.
12. Eudoxio, amigo y discípulo de Platón, es célebre sobre todo como astrónomo; Aristóteles expone más adelante el sistema astronómico de este filósofo. Véase el libro XII, 8.
13. Véase en el lib. V, 24, las diversas acepciones de los términos: *ser o provenir de.*
14. La especie *hombre* es una idea, y por consiguiente un ejemplar con relación a los hombres particulares que ella comprende. Pero el género *animal* que comprende la especie *hombre,* es una idea igualmente, y por consiguiente, un ejemplar con relación a la idea de hombre. La idea de hombre, por lo tanto, es a la vez ejemplar y copia. Nota de M. Cousin.
15. Esta proposición no se encuentra textualmente en el diálogo; pero es el resumen completo de toda esta parte del *Fedón,* en el que Platón ha expuesto los fundamentos de la teoría de las ideas. Véase el *Fedón.* –Asclepio ve en este pasaje de Aristóteles una prueba irrefutable de la autenticidad del *Fedón,* atacada *por un cierto Panecio*; Aristóteles, añade, refuta a Platón, y al atacar sus doctrinas, invoca el testimonio del *Fedón. Schol.,* pág. 576.
16. En esta frase se alude a la anterioridad y la posterioridad de naturaleza y esencia de que habla Aristóteles, V, 11, y que hace que de dos cosas, la una, la que es anterior, pueda existir sin la otra, mientras que la otra no puede existir sin la primera. De esta suerte el número es anterior a la línea, la línea al plano, el plano al sólido; porque la línea puede existir sin la superficie e independientemente de ella, pero no la superficie sin la línea.
17. Alusión a las doctrinas de Espeusipo, de Eudoxio y de otros platonianos que casi se habían hecho pitagóricos.
18. El exceso y el defecto.
19. Aristóteles define la Física: la ciencia de los seres susceptibles de movimiento. Véase principalmente el lib. VI, 1, y *Physic. Auscult.*
20. Véase en el lib. V, 3, las diversas acepciones de la palabra *elemento.*
21. «Toda ciencia, todo conocimiento inteligible, proviene de un conocimiento anterior.» Esta proposición fundamental es la primera frase de los *Segundos Analíticos.*
22. Δι επαγωγης. Llevar, conducir, para hacer que se admita una proposición negada, de otras proposiciones admitidas sin dificultad y con lo que se hace ver en seguida la íntima conexión con la primera, que es lo que se llama la inducción socrática. Veánse los Diálogos de Platón y a Jenofonte. Esta inducción sólo tiene de común con la inducción baconiana el nombre. Ambas conducen a una generalización pero el término de la inducción socrática está señalado de antemano por el que emplea la inducción, mientras que el método de Bacon es un método de descubrimientos que nos lleva de lo conocido a lo desconocido.
23. Es decir, que la letra doble es, según unos, una simple abreviación, y tiene, según otros, un sonido particular.
24. Arist. *Del Alma,* I, 5, «¿Cómo conocerá el alma, cómo percibirá por los sentidos

el conjunto que resulta de una reunión de elementos? ¿Cómo sabrá lo que es un dios, un hombre, la carne, un hueso, o cualquier otro compuesto? Un compuesto no es una reunión cualquiera de elementos: se necesita una proporción, una disposición particular. Así explica Empédocles la formación del hueso.» Siguen tres versos de Empédocles, cuyo sentido es fácil de conocer, mas cuyos detalles no han alcanzado a aclarar toda la sagacidad de los comentaristas. Véanse las versiones tan diferentes de Bagolini, *Syrian, ad Metaph.*, XIII, f. 118; Patricci, *Philop.* ad lib. XIV, f. 66; Argirópulo, *de ánima,* I, 5; Brucker, *Ad Scipionem Aquilianum,* pág. 169. Sepúlveda omitió los versos de Empédocles citados por Alejandro, *Brand,* pág. 587. Véase igualmente a Sturtc, *Empedoclis carmina,* páginas 409, 522, 599 y 600.

25. «Puesto que el hombre, los demás animales y las partes de los animales tienen una constitución que les es propia, es preciso indagar qué facultad, qué virtud particular constituye la carne, el hueso, la sangre... No basta conocer los elementos, el fuego, la tierra que entran en la composición... es preciso conocer la forma más bien que la materia.» *De Partibus anim.*, I, 1, Bekk., pág. 640.
26. Todos los cuerpos, lo mismo que los huesos, se componen de elementos; la misma causa que obra en el primer caso, debe obrar en el otro.

LIBRO SEGUNDO

-I. El estudio de la verdad es en parte fácil, y en parte difícil. Diferencia entre la Filosofía y las ciencias prácticas. La Filosofía tiene por objeto las causas

-II. Hay un principio simple, y no una serie de causas que se prolongan hasta el infinito.

-III. Método. No debe emplearse el mismo método en todas las ciencias. La Física no consiente el método matemático. Condiciones preliminares del estudio de la naturaleza

- I. EL ESTUDIO DE LA VERDAD ES EN PARTE FÁCIL, Y EN PARTE DIFÍCIL. DIFERENCIA ENTRE LA FILOSOFÍA Y LAS CIENCIAS PRÁCTICAS. LA FILOSOFÍA TIENE POR OBJETO LAS CAUSAS.

La ciencia, que tiene por objeto la verdad, es difícil desde un punto de vista y fácil desde otro. Lo prueba la imposibilidad que hay de alcanzar la completa verdad y la imposibilidad de que se oculte por entero. Cada filósofo explica algún secreto de la naturaleza. Lo que cada cual en particular añade al conocimiento de la verdad no es nada, sin duda, o es muy poca cosa, pero la reunión de todas las ideas presenta importantes resultados. De suerte que en este caso sucede a nuestro parecer como cuando decimos con el proverbio[1]; *¿quién no clava la flecha en una puerta?* Considerada de esta manera, esta ciencia es cosa fácil. Pero la imposibilidad de una posesión completa de la verdad en su conjunto y en sus partes, prueba todo lo difícil que es la indagación de que se trata. Esta dificultad es doble. Sin embargo, quizá la causa de ser así no está en las cosas, sino en nosotros mismos. En efecto, lo mismo que a los ojos de los murciélagos ofusca la luz del día, lo mismo a la inteligencia de nuestra alma ofuscan las cosas que tienen en sí mismas la más brillante evidencia.

Es justo, por tanto, mostrarse reconocidos, no sólo respecto de aquellos cuyas opiniones compartimos, sino también de los que han tratado las cuestiones de una manera un poco superficial, porque también éstos han contribuido por su parte. Estos han preparado con sus trabajos el estado actual de la ciencia. Si Timoteo[2] no hubiera existido, no habríamos disfrutado de estas preciosas melodías, pero si no hubiera habido un Frinis[3] no habría existido Timoteo. Lo mismo sucede con los que han expuesto sus ideas sobre la verdad. Nosotros hemos adoptado algunas de las opiniones de muchos filósofos, pero los anteriores filósofos han sido causa de la existencia de éstos.

En fin, con mucha razón se llama a la filosofía la ciencia teórica de la verdad. En efecto, el fin de la especulación es la verdad, el de la práctica es la mano de obra; y los prácticos, cuando consideran el porqué de las cosas, no examinan la causa en sí misma, sino con relación a un fin particular y para un interés presente. Ahora bien, nosotros no conocemos lo verdadero, si no sabemos la causa[4]. Además, una cosa es verdadera por excelencia cuando las demás cosas toman de ella lo que tienen de verdad, y de esta manera el fuego es caliente por excelencia, porque es la causa del calor de los demás seres. En igual forma, la cosa, que es la causa de la verdad en los seres que se derivan de esta cosa, es igualmente la verdad por excelencia. Por esta razón los principios de los seres eternos son sólo necesariamente la eterna verdad. Porque no son sólo en tal o cual circunstancia estos principios verdaderos, ni hay nada que sea la causa de su verdad; sino que, por lo contrario, son ellos mismos causa de la verdad de las demás cosas. De manera que tal es la dignidad de cada cosa en el orden del ser, tal es su dignidad en el orden de la verdad.

---

1. Manera común de hablar cuando se trata de cuestiones fáciles y cuya solución no ofrece dificultades. Es una alusión al tiro de la flecha. Si el blanco a que tiran los arqueros presenta una superficie estrecha, con dificultad puede dar en él; si, por el contrario, la presenta ancha, es fácil acertar. Alej. de Afrod., *Schol,* pág. 590; Sepúlv., pág. 44.
2. De Mileto, nació hacia el año 446 a. de J. C. Los Espartanos dieron un decreto contra él porque mudó los caracteres de la antigua música y añadió cuatro cuerdas a la lira. Boecio, *De música,* lib. I, capítulo I.
3. Nació hacia el año 480 en Mitilene; fue vencido por Timoteo en los juegos públicos, en los que había conseguido siempre el premio del canto.
4. «Pensamos que sabemos (entiendo por saber absolutamente, y no a manera de los sofistas, es decir, accidentalmente) cuando creemos saber que la causa que hace que una cosa exista, es realmente la causa de esta cosa, y que esta cosa no puede existir de otra manera que como es.», Arist., *Últ. Analit.,* II, 2.

-II. HAY UN PRINCIPIO SIMPLE, Y NO UNA SERIE DE CAUSAS QUE SE PROLONGAN HASTA EL INFINITO.

Es evidente que existe un primer principio y que no existe ni una serie infinita de causas, ni una infinidad de especies de causas. Y así, desde el punto de vista de la materia, es imposible que haya producción hasta el infinito; que la carne, por ejemplo procede de la tierra, la tierra del aire, el aire del fuego, sin que esta cadena se acabe nunca. Lo mismo debe entenderse del principio del movimiento; no puede decirse que el hombre ha sido puesto en movimiento por el aire, el aire por el Sol, el Sol por la discordia, y así hasta el infinito. En igual forma, respecto a la causa final, no puede irse hasta el infinito y decirse que el paseo existe en vista de la salud, la salud en vista del bienestar, el bienestar en vista de otra cosa, y que toda cosa existe siempre en vista de otra cosa. Y, por último, lo mismo puede decirse respecto a la causa esencial.

Toda cosa intermedia es precedida y seguida de otra, y la que precede es necesariamente causa de la que sigue. Si con respecto a tres cosas, se nos preguntase cuál es la causa, diríamos que la primera. Porque no puede ser la última, puesto que lo que está al fin no es causa de nada. Tampoco puede ser la intermedia, porque sólo puede ser causa de una sola cosa. Poco importa, además, que lo que es intermedio sea uno o muchos, infinito o finito. Porque todas las partes de esta infinitud de causas, y en general todas las partes del infinito, si partís del hecho actual para ascender de causa en causa, no son igualmente más que intermedios. De suerte que si no hay algo que sea primero, no hay absolutamente causa. Pero si, al ascender, es preciso llegar a un principio, no se puede en manera alguna, descendiendo, ir hasta el infinito, y decir, por ejemplo, que el fuego produce el agua, el agua la tierra, y que la cadena de la producción de los seres se continúa así sin cesar y sin fin. En efecto, decir que esto sucede a aquello, significa dos cosas; o bien una sucesión simple, como el que a los juegos Ístmicos siguen los juegos Olímpicos, o bien una relación de otro género, como cuando se dice que el hombre, por efecto de un cambio, viene del niño, y el aire del agua. Y he aquí en qué sentido entendemos que el hombre viene del niño; en el mismo que dijimos, que lo que ha devenido o se ha hecho, ha sido producido por lo que devenía o se hacía; o bien, que lo que es perfecto ha sido producido por el ser que se perfeccionaba, porque lo mismo que entre el ser y el no ser hay siempre el devenir, en igual forma, entre lo que no existía y lo que existe, hay lo que deviene. Y así, el que estudia, deviene o se hace sabio, y esto es lo que se quiere expresar cuando se dice, que de aprendiz que era, deviene o se hace maestro. En cuanto al otro ejemplo: el aire viene del agua, en este caso uno de los dos elementos perece en la producción del otro. Y así, en el caso anterior no hay retroceso de lo que es producido a lo que ha producido; el hombre no deviene o se hace niño, porque lo que es producido no lo es por la producción misma, sino que viene después de la producción. Lo mismo acontece en la sucesión simple; el día viene de la aurora únicamente, porque la sucede; pero por esta misma razón la aurora no viene del día. En la otra especie de producción pasa todo lo contrario; hay retroceso de uno de los elementos al otro. Pero en ambos casos es imposible ir hasta el infinito. En el primero, es preciso que los intermedios tengan un fin; en el último, hay un retroceso perpetuo de un elemento a otro, pues la destrucción del uno es la producción del otro. Es imposible que el elemento primero, si es eterno, perezca, como en tal caso sería preciso que sucediera. Porque si remontando de causa en causa, la cadena de la producción no es infinita, es de toda necesidad que el elemento primero que al parecer ha producido alguna cosa, no sea eterno. Ahora bien, esto es imposible.

Aún hay más: la causa final es un fin. Por causa final se entiende lo que no se hace en vista de otra causa, sino, por lo contrario, aquello en vista de lo que se hace otra cosa. De suerte que si hay una cosa que sea el último término, no habrá producción infinita; si nada de esto se verifica, no hay causa final. Los que admiten la producción hasta el infinito, no ven que suprimen por este medio el bien. Porque ¿hay nadie que quiera emprender nada, sin proponerse llegar a un término?[1]. Esto sólo le ocurría a un insensato. El hombre racional obra siempre en vista de alguna cosa, y esta mira es un fin, porque el objeto que se propone es un fin. Tampoco se puede indefinidamente referir una esencia a otra esencia. Es preciso pararse. La esencia que precede es siempre más esencia que la que sigue, pero si lo que precede no lo es, con más razón aún no lo es la que sigue[2].

Más aún; un sistema semejante hace imposible todo conocimiento. No se puede saber, y es imposible conocer, antes de llegar a lo que es simple, a lo que es indivisible. Porque ¿cómo pensar en esta infinidad de seres de que se nos habla? Aquí no sucede lo que con la línea, cuyas divisiones no acaban; el pensamiento tiene necesidad de puntos de parada. Y así, si recorréis esta línea que se divide hasta el infinito, no podéis contar todas las divisiones. Añádase a esto, que sólo concebimos la materia como objeto en movimiento. Mas ninguno de estos objetos está señalado con el carácter del infinito. Si estos objetos son realmente infinitos, el carácter propio del infinito no es el infinito[3].

Y aun cuando sólo se dijese que hay un número infinito de especies y de causas, el conocimiento sería todavía imposible. Nosotros creemos saber cuándo conocemos las causas; y no es posible que en un tiempo finito podamos recorrer una serie infinita.

---

1. «Todo conocimiento, toda resolución, existe en vista de un bien.» Arist., *Moral a Nicómaco,* I, 2.
2. No hay, pues, esencia, y por consiguiente no es esto, como se pretende, reducir la esencia a otra esencia. Véase sobre este pasaje, *Alejandro de Afrod. Schol.,* págs. 598-599. Sepúlveda, pág. 51. *Philop.,* f. 7, b. *Asclep. Schol.,* pág. 599. Santo Tomás, pág. 25.
3. Sería una contradicción, un absurdo. Hemos seguido la interpretación de Alejandro; *id, est, per quod infinitum cognosci potest (potest autem per rationem) id non est infinitum.* Sepúlv., pág. 52. Véase también *Schol.,* pág. 600.

-III. MÉTODO. NO DEBE EMPLEARSE EL MISMO MÉTODO EN TODAS LAS CIENCIAS. LA FÍSICA NO CONSIENTE EL MÉTODO MATEMÁTICO. CONDICIONES PRELIMINARES DEL ESTUDIO DE LA NATURALEZA.

Los que escuchan a otro están sometidos al influjo del hábito. Gustamos que se emplee un lenguaje conforme al que nos es familiar. Sin esto las cosas no nos parecen ya lo que nos parecen; se nos figura que las conocemos menos, y nos son más extrañas. Lo que nos es habitual, nos es, en efecto, mejor conocido. Una cosa que prueba bien cuál es la fuerza del hábito es lo que sucede con las leyes, en las que las fábulas y las puerilidades tienen, por efecto del hábito, más cabida que tendría la verdad misma[1].

Hay hombres que no admiten más demostraciones que las de las matemáticas; otros no quieren más que ejemplos[2]; otros no encuentran mal que se invoque el testimonio de los poetas. Los hay, por último, que exigen que todo sea rigurosamente demostrado; mientras que otros encuentran este rigor insoportable, ya porque no pueden seguir la serie encadenada de las demostraciones, ya porque piensan que es perderse en futilidades[3]. Hay, en efecto, algo de esto en la afectación del rigorismo en la ciencia. Así es que algunos consideran indigno que el hombre libre lo emplee, no sólo en la conversación, sino también en la discusión filosófica.

Es preciso, por lo tanto, que sepamos ante todo qué suerte de demostración conviene a cada objeto particular; porque sería un absurdo confundir y mezclar la indagación de la ciencia y la del método: dos cosas cuya adquisición presenta grandes dificultades. No debe exigirse rigor matemático en todo, sino tan sólo cuando se trata de objetos inmateriales. Y así, el método matemático no es el de los físicos; porque la materia es probablemente el fondo de toda la naturaleza. Ellos tienen, por lo mismo, que examinar ante todo lo que es la naturaleza. De esta manera verán claramente cuál es el objeto de la física, y si el estudio de las causas y de los principios de la naturaleza es patrimonio de una ciencia única o de muchas ciencias.

---

1. «Los legisladores inventan muchas veces fábulas para dar autoridad a sus leyes. Ha habido, dicen, hombres autóctonos, producidos por la tierra misma en unos puntos, y en otros por los dientes sembrados de la serpiente; y por tanto es preciso combatir por la tierra, madre del género humano.» *Alej. Schol.*, pág. 601. Sepúlv., pág. 53. Véase también: *Schol.*, pág. 602 *Cod. reg.*
2. Alusión al modo empleado por Platón, según Asclepio.
3. Es el cargo que Aristófanes dirige a los filósofos: «Ahí tenéis a Sócrates y a Cherephon, que saben cuál es la extensión del salto de una pulga.» *Nub.*, 831, &c.

LIBRO TERCERO

-I. Antes de emprender el estudio de una ciencia es preciso determinar las cuestiones y dificultades que se van a resolver. Utilidad de este reconocimiento.

-II. Solución de la primera cuestión que se presenta a examen: el estudio de todos los géneros de causas, ¿depende de una ciencia única?

-III. Los géneros, ¿pueden considerarse como elementos y como principios? Respuesta negativa.

-IV.¿Cómo la ciencia puede abrazar el estudio de todos los seres particulares? Otras dificultades que se enlazan con ésta.

-V. Los números y los seres matemáticos, a saber: los sólidos, las superficies, las líneas y los puntos, ¿pueden ser elementos?

-VI. ¿Por qué el filósofo debe estudiar otros seres además de los seres sensibles? Los elementos, ¿existen en potencia o en acto? Los principios, ¿son universales o particulares?

-I. ANTES DE EMPRENDER EL ESTUDIO DE UNA CIENCIA ES PRECISO DETERMINAR LAS CUESTIONES Y DIFICULTADES QUE SE VAN A RESOLVER. UTILIDAD DE ESTE RECONOCIMIENTO.

Consultado el interés de la ciencia que tratamos de cultivar, es preciso comenzar por exponer las dificultades que tenemos que resolver desde el principio. Estas dificultades son, además de las opiniones contradictorias de los diversos filósofos sobre los mismos objetos, todos los puntos oscuros que hayan podido dejar ellos de aclarar. Si se quiere llegar a una solución verdadera, es útil dejar desde luego allanadas estas dificultades. Porque la solución verdadera a que se llega después, no es otra cosa que la aclaración de estas dificultades, pues es imposible desatar un nudo si no se sabe la manera de hacerlo. Esto es evidente, sobre todo respecto a las dificultades y dudas del pensamiento. Dudar en este caso es hallarse en el estado del hombre encadenado y, como a éste, no es posible a aquél caminar adelante. Necesitamos comenzar examinando todas las dificultades por esta razón, y porque indagar, sin haberlas planteado antes, es parecerse a los que marchan sin saber el punto a que han de dirigirse, es exponerse a no reconocer si se ha descubierto o no lo que se buscaba. En efecto, en tal caso no hay un fin determinado, cuando, por lo contrario, le hay, y muy señalado, para aquel que ha comenzado por fijar las dificultades. Por último, necesariamente se debe estar en mejor situación para juzgar, cuando se ha oído a las partes, que son contrarias en cierto modo, todas las razones opuestas[1].

La primera dificultad es la que nos hemos propuesto ya en la introducción[2]. ¿El estudio de las causas pertenece a una sola ciencia o a muchas, y la ciencia debe ocuparse sólo de los primeros principios de los seres, o bien debe abrazar también los principios generales de la demostración, como estos: *es posible o no afirmar y negar al mismo tiempo una sola y misma cosa,* y todos los demás de este género? Y si no se ocupa más que de los principios de los seres, ¿hay una sola ciencia o muchas para el estudio de todos estos principios? Y si hay muchas, ¿hay entre todas ellas alguna afinidad, o deben las unas ser consideradas como filosóficas y las otras no?

También es indispensable indagar, si deben reconocerse sólo sustancias sensibles, o si hay otras además de éstas. ¿Hay una sola especie de sustancias o hay muchas? De esta última opinión son, por ejemplo, los que admiten las ideas, y las sustancias matemáticas intermedias entre las ideas y los objetos sensibles. Éstas, decimos, son las dificultades que es preciso examinar, y además la siguiente: ¿nuestro estudio abraza sólo las esencias o se extiende igualmente a los accidentes esenciales de las sustancias?

Además ¿a qué ciencia corresponde ocuparse de la identidad y de la heterogeneidad, de la semejanza y de la desemejanza, de la identidad y de la contrariedad, de la anterioridad y de la posteridad, y de otros principios de este género de que se sirven los dialécticos, los cuales sólo razonan sobre lo probable? Después ¿cuáles son los accidentes propios de cada una de estas cosas? Y no sólo debe indagarse lo que es cada una de ellas, sino también si son opuestas entre sí[3]. ¿Son los géneros los principios y los elementos? ¿Lo son las partes intrínsecas de cada ser? Y si son los géneros, ¿son los más próximos a los individuos, o los géneros más elevados? ¿Es, por ejemplo, el animal, o más bien el hombre, el que es principio, siéndolo el género más bien que el individuo? Otra cuestión no menos digna de ser estudiada y profundizada, es la siguiente: fuera de la sustancia, ¿hay o no hay alguna cosa que sea causa en sí? ¿Y esta cosa es o no independiente, es una o múltiple? ¿Está o no fuera del conjunto (y por conjunto entiendo aquí la sustancia con sus atributos), fuera de unos individuos y no de otros? ¿Cuáles son en este caso los seres fuera de los cuales existe?

Luego ¿los principios, ya formales, ya sustanciales, son numéricamente distintos, o reducibles a géneros?[4]. ¿Los principios de los seres perecederos y los de los seres imperecederos son los mismos o diferentes, son todos imperecederos, o son los principios perecederos también perecederos? Además, y esta es de los seres per mayor dificultad y la más embarazosa, ¿la unidad y el ser constituyen la sustancia de los seres, como pretendían los pitagóricos y Platón, o acaso hay algo que le sirva de sujeto, de sustancia, como la Amistad de Empédocles, como el fuego, el agua, el aire de éste o aquél filósofo? ¿Los principios son relativos a lo general, o a las cosas particulares? ¿Existen en potencia o en acto? ¿Están en movimiento o de otra manera?[5]. Todas éstas son graves dificultades.

Además, ¿los números, las longitudes, las figuras, los puntos, son o no sustancias, y si son sustancias, son independientes de los objetos sensibles, o existen en estos objetos? Sobre todos estos puntos no sólo es difícil alcanzar la verdad por medio de una buena solución, sino que ni siquiera es fácil presentar con claridad las dificultades.

---

1. Aristóteles, o el filósofo, a quien bien gratuitamente por cierto se pretende atribuir una de sus más preciosas obras, presenta en la *De caelo* una imagen análoga: «Debemos exponer, ante todo, las opiniones de los demás filósofos (sobre la naturaleza del mundo), porque las demostraciones contradictorias nos obligarán a la neutralidad. Por otra parte, nuestras palabras tendrán más peso, si ante todo traemos al debate las diversas opiniones para hacer valer sus pretensiones; y de esta manera no parecerá que condenamos a los ausentes. Es preciso que los que quieran juzgar sanamente de la verdad se conduzcan, no como adversarios, sino como árbitros.» I, 10, Bekk., pág. 279.
2. Aristóteles ha probado históricamente, en el libro primero, que la filosofía debe abrazar el estudio de los cuatro principios. –Observemos aquí con M. Michelet, de Berlín, que la enumeración de las dificultades en este capítulo y en los siguientes y su desenvolvimiento, no corresponden exactamente a las soluciones dadas en los otros libros. Muchas cuestiones están fuera de su debido lugar; algunas apenas se tocan; muchas aparecen reunidas a causa de su estrecha afinidad, y de otras, por último, se trata en diversos lugares. Indicaremos, sin embargo, el pasaje o pasajes en que se podrá encontrar la solución de cada uno de los problemas indicados por Aristóteles.
3. Esta dificultad que Aristóteles no desenvuelve en los capítulos siguientes, tiene implícitamente su solución en el lib. IV, cap. II. –Michelet, de Berlín, *Examen crítico,* pág. 134: «Aristóteles no ha hecho más que indicar el problema, sin desenvolver las dificultades. Ya Siriano, al final de su comentario manuscrito sobre este libro, llamado Απορηματα, ha observado muy juiciosamente que Aristóteles no la ha tratado ni resuelto separadamente en los libros siguientes, por la razón de que no era más que un corolario de los otros problemas, del quinto, por ejemplo. Porque, dice Siriano, la cuestión relativa a la identidad, a la heterogeneidad, a la semejanza, &c., no es diferente de la que se refiere a las propiedades de la sustancia, puesto que estas categorías no son, en efecto, otra cosa que las propiedades de la sustancia. Y, finalmente, Siriano observa que la respuesta a esta cuestión no es difícil y que Aristóteles la da también en el libro décimo.»

4. Es decir: ¿hay para cada ser una materia, una forma particular, tiene cada individuo sus principios particulares, o más bien los [98] principios de los individuos pueden reducirse a un cierto número de principios que sean géneros de todos los demás? Véase más abajo, capítulo IV, el desenvolvimiento de esta dificultad.
5. Esta dificultad se omite también en el desenvolvimiento que sigue, y por la razón, según Siriano, que antes. No es más que el corolario de los otros problemas. ¿Dónde se encuentra la solución? Siriano señala dos pasajes de la *Metafísica*; M. Michelet otros dos. Pero esta solución se encuentra en todas partes, en la refutación, o más bien en las refutaciones de la teoría de las ideas, en todo el libro duodécimo; en una palabra, resulta de todo lo que dice Aristóteles sobre la naturaleza de los principios.

-II. SOLUCIÓN DE LA PRIMERA CUESTIÓN QUE SE PRESENTA A EXAMEN: EL ESTUDIO DE TODOS LOS GÉNEROS DE CAUSAS, ¿DEPENDE DE UNA CIENCIA ÚNICA?

En primer lugar, ya preguntamos al principio: ¿pertenece a una sola ciencia o a muchas examinar todas las especies de causas?[1]. Pero ¿cómo ha de pertenecer a una sola ciencia conocer de principios que no son contrarios los unos a los otros?[2]. Y además, hay numerosos objetos, en los que estos principios no se encuentran todos reunidos. Así, por ejemplo, ¿sería posible indagar la causa del movimiento o el principio del bien en lo que es inmóvil? En efecto, todo lo que es en sí y por su naturaleza bien, es un fin, y por esto mismo es una causa, puesto que, en vista de este bien, se producen y existen las demás cosas. Un fin, sólo por ser fin, es necesariamente objeto de alguna acción, pero no hay acción sin movimiento, de suerte que en las cosas inmóviles no se puede admitir ni la existencia de este principio del movimiento, ni la del bien en sí. De aquí resulta que nada se demuestra en las ciencias matemáticas por medio de la causa del movimiento. Tampoco se ocupan de lo que es mejor y de lo que es peor; ningún matemático se da cuenta de estos principios. Por esta razón algunos sofistas, Aristipo[3], por ejemplo, rechazaban como ignominiosas las ciencias matemáticas. Todas las artes, hasta las manuales, como la del albañil, del zapatero, se ocupan sin cesar de lo que es mejor y de lo que es peor, mientras que las matemáticas jamás hacen mención del bien y del mal.

Pero si hay varias ciencias de causas, cada una de las cuales se ocupa de principios diferentes, ¿cuál de todas ellas será la que buscamos o, entre los hombres que las posean, cuál conocerá mejor el objeto de nuestras indagaciones? Es posible que un solo objeto reúna todas estas especies de causas. Y así en una casa el principio del movimiento es el arte, y el obrero, la causa final, es la obra; la materia, la tierra y las piedras; y el plan es la forma. Conviene, por tanto, conforme a la definición que hemos hecho precedentemente de la filosofía, dar este nombre a cada una de las ciencias que se ocupan de estas causas. La ciencia por excelencia, la que dominará a todas las demás, y a la que todas se habrán de someter como esclavas, es aquella que se ocupe del fin y del bien, porque todo lo demás no existe sino en vista del bien. Pero la ciencia de las causas primeras, la que hemos definido como la ciencia de lo más científico que existe, será la ciencia de la esencia.

En efecto, una misma cosa puede conocerse de muchas maneras, pero los que conocen un objeto por lo que es, le conocen mejor que los que le conocen por lo que no es. Entre los primeros distinguimos diferentes grados de conocimiento, y decimos que tienen una ciencia más perfecta los que conocen, no sus cualidades, su cantidad, sus modificaciones, sus actos, sino su esencia. Lo mismo sucede con todas las cosas que están sometidas a demostración. Creemos tener conocimiento de las cosas cuando sabemos en qué consisten: *¿qué es, por ejemplo, construir un cuadro, equivalente a un rectángulo dado? Es encontrar la media proporcional entre los dos lados del rectángulo*. Lo mismo acontece en todos los demás casos. Por lo contrario, en cuanto a la producción, a la acción, a toda especie de cambio, creemos tener la ciencia cuando conocemos el principio del movimiento, el cual es diferente de la causa final, precisamente es lo opuesto. Parece, pues, en vista de esto, que son ciencias diferentes las que han de examinar cada una de estas causas.

Aún hay más. ¿Los principios de la demostración pertenecen a una sola ciencia o a varias? Esta es otra cuestión[4]. Llamo principios de la demostración a estos axiomas generales, en que se apoya todo el mundo para la demostración, por ejemplo: *es necesario afirmar o negar una cosa; una cosa no puede ser y no ser al mismo tiempo*, y todas las demás proposiciones de este género. Y bien: ¿la ciencia de estos principios es la misma que la de la esencia o difiere de ella? Si difiere de ella, ¿cuál de las dos reconocemos que es la que buscamos? Que los principios de la demostración no pertenecen a una sola ciencia, es evidente; ¿por qué la geometría habrá de arrogarse, con más razón que cualquiera otra ciencia, el derecho de tratar de estos principios? Si, pues, toda ciencia tiene igualmente este privilegio, y si a pesar de eso no todas pueden gozar de él, el estudio de los principios no dependerá de la ciencia que conoce de las esencias más que de cualquiera otra. ¿Y entonces cómo es posible una ciencia de los principios? Conocemos al primer golpe de vista lo que es cada uno de ellos, y todas las artes se sirven de ellos como de cosas muy conocidas. Mientras que si hubiese una ciencia demostrativa de los principios, sería preciso admitir la existencia de un género común, que fuese objeto de esta ciencia; sería preciso admitir, de una parte, los accidentes de este género, y de otra, axiomas, porque es imposible demostrarlo todo. Toda demostración debe partir de un principio, recaer sobre un objeto y demostrar algo de este objeto. Se sigue de aquí que todo lo que se demuestra podría reducirse a un solo género. Y en efecto, todas las ciencias demostrativas se sirven de axiomas. Y si la ciencia de los axiomas es distinta de la ciencia de la esencia, ¿cuál de las dos será la ciencia soberana, la ciencia primera?. Los axiomas son lo más general que hay, son los principios de todas las cosas, y si no forman parte de la ciencia del filósofo, ¿cuál será la encargada de demostrar su verdad o su falsedad?

Por último, ¿hay una sola ciencia para todas las esencias, o hay varias?[5]. Si hay varias, ¿de qué esencia trata la ciencia que nos ocupa? No es probable que haya una sola ciencia de todas las esencias. En este caso habría una sola ciencia demostrativa de todos los accidentes esenciales de los seres, puesto que toda ciencia demostrativa somete al criterio de los principios comunes todos los accidentes esenciales de un objeto dado. A la misma ciencia pertenece también examinar conforme a principios comunes solamente los accidentes esenciales de un mismo género. En efecto, una ciencia se ocupa de aquello que existe; otra ciencia, ya se confunda con la precedente, ya se distinga de ella, trata de las causas de aquello que existe. De suerte que estas dos ciencias, o esta ciencia única, en el caso de que no formen más que una, se ocuparán de los accidentes del género que es su sujeto.

Mas de otro lado, ¿la ciencia sólo abraza las esencias o bien recae también sobre sus accidentes?[6]. Por ejemplo, si consideramos como esencias los sólidos, las líneas, los planos, ¿la ciencia de estas esencias se ocupará al mismo tiempo de los accidentes de cada género, accidentes sobre los que recaen las demostraciones matemáticas, o bien serán éstos objeto de otra ciencia? Si hay una sola ciencia, la ciencia de la esencia será en tal caso una ciencia demostrativa, pero la esencia, a lo que parece, no se demuestra; y si hay dos ciencias diferentes, ¿cuál será la que habrá de tratar de los accidentes de la sustancia? Esta es una de las cuestiones más difíciles de resolver.

Además ¿deberán admitirse sólo las sustancias sensibles, o deberán admitirse también otras?[7]. ¿No hay más que una especie de sustancia o hay muchas? De este último dictamen son, por ejemplo, los que admiten las ideas, así como los seres intermedios que son objeto de las ciencias matemáticas. Dicen que las ideas son por sí mismas causas y sustancias, como ya hemos visto al tratar de esta cuestión en el primer libro. A esta doctrina pueden hacerse mil objeciones. Pero el mayor absurdo que contiene es decir que existen seres particulares fuera de los que vemos en el Universo, pero que estos seres son los mismos que los seres sensibles, sin otra diferencia que los unos son eternos y los otros perecederos. En efecto, dicen que hay el hombre en sí, el caballo en sí, la salud en sí, imitando en esto a los que sostienen que hay dioses, pero que son dioses que se parecen a los hombres. Los unos no hacen otra cosa que hombres eternos; mientras que las ideas de los otros no son más que seres sensibles eternos.

Si además de las ideas y de los objetos sensibles se quiere admitir tres intermedios, nacen una multitud de dificultades. Porque evidentemente habrá también líneas intermedias entre la idea de la línea y la línea sensible; y lo mismo sucederá con todas las demás cosas. Tomemos, por ejemplo, la Astronomía. Habrá otro cielo, otro sol, otra luna, además de los que tenemos a la vista, y lo mismo en todo lo demás que aparece en el firmamento. Pero ¿cómo creeremos en su existencia? a este nuevo cielo no se le puede hacer razonablemente inmóvil; y, por otra parte, es de todo punto imposible que esté en movimiento. Lo mismo sucede con los objetos de que trata la Óptica, y con las relaciones matemáticas en los sonidos músicos. Aquí no pueden admitirse por la misma razón seres fuera de los que vemos; porque si admitís seres sensibles intermedios, os será preciso admitir necesariamente sensaciones intermedias para percibirlos, así como animales intermedios entre las ideas de los animales y los animales perecederos. Puede preguntarse sobre qué seres recaerían las ciencias intermedias. Porque si reconocen que la Geodesia no difiere de la Geometría sino en que la una recae sobre objetos sensibles, y la otra sobre objetos que nosotros no percibimos por los sentidos, evidentemente es preciso que hagáis lo mismo con la Medicina y las demás ciencias, y decir que hay una ciencia intermedia entre la Medicina ideal y la Medicina sensible. ¿Y cómo admitir semejante suposición? Sería preciso, en tal caso, decir también que hay una salud intermedia entre la salud de los seres sensibles y la salud en sí.

Pero tampoco es exacto que la Geodesia sea una ciencia de magnitudes sensibles y perecederas, porque en este caso perecería ella cuando pereciesen las magnitudes. La Astronomía misma, la ciencia del cielo, que cae bajo el dominio de nuestros sentidos, no es una ciencia de magnitudes sensibles. Ni las líneas sensibles son las líneas del geómetra, porque los sentidos no nos dan ninguna línea recta, ninguna curva, que satisfaga a la definición; el círculo no encuentra la tangente en un solo punto, sino en muchos, como observa Protágoras[8] en sus ataques contra los geómetras; ni los movimientos reales ni las revoluciones del cielo concuerdan completamente con los movimientos y las revoluciones que dan los cálculos astronómicos; últimamente, las estrellas no son de la misma naturaleza que los puntos.

Otros filósofos admiten igualmente la existencia de estas sustancias intermedias entre las ideas y los objetos sensibles; pero no las separan de los objetos sensibles y dicen que están en estos objetos mismos[9]. Sería obra larga enumerar todas las dificultades de imposible solución a que conduce semejante doctrina. Observemos, sin embargo, que no sólo los seres intermedios, sino también las ideas mismas, estarán también en los objetos sensibles; porque las mismas razones se aplican igualmente en los dos casos. Además, de esta manera se tendrán necesariamente dos sólidos en un mismo lugar, y no serán inmóviles, puesto que se darán en objetos sensibles que están en movimiento. En una palabra, ¿a qué admitir seres intermedios, para colocarlos en los seres sensibles? Los mismos absurdos de antes se producirán sin cesar. Y así habrá un cielo fuera del cielo que está sometido a nuestros sentidos, pero no estará separado de él, y estará en el mismo lugar; lo cual es más inadmisible que el cielo separado.

---

1. Esta dificultad, resuelta históricamente en el primer libro, tiene su solución filosófica en el lib. IV, 2.
2. Saber qué es una cosa, es saber lo que no es; y saber lo que no es, es también, desde cierto punto de vista, saber lo que es. El conocimiento de una cosa es, pues, al mismo tiempo el conocimiento de lo contrario de [99] esta cosa. Toda ciencia,

por consiguiente, es la ciencia de los contrarios. Si nos atenemos a esta idea, es sorprendente, como supone Aristóteles, que una sola ciencia abrace principios que no son contrarios los unos a los otros.

Por lo demás, los comentaristas hacen ver sin dificultad que hay en la objeción una petición de principio. La proposición de que se trata suponer la siguiente: una ciencia sólo puede ser ciencia de los contrarios; lo cual es falso. Véase a *Alej. Afrod. Schol.*, pág. 608; Sepúlv., pág. 58; *Asclep. Schol.*, pág. 608. Asclepio observa al final del libro, que la mayor parte de los argumentos desenvueltos por Aristóteles en este libro descansan sobre principios, no verdaderos, sino probables, y que intenta, no demostrar, sino sólo hacer creer. Tendremos más de una vez ocasión de apreciar la exactitud de esta observación. Santo Tomás dice poco más o menos lo mismo que Asclepio. Sin embargo, no encuentra el argumento en cuestión tan débil como se pretende, y procura fortificarle y darle alguna consistencia.

3. Arístipo, el antiguo, discípulo de Sócrates, y fundador de la escuela Cirenaica, y no Arístipo Metrodidacto, nieto de aquél, contemporáneo de Aristóteles. Este último no hizo más que desenvolver en un sistema completo los principios de la filosofía del placer.
4. La cuestión está resuelta en el lib. IV, caps. III y VIII.
5. Véase la solución de esta dificultad en el lib. VI, cap. II.
6. Este problema venía, en la enumeración con que Aristóteles ha comenzado el lib. III, en quinto lugar. Aristóteles le relaciona aquí con la tercera cuestión. La solución de este problema se encuentra inmediatamente antes de la dificultad relativa a la unidad de la ciencia, lib. IV, capítulo I.
7. Esta cuestión, sobre la que Aristóteles volverá al final del libro III, y de que ya se ha ocupado en la última parte del I, aparece resuelta en los cinco primeros capítulos del lib. XIII, y en los dos primeros del XVI.
8. Es el célebre sofista, contemporáneo de Sócrates.
9. Aristóteles alude al sistema de Eudoxio. Véanse lib. I, 9. XIV, 23.

-III. LOS GÉNEROS, ¿PUEDEN CONSIDERARSE COMO ELEMENTOS Y COMO PRINCIPIOS? RESPUESTA NEGATIVA.

¿Qué debe decidirse, a propósito de todos estos puntos, hasta llegar al descubrimiento de la verdad? Numerosas son las dificultades que se presentan.

Las dificultades relativas a los principios no lo son menos. ¿Habrán de considerarse los géneros como elementos y principios, o bien este carácter pertenece más bien a las partes constitutivas de cada ser?[1]. Por ejemplo, los elementos y principios de la palabra son al parecer las letras que concurren a la formación de todas las palabras, y no la palabra en general. En igual forma llamamos elementos en la demostración de las propiedades de las figuras geométricas, aquellas demostraciones que se encuentran en el fondo de las demás, ya en todas, ya en la mayor parte. Por último, lo mismo sucede respecto de los cuerpos; los que sólo admiten un elemento y los que admiten muchos, consideran como principio aquello de que el cuerpo se compone, aquello cuyo conjunto le constituye. Y así el agua, el fuego y los demás elementos son, para Empédocles, los elementos constitutivos de los seres, y no los géneros que comprenden estos seres. Además, si se quiere estudiar la naturaleza de un objeto cualquiera, de una cama, por ejemplo, se averigua de qué piezas se compone, y cuál es la colocación de estas piezas, y entonces se conoce su naturaleza. Según esto, los géneros no serán los principios de los seres. Pero si se considera que nosotros sólo conocemos mediante las definiciones, y que los géneros son los principios de las definiciones, es preciso reconocer también que los géneros son los principios de los seres definidos. Por otra parte, si es cierto que se adquiere conocimiento de los seres cuando se adquiere de las especies a que los seres pertenecen, en este caso los géneros son también principios de los seres, puesto que son principios de las especies. Hasta algunos de aquellos que consideran como elementos de los seres la unidad o el ser, o lo grande y lo pequeño, al parecer forman con ellas géneros. Sin embargo, los principios de los seres no pueden ser al mismo tiempo los géneros y los elementos constitutivos. La esencia no admite dos definiciones, porque una sería la definición de los principios considerados como géneros, y otra considerados como elementos constitutivos.

Por otra parte, si son los géneros sobre todo los que constituyen los principios, ¿deberán considerarse como tales principios los géneros más elevados, o los inmediatamente superiores a los individuos?[2]. También es este otro motivo de embarazo. Si los principios son lo más general que existe, serán evidentemente principios los géneros más elevados, porque abrazan todos los seres. Se admitirán, por consiguiente, como principios de los seres los primeros de entre los géneros, y en este caso, el ser, la unidad, serán principios y sustancia, porque estos géneros son los que abrazan, por encima de todo, todos los seres. De otro lado, no es posible referir todos los seres a un solo género, sea a la unidad, sea al ser.

Es absolutamente necesario que las diferencias de cada género *sean*, y que cada una de estas diferencias sea *una*; porque es imposible que lo que designa las especies del género designe igualmente las diferencias propias; es imposible que el género exista sin sus especies. Luego si la unidad o el ser es el género, no habrá diferencia que *sea*, ni que sea *una*. La unidad y el ser no son géneros, y por consiguiente, no son principios, puesto que son los géneros los que constituyen los principios. Añádase a esto que los seres intermedios, tomados con sus diferencias, serán géneros hasta llegar al individuo. Ahora bien, unos son ciertamente géneros, pero otros no los son.

Además, las diferencias son más bien principios que los géneros. Pero si las diferencias son principios, hay en cierto modo una infinidad de principios, sobre todo si se toma por punto de partida el género más elevado. Observemos, por otra parte, que aunque la unidad nos parezca que es la que tiene sobre todo el carácter de principio, siendo la unidad indivisible y siendo lo que es indivisible tal, ya bajo la relación de la cantidad, ya bajo la de la especie, y teniendo la anterioridad lo que lo es bajo la relación de la especie; y en fin, dividiéndose los géneros en especies, la unidad debe aparecer más bien como individuo: *el hombre*, en efecto, no es el género de los hombres particulares[3].

Por otra parte, no es posible, en las cosas en que hay anterioridad y posterioridad, que haya fuera de ellas ninguna cosa que sea su género. La díada, por ejemplo, es el primero de los números, fuera de las diversas especies de números no hay ningún otro número que sea el género común[4]; como no hay en la geometría otra figura fuera de las diversas especies de figuras. Y si no hay en este caso género fuera de las especies, con más razón no lo habrá en las demás cosas. Porque en los seres matemáticos es en los que, al parecer, se dan principalmente los géneros. Respecto a los individuos no hay prioridad ni posterioridad; además, allí donde hay mejor y peor, lo mejor tiene la prioridad. No hay, pues, géneros que sean principios de los individuos.

Conforme a lo que precede, deben considerarse los individuos como principios de los géneros. Mas de otro lado, ¿cómo concebir que los individuos sean principios? No sería fácil demostrarlo. Es preciso que, en tal caso, la causa, el principio, esté fuera de las cosas de que es principio, que esté separado de ellas. ¿Pero qué razón hay para suponer que haya un principio de este género fuera de lo particular, a no ser que este principio sea una cosa universal que abraza todos los seres? Ahora bien, si prevalece esta consideración, debe considerarse más bien como principio lo más general, y en tal caso los principios serán los géneros más elevados.

---

1. Cuestión resuelta en los cinco primeros capítulos del libro XIII. Véase también el libro VII, capítulo XII, donde esta cuestión va unida a otras, y donde Aristóteles hace presentir y prepara la solución.
2. Lo que hemos dicho en la cuestión precedente se refiere igualmente a ésta. Siriano las ha reunido, considerándolas como dos partes del mismo problema.
3. Aristóteles acaba de decirnos que el género se divide en especies; y para evitar equivocaciones, porque ordinariamente da también el nombre de especies a los individuos, añade: *el hombre, en efecto, no es el género de los hombres particulares*: es decir, de los individuos que llevan el nombre de hombres. El hombre se divide, es cierto, pero no en especies, porque no es un género; se divide sólo en individuos; porque el género se divide en especies y en individuos. Alej. Afrod., *Schol.*, pág. 622; Sepúlv., pág. 69.
4. La mitad no es número, lib. XIV, 1.

-IV. ¿CÓMO LA CIENCIA PUEDE ABRAZAR EL ESTUDIO DE TODOS LOS SERES PARTICULARES? OTRAS DIFICULTADES QUE SE ENLAZAN CON ÉSTA.

Hay una dificultad que se relaciona con las precedentes, dificultad más embarazosa que todas las demás, y de cuyo examen no podemos dispensarnos; vamos a hablar de ella. Si no hay algo fuera de lo particular, y si hay una infinidad de cosas particulares, ¿cómo es posible adquirir la ciencia de la infinidad de las cosas?[1]. Conocer un objeto es, según nosotros, conocer su unidad, su identidad y su carácter general. Pues bien, si esto es necesario, y si es preciso que fuera de las cosas particulares haya algo, habrá necesariamente, fuera de las cosas particulares, los géneros, ya sean los géneros más próximos a los individuos, ya los géneros más elevados. Pero hemos visto antes que esto era imposible. Admitamos, por otra parte, que hay verdaderamente algo fuera del conjunto del atributo y de la sustancia, admitamos que hay especies. Pero ¿la especie es algo que exista fuera de todos los objetos o sólo está fuera de algunos, sin estar fuera de otros, o no está fuera de ninguno?

¿Diremos entonces que no hay nada fuera de las cosas particulares? En este caso no habría nada de inteligible, no habría más que objetos sensibles, no habría ciencia de nada, a no llamarse ciencia el conocimiento sensible. Igualmente no habría nada eterno, ni inmóvil; porque todos los objetos sensibles están sujetos a la destrucción y están en movimiento. Y si no hay nada eterno, la producción es imposible. Porque es indispensable que lo que deviene o llega a ser sea algo, así como aquello que hace llegar a ser; y que la última de las causas productoras sea de todos los tiempos, puesto que la cadena de las causas tiene un término y es imposible que cosa alguna sea producida por el no-ser. Por otra parte, allí donde haya nacimiento y movimiento, habrá necesariamente un término, porque ningún movimiento es infinito, y antes bien, todo movimiento tiene un fin. Y, por último, es imposible que lo que no puede devenir o llegar a ser devenga; lo que deviene existe necesariamente antes de devenir o llegar a ser.

Además, si la sustancia existe en todo tiempo, con mucha más razón es preciso admitir que la existencia de la esencia en el momento en que la sustancia deviene. En efecto, si no hay sustancia ni esencia, no existe absolutamente nada. Y como esto es imposible, es preciso que la forma y la esencia sean algo fuera del conjunto de la sustancia y de la forma. Pero si se adopta esta conclusión, una nueva dificultad se presenta. ¿En qué casos se admitirá esta existencia separada, y en qué casos no se la admitirá?[2]. Porque es evidente que no en todos los casos se admitirá. En efecto, no podemos decir que hay una casa fuera de las casas particulares.

Pero no para en esto. La sustancia de todos los seres, ¿es una sustancia única? ¿La sustancia de todos los hombres es única, por ejemplo? Pero esto sería un absurdo, porque no siendo todos los seres un ser único, sino un gran número de seres, y de seres diferentes, no es razonable que sólo tengan una misma sustancia. Y además, ¿cómo la sustancia de todos los seres deviene o se hace cada uno de ellos; y cómo la reunión de estas dos cosas, la esencia y la sustancia, constituyen al individuo?

Veamos una nueva dificultad con relación a los principios. Si sólo tienen la unidad genérica, nada será numéricamente uno, ni la unidad misma ni el ser mismo[3]. Y en este caso ¿cómo podrá existir la ciencia, puesto que no habrá unidad que abrace todos los seres?[4]. ¿Admitiremos, pues, su unidad numérica? Pero si cada principio sólo existe como unidad, sin que los principios tengan ninguna relación entre sí; si no son como las cosas sensibles, porque cuando tal o cual sílaba son de la misma especie, sus principios son de la misma especie sin reducirse a la unidad numérica; si esto no se verifica, si los principios de los seres son reducidos a la unidad numérica, no quedará existente otra cosa que los elementos. Uno, numéricamente o individual son la misma cosa puesto que llamamos individual a lo que es uno por el número; lo universal, por lo contrario, es lo que se da en todos los individuos. Por tanto, si los elementos de la palabra tuviesen por carácter la unidad numérica, habría necesariamente un número de letras igual al de los elementos de la palabra, no habiendo ninguna identidad ni entre dos de estos elementos, ni entre un mayor número de ellos.

Una dificultad que es tan grave como cualquiera otra, y que han dejado a un lado los filósofos de nuestros días y los que les han precedido, es saber si los principios de las cosas perecederas y los de las cosas imperecederas son los mismos principios, o son diferentes[5]. Si los principios son efectivamente los mismos, ¿en qué consiste que unos seres son perecederos y los otros imperecederos, y por qué razón se verifica esto? Hesíodo y todos los teósofos sólo han buscado lo que podía convencerles a ellos, y no han pensado en nosotros. De los principios han formado los dioses, y los dioses han producido las cosas; y luego añaden que los seres que no han gustado el néctar y la ambrosía están destinados a perecer. Estas explicaciones tenían sin duda un sentido para ellos, pero nosotros no comprendemos siquiera cómo han podido encontrar causas en esto. Porque si los seres se acercan al néctar y ambrosía, en vista del placer que proporcionan el néctar y la ambrosía, de ninguna manera son causas de la existencia; si, por lo contrario, es en vista de la existencia, ¿cómo estos seres podrán ser inmortales, puesto que tendrían necesidad de alimentarse? Pero no tenemos necesidad de someter a un examen profundo invenciones fabulosas.

Dirijámonos, pues, a los que razonan y se sirven de demostraciones, y preguntémosles: ¿en qué consiste que, procediendo de los mismos principios, unos seres tienen una naturaleza eterna mientras que otros están sujetos a la destrucción? Pero como no nos dicen cuál es la causa de que se trata y hay contradicción en este estado de cosas, es claro que ni los principios ni las causas de los seres pueden ser las mismas causas y los mismos principios. Y así, un filósofo al que debería creérsele perfectamente consecuente con su doctrina, Empédocles, ha incurrido en la misma contradicción que los demás. Asienta, en efecto, un principio, la Discordia, como causa de la destrucción, y engendra con este principio todos los seres, menos la unidad, porque todos los seres, excepto Dios[6], son producidos por la Discordia. Oigamos a Empédocles:

Tales fueron las causas de lo que ha sido, de lo que es, y
de lo que será en el provenir;

las que hicieron nacer los árboles, los hombres, las
mujeres,
y las bestias salvajes, y los pájaros, y los peces que
viven en las aguas.
Y los dioses de larga existencia.[7]

Esta opinión resulta también de otros muchos pasajes. Si no hubiese en las cosas Discordia, todo, según Empédocles, se vería reducido a la unidad. En efecto, cuando las cosas están reunidas, *entonces se despierta por último la Discordia.* Se sigue de aquí que la Divinidad, el ser dichoso por excelencia, conoce menos que los demás seres porque no conoce todos los elementos. No tiene en sí la Discordia, y es porque sólo lo semejante conoce lo semejante:

Por la tierra vemos la tierra, el agua por el agua;
por el aire el aire divino, y por el fuego el fuego
devorador,
la Amistad por la Amistad, la Discordia por la fatal
Discordia.[8]

Es claro, volviendo al punto de partida, que la Discordia es, en el sistema de este filósofo, tanto causa de ser como causa de destrucción. Y lo mismo la Amistad es tanto causa de destrucción como de ser. En efecto, cuando la Amistad reúne los seres y los reduce a la unidad, destruye todo lo que no es la unidad. Añádase a *esto que Empédocles no asigna al cambio mismo o mudanza ninguna causa, y sólo dice que así sucedió:*

En el acto que la poderosa Discordia hubo agrandado,
y que se lanzó para apoderarse de su dignidad en el día
señalado por el tiempo,
El tiempo, que se divide alternativamente entre la
Discordia y la
Amistad; el tiempo, que ha precedido al majestuoso
juramento.[9]

Habla como si el cambio fuese necesario, pero no asigna causa a esta necesidad.

Sin embargo, Empédocles ha estado de acuerdo consigo mismo, en cuanto admite, no que unos seres son perecederos y otros imperecederos, sino que todo es perecedero, menos los elementos.

La dificultad que habíamos expuesto era la siguiente: si todos los seres vienen de los mismos principios, ¿por qué los unos son perecederos y los otros imperecederos? Pero lo que hemos dicho precedentemente basta para demostrar que los principios de todos los seres no pueden ser los mismos.

Pero si los principios son diferentes una dificultad se suscita: ¿serán también imperecederos o perecederos? Porque si son perecederos, es evidente que proceden necesariamente de algo, puesto que todo lo que se destruye vuelve a convertirse en sus elementos. Se seguiría de aquí que habría otros principios anteriores a los principios mismos. Pero esto es imposible, ya tenga la cadena de las causas un límite, ya se prolongue hasta el infinito. Por otra parte, si se anonadan los principios, ¿cómo podrá haber seres perecederos? Y si los principios son imperecederos, ¿por qué entre estos principios imperecederos hay unos que producen seres perecederos y los otros seres imperecederos? Esto no es lógico; es imposible, o por lo menos exigiría grandes explicaciones. Por último, ningún filósofo ha admitido que los seres tengan principios diferentes; todos dicen que los principios de todas las cosas son los mismos. Pero esto equivale a pasar por alto la dificultad que nos hemos propuesto, y que es considerada por ellos como un punto poco importante.

Una cuestión tan difícil de examinar como la que más, y de una importancia capital para el conocimiento de la verdad, es la de saber si el ser y la unidad son sustancias de los seres; si estos dos principios no son otra cosa que la unidad y el ser, tomado cada uno aparte; o bien si debemos preguntarnos qué son el ser y la unidad, suponiendo que tengan por sustancia una naturaleza distinta de ellos mismos[10]. Porque tales son en este punto las diversas opiniones de los filósofos.

Platón y los pitagóricos pretenden, en efecto, que el ser y la unidad no son otra cosa que ellos mismos, y que tal es su carácter. La unidad en sí y el ser en sí; he aquí, según estos filósofos, lo que constituye la sustancia de los seres.

Los físicos son de otra opinión. Empédocles, por ejemplo, intentando cómo reducir su principio a un término más conocido, explica lo que es la unidad; puede deducirse de sus palabras que el ser es la Amistad[11]; la Amistad es, pues, según Empédocles, la causa de la unidad de todas las cosas. Otros pretenden que el fuego o el aire son esta unidad y este ser, de donde salen todos los seres y que los ha producido a todos. Lo mismo sucede con los que han admitido la pluralidad de elementos; porque deben necesariamente reconocer tantos seres y tantas unidades como principios reconocen.

Si no se asienta que la unidad y el ser son una sustancia, se sigue que no hay nada general, puesto que estos principios son lo más general que hay en el mundo, y si la unidad en sí y el ser en sí no son algo, con más fuerte razón no habrá ser alguno fuera de lo que se llama lo particular. Además, si la unidad no fuese una sustancia, es evidente que el número mismo no podría existir como una naturaleza separada de los seres. En efecto, el número se compone de mónadas, y la mónada es lo que es uno. Pero si la unidad en sí, si el ser en sí son alguna cosa, es preciso que sean la sustancia, porque no hay nada fuera de la unidad y del ser que se diga universalmente de todos los seres.

Pero si el ser en sí y la unidad en sí son algo, nos será muy difícil concebir cómo pueda haber ninguna otra cosa fuera de la unidad y del ser, es decir, cómo puede haber más de un ser, puesto que lo que es otra cosa que el ser no es. De donde se sigue necesariamente lo que decía Parménides, que todos los seres se reducían a uno, y que la unidad es el ser. Pero aquí se presenta una doble dificultad; porque ya no sea la unidad una sustancia, ya lo sea, es igualmente imposible que el número sea una sustancia: que es imposible en el primer caso, ya hemos dicho por qué. En el segundo, la misma dificultad ocurre que respecto del ser. ¿De dónde vendría efectivamente otra unidad fuera de la unidad? Porque en el caso de que se trata habría necesariamente dos unidades. Todos los seres son, o un solo ser o una multitud de seres, si cada ser es unidad[12].

Más aún. Si la unidad fuese indivisible, no habría absolutamente nada, y esto es lo que piensa Zenón[13]. En efecto, lo que no se hace ni más grande cuando se le añade, ni más pequeño cuando se le quita algo, no es, en su opinión, un ser, porque la magnitud es evidentemente la esencia del ser. Y si la magnitud es su esencia, el ser es corporal, porque el cuerpo es magnitud en todos sentidos. Pero ¿cómo la magnitud añadida a los seres hará a los unos más grandes sin producir en los otros este efecto? Por ejemplo, ¿cómo el plano y la línea agrandarán, y jamás el punto y la mónada? Sin embargo, como la conclusión de Zenón es un poco dura[14], y por otra parte puede haber en ella algo de indivisible, se responde a la objeción, que en el caso de la mónada o el punto la adición no aumenta la extensión y sí el número. Pero entonces, ¿cómo un solo ser, y si se quiere muchos seres de esta naturaleza, formarán una magnitud? Sería lo mismo que pretender que la línea se compone de puntos. Y si se admite que el número, como dicen algunos[15], es producido por la unidad misma y por otra cosa que no es unidad[16], no por esto dejará de tenerse que indagar por qué y cómo el producto es tan pronto un número, tan pronto una magnitud; puesto que el no-uno es la desigualdad, es la misma naturaleza en los dos casos. En efecto, no se ve cómo la unidad con la desigualdad, ni cómo un número con ella, pueden producir magnitudes.

---

1. Esta dificultad está resuelta en el libro XII, cap. VI, 10. En la enumeración sucinta del capítulo I, Aristóteles la coloca en el décimo lugar. En el desenvolvimiento viene después del octavo, porque, según Siriano, no es más que un corolario de la discusión sobre la existencia de los géneros y de las especies.
2. La solución de esta gran dificultad es objeto de los libros VII y VIII.
3. Argumento de los partidarios de la existencia de las ideas.
4. Esta dificultad, unida a una de las siguientes, está resuelta en el lib. XIII, 10.
5. Fijándose con atención, puede encontrarse la solución de este problema en el cap. II del libro VI.
6. Este Dios, esta unidad, es el famoso σφαιρος, objeto de tantas discusiones, *Alej. Schol.*, pág. 627; Sepúlv., pág. 74; Philop., pág. 10, B., ¿qué era este Dios? Sólo puede verse en este ser la materia indeterminada, el caos, el ser que envuelve todo y que está en el fondo de todos los seres. La Discordia y la Amistad son los principios activos de Empédocles, y no Dios, la unidad o como quiera llamársele. El sistema de Empédocles es, por lo tanto, una especie de panteísmo. En cuanto a los dioses de quienes se trata más adelante, son los dioses mitológicos del mismo género que más tarde reconoció Epicuro.
7. Sturtz, pág. 516, consigna estos versos conforme al comentario de Simplicio sobre la *Física* de Aristóteles; el texto es absolutamente el mismo, pero el número de los versos del fragmento es mayor: Simplicio cita nada menos que catorce. Véanse igualmente las notas de Sturtz sobre este pasaje, páginas 566 y 567. Los versos que cita Aristóteles, menos el primero, se encuentran también en otro fragmento de Empédocles publicado por Sturtz, paginas 516 y 517, conforme al mismo comentario de Simplicio.
8. Sturtz, *Emped., Carm.*, pág. 527. Estos versos los cita también Aristóteles en el *Tratado del alma,* lib. I, 2. Se encuentran también en el Comentario de Philopon sobre la obra: *De generatione et corruptione,* y en la obra de Sexto Empírico: *Contra los Matemáticos.*
9. Sturtz, Emp., Carm., pág. 519. Estos versos son citados también por Simplicio, *Ad Arist. Phisic.* auscult., 8, p. 272, B.
10. La solución de la dificultad es objeto del libro X. Véase también el lib. XII, 8, y XIV, 1.
11. Se entiende el ser, la unidad en acto, no el ser en potencia, la unidad indeterminada, el caos, este Dios de que hemos hablado más arriba, y que representa el principio sustancial de los seres.
12. En la misma suposición, no hay evidentemente más que una unidad, la unidad en sí; en la otra hipótesis, ¿cómo constituir la segunda unidad con una multitud de unidades?

13. De Elea, discípulo y amigo de Parménides, cuyos principios desarrolló hasta sus últimas consecuencias. Véase la disertación de M. Cousin sobre Zenón, *Fragm. histor.*, pág. 96.
14. De Elea, discípulo y amigo de Parménides, cuyos principios desarrolló hasta sus últimas consecuencias. Véase la disertación de M. Cousin sobre Zenón, *Fragm. histor.*, pág. 96.
15. Los Platonianos.
16. La diada indefinida, la desigualdad, lo grande y lo pequeño, la materia de las ideas y de todos los seres.

-V. LOS NÚMEROS Y LOS SERES MATEMÁTICOS, A SABER: LOS SÓLIDOS, LAS SUPERFICIES, LAS LÍNEAS Y LOS PUNTOS, ¿PUEDEN SER ELEMENTOS?

Hay una dificultad que se relaciona con las precedentes, y es la siguiente: ¿Los números, los cuerpos, las superficies y los puntos son o no sustancias?[1]

Si no son sustancias no conocemos bien ni lo que es el ser, ni cuáles son las sustancias de los seres. En efecto, ni las modificaciones, ni los movimientos, ni las relaciones, ni las disposiciones, ni las proposiciones tienen, al parecer, ninguno de los caracteres de la sustancia. Se refieren todas estas cosas como atributos a un sujeto, y jamás se les da una existencia independiente. En cuanto a las cosas que parecen tener más el carácter de sustancia, como el agua, la tierra, el fuego que constituyen los cuerpos compuestos en estas cosas, lo caliente y lo frío, y las propiedades de esta clase, son modificaciones y no sustancias. El cuerpo, que es el sujeto de estas modificaciones, es el único que persiste como ser y como verdadera sustancia. Y, sin embargo, el cuerpo es menos sustancia que la superficie, ésta lo es menos que la línea, y la línea menos que la mónada y el punto. Por medio de ellos el cuerpo es determinado y, al parecer, es posible que existan independientemente del cuerpo; pero sin ellos la existencia del cuerpo es imposible. Por esta razón, mientras que el vulgo y los filósofos de los primeros tiempos admiten que el ser y la sustancia es el cuerpo, y que las demás cosas son modificaciones del cuerpo, de suerte que los principios de los cuerpos son también los principios de los seres, filósofos más modernos[2], y que se han mostrado verdaderamente más filósofos que sus predecesores, admiten por principios los números. Y así, como ya hemos visto, si los seres en cuestión no son sustancias, no hay absolutamente ninguna sustancia, ni ningún ser, porque los accidentes de estos seres no merecen ciertamente que se les dé el nombre de seres.

Sin embargo, si por una parte se reconoce que las longitudes y los puntos son más sustancias que los cuerpos, y si por otra no vemos entre qué cuerpos será preciso colocarlos, porque no es posible hacerlos entre los objetos sensibles, en este caso no habrá ninguna sustancia. En efecto, evidentemente estas no son más que divisiones del cuerpo, ya en longitud, ya en latitud, ya en profundidad. Por último, toda figura, cualquiera que ella sea, se encuentra igualmente en el sólido, o no hay ninguna. De suerte que si no puede decirse que el Hermes existe en la piedra con sus contornos determinados, la mitad del cubo tampoco está en el cubo con su forma determinada, y ni hay siquiera en el cubo superficie alguna real. Porque si toda superficie, cualquiera que ella sea, existiese en él realmente, la que determina la mitad del cubo tendrían también en él una existencia real. El mismo razonamiento se aplica igualmente a la línea, al punto y a la mónada. Por consiguiente, si por una parte el cuerpo es la sustancia por excelencia; si por otra las superficies, las líneas y los puntos lo son más que el cuerpo mismo; y si, en otro concepto, ni las superficies, ni las líneas, ni los puntos son sustancia, en tal caso no sabemos ni qué es el ser, ni cuál es la sustancia de los seres.

Añádase a lo que acabamos de decir las consecuencias irracionales que se deducirían relativamente a la producción y a la destrucción. En efecto, en este caso, la sustancia que antes no existía, existe ahora: y la que existía antes cesa de existir. ¿No es esto para la sustancia una producción y una destrucción? Por lo contrario, ni los puntos, ni las líneas, ni las superficies son susceptibles ni de producirse ni de ser destruidas; y, sin embargo, tan pronto existen como no existen. Véase lo que pasa en el caso de la reunión o separación de dos cuerpos; si se juntan, no hay más que una superficie; y si se separan, hay dos. Y así, en el caso de una superficie, las líneas y los puntos no existen ya, han desaparecido; mientras que, después de la separación, existen magnitudes que no existían antes; pero el punto, objeto indivisible, no se ha dividido en dos partes. Finalmente, si las superficies están sujetas a producción y a destrucción, proceden de algo.

Pero con los seres de que tratamos sucede, sobre poco más o

menos, lo mismo que con el instante actual en el tiempo. No es posible que devenga y perezca; sin embargo, como no es una sustancia, parece sin cesar diferente. Evidentemente los puntos, las líneas y las superficies se encuentran en un caso semejante, porque se les puede aplicar los mismos razonamientos. Como el instante actual, no son ellos más que límites o divisiones.

---

1. Aristóteles, en la enumeración anterior colocó esta objeción a continuación de todas las demás. Él mismo nos indica por qué aparece en este lugar; en efecto, es un corolario de la precedente. Véase para la solución, lib. XIII, 6-9, y XIV, 3-6.
2. Los Pitagóricos, y después los Platonianos. Véase el lib. I, 5, y el lib. XIII, XIV.

-VI. ¿POR QUÉ EL FILÓSOFO DEBE ESTUDIAR OTROS SERES ADEMÁS DE LOS SERES SENSIBLES? LOS ELEMENTOS, ¿EXISTEN EN POTENCIA O EN ACTO? LOS PRINCIPIOS, ¿SON UNIVERSALES O PARTICULARE

Una cuestión que es absolutamente preciso plantear es la de saber por qué, fuera de los seres sensibles y de los seres intermedios es imprescindible ir en busca de otros objetos, por ejemplo, los que se llaman ideas[1]. El motivo es, según se dice, que si los seres matemáticos difieren por cualquier otro concepto de los objetos de este mundo, de ninguna manera difieren en este, pues que un gran número de estos objetos son de especie semejante. De suerte que sus principios no quedarán limitados a la unidad numérica. Sucederá, como con los principios de las palabras de que nos servimos, que se distinguen no numéricamente sino genéricamente; a menos, sin embargo, de que se los cuente en tal sílaba, en tal palabra determinada, porque en este caso tiene también la unidad numérica[2]. Los seres intermedios se encuentran en este caso. En ellos igualmente las semejanzas de especies son infinitas en número. De modo que si fuera de los seres sensibles y de los seres matemáticos no hay otros seres que los que algunos filósofos llaman ideas, en este caso no hay sustancia, una en número y en género; y entonces los principios de los seres no son principios que se cuenten numéricamente, y sólo tienen la unidad genérica. Y si esta consecuencia es necesaria, es preciso que haya ideas. En efecto, aunque los que admiten su existencia no formulan bien su pensamiento, he aquí lo que quieren decir y que es consecuencia necesaria de sus principios. Cada idea es una sustancia; ninguna es accidente. Por otra parte, si se afirma que las ideas existen, y que los principios son numéricos y no genéricos, ya hemos dicho más arriba las dificultades imposibles de resolver que de esto tienen que resultar necesariamente.

Una indagación difícil se relaciona con las cuestiones precedentes. ¿Los elementos existen en potencia o de alguna otra manera? Si de alguna otra manera, ¿cómo habrá cosa anterior a los principios? (Porque la potencia es anterior a tal causa determinada, y no es necesario que la causa que existe en potencia pase a acto.) Pero si los elementos no existen más que en potencia, es posible que ningún ser exista. Poder existir no es existir aún; puesto que lo que deviene o llega a ser es lo que no era o existía, y que nada deviene o llega a ser si no tiene la potencia de ser.

Tales son las dificultades que es preciso proponerse relativamente a los principios. Debe aún preguntarse si los principios son universales o si son elementos particulares[3]. Si son universales no son esencias, porque lo que es común a muchos seres indica que un ser es de tal manera y no que es propiamente tal ser. Porque la esencia es propiamente lo que constituye un ser. Y si lo universal es un ser determinado, si el atributo común a los seres puede ser afirmado como esencia, habrá en el mismo ser muchos animales, Sócrates, el hombre, el animal; puesto que en esta suposición cada uno de los atributos de Sócrates indica la existencia propia y la unidad de un ser. Si los principios son universales, esto es lo que se deduce. Si no son universales, son como elementos particulares que no pueden ser objeto de la ciencia, recayendo como recae toda ciencia sobre lo universal. De suerte que deberá haber aquí otros principios anteriores a ellos, y señalados con el carácter de la universalidad, para que pueda tener lugar la ciencia de los principios[4].

---

1. Aristóteles desenvolvió ya más arriba, cap. II, esta dificultad. Se concibe que vuelva a ella al fin del libro. Para él es ésta la más interesante de todas las cuestiones, la toca continuamente, y por dos veces hace una refutación completa, demasiado completa quizá, de la teoría de Platón.
2. Véase más arriba.
3. Esta cuestión que Aristóteles coloca aquí a continuación de todas las demás, y que es como resumen de algunas de ellas, no ocupa el mismo lugar de la enumeración. Véanse para la solución el lib. XIII, cap. X, lib. VII, cap. XIII.
4. Siriano, al final de su comentario sobre estas objeciones, añade: «Aristóteles ha

propuesto dieciséis problemas como ejercicio dialéctico. Examinará algunas en el libro tercero, otra en el sexto, séptimo, octavo y noveno, y la mayor parte en el undécimo, y todas las que se refieren a los números y a las ideas en los dos últimos libros, doce y trece». Michelet de Berlín, *Examen crítico,* pág. 142.

Debemos repetir aquí lo que ya hemos dicho; que los más de estos problemas tienen entre sí una intima relación, que las soluciones no son siempre muy distintas las unas de las otras, y que Aristóteles, en el desenvolvimiento de las soluciones, no ha seguido un orden riguroso, por lo menos en apariencia.

LIBRO CUARTO

-I. Del ser en tanto que ser.

-II. El estudio del ser en tanto que ser y el de sus propiedades son objeto de una ciencia única.

-III. A la filosofía corresponde tratar de los axiomas matemáticos y de la esencia.

-IV. No hay medio entre la afirmación y la negación. La misma cosa no puede ser y no ser.

-V. La apariencia no es la verdad.

-VI. Refutación de los que pretenden que todo lo que parece es verdadero.

-VII. Desenvolvimiento del principio, según el que no hay medio entre la afirmación y la negación.

-VIII. Del sistema de los que pretenden que todo es verdadero o que todo es falso. Refutación.

-I. DEL SER EN TANTO QUE SER.

Hay una ciencia que estudia el ser en tanto que ser y los accidentes propios del ser. Esta ciencia es diferente de todas las ciencias particulares, porque ninguna de ellas estudia en general el ser en tanto que ser. Estas ciencias sólo tratan del ser desde cierto punto de vista, y sólo desde este punto de vista estudian sus accidentes; en este caso están las ciencias matemáticas. Pero puesto que indagamos los principios, las causas más elevadas, es evidente que estos principios deben de tener una naturaleza propia. Por tanto, si los que han indagado los elementos de los seres buscaban estos principios, debían necesariamente estudiar en tanto que seres. Por esta razón debemos nosotros también estudiar las causas primeras del ser en tanto que ser.

-II. EL ESTUDIO DEL SER EN TANTO QUE SER Y EL DE SUS PROPIEDADES SON OBJETO DE UNA CIENCIA ÚNICA.

El ser se entiende de muchas maneras, pero estos diferentes sentidos se refieren a una sola cosa, a una misma naturaleza, no habiendo entre ellos sólo comunidad de nombre; mas así como por *sano* se entiende todo aquello que se refiere a la salud, lo que la conserva, lo que la produce, aquello de que es ella señal y aquello que la recibe; y así como por *medicinal* puede entenderse todo lo que se relaciona con la medicina, y significar ya aquellos que posee el arte de la medicina, o bien lo que es propio de ella, o finalmente lo que es obra suya, como acontece con la mayor parte de las cosas; en igual forma el ser tiene muchas significaciones, pero todas se refieren a un principio único. Tal cosa se llama ser, porque es una esencia; tal otra porque es una modificación de la esencia, porque es la dirección hacia la esencia, o bien es su destrucción, su privación, su cualidad, porque ella la produce, le da nacimiento, está en relación con ella; o bien, finalmente, porque ella es la negación del ser desde alguno de estos puntos de vista o de la esencia misma. En este sentido decimos que el no ser *es*, que él es el no ser. Todo lo comprendido bajo la palabra general de *sano*, es del dominio de una sola ciencia. Lo mismo sucede con todas las demás cosas: una sola ciencia estudia, no ya lo que comprende en sí mismo un objeto único, sino todo lo que se refiere a una sola naturaleza; pues en efecto, estos son, desde un punto de vista, atributos del objeto único de la ciencia.

Es, pues, evidente que una sola ciencia estudiará igualmente los seres en tanto que seres. Ahora bien, la ciencia tiene siempre por objeto propio lo que es primero, aquello de que todo lo demás depende, aquello que es la razón de la existencia de las demás cosas. Si la esencia está en este caso, será preciso que el filósofo posea los principios y las causas de las esencias. Pero no hay más que un conocimiento sensible, una sola ciencia para un solo género; y así una sola ciencia, la gramática, trata de todas las palabras; y de igual modo una sola ciencia general tratará de todas las especies del ser y de las subdivisiones de estas especies.

Si, por otra parte, el ser y la unidad son una misma cosa, si constituyen una sola naturaleza, puesto que se acompañan siempre mutuamente como principio y como causa, sin estar, sin embargo, comprendidos bajo una misma noción, importará poco que nosotros tratemos simultáneamente del ser y de la esencia; y hasta ésta será una ventaja. En efecto, *un hombre, ser hombre* y *hombre*, significan la misma cosa; nada se altera la expresión: *el hombre es*, por esta duplicación: *el hombre es hombre* o *el hombre es un hombre*. Es evidente que el ser no se separa de la unidad, ni en la producción ni en la destrucción. Asimismo la unidad nace y perece con el ser. Se ve claramente que la unidad no añade nada al ser por su adjunción y, por último, que la unidad no es cosa alguna fuera del ser.

Además la sustancia de cada cosa es una en sí y no accidentalmente. Y lo mismo sucede con la esencia. De suerte que tantas cuantas especies hay en la unidad, otras tantas especies correspondientes hay en el ser. Una misma ciencia tratará de lo que son en sí mismas estas diversas especies; estudiará, por ejemplo, la identidad y la semejanza, y todas las cosas de este género, así como sus opuestas; en una palabra, los contrarios; porque demostraremos en el examen de los contrarios[1] que casi todos se reducen a este principio, la posición de la unidad con su contrario.

La filosofía constará además de tantas partes como esencias hay; y entre estas partes habrá necesariamente una primera, una segunda. La unidad y el ser se subdividen en géneros, unos anteriores y otros posteriores; y habrá tantas partes de la filosofía como subdivisiones hay[2].

El filósofo se encuentra, en efecto, en el mismo caso que el matemático. En las matemáticas hay partes; hay una primera, una segunda[3] y así sucesivamente.

Una sola ciencia se ocupa de los opuestos, y la pluralidad es lo opuesto a la unidad; una sola y misma ciencia tratará de la negación y de la privación, porque en estos dos casos es tratar de la unidad, como que respecto de ella tiene lugar la negación o privación: privación simple, por ejemplo, cuando no se da la unidad en esto, o privación de la unidad en un género particular. La unidad tiene, por lo tanto, su contrario[4], lo mismo en la privación que en la negación: la negación es la ausencia de tal cosa particular: bajo la privación hay igualmente alguna naturaleza particular, de la que se dice que hay privación. Por otra parte, la pluralidad es, como hemos dicho, opuesta a la unidad. La ciencia de que se trata se ocupará de lo que es opuesto a las cosas de que hemos hablado: a saber, de la diferencia, de la desemejanza, de la desigualdad y de los demás modos de este género, considerados, o en sí mismos, o con relación a la unidad y a la pluralidad. Entre estos modos será preciso colocar también la contrariedad, porque la contrariedad es una diferencia, y la diferencia entra en lo desemejante. La unidad se entiende de muchas maneras: y por tanto estos diferentes modos se entenderán lo mismo; mas, sin embargo, pertenecerá a una sola ciencia el conocerlos todos. Porque no se refieren a muchas ciencias sólo porque se tomen en muchas acepciones. Si no fuesen modos de la unidad, si sus nociones no pudiesen referirse a la unidad, entonces pertenecerían a ciencias diferentes. Todo se refiere a algo que es primero; por ejemplo, todo lo que se dice uno, se refiere a la unidad primera. Lo mismo debe de suceder con la identidad y la diferencia, y sus contrarios. Cuando se ha examinado en particular en cuántas acepciones se toma una cosa, es indispensable referir luego estas diversas acepciones a lo que es primero en cada categoría del ser; es preciso ver cómo cada una de ellas se liga con la significación primera. Y así, ciertas cosas reciben el nombre de ser y de unidad, porque los tienen en sí mismas; otras porque los producen, y otras por alguna razón análoga. Es por tanto evidente, como hemos dicho en el planteamiento de las dificultades[5], que una sola ciencia debe tratar de la sustancia y sus diferentes modos; ésta era una de las cuestiones que nos habíamos propuesto.

El filósofo debe poder tratar todos estos puntos, porque si no perteneciera y fuera todo esto propio del filósofo, ¿quién ha de examinar, si Sócrates y Sócrates sentado son la misma cosa; si la unidad es opuesta a la unidad; qué es la oposición; de cuántas maneras debe entenderse, y una multitud de cuestiones de este género? Puesto que los modos, de que hemos hablado, son modificaciones propias de la unidad en tanto que unidad, del ser en tanto que ser, y no en tanto que números, líneas o fuego, es evidente que nuestra ciencia deberá estudiarlos en su esencia y en sus accidentes. El error de los que hablan de ellos no consiste en ocuparse de seres extraños a la filosofía, y sí en no decir nada de la esencia, la cual es anterior a estos modos. Así como el número en tanto que número tiene modos propios, por ejemplo, el impar, el par, la conmensurabilidad, la igualdad, el aumento, la disminución, modos todos ya del número en sí, ya de los números en sus recíprocas relaciones y lo mismo que el sólido, al mismo tiempo que puede estar inmóvil o en movimiento, ser pesado o ligero, tiene también sus modos propios, en igual forma el ser en tanto que ser tiene ciertos modos particulares, y estos modos son objeto de las investigaciones del filósofo. La prueba de esto es que las indagaciones de los dialécticos y de los sofistas, que se disfrazan con el traje del filósofo, porque la sofística no es otra cosa que la apariencia de la filosofía, y los dialécticos disputan, sobre todo, tales indagaciones, digo, son todas ellas relativas al ser. Si se ocupan de estos modos de ser, es evidentemente porque son del dominio de la filosofía, como que la dialéctica y la sofística se agitan en el mismo círculo de ideas que la filosofía. Pero la filosofía difiere de la una por los efectos que produce[6], y de la otra por el género de vida que impone[7]. La dialéctica trata de conocer, la filosofía conoce; en cuanto a la sofística, no es más que una ciencia aparente y sin realidad.

Hay en los contrarios dos series opuestas, una de las cuales es la privación, y todos los contrarios pueden reducirse al ser y al no ser, a la unidad y a la pluralidad. El reposo, por ejemplo, pertenece a la unidad, el movimiento a la pluralidad. Por lo demás, casi todos los filósofos están de acuerdo en decir que los seres y la sustancia están formados de contrarios. Todos dicen que los principios son contrarios, adoptando los unos el impar y el par, otros lo caliente y lo frío, otros lo finito y lo infinito, otros la Amistad y la Discordia. Todos sus demás principios se reducen, al parecer, como aquellos a la unidad y la pluralidad. Admitamos que efectivamente se reducen a esto. En tal caso, la unidad y la pluralidad son, en cierto modo, géneros bajo los cuales vienen a colocarse sin excepción alguna los principios reconocidos por los filósofos que nos han precedido[8]. De aquí resulta evidentemente que una sola ciencia debe ocuparse del ser en tanto que ser, porque todos los seres son o contrarios o compuestos de contrarios; y los principios de los contrarios son la unidad y la pluralidad, las cuales entran en una misma ciencia, sea que se apliquen o, como probablemente debe decirse con más verdad, que no se aplique cada una de ellas a una naturaleza única. Aunque la unidad se tome en diferentes acepciones, todos estos diferentes sentidos se refieren, sin embargo, a la unidad primitiva. Lo mismo sucede respecto a los contrarios; y por esta razón, aun no concediendo que el ser y la unidad son algo de universal que se encuentra igualmente en todos los individuos o que se da fuera de los individuos (y quizá[9] no estén separados realmente de ellos), será siempre exacto que ciertas cosas se refieren a la unidad, y otras se derivan de la unidad.

Por consiguiente, no es al geómetra a quien toca[10] estudiar lo contrario, lo perfecto, el ser, la unidad, la identidad, lo diferente; él habrá de limitarse a reconocer la existencia de estos principios.

Por lo tanto, es muy claro que pertenece a una ciencia única estudiar el ser en tanto que ser, y los modos del ser en tanto que ser; y esta ciencia es una ciencia teórica, no sólo de las sustancias, sino también de sus modos, de los mismos de que acabamos de hablar, y también de la prioridad y de la posterioridad, del género y de la especie, del todo y de la parte, y de las demás cosas análogas.

---

1. Véase la mayor parte del libro X y los libros XII, 10, y XIV. 1.
2. Hay la ciencia de los seres sensibles perecederos y la ciencia de los seres sensibles eternos. Véase el libro VI, 1.
3. La aritmética, la geometría, las partes de la geometría, &c.
4. Todo lo que difiere de la unidad, en el sentido en que es preciso entender aquí la palabra diferencia, es lo contrario de la unidad; porque lo que difiere de la unidad no es la unidad, es lo no-uno, y lo no-uno es lo contrario de la unidad.
5. Libro III, 2.
6. Entre la filosofía y la dialéctica hay la misma diferencia que entre lo verdadero y lo probable; lo verdadero es irresistible: se puede rehusar el aceptar lo que es sólo probable.
7. Aún es más patente la diferencia entre el filósofo y el sofista que entre el filósofo y el dialéctico: es la misma que entre el ser y el parecer. A lo que aspira el sofista es sólo a sorprender a los hombres, hacer creer en la ciencia que él no posee, y sacar partido de la credulidad del vulgo. El filósofo no pretende aparecer sino tal cual es, busca la verdad con el solo fin de conocer sin mira alguna de interés personal; su vida es un sacrificio perpetuo en honor de la ciencia.
8. Aristóteles no admite, como podría creerse, que todos los seres provienen de los contrarios. Lo que quiere probar es que, aun ateniéndose a las opiniones de los antiguos, es imprescindible reconocer que el estudio del ser en tanto que ser y de sus propiedades es objeto de una ciencia única. Aristóteles refuta en el lib. XII, 10; XIV, 1 el principio que es base de todos los demás sistemas.

9. Utitur tamen adverbio dubitandi quasi nunc supponens quae inferius probabuntur. *Santo Tomás,* f. 44, a.
10. Est hoc quod dicitur de geometria, similiter es inteligendum in qualibet particulari scientia. *Ibídem.*

-III. A LA FILOSOFÍA CORRESPONDE TRATAR DE LOS AXIOMAS MATEMÁTICOS Y DE LA ESENCIA.

Ahora tenemos que examinar si el estudio de lo que en las matemáticas se llama axiomas y el de la esencia, dependen de una ciencia única o de ciencias diferentes. Es evidente que este doble examen es objeto de una sola ciencia, y que esta ciencia es la filosofía. En efecto, los axiomas abrazan sin excepción todo lo que existe, y no tal o cual género de seres tomados aparte, con exclusión de los demás. Todas las ciencias se sirven de los axiomas, porque se aplican al ser en tanto que ser, y el objeto de toda ciencia es el ser. Pero no se sirven de ellos sino en la medida que basta a su propósito, es decir, en cuanto lo permiten los objetos sobre que recaen sus demostraciones. Y así, puesto que existen en tanto que seres en todas las cosas, porque este es su carácter común, al que conoce el ser en tanto que ser, es a quien pertenece el examen de los axiomas.

Por esta razón, ninguno de los que se ocupan de las ciencias parciales, ni el geómetra, ni el aritmético intentan demostrar ni la verdad ni la falsedad de los axiomas; y sólo exceptúo algunos de los físicos, por entrar esta indagación en su asunto. Los físicos son, en efecto, los únicos que han pretendido abrazar, en una sola ciencia, la naturaleza toda y el ser. Pero como hay algo superior a los seres físicos, porque los seres físicos no son más que un género particular del ser, al que trate de lo universal y de la sustancia primera es al quien pertenecerá igualmente estudiar este algo. La física es, verdaderamente, una especie de filosofía, pero no es la filosofía primera.

Por otra parte, en todo lo que dicen sobre el modo de reconocer la verdad de los axiomas, se ve que estos filósofos ignoran los principios mismos de la demostración[1]. Antes de abordar la ciencia, es preciso conocer los axiomas, y no esperar encontrarlos en el curso de la demostración[2].

Es evidente que al filósofo, al que estudia lo que en toda esencia constituye su misma naturaleza, es a quien corresponde examinar los principios silogísticos. Conocer perfectamente cada uno de los géneros de los seres es tener todo lo que se necesita para poder afirmar los principios más ciertos de cada cosa. Por consiguiente, el que conoce los seres en tanto que seres es el que posee los principios más ciertos de las cosas. Ahora bien, éste es el filósofo.

Principio cierto por excelencia es aquel respecto del cual todo error es imposible. En efecto, el principio cierto por excelencia debe ser el más conocido de los principios, porque siempre se incurre en error respecto de las cosas que no se conocen, y un principio, cuya posesión es necesaria para comprender las cosas, no es una suposición. Por último, el principio que hay necesidad de conocer para conocer lo que quiera que sea es preciso poseerlo también necesariamente, para abordar toda clase de estudios. Pero ¿cuál es este principio? Es el siguiente: *es imposible que el mismo atributo pertenezca y no pertenezca al mismo sujeto, en un tiempo mismo y bajo la misma relación*, etc. (no olvidemos aquí, para precavernos de las sutilezas lógicas, ninguna de las condiciones esenciales que hemos determinado en otra parte)[3].

Este principio, decimos, es el más cierto de los principios. Basta que se satisfagan las condiciones requeridas, para que un principio sea el principio cierto por excelencia. No es posible, en efecto, que pueda concebir nadie que una cosa exista y no exista al mismo tiempo. Heráclito es de otro dictamen, según algunos; pero de que se diga una cosa no hay que deducir necesariamente que se piensa. Si, por otra parte, es imposible que en el mismo ser se den al mismo tiempo los contrarios (y a esta proposición es preciso añadir todas las circunstancias que la determinan habitualmente), y si, por último, dos pensamientos contrarios no son otra cosa que una afirmación que se niega a sí misma, es evidentemente imposible que el mismo hombre conciba al mismo tiempo que una misma cosa es y no es. Mentiría, por consiguiente, el que afirmase tener esta concepción simultánea, puesto que, para tenerla, sería preciso que tuviese simultáneamente los dos pensamientos contrarios. Al principio que hemos sentado van a parar en definitiva todas las demostraciones, porque es de suyo el principio de todos los demás axiomas.

---

1. No se refiere aquí a los dos tratados de Aristóteles que llevan el [126] nombre de *Analíticos,* y donde expone las leyes de la demostración. La expresión tiene un sentido más general, Aristóteles alude evidentemente a todos los principios, a todos los procedimientos del razonamiento.
2. Ya hemos citado este pasaje en los *Últimos Analíticos*: «Toda ciencia, todo conocimiento inteligible, proviene de un conocimiento anterior.» No es posible ascender hasta el infinito de conocimiento en conocimiento; es preciso pararse. Hay siempre algo que es la base de todas las demostraciones, y que no se demuestra. En cada ciencia particular estos son precisamente los axiomas. Si se sube más alto, si se asciende hasta la verdad soberana; si se crea, no la ciencia de un género particular de seres, sino la ciencia del ser, entonces el único principio que no se demuestra, aquel en el que descansan todos los demás y del que todos los axiomas derivan su legitimidad, en una palabra, el principio de toda certidumbre, es éste de que va a hablar Aristóteles, el principio de *contradicción.*
3. Alusión a los dos tratados *De interpretatione,* Bekk., pág. 16 y *De Sophisticis elenchis,* donde Aristóteles determina bajo qué condiciones son dos cosas contradictorias.

-IV. NO HAY MEDIO ENTRE LA AFIRMACIÓN Y LA NEGACIÓN. LA MISMA COSA NO PUEDE SER Y NO SER.

Ciertos filósofos, como ya hemos dicho, pretenden que una misma cosa puede ser y no ser, y que se pueden concebir simultáneamente los contrarios. Tal es la aserción de la mayor parte de los físicos. Nosotros acabamos de reconocer que es imposible ser y no ser al mismo tiempo, y fundados en esta imposibilidad hemos declarado que nuestro principio es el principio cierto por excelencia.

También hay filósofos que, dando una muestra de ignorancia, quieren demostrar este principio; porque es ignorancia no saber distinguir lo que tiene necesidad de demostración de lo que no la tiene[1]. Es absolutamente imposible demostrarlo todo, porque sería preciso caminar hasta el infinito; de suerte que no resultaría demostración. Y si hay verdades que no deben demostrarse, dígasenos qué principio, como no sea el expuesto, se encuentra en semejante caso.

Se puede, sin embargo, asentar, por vía de refutación, esta imposibilidad de los contrarios. Basta que el que niega el principio dé un sentido a sus palabras. Si no le da ninguno, sería ridículo intentar responder a un hombre que no puede dar razón de nada, puesto que no tiene razón ninguna. Un hombre semejante, un hombre privado de razón, se parece a una planta. Y combatir por vía de refutación, es en mi opinión una cosa distinta que demostrar. El que demostrase el principio, incurriría, al parecer, en una petición de principio. Pero si se intenta dar otro principio como causa de este de que se trata, entonces habrá refutación, pero no demostración.

Para desembarazarse de todas las argucias, no basta pensar o decir que existe o que no existe alguna cosa, porque podría creerse que esto era una petición de principio, y necesitamos designar un objeto a nosotros mismos y a los demás. Es imprescindible hacerlo así, puesto que de este modo se da un sentido a las palabras, y el hombre para quien no tuviesen sentido, no podría ni entenderse consigo mismo, ni hablar a los demás. Si se concede este punto, entonces habrá demostración, porque habrá algo de determinado y de fijo. Pero el que demuestra no es la causa de la demostración, sino aquel a quien ésta se dirige. Comienza por destruir todo lenguaje, y admite en seguida que se puede hablar. Por último, el que concede que las palabras tienen un sentido, concede igualmente que hay algo de verdadero, independiente de toda demostración. De aquí la imposibilidad de los contrarios.

Ante todo queda, por tanto, fuera de duda esta verdad; que el hombre significa que tal cosa es que o no es. De suerte que nada absolutamente puede ser y no ser de una manera dada. Admitamos, por otra parte, que la palabra hombre designa un objeto; y sea este objeto el animal bípedo. Digo que en este caso, este nombre no tiene otro sentido que el siguiente: si el animal de dos pies es el hombre, y el hombre es una esencia, la esencia del hombre es el ser un animal de dos pies.

Es hasta indiferente para la cuestión que se atribuya a la misma palabra muchos sentidos, con tal que de antemano se los haya determinado. Es preciso entonces unir a cada empleo de una palabra otra palabra. Supongamos, por ejemplo, que se dice: la palabra hombre significa, no un objeto único, sino muchos objetos, cada uno de cuyos objetos tiene un nombre particular, el animal, el bípedo. Añádase todavía un mayor número de objetos, pero determinad su número, y unid la expresión propia a cada empleo de la palabra. Si no se añadiese esta expresión propia, si se pretendiese que la palabra tiene una infinidad de significaciones, es claro que no sería ya posible entenderse. En efecto, no significar un objeto uno, es no significar nada. Y si las palabras no significan nada, es de toda imposibilidad que los hombres se entiendan entre sí; decimos más, que se entiendan ellos mismos. Si el pensamiento no recae sobre un objeto uno, todo pensamiento es imposible. Para que el pensamiento sea posible, es preciso dar un nombre determinado al objeto del pensamiento.

El hombre, como dijimos antes, designa la esencia, y designa un objeto único; por consiguiente ser hombre no puede significar lo mismo que no ser hombre, si la palabra hombre significa una naturaleza determinada, y no sólo los atributos de un objeto determinado. En efecto, las expresiones: ser determinado y atributos de un ser determinado, no tienen, para nosotros, el mismo sentido. Si no fuera así, las palabras músico, blanco y hombre, significarían una sola y misma cosa. En este caso todos los seres serían un solo ser, porque todas las palabras serían sinónimas. Finalmente, sólo bajo la relación de la semejanza de la palabra, podría una misma cosa ser y no ser; por ejemplo, si lo que nosotros llamamos *hombre*, otros le llamasen *no-hombre*. Pero la cuestión no es saber si es posible que la misma cosa sea y no sea al mismo tiempo el hombre nominalmente, sino si puede serlo realmente.

Si *hombre* y *no-hombre* no significasen cosas diferentes, no ser hombre no tendría evidentemente un sentido diferente de ser hombre. Y así, ser hombre sería no ser hombre, y habría entre ambas cosas identidad, porque esta doble expresión que representa una noción única, significa un objeto único, lo mismo que *vestido* y *traje*. Y si hay identidad, ser hombre y no ser hombre significan un objeto único; pero hemos demostrado antes que estas dos expresiones tienen un sentido diferente.

Por consiguiente, es imprescindible decir, si hay algo que sea verdad, que ser hombre es ser un animal de dos pies, porque este es el sentido que hemos dado a la palabra hombre. Y si esto es imprescindible, no es posible que en el mismo instante este mismo ser no sea un animal de dos pies, lo cual significaría que es necesariamente imposible que este ser sea un hombre. Por lo tanto tampoco es posible que pueda decirse con exactitud al mismo tiempo, que el mismo ser es un hombre y que no es un hombre.

El mismo razonamiento se aplica igualmente en el caso contrario. Ser hombre y no ser hombre significan dos cosas diferentes. Por otra parte, ser blanco y ser hombre no son la misma cosa; pero las otras dos expresiones son más contradictorias, y difieren más por el sentido.

Si llega hasta pretender que ser blanco y ser hombre signifiquen una sola y misma cosa, repetiremos lo que ya dijimos; habrá identidad entre todas las cosas, y no solamente entre las opuestas. Si esto no es admisible, se sigue que nuestra proposición es verdadera. Basta que nuestro adversario responda a la pregunta. En efecto, nada obsta a que el mismo ser sea hombre y blanco y otra infinidad de cosas además. Lo mismo que si se plantea esta cuestión: ¿es o no cierto que tal objeto es un hombre? Es preciso que el sentido de la respuesta esté determinado, y que no se vaya a añadir que el objeto es grande, blanco, porque siendo infinito el número de accidentes, no se pueden enumerar todos; y es necesario o enumerarlos todos o no enumerar ninguno. De igual modo, aunque el mismo ser sea una infinidad de cosas, como hombre, no hombre, etc., a la pregunta: ¿es éste un hombre?, no debe responderse que es al mismo tiempo no hombre, a menos que no se añadan a la respuesta todos los accidentes, todo lo que el objeto es y no es. Pero conducirse de esta manera, no es discutir.

Por otra parte, admitir semejante principio, es destruir completamente toda sustancia y toda esencia. Pues en tal caso resultaría que todo es accidente; y es preciso negar la existencia de lo que constituye la existencia del hombre y la existencia del animal; porque si lo que constituye la existencia del hombre es algo, este algo no es ni la existencia del no-hombre, ni la no-existencia del hombre. Por lo contrario, estas son negaciones de este algo, puesto que lo que significaba era un objeto determinado, y que este objeto era una esencia. Ahora bien, significar la esencia de un ser es significar la identidad de su existencia. Luego si lo que constituye la existencia del hombre es lo que constituye la existencia del no-hombre o lo que constituye la existencia del hombre, no habrá identidad. De suerte que es preciso que esos de que hablamos digan que no hay nada que esté marcado con el sello de la esencia y de la sustancia, sino que todo es accidente. En efecto, he aquí lo que distingue la esencia del accidente: la blancura, en el hombre, es un accidente; y la blancura es un accidente en el hombre, porque es blanco, pero no es la blancura.

Si se dice que todo es accidente, ya no hay género primero[2] puesto que siempre el accidente designa el atributo de un sujeto. Es preciso, por lo tanto, que se prolongue hasta el infinito la cadena de accidentes. Pero esto es imposible. Jamás hay más de dos accidentes ligados el uno al otro. El accidente no es nunca un accidente de accidente, sino cuando estos dos accidentes son los accidentes del mismo sujeto. Tomemos por ejemplo *blanco* y *músico*. Músico no es blanco, sino porque lo uno y lo otro son accidentes del hombre. Pero Sócrates no es músico porque Sócrates y músico sean los accidentes de otro ser. Hay, pues, que distinguir dos casos. Respecto de todos los accidentes que se dan en el hombre como se da aquí la blancura en Sócrates[3] es imposible ir hasta el infinito: por ejemplo, a Sócrates blanco es imposible unir además otro accidente. En efecto, una cosa una no es el producto de la colección de todas las cosas. Lo blanco no puede tener otro accidente, por ejemplo, lo músico. Porque músico no es tampoco el atributo de lo blanco, como lo blanco no lo es de lo músico. Esto se entiende respecto al primer caso. Hemos dicho que había otro caso, en el que lo músico en Sócrates era el ejemplo[4]. En este último caso, el accidente jamás es accidente de accidente; sólo los accidentes del otro género pueden serlo[5].

Por consiguiente, no puede decirse que todo es accidente. Hay, pues, algo determinado, algo que lleva el carácter de la esencia; y si es así, hemos demostrado la imposibilidad de la existencia simultánea de atributos contradictorios.

Aún hay más. Si todas las afirmaciones contradictorias relativas al mismo ser son verdaderas al mismo tiempo, es evidente que todas las cosas serán entonces una cosa única. Una nave, un muro y un hombre deben ser la misma cosa, si todo se puede afirmar o negar de todos los objetos, como se ven obligados a admitir los que adoptan la proposición de Protágoras[6]. En efecto, si se cree que el hombre no es una nave, evidentemente el hombre no será una nave. Y por consiguiente el hombre es una nave, puesto que la afirmación contraria es verdadera. De esta manera llegamos a la proposición de Anaxágoras. Todas las cosas están confundidas. De suerte que nada existe que sea verdaderamente uno. El objeto de los discursos de estos filósofos es, al parecer, lo indeterminado, y cuando creen hablar del ser, hablan del no ser. Porque lo indeterminado es el ser en potencia y no en acto.

Añádase a esto que los filósofos de que hablamos deben llegar hasta decir que se puede afirmar o negar todo de todas las cosas. Sería absurdo, en efecto, que un ser tuviese en sí su propia negación y no tuviese la negación de otro ser que no está en él. Digo, por ejemplo, que si es cierto que el hombre no es hombre, evidentemente es cierto igualmente que el hombre no es una nave. Si admitimos la afirmación, nos es preciso admitir igualmente la negación. ¿Admitiremos por lo contrario la negación más bien que la afirmación? Pero en este caso la negación de la nave se encuentra en el hombre más bien que la suya propia. Si el hombre tiene en sí esta última, tiene por consiguiente la de la nave, y si tiene la de la nave, tiene igualmente la afirmación opuesta.

Además de esta consecuencia, es preciso también que los que admiten la opinión de Protágoras sostengan que nadie está obligado a admitir ni la afirmación, ni la negación. En efecto, si es cierto que el hombre es igualmente el *no-hombre*, es evidente que ni el hombre ni el no-hombre podrían existir, porque es preciso admitir al mismo tiempo las dos negaciones de estas dos afirmaciones. Si de la doble afirmación de su existencia se forma una afirmación única, compuesta de estas dos afirmaciones, es preciso admitir la negación única que es opuesta a aquélla.

Pero aún hay más. O se verifica esto con todas las cosas, y lo blanco es igualmente lo no-blanco, el ser el no-ser, y lo mismo respecto de todas las demás afirmaciones y negaciones; o el principio tiene excepciones, y se aplica a ciertas afirmaciones y negaciones, y no se aplica a otras. Admitamos que no se aplica a todas, y en este caso, respecto a las exceptuadas hay certidumbre. Si no hay excepción alguna, entonces es preciso, como se dijo antes, o que todo lo que se afirme se niegue al mismo tiempo, y que todo lo que se niegue al mismo tiempo se afirme; o que todo lo que se afirme al mismo tiempo se niegue por una parte, mientras que por otra, por lo contrario, todo lo que se niegue, se afirmaría al mismo tiempo. Pero en este último caso, habría algo que no existiría realmente. Esta sería una opinión cierta. Ahora bien, si el no-ser es algo cierto y conocido, la afirmación contraria debe ser más cierta aún. Pero si todo lo que se niega, se afirma igualmente, la afirmación entonces es necesaria. Y en este caso, o los dos términos de la proposición pueden ser verdaderos, cada uno de por sí y separadamente; por ejemplo, si digo que esto es blanco, y después digo que esto no es blanco; o no son verdaderos. Si no son verdaderos pronunciados separadamente, el que los pronuncia no los pronuncia, y realmente no resulta nada; y bien, ¿cómo seres no existentes pueden hablar o caminar? Y además todas las cosas serían en este caso una sola cosa, como antes dijimos, y entre un hombre, un dios y una nave, habría identidad. Ahora bien, si lo mismo sucede con todo objeto, un ser no difiere de otro ser. Porque si difiriesen, esta diferencia sería una verdad y un carácter propio. En igual forma, si se puede, al distinguir, decir la verdad, se seguiría lo que acabamos de decir, y además que todo el mundo diría la verdad, y que todo el mundo mentiría, y que reconocería cada uno su propia mentira. Por otra parte, la opinión de estos hombres no merece verdaderamente serio examen. Sus palabras no tienen ningún sentido; porque no dicen que las cosas son así, o que no son así, sino que son y no son así al mismo tiempo. Después viene la negación de estos dos términos; y dicen que no es así ni no así, sino que es así y no así[7]. Si no fuera así, habría ya algo determinado. Finalmente, si cuando la afirmación es verdadera, la negación es falsa, y si cuando ésta es verdadera, la afirmación es falsa, no es posible que la afirmación y la negación de una misma cosa estén señaladas al mismo tiempo con el carácter de la verdad.

Pero quizá se responderá que es esto mismo lo que se sienta por principio. ¿Quiere decir esto que el que piense que tal cosa es así o que no es así, estará en lo falso, mientras que el que diga lo uno y lo otro estará en lo cierto? Pues bien, si el último dice, en efecto, la verdad, ¿qué otra cosa quiere decir esto sino que tal naturaleza entre los seres dice la verdad? Pero si no dice la verdad, y la dice más bien el que sostiene que la cosa es de tal o cual manera, ¿cómo podrían existir estos seres y esta verdad, al mismo tiempo que no existiesen tales seres y tal verdad? Si todos los hombres dicen igualmente la falsedad y la verdad, tales seres no pueden ni articular un sonido, ni discurrir, porque dicen al mismo tiempo una cosa y no la dicen. Si no tienen concepto de nada, si piensan y no piensan a la vez, ¿en qué se diferencian de las plantas?

Es, pues, de toda evidencia, que nadie piensa de esa manera, ni aun los mismos que sostienen esta doctrina. ¿Por qué, en efecto, toman el camino de Mégara[8] en vez de permanecer en reposo en la convicción de que andan? ¿Por qué, si encuentran pozos y precipicios al dar sus paseos en la madrugada, no caminan en línea recta, y antes bien toman sus precauciones, como si creyesen que no es a la vez bueno y malo caer en ellos? Es evidente que ellos mismos creen que esto es mejor y aquello peor. Y si tienen este pensamiento, necesariamente conciben que tal objeto es un hombre, que tal otro no es un hombre, que esto es dulce, que aquello no lo es. En efecto, no van en busca igualmente de todas las cosas, ni dan a todo el mismo valor; si creen que les interesa beber agua o ver a un hombre, en el acto van en busca de estos objetos. Sin embargo, de otro modo deberían conducirse si el hombre y el no-hombre fuesen idénticos entre sí. Pero como hemos dicho, nadie deja de ver que deben evitarse unas cosas y no evitarse otras. De suerte que todos los hombres tienen, al parecer, la idea de la existencia real, si no de todas las cosas, por lo menos de lo mejor y de lo peor[9].

Pero aun cuando el hombre no tuviese la ciencia, aun cuando sólo tuviese opiniones, sería preciso que se aplicase mucho más todavía al estudio de la verdad; al modo que el enfermo se ocupa más de la salud que el hombre que está sano. Porque el que sólo tiene opiniones, si se le compara con el que sabe, está, con respecto a la verdad, en estado de enfermedad.

Por otra parte, aun suponiendo que las cosas son y no son de tal manera, el más y el menos existirían todavía en la naturaleza de los seres. Nunca se podrá sostener que dos y tres son de igual modo números pares. Y el que piense que cuatro y cinco son la misma cosa, no tendrá un pensamiento falso de grado igual al del hombre que sostuviese que cuatro y mil son idénticos. Si hay diferencia en la falsedad, es evidente que el primero piensa una cosa menos falsa. Por consiguiente está más en lo verdadero. Luego si lo que es más una cosa, es lo que se aproxima más a ella, debe haber algo verdadero, de lo cual será lo más verdadero más próximo. Y si esto verdadero no existiese, por lo menos hay cosas más ciertas y más próximas a la verdad que otras, y henos aquí desembarazados de esta doctrina horrible, que condena al pensamiento a no tener objeto determinado.

---

1. *De partibus animal.*, lib. I, cap. 1, Bekk., pág, 639.
2. Aristóteles entiende, evidentemente, por este primer universal, el género primero, la categoría primera, es decir, la esencia. Todos los géneros son universales, lib. XII, 1; y la esencia es el género primero. *Categorías,* 5.
3. En el caso en que dos accidentes son accidentes del mismo sujeto.
4. En el caso en que está de una parte la sustancia, de la otra el accidente: «Sócrates no es músico porque Sócrates y músico sean &c.»
5. Con la restricción hace poco expresada; a condición que ambos serán accidentes del mismo sujeto.
6. El hombre, según Protágoras, es la medida de todas las cosas. Por consiguiente, todo lo que parece es verdadero, todo es igualmente verdadero, y las afirmaciones contradictorias son verdaderas al mismo tiempo.
7. *Neque ita neque non ita, sed ita et non ita.*
8. Pequeña ciudad, pero célebre, situada entre Atenas y Corinto, a poca distancia del golfo Sarónico.
9. Asclepio relaciona con el sistema que Aristóteles acaba de combatir, la opinión de los maniqueos sobre el doble principio. Hay quizá alguna analogía; pero Asclepio extrema las consecuencias al identificar la opinión de los maniqueos con la de los antiguos sobre la certidumbre. Por otra parte, las expresiones injuriosas y las burlas de que se vale no acusan de parte de él, sobre este punto, una gran imparcialidad. Véase *Schol.,* pág. 666.

-V. LA APARIENCIA NO ES LA VERDAD.

La doctrina de Protágoras parte del mismo principio que esta de que hablamos, y si la una tiene o no fundamento, la otra se encuentra necesariamente en el mismo caso. En efecto, si todo lo que pensamos, si todo lo que nos aparece, es la verdad, es preciso que todo sea al mismo tiempo verdadero y falso. La mayor parte de los hombres piensan diferentemente los unos de los otros; y los que no participan de nuestras opiniones los consideramos que están en el error. La misma cosa es por lo tanto y no es. Y si así sucede, es necesario que todo lo que aparece sea la verdad; porque los que están en el error y los que dicen verdad, tienen opiniones contrarías. Si las cosas son como acaba de decirse todas igualmente dirán la verdad. Es por lo tanto evidente que los dos sistemas en cuestión parten del mismo pensamiento.

Sin embargo, no debe combatirse de la misma manera a todos los que profesan estas doctrinas. Con los unos hay que emplear la persuasión, y con los otros la fuerza de razonamiento. Respecto de todos aquellos que han llegado a esta concepción por la duda, es fácil curar su ignorancia; entonces no hay que refutar argumentos, y basta dirigirse a su inteligencia. En cuanto a los que profesan esta opinión por sistema, el remedio que debe aplicarse es la refutación, así por medio de los sonidos que pronuncian, como de las palabras de que se sirven[1].

En todos los que dudan, el origen de esta opinión nace del cuadro que presentan las cosas sensibles. En primer lugar, han concebido la opinión de la existencia simultánea en los seres, de los contradictorios y de los contrarios, porque veían la misma cosa producir los contrarios. Y si no es posible que el no-ser devenga o llegue a ser, es preciso que en el objeto preexistan el ser y el no-ser. Todo está mezclado en todo, como dice Anaxágoras, y con él Demócrito, porque, según este último, lo vacío y lo lleno se encuentran, así lo uno como lo otro, en cada porción de los seres; siendo lo lleno el ser y lo vacío el no-ser.

A los que deducen estas consecuencias diremos que, desde un punto de vista, es exacta su aserción; pero que, desde otro, están en un error. El ser se toma en un doble sentido[2]. Es posible en cierto modo que el no-ser produzca algo, y en otro modo esto es imposible. Puede suceder que el mismo objeto sea al mismo tiempo ser y no-ser, pero no desde el mismo punto de vista del ser. En potencia es posible que la misma cosa represente los contrarios; pero en acto, esto es imposible. Por otra parte nosotros reclamaremos de los mismos de que se trata el concepto de la existencia en el mundo de otra sustancia, que no es susceptible ni de movimiento, ni de destrucción, ni de nacimiento[3].

El cuadro de los objetos sensibles es el que ha creado en algunos la opinión de la verdad de lo que aparece. Según ellos, no es a los más, ni tampoco a los menos, a quienes pertenece juzgar de la verdad. Si gustamos una misma cosa, parecerá dulce a los unos, amarga a los otros. De suerte que si todo el mundo estuviese enfermo, o todo el mundo hubiese perdido la razón y sólo dos o tres estuviesen en buen estado de salud y en su sano juicio, estos últimos serían entonces los enfermos y los insensatos, y no los primeros. Por otra parte, las cosas parecen a la mayor parte de los animales lo contrario de lo que nos parecen a nosotros, y cada individuo, a pesar de su identidad, no juzga siempre de la misma manera por los sentidos. ¿Qué sensaciones son verdaderas? ¿Cuáles son falsas? No se podría saber; esto no es más verdadero que aquello, siendo todo igualmente verdadero. Y así Demócrito pretende o que no hay nada verdadero o que no conocemos la verdad. En una palabra, como, según su sistema, la sensación constituye el pensamiento, y como la sensación es una modificación del sujeto, aquello que parece a los sentidos es necesariamente en su opinión la verdad.

Tales son los motivos por los que Empédocles, Demócrito y, puede decirse, todos los demás se han sometido a semejantes opiniones. Empédocles afirma que un cambio en nuestra manera de ser cambia igualmente nuestro pensamiento:

El pensamiento existe en los hombres en razón de la
impresión del momento.[4]

Y en otro pasaje dice:

Siempre se verifica en razón de los cambios que se
operan en los hombres,
el cambio en su pensamiento.[5]

Parménides se expresa de la misma manera:

Como es en cada hombre la organización de sus
miembros flexibles,
tal es igualmente la inteligencia de cada hombre;
porque es la naturaleza
de los miembros la que constituye el pensamiento de los
hombres
en todos y en cada uno: cada grado de la sensación es
un grado del pensamiento.[6]

Se refiere también de Anaxágoras, que dirigía esta sentencia a algunos de sus amigos: *«Los seres son para vosotros tales como los concibáis.»* También se pretende que Homero, al parecer, tenía una opinión análoga, porque representa a Héctor delirando por efecto de su herida, *tendido en tierra, trastornada su razón*; como si creyese que los hombres en delirio tienen también razón, pero que esta razón no es ya la misma. Evidentemente, si el delirio y la razón son ambos la razón, los seres a su vez son a la par lo que son y lo que no son.

La consecuencia que sale de semejante principio es realmente desconsoladora. Si son éstas, efectivamente, las opiniones de los hombres que mejor han visto toda la verdad posible, y son estos hombres los que la buscan con ardor y que la aman; si tales son las doctrinas que profesan sobre la verdad, ¿cómo abordar sin desaliento los problemas filosóficos? Buscar la verdad, ¿no sería ir en busca de sombras que desaparecen?

Lo que motiva la opinión de estos filósofos es que, al considerar la verdad en los seres, no han admitido como seres más que las cosas sensibles. Y bien, lo que se encuentra en ellas es principalmente lo indeterminado y aquella especie de ser de que hemos hablado antes[7].

Además, la opinión que profesan es verosímil, pero no verdadera. Esta apreciación es más equitativa que la crítica que Epicarmo hizo de Jenófanes[8]. Por último, como ven que toda la naturaleza sensible está en perpetuo movimiento, y que no se puede juzgar de la verdad de lo que muda, pensaron que no se puede determinar nada verdadero sobre lo que muda sin cesar y en todos sentidos. De estas consideraciones nacieron otras doctrinas llevadas más lejos aún. Por ejemplo, la de los filósofos que se dicen de la escuela de Heráclito; la de Cratilo, que llegaba hasta creer que no es preciso decir nada. Se contentaba con mover un dedo y consideraba como reo de un crimen a Heráclito, por haber dicho que no se pasa dos veces un mismo río[9]; en su opinión no se pasa ni una sola vez[10].

Convendremos con los partidarios de este sistema, en que el objeto que muda les da en el acto mismo de cambiar un justo motivo para no creer en su existencia. Aún es posible discutir este punto. La cosa que cesa de ser participa aún de lo que ha dejado de ser, y necesariamente participa ya de aquello que deviene o se hace. En general, si un ser perece, habrá aún en él ser; y si deviene, es indispensable que aquello de donde sale y aquello que le hace devenir tengan una existencia, y que esto no continúe así hasta el infinito.

Pero dejemos aparte estas consideraciones y hagamos notar que mudar bajo la relación de la cantidad y mudar bajo la relación de la cualidad no son una misma cosa. Concedemos que los seres, bajo la relación de la cantidad no persisten; pero es por la forma como conocemos lo que es. Podemos dirigir otro cargo a los defensores de esta doctrina. Viendo estos hechos por ellos observados sólo en el corto número de los objetos sensibles, ¿por qué entonces han aplicado su sistema al mundo entero? Este espacio que nos rodea, el lugar de los objetos sensibles, único que está sometido a las leyes de la destrucción y de la producción, no es más que una porción nula, por decirlo así, del Universo. De suerte que hubiera sido más justo absolver a este bajo mundo en favor del mundo celeste, que no condenar el mundo celeste a causa del primero. Finalmente, como se ve, podemos repetir aquí una observación que ya hemos hecho. Para refutar a estos filósofos no hay más que demostrarles que existe una naturaleza inmóvil, y convencerles de su existencia.

Además, la consecuencia de este sistema es que, pretender que el ser y el no-ser existen simultáneamente, es admitir el eterno reposo más bien que el movimiento eterno. No hay, en efecto, cosa alguna en que puedan transformarse los seres, puesto que todo existe en todo.

Respecto a la verdad, muchas razones nos prueban que no todas las apariencias son verdaderas. Por lo pronto, la sensación misma no nos engaña sobre su objeto propio; pero la idea sensible no es lo mismo que la sensación. Además, con razón debemos extrañar que esos mismos de quienes hablamos permanezcan en la duda frente a preguntas como las siguientes: ¿Las magnitudes, así como los colores, son realmente tales como aparecen a los hombres que están lejos de ellas, o como los ven los que están cerca? ¿Son tales como aparecen a los hombres sanos o como los ven los enfermos? ¿La pesantez es tal como parece por su peso a los de débil complexión o bien lo que parece a los hombres robustos? ¿La verdad es lo que se ve durmiendo o lo que se ve durante la vigilia? Nadie, evidentemente, cree que sobre todos estos puntos quepa la menor incertidumbre. ¿Hay alguno, que soñando que está en Atenas, en el acto de hallarse en África, se vaya a la mañana, dando crédito al sueño, al Odeón?[11]. Por otra parte, y Platón es quien hace esta observación, la opinión del ignorante no tiene, en verdad, igual autoridad que la del médico, cuando se trata de saber, por ejemplo, si el enfermo recobrará o no la salud[12]. Por último, el testimonio de un sentido respecto de un objeto que le es extraño, y aunque se aproxime a su objeto propio, no tiene un valor igual a su testimonio respecto de su objeto propio, del objeto que es realmente el suyo. La vista es la que juzga de los colores y no el gusto; el gusto el que juzga de los sabores y no la vista. Ninguno de estos sentidos, cuando se le aplica a un tiempo al mismo objeto, deja nunca de decirnos que este objeto tiene o no a la vez tal propiedad. Voy más lejos aún. No puede negarse el testimonio de un sentido porque en distintos tiempos esté en desacuerdo consigo mismo; el cargo debe dirigirse al ser que experimenta la sensación. El mismo vino, por ejemplo, sea porque él haya mudado, sea porque nuestro cuerpo haya mudado, nos parecerá ciertamente dulce en un instante y lo contrario en otro. Pero no es lo dulce lo que deja de ser lo que es; jamás se despoja de su propiedad esencial; siempre es cierto que un sabor dulce es dulce, y lo que tenga un sabor dulce tendrá necesariamente para nosotros este carácter esencial.

Ahora bien, esta necesidad es la que destruye estos sistemas de que se trata; así como niegan toda esencia, niegan igualmente que haya nada de necesario, puesto que lo que es necesario no puede ser a la vez de una manera y otra. De suerte que si hay algo necesario, los contrarios no podrían existir a la vez en el mismo ser. En general, si sólo existiese lo sensible, no habría nada, porque nada puede haber sin la existencia de los seres animados que puedan percibir lo sensible; y quizá entonces sería cierto decir que no hay objetos sensibles ni sensaciones, porque todo esto es en la hipótesis una modificación del ser que siente. Pero que los objetos que causan la sensación no existen, ni aun independientemente de toda sensación, es una cosa imposible. La sensación no es sensación por sí misma, sino que hay otro objeto fuera de la sensación y cuya existencia es necesariamente anterior a la sensación. Porque el motor es, por su naturaleza, anterior al objeto en movimiento; y aun admitiendo que en el caso de que se trata la existencia de los dos términos es correlativa, nuestra proposición no es por eso menos cierta.

---

1. Véase más arriba el cap. IV.
2. El ser en potencia y el ser en acto.
3. Véase el lib. XII, 6.
4. Sturtz, *Emped.*, pág. 527.
5. Sturtz, pág. 528.
6. Simon Karsten, *Parmenidis Eleat. Carm. reliq.*, pág. 46.
7. El ser en potencia.
8. El poeta Epicarmo se había burlado en sus comedias de las doctrinas y de la persona de Jenófanes. *Asclep., Schol.*, pág. 671, cod. reg. ídem.
9. En la segunda vez ya habrá pasado el agua, y el mismo río. Los objetos sensibles están, como el río, en un perpetuo flujo; sólo la primera impresión puede llamarse verdadera; es verdadero lo que parece.
10. La impresión sensible dura; y por corta que pueda ser su duración, el objeto ha mudado mientras que ella duraba. No se puede, pues, afirmar que lo que parece, parece realmente, o como cree Heráclito, que lo que parece es verdadero. La palabra es siempre engañosa porque viene después del cambio; sólo el gesto, porque no indica más que el estado actual, instantáneo, del objeto, que cae bajo los sentidos, sólo el gesto designa lo que es el objeto.
11. Asclepio, *Schol.*, pág. 673, entiende aquí por Odeón la orquesta del teatro. Se trata, más bien, del edificio construido por Pericles, donde los cantores más hábiles iban a disputar el premio de la música, y que era el sitio de recreo de los atenienses. Véase Codd. Regg. mss. 1 y 2. *Schol.*, pág. 673.
12. Protágoras, XII, pág. 322. «La medicina ha sido dada a uno solo para el servicio de muchos que no tienen conocimiento de ella.» Alejandro remite a este pasaje de Platón. Nosotros añadiremos este otro, República, lib. III: «Sin embargo, la verdad tiene derecho a que se te tenga en cuenta. Si hemos tenido razón para decir que la mentira, inútil para los dioses, es algunas veces un remedio útil para los hombres, es claro que sólo puede aplicarse a los médicos y no a todo el mundo indiferentemente.»

-VI. REFUTACIÓN DE LOS QUE PRETENDEN QUE TODO LO QUE PARECE ES VERDADERO.

Veamos una dificultad que se proponen los más de estos filósofos, unos de buena fe y otros por el solo gusto de disputar. Preguntan quién juzgará de la salud y, en general, quién es el que juzgará con acierto en todo caso. Ahora bien, hacerse semejante pregunta equivale a preguntarse si en el mismo acto que uno la hace está dormido o despierto. Todas las dificultades de este género tienen un mismo valor. Estos filósofos creen que se puede dar razón de todo porque buscan un principio, y quieren arribar a él por el camino de la demostración. Pero sus mismos actos prueban que no están persuadidos de la verdad de lo que anticipan, incurren en el error de que ya hemos hablado, quieren darse razón de cosas respecto de las que no hay razón. En efecto, el principio de la demostración no es una demostración, y sería fácil convencer de ello a los que dudan de buena fe, porque esto no es difícil de comprender. Pero los que sólo quieren someterse a la fuerza del razonamiento exigen un imposible, piden que se les ponga en contradicción, y comienzan por admitir los contrarios.

Sin embargo, si no es todo relativo, si hay seres en sí, no podrá decirse que todo lo que parece es verdadero, porque lo que parece parece a alguno. De suerte que decir que todo lo que parece es verdadero, equivale a decir que todo es relativo. Los que exigen una demostración lógica deben tener en cuenta lo siguiente: es preciso que admitan, si quieren entrar en una discusión, no que lo que aparece es verdadero, sino que lo que aparece es verdadero para aquel a quien aparece cuándo y cómo le aparece. Si se prestan a entrar en discusión, y no quieren añadir estas restricciones a su principio, caerán bien pronto en la opinión de la existencia de los contrarios. En efecto, puede suceder que la misma cosa parezca a la vista que es miel y no lo parezca al paladar; que las cosas no parezcan las mismas a cada uno de los dos ojos, si son diferentes el uno del toro.

Es fácil responder a los que, por las razones que ya hemos indicado, pretenden que la apariencia es la verdad y, por consiguiente, que todo es verdadero y falso igualmente. Unas mismas cosas no parecen a todo el mundo, ni parecen a un mismo individuo siempre las mismas; parecen muchas veces contrarias al mismo tiempo. El tacto, sobreponiendo los dedos, acusa dos objetos cuando la vista no acusa más que uno. Pero en este caso no es el mismo sentido el que percibe el mismo objeto; la percepción no tiene lugar de la misma manera ni en el mismo tiempo, y sólo bajo estas condiciones sería exacto decir que lo que aparece es verdadero.

Los que sostienen esta opinión, no porque vean en ella una dificultad que resolver y sí tan sólo por discutir, se verán precisados a decir, no «esto es cierto en sí» sino: «esto es cierto para tal individuo» y, como ya hemos dicho precedentemente, les será preciso referir todo a algo, al pensamiento, a la sensación. De suerte que nada ha sido, nada será, si alguno no piensa en ello antes; y si algo ha sido o debe de ser, entonces no son ya todas las cosas relativas al pensamiento. Además, un solo objeto sólo puede ser relativo a una sola cosa o a cosas determinadas. Si, por ejemplo, una cosa es a la vez mitad e igual, lo igual no será por este concepto relativo al doble. Con respecto a lo que es relativo al pensamiento, si el hombre y lo que es pensado son la misma cosa, el hombre no es aquello que piensa sino lo que es pensado. Y si todo es relativo al ser que piensa, este ser se compondrá de una infinidad de especies de seres.

Hemos dicho lo bastante para probar que el más seguro de todos los principios es que las afirmaciones opuestas no pueden ser verdaderas al mismo tiempo, y lo bastante para demostrar las consecuencias y las causas de la opinión contraria.

Y puesto que es imposible que dos aserciones contrarias sobre el mismo objeto sean verdaderas al mismo tiempo, es evidente que tampoco es posible que los contrarios se encuentren al mismo tiempo en el mismo objeto, porque uno de los contrarios no es otra cosa que la privación, la privación de la esencia. Pero la privación es la negación de un género determinado; luego, si es imposible que la afirmación y la negación sean verdaderas al mismo tiempo, es imposible igualmente que los contrarios se encuentren al mismo tiempo, a menos que no esté cada uno de ellos en alguna parte especial del ser, o que se encuentre el uno solamente en una parte, pudiéndose afirmar el otro absolutamente.

-VII. DESENVOLVIMIENTO DEL PRINCIPIO, SEGÚN EL QUE NO HAY MEDIO ENTRE LA AFIRMACIÓN Y LA NEGACIÓN.

No es posible tampoco que haya un término medio entre dos proposiciones contrarias; es de necesidad afirmar o negar una cosa de otra[1]. Esto se hará evidente si definimos lo verdadero y lo falso. Decir que el ser no existe, o que el no-ser existe, he aquí lo falso; y decir que el ser existe, que el no-ser no existe, he aquí lo verdadero. En la suposición de que se trata, el que dijese que este intermedio existe o no existe, estaría en lo verdadero o en lo falso; y por lo mismo, hablar de esta manera no es decir si el ser y el no-ser existen o no existen.

Además, o el intermedio entre los dos contrarios es como el gris entre el negro y lo blanco, o como entre el hombre y el caballo, lo que no es ni el uno ni el otro. En este último caso no podría tener lugar el tránsito de uno de estos términos al otro; porque cuando hay cambio es, por ejemplo, del bien al no-bien al bien; esto es lo que vemos siempre. En una palabra, el cambio no tiene lugar sino de lo contrario a lo contrario o al intermedio. Ahora bien, decir que hay un intermedio, y que este intermedio nada tiene de común con los términos opuestos equivale a decir que puede tener lugar el tránsito a lo blanco de lo que no era no blanco, cosa que no se ve nunca.

Por otra parte, todo lo que es inteligible o pensado, el pensamiento lo afirma o lo niega; y esto resulta evidentemente conforme a la definición del caso en que se está en lo verdadero y de aquel en que se está en lo falso. Cuando el pensamiento pronuncia tal juicio afirmativo o negativo, está en lo verdadero. Cuando pronuncia tal otro juicio está en lo falso.

Además, deberá decirse que este intermedio existe igualmente entre todas las proposiciones contrarias, a menos que se hable sólo por hablar. En este caso, no se diría ni verdadero ni no verdadero, habría un intermedio entre el ser y el no-ser. Por consiguiente, entonces habría un cambio, término medio entre la producción y la destrucción. Habría también un intermedio hasta en los casos en que la negación lleva consigo un contrario. Y así habría un número que no sería ni impar ni no-impar, cosa imposible, como lo demuestra la definición del número.

Aún hay más. Con los intermedios se llegará al infinito. Se tendrá no sólo tres seres en lugar de dos, sino muchos más. En efecto, además de la afirmación y negación primitivas, podrá haber una negación relativa al intermedio; este intermedio será alguna cosa, tendrá una sustancia propia. Y, por otra parte, cuando alguno, interrogado si un objeto es blanco, responde: *No*, no hace más que decir que no es blanco; y bien, no ser es la negación.

La opinión que combatimos ha sido adoptada por algunos como tantas otras paradojas. Cuando no se sabe cómo desenredarse de un argumento capcioso, se somete uno a este argumento, se acepta la conclusión. Por este motivo algunos han admitido la existencia de un intermedio; otros, porque buscan la razón de todo. El medio de convencer a los unos y a los otros es partir de una definición, y necesariamente habrá definición si dan un sentido a sus palabras: la noción de que son las palabras la expresión, es la definición de la cosa de que se habla. Por lo demás, el pensamiento de Heráclito, cuando dice que todo es y no es, es al parecer que todo es verdadero; el de Anaxágoras, cuando pretende que entre los contrarios hay un intermedio, es que todo es falso. Puesto que hay mezcla de los contrarios, la mezcla no es ni bien ni no-bien; nada se puede afirmar, por tanto, como verdadero.

---

1. Éste es el principio que se llamaba en la Escuela: *Principium exclusi tertii.*

-VIII. DEL SISTEMA DE LOS QUE PRETENDEN QUE TODO ES VERDADERO O QUE TODO ES FALSO. REFUTACIÓN.

Conforme con lo que dejamos sentado, es evidente que estas aserciones de algunos filósofos no están fundadas ni en particular ni en general. Los unos pretenden que nada es verdadero, porque nada obsta, dicen, a que con toda proposición suceda lo que con ésta: la relación de la diagonal con el lado del cuadrado es inconmensurable. Según otros, todo es verdadero; esta aserción no difiere de la de Heráclito, porque el que dice que todo es verdadero o que todo es falso, expresa a la vez estas dos proposiciones en cada una de ellas. Si la una es imposible, la otra lo será igualmente.

Además hay proposiciones contradictorias que evidentemente no pueden ser verdaderas al mismo tiempo, tampoco al mismo tiempo pueden ser falsas y, sin embargo, esto parecería más bien la posible, conforme a lo que hemos dicho.

A los que sostienen semejantes doctrinas no debe preguntárseles, lo hemos dicho más arriba, si hay o no algo, sino que debe pedírseles que designen algo. Para discutir es preciso empezar por una definición y determinar lo que significa lo verdadero y lo falso. Si afirmar tal cosa es lo verdadero y si negarlo es falso, será imposible que todo sea falso. Porque es necesariamente indispensable que una de las dos proposiciones contradictorias sea verdadera, y luego, si es de toda necesidad afirmar o negar toda cosa, será imposible que las dos proposiciones sean falsas; sólo una de las dos es falsa. Unamos a esto la observación tan debatida de que todas estas aserciones se destruyen mutuamente. El que dice que todo es verdadero, afirma igualmente la verdad de la aserción contraria a la suya, de suerte que la suya no es verdadera porque el que sienta la proposición contraria pretende que no está en lo verdadero. El que dice que todo es falso, afirma igualmente la falsedad de lo que él mismo dice. Si pretenden, el uno que solamente la aserción contraria no es verdadera, y el otro que la suya no es falsa, sientan por lo mismo una infinidad de proposiciones verdaderas y de proposiciones falsas. Porque el que pretende que una proposición verdadera es verdadera, dice verdad; pero esto nos conduce a un procedimiento infinito[1].

También es evidente que ni los que pretenden que todo está en reposo ni los que pretenden que todo está en movimiento, están en lo cierto. Porque si todo está en reposo, todo será eternamente verdadero y falso. Ahora bien, en este caso hay cambio; el que dice que todo está en reposo, no ha existido siempre; llegará un momento en que no existirá. Si, por el contrario, todo está en movimiento, nada será verdadero; todo será, por tanto, falso. Pero ya hemos demostrado que esto era imposible. Además, el ser en que se realiza el cambio persiste, él, es el que de tal cosa se convierte en tal otra mediante el cambio.

Sin embargo, tampoco puede decirse que todo está tan pronto en movimiento como en reposo, y que nada está en un reposo eterno. Porque hay un motor eterno de todo lo que está en movimiento, y el primer motor es inmóvil.

---

1. Tal proposición es verdadera. Es verdadero que tal proposición es verdadera. Es verdadero que es verdadero que tal proposición es verdadera, &c.

LIBRO QUINTO

DE LAS DIVERSAS ACEPCIONES DE LOS TÉRMINOS FILOSÓFICOS:

- I. Principio.
-II. Causa.
-III. Elemento.
-IV. Naturaleza.
-V. Necesario.
-VI. Unidad.
-VII. Ser.
-VIII. Sustancia.
-IX. Identidad, heterogeneidad, diferencia, semejanza.
-X. Opuesto y contrario.
-XI. Anterioridad y posterioridad.
-XII. Poder.
-XIII. Cantidad.
-XIV. Cualidad.
-XV. Relación.
-XVI. Perfecto.
-XVII. Término.
-XVIII. En qué o por qué.

-XIX. Disposición.
-XX. Estado.
-XXI. Pasión.
-XXII. Privación.
-XXIII. Posesión.
-XXIV. Ser o provenir de.
-XXV. Parte.
-XXVI. Todo.
-XXVII. Truncado.
-XXVIII. Género.
-XXIX. Falso.
-XXX. Accidente.

- I. PRINCIPIO.

Principio[1] se dice, en primer lugar, del punto de partida de la cosa, como el principio de la línea, del viaje. En uno de los extremos reside este principio, correspondiendo con él otro principio al extremo opuesto. Principio se dice también de aquello mediante lo que puede hacerse mejor una cosa; por ejemplo, el principio de una ciencia. En efecto, no siempre hay precisión de empezar con la noción primera y el comienzo de la ciencia, sino por lo que puede facilitar el estudio[2]. El principio es también la parte esencial y primera de donde proviene una cosa; y así la carena es el principio del buque, y el cimiento es el principio de la casa; y el principio de los animales es, según unos, el corazón; según otro, el cerebro, según otros, por último, otra parte cualquiera del mismo género[3].

Otro principio es la causa exterior que produce un ser, aquello en cuya virtud comienza el movimiento o el cambio. Y así el hijo proviene del padre y de la madre, y la guerra del insulto[4]. Otro principio es el ser por cuya voluntad se mueve lo que se mueve y muda lo que muda: como, por ejemplo, en los Estados los magistrados, los príncipes, los reyes, los tiranos. Se llaman también principio las artes y, entre ellas, las artes arquitectónicas[5]. Finalmente, lo que ha dado el primer conocimiento de una cosa se dice también que es el principio de esta cosa: las premisas son los principios de las demostraciones.

Las causas se toman en tantas acepciones como los principios[6], porque todas las causas son principios. Lo común a todos los principios es que son el origen de donde se derivan: o la existencia, o el nacimiento, o el conocimiento. Pero entre los principios hay unos que están en las cosas y otros que están fuera de las cosas. He aquí por qué la naturaleza es un principio, lo mismo que lo son el elemento, el pensamiento, la voluntad, la sustancia. La causa final está en el mismo caso, porque lo bueno y lo bello son, respecto de muchos seres, principios de conocimiento y principios de movimiento.

---

1. 'Αρχη.
2. Véanse las *Categorías.*
3. O todas las partes del animal son engendradas al mismo tiempo, el corazón, el pulmón, el hígado, el ojo, &c., o tiene lugar en un orden sucesivo como se dice en los versos que se atribuyen a Orfeo: *el animal se forma como el tejido de una red.* Puede asegurarse, hasta por los sentidos, que no se produce todo simultáneamente; vemos en el animal partes ya desenvueltas, cuando otras no existen aún. Y no puede decirse que su pequeñez impida percibirlas. El pulmón es por su naturaleza mayor que el corazón, y aparece después del corazón... Si el corazón es en algunos animales lo que nace ante todo, y lo que corresponde al corazón en los que no le tienen, el corazón es el principio de los animales que tienen corazón, y lo que corresponde a éste es el principio de los otros animales. Arist., *De anim. generat.,* II, 1. Bekker, páginas 734-735.
4. En el primero de estos dos ejemplos, el principio es doble: son, según Aristóteles, dos principios contrarios; en el segundo, no hay más que un solo principio. Pero en el uno como en el otro, el principio primero es el principio del movimiento. Véase Arist., *De anim. generat.,* I, 18. Bekk., 721. En este pasaje cita, no precisamente nuestro segundo ejemplo, sino este verso del poeta cómico Epicarmo: *de la maledicencia nacen las injurias, de las injurias el combate.*
5. Es preciso dar a la palabra *arquitectónica* toda su extensión etimológica. Aristóteles llama a la política misma una ciencia arquitectónica. Véase la *Moral a Nicómaco.*
6. Asclepio observa que esta proposición no es completamente exacta, que en realidad la palabra principio tiene una acepción más general que la palabra causa, como lo reconoce el mismo Aristóteles. Pero añade Asclepio que Aristóteles se sirve aquí del lenguaje común que casi identifica estas dos expresiones. *Schol,* pág. 689. Es cierto que Aristóteles en algunos pasajes parece hacer una distinción; pero en general emplea indiferentemente la palabra causa por la palabra principio, y recíprocamente, y las más veces emplea ambas a la vez para designar el mismo objeto.

-II. CAUSA.

Se llama Causa[1], ya la materia de que una cosa se hace: el bronce es la causa de la estatua, la plata de la copa y, remontándonos más, lo son los géneros a que pertenecen la plata y el bronce; ya la forma y el modelo, así como sus géneros, es decir, la noción de la esencia: la causa de la octava es la relación de dos a uno y, en general, el número y las partes que entran en la definición de la octava. También se llama causa al primer principio del cambio o del reposo. El que da un consejo es una causa, y el padre es causa del hijo; y en general, aquello que hace es causa de lo hecho, y lo que imprime el cambio lo es de lo que experimenta el cambio. La causa es también el fin, y entiendo por esto aquello en vista de lo que se hace una cosa. La salud es causa del paseo. ¿Por qué se pasea? Para mantenerse uno sano, respondemos nosotros; y al hablar de esta manera, creemos haber dicho la causa. Por último, se llaman causas todos los intermedios entre el motor y el objeto. La maceración, por ejemplo, la purgación, los remedios, los instrumentos del médico, son causas de la salud; porque todos estos medios se emplean en vista del fin. Estas causas difieren, sin embargo, entre sí, en cuanto son las unas instrumentos y otras operaciones. Tales son, sobre poco más o menos, las diversas acepciones de la palabra causa.

De esta diversidad de acepciones resulta que el mismo objeto tiene muchas causas no accidentales, y así: la estatua tiene por causas el arte del estatuario y el bronce, no por su relación con cualquier otro objeto, sino en tanto que es una estatua. Pero estas dos causas difieren entre sí; la una es causa material, la otra causa del movimiento. Las causas pueden igualmente ser recíprocas: el ejercicio, por ejemplo, es causa de la salud, y la buena salud lo es del ejercicio; pero con esta diferencia: que la buena salud lo es como fin y el ejercicio como principio del movimiento. Por último, la misma causa puede a veces producir los contrarios. Lo que ha sido por su presencia causa de alguna cosa, se dice muchas veces que es por su ausencia causa de lo contrario. Decimos: el piloto con su ausencia ha causado el naufragio de la nave; porque la presencia del piloto hubiera sido una causa de salvación. Pero en este caso, las dos causas, la presencia y la privación, son ambas causa del movimiento.

Todas las causas que acabamos de enumerar se reducen a las cuatro clases de causas principales. Los elementos respecto de las sílabas, la materia respecto de los objetos fabricados, el fuego, la tierra y los principios análogos respecto de los cuerpos, las partes respecto del todo, las premisas respecto de la conclusión, son causas, en tanto que son el punto de donde provienen las cosas; y unas de estas causas son sustanciales, las partes, por ejemplo; las otras esenciales, como el todo, la composición y la forma. En cuanto a la semilla, al médico, al consejero, y en general al agente, todas estas causas son principios de cambio o de estabilidad. Las demás causas son el fin y bien de todas las cosas; causa final significa, en efecto, el bien por excelencia, y el fin de los demás seres. Y poco importa que se diga que este fin es el bien real o que es sólo una apariencia del bien.

A estos géneros pueden reducirse las causas. Éstas se presentan bajo una multitud de aspectos, pero pueden reducirse también estos modos a un pequeño número. Entre las causas que se aplican a objetos de la misma especie, se distinguen ya diversas relaciones. Son anteriores o posteriores las unas a las otras; y así el médico es anterior a la salud, el artista a su obra, el doble y el número lo son a la octava; en fin, lo general es siempre anterior a las cosas particulares que en él se contienen. Ciertas causas están marcadas con el sello de lo accidental, y esto en diversos grados. Policleto es causa de la estatua de una manera, y el estatuario de otra; sólo por accidente en el estatuario Policleto. Además hay lo que contiene lo accidental. Así, el hombre, o ascendiendo más aún, el animal, es la causa de la estatua, porque Policleto es un hombre, y el hombre es un animal. Y entre las causas accidentales, las unas son más lejanas, las otras son más próximas. Admitimos que se diga que la causa de la estatua es el blanco, es el músico; y no Policleto o el hombre.

Además de las causas propiamente dichas y de las causas accidentales, se distinguen también las causas en potencia y las causas en acto; como, por ejemplo, el arquitecto constructor de edificios y el arquitecto que está construyendo un edificio dado. Las mismas relaciones que se observan entre las causas, se observan igualmente entre los objetos a que ellas se aplican. Hay la causa de esta estatua en tanto que estatua, y la de la imagen en general; la causa de este bronce es tanto que bronce, y en general la causa de la materia. Lo mismo sucede respecto a los accidentes. Finalmente, las causas accidentales y las causas esenciales pueden encontrarse reunidas en la misma noción; como cuando se dice, por ejemplo, no ya Policleto, ni tampoco estatuario, sino Policleto estatuario.

Los modos de las causas son en suma seis, y estos modos son opuestos dos a dos. La causa propiamente dicha es particular o general, la causa accidental es igualmente particular o general: las unas y las otras pueden ser combinadas o simples. Por ejemplo, todas estas causas existen en acto o en potencia. Pero hay esta diferencia entre ellas; que las causas en acto, lo mismo que las causas particulares, comienzan y concluyen al mismo tiempo que los efectos que ellas producen: este médico, por ejemplo, no cura sino en cuanto trata a este enfermo, y este arquitecto no es constructor sino en cuanto construye esa casa. No siempre sucede así con las causas en potencia; la casa y el arquitecto no perecen al mismo tiempo.

---

1. Αιτιον. Este capítulo de la *Metafísica* se encuentra entero, con los mismos desenvolvimientos y los mismos términos, en otra obra de Aristóteles. Véase *Phys. auscult.*, II, 8, Bekk., páginas 198 y 199. Asclepio con este motivo recuerda la opinión de los que pretenden que ciertos pasajes han sido traídos de otros libros de Aristóteles a la *Metafísica* para llenar los vacíos. No parece que esta opinión haya tenido otro fundamento que la semejanza de las ideas y de las expresiones; semejanza que no prueba absolutamente nada, puesto que es lícito a un autor copiarse a sí mismo, y Aristóteles lo hace sin cesar en todas sus obras.

-III. ELEMENTO.

Se llama Elemento[1] la materia primera que entra en la composición, y que no puede ser dividida en partes heterogéneas[2]; así los elementos del sonido son lo que constituye el sonido, y las últimas partes en las que se le divide, partes que no se pueden dividir en otros sonidos de una especie diferente de la suya propia. Si se dividiesen, sus partes serían de la misma especie que ellas mismas: una partícula de agua, por ejemplo, es agua; pero una parte de una sílaba no es una sílaba. Los que tratan de los elementos de los cuerpos, dan siempre este nombre a las últimas partes en que se dividen los cuerpos, partes que no se pueden dividir en otros cuerpos de especies diferentes. Esto es lo que llaman ellos elementos, ya admitan sólo un elemento, ya admitan muchos. Lo mismo sucede sobre poco más o menos con los que se llaman elementos en la demostración de las propiedades de las figuras geométricas, y en general en todas las demostraciones; porque las demostraciones primeras, y que se encuentran en el fondo de muchas demostraciones, se les llama elementos de demostraciones: estos son los silogismos primeros compuestos de tres términos, uno de los cuales sirve de medio.

De aquí que, por metáfora, se llama también elemento a lo que, siendo uno y pequeño, sirve para un gran número de cosas. Por esta razón se llama elemento lo que es simple, pequeño, indivisible. Por consiguiente, los atributos más universales son elementos. Cada uno de ellos es uno y simple, y existe un gran número de seres, en todos o en la mayor parte. Por último, la unidad y el punto son, según algunos, elementos.

Los géneros son universales, y además indivisibles, porque su noción es una; y así algunos pretenden que los géneros son elementos más bien que la diferencia, porque el género es más universal. En efecto, allí donde hay diferencia se muestra siempre el género; pero donde hay género no siempre hay diferencia.

Por lo demás, el carácter común a todos los elementos es que el elemento de cada ser es su principio constitutivo.

---

1. Στοιχειον.
2. Aristóteles, *De Caelo*: «El elemento es aquello en que se divide un cuerpo... El elemento no se divide... El fuego y la tierra existen en potencia en la carne y en la madera: se les ve separarse; pero no hay ni carne ni madera en el fuego, ni en acto ni en potencia: si los hubiese, podría haber separación.» III, 3. Bekk., pág. 302.

-IV. NATURALEZA.

Naturaleza[1] se dice en primer lugar de la generación de todo aquello que crece, por ejemplo, cuando se pronuncia larga la primera sílaba de la palabra griega; luego la materia intrínseca de donde proviene lo que nace; y además el principio del primer movimiento en todo ser físico, principio interno y unido a la esencia. Y se llama crecimiento natural de un ser el aumento que recibe de otro ser, ya por su adjunción, ya por su conexión, ya como los embriones, por su adherencia con este ser. La conexión difiere de la adjunción en que, en este último caso, no hay más que un simple contacto, mientras que en los demás casos hay en los dos seres algo que es uno, y que en lugar de un contacto, produce su conexión, y hace de estos dos seres una unidad bajo la relación de la continuidad y de la cantidad, pero no bajo la relación de la cualidad. Se dice además naturaleza la sustancia bruta inerte y sin acción sobre sí misma de que se compone y se forma un ser físico. Así el bronce es la naturaleza de la estatua y de los objetos de bronce, y la madera lo es de los objetos de madera, y lo mismo de los demás seres; esta materia prima y preexistente constituye cada uno de ellos. Como resultado de esta consideración, se entiende también por naturaleza los elementos de las cosas naturales; y así se explican los que admiten por elemento el fuego, la tierra, el aire, o el agua o cualquiera otro principio análogo, y los que admiten muchos de estos elementos, o todos ellos a la vez. Finalmente, desde otro punto de vista, la naturaleza es la esencia de las cosas naturales. En esta acepción la toman los que dicen que la naturaleza es la composición primitiva, o con Empédocles,

que ningún ser tiene realmente una naturaleza,
sino que a la mezcla y a la separación de las cosas
mezcladas,
es todo lo que hay y lo que los hombres llaman
naturaleza.[2]

Por esta razón, según ellos, de todo objeto que es naturalmente, o que ya deviene o se hace, y que posee en sí el principio natural del devenir o del ser, no decimos que tiene una naturaleza, cuando aún no tiene esencia y forma. Por tanto, la reunión de la esencia y de la materia constituye la naturaleza de los seres. Esto sucede con la de los animales y la de sus partes. Pero es preciso decir que la materia primera es una naturaleza, y que puede serlo desde dos puntos de vista; porque puede ser o primera relativamente a un objeto o absolutamente primera. Para los objetos cuya sustancia es el bronce, el bronce es el primero relativamente a estos objetos; pero absolutamente hablando, es el agua quizá, si es cierto que el agua es el principio de todos los cuerpos fusibles. Y es preciso añadir que la forma y la esencia son también una naturaleza, porque son el fin de toda producción. Finalmente, por metáfora, toda esencia toma en general el nombre de la naturaleza, a causa de la misma en que hablamos, porque la naturaleza es también una especie de esencia.

Se sigue de todo lo que precede, que la naturaleza primera, la naturaleza propiamente dicha, es la esencia de los seres, que tienen en sí y por sí mismos el principio de su movimiento[3]. La materia no se llama en efecto naturaleza, sino porque es capaz de recibir en sí este principio, y la generación, así como el crecimiento, sino porque son movimientos producidos por este principio. Y este principio del movimiento de las cosas naturales reside siempre en ellas, ya sea en potencia, ya en acto.

---

1. Φυσις.
2. Sturtz. *Empedoclis carmina,* pág. 517.
3. Aristóteles asienta también en otra obra este carácter esencial: «Las cosas que

existen naturalmente, tiene todas en sí el principio del movimiento o del reposo, unas el del movimiento en el espacio, otras el del crecimiento y de perecimiento, otras el del cambio. Por lo contrario, una litera, un traje, todas las cosas de este género, todo lo que es producto del arte no tiene en sí el principio de su cambio, y por esta causa estos objetos son de piedra, de tierra, o una mezcla de estos elementos; y esta causa accidental es para ellos el principio del movimiento y del reposo. La naturaleza es un principio, una causa que imprime el movimiento y el reposo, causa inherente a la esencia misma del objeto, no causa accidental.» *Phys. auscult.*, II, 1, Bekk., pág. 192.

-V. NECESARIO.

Se llama Necesario[1] aquello que es la causa cooperante[2] sin la cual es imposible vivir. Así la respiración y el alimento son necesarios al animal. Sin ellos le es imposible existir. Lo constituyen aquellas condiciones sin las cuales el bien no podría ni ser ni llegar a ser, o sin las cuales no se puede ni prevenir un mal ni librarse de él. Es necesario, por ejemplo, tomar el remedio para no estar enfermo, o hacerse a la vela a Egina para recibir dinero.

Constituye también lo necesario la violencia y la fuerza, es decir, lo que nos impide y detiene, a pesar de nuestro deseo y nuestra voluntad. Porque la violencia se llama necesidad, y por consiguiente la necesidad es una cosa que aflige[3], como dice Eveno[4]:

Toda necesidad, es una cosa aflictiva.

Finalmente, la fuerza es una necesidad; escuchemos a Sófocles[5]:

La fuerza es la que me obliga necesariamente a
obrar así.

La necesidad envuelve la idea de algo inevitable, y con razón, porque es lo opuesto al movimiento voluntario y reflexivo. Además, cuando una cosa no puede ser de otra manera de como es, decimos: es necesario que así sea. Y esta necesidad es, en cierta manera, la razón de todo lo que se llama necesario. Efectivamente, cuando el deseo no puede conseguir su objeto a consecuencia de la violencia, se dice que ha habido violencia, hecha o padecida. La necesidad es por consiguiente a nuestros ojos aquello en cuya virtud es imposible que una cosa sea de otra manera. La misma observación cabe respecto de las causas cooperantes de la vida, lo mismo que de las del bien. Porque cuando hay, ya para el bien, ya para la vida y el ser, imposibilidad de existir sin ciertas condiciones, entonces estas condiciones son necesarias, y la causa cooperante es una necesidad. Finalmente, las demostraciones de las verdades necesarias son necesarias, porque es imposible, si la demostración es rigurosa, que la conclusión sea otra que la que es. Las causas de esta imposibilidad son estas proposiciones primeras, que no pueden ser otras que las que son, que componen el silogismo.

Entre las cosas necesarias, hay unas que tienen fuera de sí la causa de su necesidad; otras, por lo contrario, que la tienen en sí mismas, y de ellas es de donde sacan las primeras su necesidad. De suerte que la necesidad primera, la necesidad propiamente dicha, es la necesidad absoluta, porque es imposible que tenga muchos modos de existencia. Por lo tanto ella es la necesidad invariable; de otra manera tendría muchos modos de existencia. Luego si hay seres eternos e inmutables, nada puede ejercer sobre ellos violencia o contrariar su naturaleza.

---

1. 'Αναγκαιον.
2. Συναιτιου.
3. Todo lo que se hace, todo lo que se padece por coacción, es triste, y como dice Eveno: *toda necesidad es una cosa aflictiva.* Si una cosa es aflictiva, es igualmente una cosa violenta y recíprocamente. Todo lo que contraría nuestro deseo nos causa dolor; porque lo que deseamos es lo que nos causa placer. *Moral a Eudemo,* II, 7.
4. Poeta y filósofo contemporáneo de Sócrates, Asclepio, *Schol.,* página 696, le llama Eveno, el solista; pero Sócrates, en el *Fedón,* le concede el título de filósofo.
5. Sófocles, *Electra,* v. 248.

-VI. UNIDAD.

Hay dos clases de Unidad[1]; hay lo que es uno por accidente, y lo que es en su esencia. Corisco y músico, y Corisco músico son una sola cosa, porque hay identidad entre las expresiones: Corisco y músico, y Corisco músico, Músico y justo, y Corisco músico justo son igualmente una sola cosa. A esto se llama unidad accidental. En efecto, de una parte justo y músico son los accidentes de una sola y misma sustancia; de la otra músico y Corisco son recíprocamente accidentes el uno del otro. Asimismo el músico Corisco es, desde un punto de vista, la misma cosa que Corisco, porque una de las dos partes de esta expresión es el accidente de la otra parte; músico lo es, si se quiere, de Corisco. Y el músico Corisco y el justo Corisco son igualmente una sola cosa, porque uno de los dos términos de cada una de estas expresiones es el accidente del mismo ser. Importa poco que músico sea accidente de Corisco, o que Corisco lo sea de músico. Y lo mismo acontece cuando el accidente se aplica al género o a cualquiera otra cosa universal. Admitamos que hombre y hombre músico sean idénticos el uno al otro. Esto se verificará, o bien porque el hombre es una sustancia una, que tiene por accidente músico, o bien porque ambos son los accidentes de un ser particular, de Corisco, por ejemplo. Sin embargo, en este último caso, los dos accidentes no son accidentes de la misma manera; el uno representa, por decirlo así, el género, y existe en la esencia; el otro no es más que un estado, una modificación de la sustancia. Todo lo que se llama unidad accidental es unidad tan sólo en el sentido que acabamos de decir.

En cuanto a lo que es uno esencialmente, hay en primer lugar lo que lo es por la continuidad de las partes: por ejemplo, el haz, que debe a la ligadura la continuidad y las piezas de madera que la reciben de la cola que las une. La linea, hasta la línea curva, siempre que sea continua, es una; así como cada una de las partes del cuerpo, las piernas, los brazos. Digamos, sin embargo, que lo que tiene naturalmente la continuidad es más uno que lo que sólo tiene una continuidad artificial. Ahora bien, se llama continuo a aquello cuyo movimiento es uno esencialmente, y no puede ser otro que el que es. Este movimiento uno es el movimiento indivisible, pero indivisible en el tiempo. Las cosas continuas en sí mismas son las que tienen algo más que la unidad que proviene del contacto. Si ponéis en contacto trozos de maderas, no iréis a decir que hay allí unidad; y lo mismo que con la madera, sucede con el cuerpo o cualquiera otra cosa continua. Las cosas esencialmente continuas son unas, aun cuando tengan una flexión. Las que no tienen flexión lo son más: la canilla o el muslo, por ejemplo, lo son más que la pierna, la cual puede no tener un movimiento uno: y la línea recta tiene más que la curva el carácter de unidad. Decimos que la línea curva, así como de la línea angulosa, que es una y que no es una, porque es posible que no estén en sus partes todas en movimiento o que lo estén todas a la vez. Pero en la línea recta el movimiento es siempre simultáneo, y ninguna de las partes que tiene magnitud está en reposo, como en la línea curva, mientras que otra se mueve.

También se toma la unidad en otro sentido; la homogeneidad de las partes del objeto. Hay homogeneidad cuando no se puede señalar en el objeto ninguna división bajo la relación de la cualidad. Y el objeto será, o bien el objeto inmediato, o bien los últimos elementos a que se le pueda referir. Se dice que el vino es uno, y el agua es una, en tanto que son ambos genéricamente indivisibles: y que todos los líquidos juntos, aceite, vino, cuerpos fusibles, no son más que una cosa, porque hay identidad entre los elementos primitivos de la materia líquida, porque lo que constituye todos los líquidos es el agua y el aire.

En igual forma, cuando se pueden señalar diferencias en el género, se atribuye a la unidad a los seres que contiene. Y se dice que todos son una sola cosa, porque el género que se encuentra bajo las diferencias es uno. El caballo, por ejemplo, el hombre, el perro, son una sola cosa, porque son animales. Sucede lo mismo, sobre poco más o menos, que en los casos en que hay unidad de materia. Tan pronto es, como en el ejemplo que acabamos de citar, al género próximo al que se refiere a la unidad como, según acontece en el caso en que los géneros inmediatamente superiores a los objetos idénticos sean las últimas especies del género, es al género más elevado al que se refiere[2]. Así, el triángulo isósceles y el equilátero son una sola y misma figura, porque son triángulos ambos, pero no son los mismos triángulos. También se atribuye la unidad a las cosas cuya noción esencial no puede dividirse en otras nociones, cada una de las cuales expresa la esencia de estas cosas. En efecto, de suyo toda definición puede dividirse. Hay unidad entre lo que aumenta y lo que disminuye, porque hay unidad en la definición; de la misma manera respecto de las superficies la definición es una. En general, la unidad de todos los seres, cuya idea, entiendo la idea esencial, es indivisible y no puede ser separada ni en el tiempo, ni en el espacio, ni en la definición, es la unidad por excelencia. Las esencias están en este caso. En general, en tanto que no pueden ser divididos, es como se atribuye la unidad a los objetos que no pueden serlo. Por ejemplo, si como hombre no es posible la división, tenéis un solo hombre; si como animal, un solo animal; si como magnitud, una sola magnitud.

La unidad se atribuye por tanto a la mayor parte de las cosas, o porque ellas producen, o porque soportan otra unidad, o porque están en relación con una unidad. Las unidades primitivas son los seres, cuya esencia es una: y la esencia puede ser una, ya por continuidad, ya genéricamente, ya por definición, por lo que nosotros contamos como varios, son o los objetos no continuos, o los que no son del mismo género, o los que no tienen la unidad de definición. Añadamos que a veces decimos que una cosa es una por continuidad, con tal que tenga cantidad y continuidad, pero que otras veces esto no basta. Es preciso también que sea un conjunto, es decir, que tenga unidad de forma. No constituirán para nosotros una unidad las partes que constituyen el calzado colocadas las unas junto a las otras de una manera cualquiera; y sólo cuando hay, no simplemente continuidad, sino partes colocadas de tal manera que constituyen un calzado, y tengan una forma determinada, es cuando decimos que hay verdadera unidad. Por esta razón la línea del círculo es la línea una por excelencia; es perfecta en todas sus partes.

La esencia de la unidad consiste en ser el principio de un número, porque la medida primera de cada género de seres es un principio. La medida primera de un género es el principio por el que conocemos un género de seres. El principio de lo cognoscible en cada género es, pues, la unidad. Sólo que no es la misma unidad para todos los géneros[3]; aquí es un semitono, allá la vocal o consonante. La pesantez tiene una unidad; el movimiento tiene otra. Pero en todos los casos la unidad es indivisible. Ya bajo la relación de la forma, ya bajo la de la cantidad.

Lo que es indivisible con relación a la cantidad, y en tanto que cantidad, lo que es absolutamente indivisible y no tiene posición, se llama mónada. Lo que lo es en todos sentidos, pero que ocupa una posición, en un punto. Lo que no es divisible, sino en un sentido, es una línea. Lo que puede ser dividido en dos sentidos es una superficie. Lo que puede serlo por todos lados y en tres sentidos, bajo la relación de la cantidad, es un cuerpo. Y si se sigue el orden inverso, lo que puede dividirse en tres sentidos por todos lados es un cuerpo; lo que puede dividirse en dos sentidos es una superficie; lo que no puede serlo más que en uno solo es una línea; lo que no se puede en ningún sentido dividir bajo la relación de la cantidad es un punto y una mónada: sin posición es la mónada; con posición es el punto.

Además, lo que es uno, lo es o relativamente al número, o relativamente a la forma, o relativamente al género, o bien por analogía. Uno en número es aquello cuya materia es una; uno en forma es aquello que tiene unidad de definición; uno genéricamente es lo que tiene los mismos atributos; dondequiera que hay relación hay unidad por analogía. Los modos de la unidad, que acabamos de enumerar los primeros, llevan consigo siempre los siguientes. Y así, el uno en número es igualmente uno en forma; pero lo que es uno en forma, no lo es siempre en número. Todo lo que es uno en forma, lo es siempre numéricamente. La unidad genérica no siempre la unidad de forma; es siempre unidad por analogía. Pero no todo lo que es uno por analogía, es uno genéricamente.

Es también evidente, que la pluralidad debe ser puesta en oposición con la unidad. Hay pluralidad: o por falta de continuidad o porque la materia, ya la materia del género, ya los últimos elementos, pueden dividirse por la forma, o porque hay pluralidad de definiciones que expresen la esencia.

---

1. To εν.
2. Si no, habría identidad completa entre los dos objetos: tendrían la misma noción esencial y la misma definición.
3. Véase el lib. X, 1.

-VII. SER.

El Ser[1] se entiende de lo que es accidentalmente o de lo que es en sí. Hay, por ejemplo, ser accidental, cuando decimos: *el justo es músico, el hombre es músico, el músico es hombre*. Lo mismo poco más o menos, que cuando decimos que el músico construye, es porque es accidental que el arquitecto sea músico o el músico arquitecto; porque, cuando se dice: *una cosa es esto o aquello*, significa que esto o aquello es el accidente de esta cosa; lo mismo que, volviendo a nuestro asunto, si se dice: *el hombre es músico o el músico es hombre*, o bien: *el músico es blanco o el blanco es músico*, es, en el último caso, porque uno y otro son accidentes del mismo ser. El músico no es hombre, sino porque el hombre es accidentalmente músico. En igual forma no se dice que el no blanco es, sino porque el objeto del cual es accidente, *es*.

El ser toma el nombre de accidental, bien cuando el sujeto del accidente y el accidente son ambos accidentes de un mismo ser[2]; o cuando el accidente se da en un ser[3]; o, por último, cuando el ser, en que se encuentra el accidente, es tomado como atributo del accidente[4].

El ser en sí tiene acepciones como categorías hay[5], porque tantas cuantas se distingan otras tantas son las significaciones dadas al ser. Ahora bien, entre las cosas que abrazan las categorías, unas son esencias, otras cualidades, otras designan la cantidad, otras la relación, otras la acción o la pasión, otras el lugar, otras el tiempo: el ser se toma en el mismo sentido que cada uno de estos modos. En efecto, no hay ninguna diferencia entre estas expresiones: *el hombre es convaleciente y el hombre convalece*; o entre estas: *el hombre es andante y el hombre anda*. Lo mismo sucede en todos los demás casos.

Ser, esto es, significan que una cosa es verdadera; *no-ser*, que no lo es, que es falsa, y esto se verifica en el caso de la afirmación como en el de la negación. Decimos: *Sócrates es músico*, porque esto es verdadero; o bien, *Sócrates es no-blanco*, porque esto también es cierto. Pero decimos que la relación de la diagonal con el lado del cuadrado no es conmensurable, porque es falso que lo sea.

Finalmente, *ser* y *siendo* expresan tan pronto la potencia como el acto de estas cosas de que hemos hablado. Saber, es a la vez, poderse servir de la ciencia y servirse de ella; y la inercia se dice de lo que está en reposo y de lo que puede estarlo; y lo mismo pasa con las esencias. Decimos en efecto: *el Hermes está en la piedra; la mitad de la línea está en la línea*; y lo mismo: *he aquí el trigo*, cuando aún no está maduro. Pero ¿en qué caso el ser existe en acto, y en qué caso existe en potencia? Esto lo diremos más adelante[6].

---

1. To ov.
2. Tomemos por ejemplo: *Corisco, músico blanco.*
3. *Corisco músico.*
4. El músico es hombre. Este último caso entra en el precedente. En el fondo no difiere de él. Sólo hay inversión en los términos: el adjetivo ha tomado el lugar del sustantivo, y el sustantivo el del adjetivo.
5. No necesitamos explicar el sentido de la palabra en la tecnología de Aristóteles. Lo que sigue lo muestra suficientemente. Recordaremos tan sólo que Aristóteles enumera diez categorías: la esencia, la cantidad, la cualidad, la relación, el lugar, el tiempo, la situación, la posesión, la acción y la pasión. Véase el tratado de las *Categorías.* Muchas veces, en la *Metafísica,* Aristóteles menciona las categorías, y enumera, como aquí, cierto número de ellas, pero jamás da la lista completa, ni se sujeta en la enumeración a un orden determinado.
6. Se dice de la piedra que es el Hermes en potencia, pero la tierra y el agua, que son los elementos de la piedra, jamás han sido llamado un Hermes en potencia...; el perro recién nacido tiene la vista en potencia, pero no el que está aún en el vientre de su madre. Alej. *Schol.,* página 701. Sepúlv., pág. 159.

-VIII. SUSTANCIA.

Sustancia[1] se dice de los cuerpos simples, tales como la tierra, el fuego, el agua y todas las cosas análogas; y en general, de los cuerpos, así como de los animales, de los seres divinos que tienen cuerpo y de las partes de estos cuerpos. A todas estas cosas se llama sustancias, porque no son los atributos de un sujeto, sino que son ellas mismas sujetos de otros seres. Desde otro punto de vista, la sustancia es la causa intrínseca de la existencia de los seres que no se refiere a un sujeto: el alma, por ejemplo, es la sustancia del ser animado. Se da también este nombre a las partes integrantes de los seres de que hablamos, partes que los limitan y determinan su esencia, y cuyo anonadamiento sería el anonadamiento del todo. Así, la existencia del cuerpo, según algunos filósofos, depende de la de la superficie, la existencia de la superficie de la de la línea; y ascendiendo más, el número, según otra doctrina, es una sustancia; porque, anonadado el número, ya no hay nada, siendo él el que determina todas las cosas. Por último, el carácter propio de cada ser[2], carácter cuya noción es la definición del ser, es la esencia del objeto, su sustancia misma, de aquí se sigue que la palabra sustancia tiene dos acepciones: o designa el último sujeto, el que no es atributo de ningún ser, o el ser determinado, pero independiente del sujeto, es decir la forma y la figura de cada ser.

---

1. Ουσια. Véase el lib. VII, 2.
2. Το τι ην ειναι. Hubiéramos podido observar antes varias veces que esta expresión no es completamente sinónima de ουσια en el lenguaje de Aristóteles. Lo que precede es una prueba de esto.

-IX. IDENTIDAD, HETEROGENEIDAD, DIFERENCIA, SEMEJANZA.

Identidad[1]. Por lo pronto hay identidad accidental; y así lo hay entre lo blanco y lo músico, porque son accidentes del mismo ser; entre el hombre y el músico, porque el uno es el accidente del otro. Porque el músico es el accidente del hombre, y se dice: hombre músico. Esta expresión es idéntica a cada una de las otras dos, y cada una de éstas a aquélla; puesto que, para nosotros, hombre y músico son lo mismo que hombre músico, y recíprocamente. En todas estas identidades no hay ningún carácter universal. No es cierto que todo hombre sea la misma cosa que músico; lo universal existe de suyo mientras que lo accidental no existe por sí mismo, sino simplemente como atributo de un ser particular. Se admite la identidad de Sócrates y de Sócrates músico, y es porque Sócrates no es la esencia de muchos seres; y así no se dice: *todo Sócrates*, como se dice: todo hombre.

Además de la identidad accidental, hay la identidad esencial. Se aplica, como la unidad en sí, a las cosas cuya materia es una, sea por la forma, sea por el número, sea genéricamente, así como a aquellas cuya esencia es una. Se ve, pues, que la identidad es una especie de unidad de ser[2], unidad de muchos objetos, o de uno solo tomado como muchos; ejemplo: cuando se dice: *una cosa es idéntica a sí misma*, la misma cosa es considerada como dos.

Se llaman heterogéneas[3] las cosas que tienen pluralidad de forma, de materia, o de definición; y en general la heterogeneidad es lo opuesto a la identidad.

Diferente[4] se dice de las cosas heterogéneas que son idénticas desde algún punto de vista, no cuando lo son bajo el del número, sino cuando lo son bajo el de la fortuna, o del género, o de la analogía. Se dice también de lo que pertenece a géneros diferentes de los contrarios, y de todo lo que tiene en la esencia alguna diversidad.

Las cosas semejantes[5] son las sujetas a las mismas modificaciones, entre las que hay más relación que diferencia, y las que tienen la misma cualidad. Y por contrarias que puedan aparecer, si el mayor número de los caracteres o los principales se parecen, sólo por esto hay semejanza.

En cuanto a lo semejante, se toma en todos los sentidos opuestos a lo semejante.

---

1. Ταυτα.
2. Véase más arriba el cap. VI.
3. 'Ετερα.
4. Διαφορα.
5. 'Ομοια.

-X. OPUESTO Y CONTRARIO.

Lo Opuesto[1] se dice de la contradicción, de los contrarios y de la relación; de la privación y de la posesión; de los principios de los seres y de los elementos en que se resuelven; es decir, de la producción y de la destrucción. En una palabra, en todos los casos en que un sujeto no puede admitir la coexistencia de dos cosas, decimos que éstas son opuestas, opuestas en sí mismas, o bien opuestas en cuanto a sus principios[2]. Lo pardo y lo blanco no coexisten en el mismo sujeto, y así sus principios son opuestos.

Se llaman Contrarias[3] las cosas de géneros diferentes que no pueden coexistir en el mismo sujeto; y las que difieren más dentro del mismo género; las que difieren más en el mismo sujeto; las que difieren más entre las cosas sometidas a la misma potencia; finalmente aquellas, cuya diferencia es considerable, ya absolutamente, ya genéricamente, ya bajo la relación de la especie. Las demás contrarias son llamadas así, las unas porque tienen en sí mismas los caracteres de que hablamos, las otras porque admiten esos caracteres, y otras porque, activas o pasivas, agentes o pacientes, toman o dejan, poseen o no estos caracteres y otros de la misma naturaleza.

Puesto que la unidad y el ser se entienden de muchas maneras, se sigue de aquí necesariamente, que sus modos se encuentran en igual caso; y entonces es preciso que la identidad, la heterogeneidad y lo contrario varíen en las diversas maneras de considerar el ser y la unidad.

Se llaman cosas de especies diferentes, aquellas que, siendo del mismo género, no pueden sustituirse mutuamente; las que siendo del mismo género, tienen una diferencia; y aquellas cuyas esencias son contrarias. Hay también diferencia de especie en los contrarios, ya en todos los contrarios, ya sólo en los contrarios primitivos, e igualmente en los seres que tienen la última forma del género, cuando sus nociones esenciales no son las mismas. Así el hombre y el caballo son ciertamente indivisibles por el género, pero hay diferencia entre sus nociones esenciales. Por último, los seres cuya esencia es la misma, pero con una diferencia, son especies diferentes.

La identidad de especie se entiende de todos los casos opuestos a los que acabamos de enumerar.

---

1. 'Αντικειμενα.
2. Una cosa puede ser opuesta a otra de cuatro maneras: por relación, por contrariedad, o como la privación lo es a la posesión, la afirmación a la negación. Y así, por ejemplo, hay oposición por relación entre el doble y la mitad, por contrariedad entre el bien y el mal: la ceguera y la visión son opuestas, porque la una es la negación, la otra la posesión; y estas dos proposiciones: está sentado, no está sentado, lo son a título de afirmación y de negación. *Categorías,* 9.
3. 'Εναντια.

-XI. ANTERIORIDAD Y POSTERIORIDAD.

Anterioridad y posterioridad[1] se dicen en ciertos casos[2] de la relación con un objeto considerado en cada género como primero y como principio; es el más o el menos de proximidad a un principio determinado, ya absolutamente y por la naturaleza misma, ya relativamente a alguna cosa, sea en cualquier punto, sea bajo ciertas condiciones. En el espacio, por ejemplo, lo anterior es lo que está más próximo a un lugar determinado por la naturaleza, como el medio o la extremidad, o tomado al azar; y aquello que está más distante de este lugar es posterior. En el tiempo, lo anterior es en primer lugar lo que está más lejano del instante actual. Así sucede respecto a lo pasado. La guerra de Troya es anterior a las guerras médicas, porque está más lejana del instante actual. Después entra lo que está más próximo a este mismo instante actual. El porvenir está en este caso. La celebración de los juegos Nemeos será anterior a la de los juegos Picos, porque está más próxima al instante actual, tomando el instante actual como principio, como cosa primera. Con relación al movimiento, la anterioridad pertenece a lo que está más próximo al principio motor; el niño es anterior al hombre. En este caso, el principio está determinado por su naturaleza. [Con relación a] la potencia, lo que tiene la prioridad es lo que excede en poder, lo que puede más. De este género es todo ser a cuya voluntad se ve precisado a someterse otro ser, que es ser inferior, de tal manera que éste no se ponga en movimiento si el otro no le mueve, y que se mueva imprimiéndole el primero el movimiento. En este caso, la voluntad es el principio. Con respecto al orden, la anterioridad y la posterioridad se entienden en vista de la distancia regulada relativamente a un objeto determinado. El bailarín que sigue al corifeo es anterior al que figura en tercera fila; y la penúltima cuerda de la lira es anterior a la última. En el primer caso el corifeo es el principio; en el segundo es la cuerda del medio[3].

Éste es un punto de vista de la anterioridad. Hay otro: la anterioridad de conocimiento; anterioridad que es absoluta. Pero hay dos órdenes de conocimiento: el esencial y el sensible. Para el conocimiento esencial, lo universal es lo anterior, así como lo particular para el conocimiento sensible. En la esencia misma, el accidente es anterior al todo; lo músico es anterior al hombre músico, porque no podría haber todo sin partes. Y sin embargo, la existencia del músico no es posible, si no hay alguien que sea músico. La anterioridad se entiende, por último, de las propiedades de lo que es anterior; la rectitud es anterior a lo terso; porque la una es propiedad esencial de la línea, la otra es una propiedad de la superficie.

Hay, pues, la anterioridad y la posterioridad accidentales, y las de naturaleza y esencia. La anterioridad por naturaleza no tiene por condición la anterioridad accidental; pero ésta no puede nunca existir sin aquélla; distinción que Platón ha establecido. Por otra parte, el ser tiene muchas acepciones: lo que es anterior en el ser es el sujeto; y así la sustancia tiene la prioridad. Desde otro punto de vista, la prioridad y la posterioridad se refieren a la potencia y al acto. Lo que existe en potencia es anterior; lo que existe en acto, posterior. Así, en potencia, la mitad de la línea es anterior a la línea entera, la parte al todo, la materia a la esencia. Pero en acto las partes son posteriores al todo, porque después de la disolución del todo, es cuando existen en acto.

Todo lo que es anterior y posterior entra, bajo cualquier punto de vista, en estos ejemplos. En efecto, bajo la relación de la producción es posible que ciertas cosas existan sin las otras; y así el todo será anterior a las partes; bajo la relación de la destrucción, por lo contrario, la parte será anterior al todo. Lo mismo sucede en todos los demás casos.

---

1. Προτερα και υστερα.
2. En el tratado de las *Categorías,* Aristóteles reduce a cuatro el número de los casos principales en que puede decirse que una cosa es anterior a otra: 1°. sucesión en el

tiempo; 2º. relación de principio a consecuencia; 3º. sucesión en el espacio u orden propiamente dicho; 4º. comparación del valor moral u orden de mérito. *Categ.*, 12.

3. La lira tenía siete cuerdas en tiempo de Aristóteles. Véase el libro XIV, 6.

-XII. PODER.

Poder o potencia[1] se entiende del principio del movimiento o del cambio, colocado en otro ser, o en el mismo ser, pero en tanto que otro. Así el poder de construir no se encuentra en lo que es construido; el poder de curar, por lo contrario, puede encontrarse en el ser que es curado, pero no en tanto que curado. Por poder se entiende, ya el principio del movimiento y del cambio, colocado en otro ser o en el mismo ser en tanto que otro; ya la facultad de ser mudado, puesto en movimiento por otra cosa o por sí mismo en tanto que otro: en este sentido es el poder de ser modificado en el ser que es modificado. Así es que a veces decimos que una cosa tiene el poder de ser modificada, cuando puede experimentar una modificación cualquiera y a veces también cuando no puede experimentar toda especie de modificaciones, y sí sólo las mejores. Poder se dice también de la facultad de hacer bien alguna cosa, o de hacerla en virtud de su voluntad. De los que solamente andan o hablan, pero haciéndolo mal, o de distinto modo de como quisieran, no se dice que tienen el poder de hablar o de andar. Poder se entiende igualmente en el sentido de tener la facultad de ser modificado.

Además, todos los estados en los que no puede experimentar absolutamente ninguna modificación, ningún cambio, o en los que no se experimenta sino difícilmente una modificación para mal, son poderes; porque se ve uno roto, estropeado, maltratado, en una palabra, destruido, no en virtud de un poder, sino por falta de poder, y porque falta algo. Los seres que están al abrigo de estas modificaciones son los que no pueden ser mudados sino difícilmente, ligeramente, porque están dotados de una potencia, de un poder propio, de un estado particular.

Éstas son las diversas acepciones de poder o potencia. Poderoso debe ser por tanto en primer lugar lo que tiene el principio del movimiento o del cambio; porque la facultad de producir el reposo es una potencia que se encuentra en otro ser o en el mismo ser en tanto que otro. Poderoso se dice igualmente de lo que tiene la facultad de ser mudado por otro ser; en otro sentido, es la facultad de mudar otro objeto, o para mejorarlo o para empeorarlo. En efecto, lo que se destruye parece tener la potencia de ser destruido; porque no podría ser destruido si no tuviese esta potencia; es preciso que tenga en sí alguna disposición, causa y principio de una modificación semejante. Así se dice en un sentido que un objeto es poderoso en virtud de sus propiedades; y en otro, que es poderoso a causa de la privación de ciertas propiedades. Pero si la privación misma es una especie de propiedad, será uno poderoso siempre en virtud de una propiedad particular.

Lo mismo sucede con el ser en general; es poderoso, porque tiene ciertas propiedades, ciertos principios; lo es igualmente por la privación de estas propiedades, si la privación misma es una propiedad. Es poderoso en otro sentido, en cuanto el poder de destruirle no se encuentra ni en otro ser, ni en él mismo en tanto que otro. Finalmente, todas estas expresiones significan que una cosa puede hacerse o no hacerse, o que puede hacerse bien. De este último género es el poder de los seres inanimados, de los instrumentos; bajo esta condición del bien se dice de una lira que puede producir sonidos; y se dice de otra que no puede, cuando no tiene sonidos armoniosos.

La impotencia[2] es la privación de la potencia, la falta de un principio como el que acabamos de señalar, falta absoluta o falta de un ser que debería naturalmente poseerla, o en la época en que según su naturaleza debería poseerla. No se dice en el mismo concepto que el niño y el eunuco son impotentes para engendrar. Además, a cada potencia se opone una impotencia particular, lo mismo a la potencia simplemente motriz como a la que produce el bien. Impotente se entiende con relación a la impotencia de este género, y también se toma en otro sentido. Se trata de lo Posible y de lo Imposible[3]. Lo imposible es aquello cuyo contrario es absolutamente verdadero. Y así, es imposible que la relación de la diagonal con el lado del cuadrado sea conmensurable, porque es falso que lo sea: no sólo lo contrario es verdadero, sino que es necesario que esta relación sea inconmensurable, y por consiguiente, no sólo es falso que la relación en cuestión sea conmensurable, sino que esto es necesariamente falso. Lo opuesto de lo imposible es lo posible, que es aquello cuyo contrario no es necesariamente falso. Y así, es posible que el hombre esté sentado, porque no es necesariamente falso que no esté sentado. Posible, en un sentido significa como acabamos de decir, lo que no es necesariamente falso; en otro, es lo que es verdadero o, más bien, lo que puede serlo.

Sólo metafóricamente emplea la Geometría[4] la palabra potencia; la potencia en este caso no es un poder real. Pero todas las acepciones de potencia en tanto que poder, se refieren a la primera potencia, es decir, al principio del cambio colocado en otro ser en tanto que otro,

Las demás cosas se dicen posibles o potentes, las unas porque otro ser tiene sobre ellas un poder de este género; las otras, por lo contrario, porque no están sometidas a este poder; y otras porque este poder es de una naturaleza determinada. Lo mismo sucede con las acepciones de impotencia o de imposible; de suerte que la definición de la potencia primera es: Principio del cambio colocado en otro ser en tanto que otro.

---

1. Δυναμις. Véase el lib. IX, cap. I.
2. 'Αδυναμια.
3. Las palabras δυνατον, αδυνατον, significan igualmente potente e impotente, posible e imposible.
4. Primera, segunda, tercera potencia, expresiones equivalentes a las de línea, cuadrado, cubo. En geometría no hay más que tres potencias; en la aritmética hay un número infinito de ellas.

-XIII. CANTIDAD.

Cantidad[1] se dice de lo que es divisible en elementos constitutivos, de los que alguno, o todos, es uno y tienen por naturaleza una existencia propia. La pluralidad es una cantidad cuando puede contarse; una magnitud cuando puede medirse. Se llama pluralidad lo que es en potencia divisible en partes no continuas; magnitud lo que puede dividirse en partes continuas. Una magnitud continua en un solo sentido, se llama longitud; en dos sentidos, latitud, y en tres, profundidad. Una pluralidad finita es el número; una longitud finita es la línea. Lo que tiene latitud determinada es una superficie; lo que tiene profundidad determinada, un cuerpo. Finalmente, ciertas cosas son cantidades por sí mismas, otras accidentalmente. Y así, la línea es por sí misma una cantidad; el músico lo es tan sólo accidentalmente.

Entre las cosas que son cantidades por sí mismas hay unas que lo son por su esencia, la línea, por ejemplo, porque la cantidad entra en la definición de la línea; otras no lo son sino como modos, estados de la cantidad; como lo mucho y lo poco, lo largo y lo corto, lo ancho y lo estrecho, lo profundo y su contrario, lo pesado y lo ligero y las demás cosas de este género. Lo grande y lo pequeño, lo mayor y lo menor, considerados, ya en si mismos, ya en sus relaciones, son igualmente modos esenciales de la cantidad. Estos nombres, sin embargo, se aplican algunas veces metafóricamente a otros objetos. Cantidad, tomada accidentalmente, se entiende, como hemos dicho, de lo músico, de lo blanco, en tanto que se encuentran en seres que tienen cantidad. El movimiento, el tiempo, se los llama cantidades en otro sentido. Se dice que tienen una cantidad, que son continuos, a causa de la divisibilidad, de los seres de que son modificaciones; divisibilidad, no del ser en movimiento, sino del ser a que se ha aplicado el movimiento. Porque este ser tiene cantidad, es por lo que hay también cantidad para el movimiento; y el tiempo no es una cantidad, sino porque el movimiento lo es.

---

1. Ποσόν. En otra obra, Aristóteles reduce a dos modos generales todos los modos de la cantidad propiamente dicha; 1° cantidad discreta; 2° cantidad continua. Distingue igualmente en este capítulo cantidades esenciales y cantidades que sólo por accidente tienen el carácter de cantidad. *Categ.*, 6.

-XIV. CUALIDAD.

La Cualidad[1] es, en primer lugar, la diferencia que distingue la esencia; y así el hombre es un animal que tiene tal cualidad, porque es bípedo; el caballo, porque es cuadrúpedo. El círculo es una figura que tiene también tal cualidad: no tiene ángulos. En este sentido, por tanto, cualidad significa la diferencia que distingue la esencia. Cualidad puede decirse igualmente de los seres inmóviles y de los seres matemáticos, de los números, por ejemplo. En este caso están los números compuestos, y no los que tienen por factor la unidad; en una palabra, los que son imitaciones de la superficie y del sólido, es decir, los números cuadrados, los números cúbicos; y, en general, la expresión cualidad se aplica a todo lo que es la esencia del número distinto de la cantidad. La esencia del número es el ser producto de la cantidad. La esencia del número es el ser producto de un número multiplicado por la unidad: la esencia de seis no es dos veces, tres veces un número, sino una vez, porque seis es una vez seis. Cualidad se dice también de los atributos de las sustancias en movimiento. Tales son el calor y el frío, la blancura y la negrura, la pesantez y la ligereza, y todos los atributos de este género que pueden revestir alternativamente los cuerpos en sus cambios. Por último, esta expresión se aplica a la virtud y al vicio, y en general, al mal y al bien.

Pueden, pues, reducirse los diferentes sentidos de cualidad a dos principales, uno de los cuales es por excelencia el propio de la palabra.

La cualidad primera es la diferencia en la esencia. La cualidad en los números forma parte de los números mismos; es realmente una diferencia entre esencias, pero esencias inmóviles o consideradas en tanto que inmóviles.

En la segunda clase de cualidades, por lo contrario, se colocan los modos de los seres en movimiento, en tanto que están en movimiento, y las diferencias de los movimientos. La virtud, el vicio, pueden considerarse como formando parte de estos modos, porque son la expresión de las diferencias de movimiento o de acción en los seres en movimiento que hacen o experimentan el bien o el mal. Por ejemplo este ser puede ser puesto en movimiento y obrar de tal manera; entonces es bueno: aquel otro de una manera contraria, y entonces es malo. El bien y el mal sobre todo reciben el nombre de cualidades que se dan en los seres animados, y entre éstos principalmente en los que tienen voluntad.

---

1. Ποιόν. Véase en las *Categorías* el largo artículo sobre la *cualidad.* Éste no es más que un compendio de aquél.

-XV. RELACIÓN.

Relación[1] se dice, o bien del doble con relación a la mitad, del triple con relación a la tercera parte y, en general, de lo múltiplo con relación a lo submúltiplo, de lo más con relación a lo menos; o bien es la relación de lo que calienta a lo que es calentado, de lo que corta a lo que es cortado y, en general, de lo que es activo a lo que es pasivo. También es la relación de lo conmensurable a la medida, de lo que puede ser sabido a la ciencia, de lo sensible a la sensación. Las primeras relaciones son las numéricas, relaciones indeterminadas o relaciones de números determinados entre sí o relaciones de un número con la unidad. Así, la relación numérica de la pluralidad a la unidad no es determinada: puede ser tal o cual número. La relación de uno y medio con un medio es una relación de números determinados; la relación del número fraccionado en general a la fracción, no es una relación de números determinados: sucede con ella lo que con la de la pluralidad a la unidad. En una palabra, la relación del más o menos es una relación numérica completamente indeterminada. El número inferior es ciertamente conmensurable, pero se le compara a un número inconmensurable. En efecto, lo más relativamente a lo menos, es lo menos y un resto; este resto es indeterminado; puede o no ser igual a lo menos.

Todas estas relaciones son relaciones de números o de propiedades de números, y también relaciones por igualdad, por semejanza, por identidad; pero éstas son de otra especie. En efecto, bajo cada uno de estos modos hay unidad: se llama idéntico aquello cuya esencia es una: semejante lo que tiene la misma cualidad; igual lo que tiene la misma cantidad. Ahora bien, la unidad es el principio, la medida del número. De suerte que puede decirse que todas estas relaciones son relaciones numéricas, pero no de la misma especie que las precedentes. Las relaciones de lo que es activo a lo que es pasivo son relaciones, ya de las potencias activa y pasiva, ya de los actos de estas potencias. Así hay relación de lo que puede calentar a lo que tiene la posibilidad de calentarse, porque hay potencia. Hay igualmente relación de aquello que calienta a lo que es calentado, de lo que corta a lo que es cortado, pero relación de seres en acto. Para las relaciones numéricas, por lo contrario, no hay acto, a menos que se entienda por esto las propiedades de que hemos hablado en otra parte; el acto como movimiento no se encuentra en ellas.

En cuanto a las relaciones de potencia, hay por lo pronto las que son determinadas por el tiempo: éstas son las relaciones del que hace a lo que es hecho, del que debe hacer a lo que debe ser hecho. En este sentido se dice que el padre es padre de su hijo; el uno ha hecho, el otro ha padecido la acción. Hay finalmente cosas que se dicen relativas, como siendo privaciones de potencia; como lo imposible y demás de este género, lo invisible, por ejemplo.

Lo que es relativo numéricamente o en potencia es relativo en el concepto de referirse él a otra cosa, pero no otra cosa a él. Por lo contrario, lo que es conmensurable, científico, inteligible, se llama relativo, porque se refiere a otra cosa. Decir que una cosa es inteligible, es decir que se puede tener inteligencia de esta cosa; porque la inteligencia no es relativa al ser a que pertenece: hablar de esta manera sería repetir dos veces la misma cosa. De igual modo la vista es relativa a algún objeto, no al ser a quien pertenece la vista, bien que sea cierto decirlo. La vista es relativa o al color o a otra cosa semejante. En la otra expresión habría dos veces la misma cosa; la vista es la vista del ser a que pertenece la vista.

Las cosas que en sí mismas son relativas, lo son, o como aquellas de que acabamos de hablar, o bien porque los géneros de que ellas dependen son relativos de esta manera. La medicina, por ejemplo, es una de las cosas relativas, porque la ciencia, de la que es ella una especie, parece una cosa relativa. También se da el nombre de relativos a los atributos en cuya virtud los seres que los poseen se dicen relativos:

a la igualdad, porque lo igual es relativo; a la semejanza, porque lo semejante lo es igualmente. Hay, por último, relaciones accidentales: en este concepto el hombre es relativo, porque accidentalmente es doble, y lo doble es una cosa relativa. Lo blanco igualmente puede ser relativo de la misma manera, si el mismo ser es accidentalmente doble y blanco.

---

1. Πρόσ τι. Véase el capítulo de la *Relación* en el tratado ya tantas veces citado, *Categ.*, 7.

-XVI. PERFECTO.

Perfecto[1] se dice por de pronto de aquello que contiene en sí todo, y fuera de lo que no hay nada, ni una sola parte[2]. Así, tal duración determinada es perfecta cuando fuera de esta duración no hay ninguna duración que sea parte de la primera. Se llama también perfecto aquello que, bajo las relaciones del mérito y del bien, no es superado en un género particular. Se dice: un médico perfecto, un perfecto tocador de flauta, cuando no les falta ninguna de las cualidades propias de su arte. Esta calificación se aplica metafóricamente lo mismo a lo que es malo. Se dice: un perfecto sicofanta; un perfecto ladrón; y también se le suele dar el nombre de buenos, un buen ladrón, un buen sicofanta. El mérito de un ser es igualmente una perfección. Una cosa, una esencia es perfecta, cuando en su género propio no le falta ninguna de las partes que constituyen naturalmente su fuerza y su grandeza. Se da también el nombre de perfectas a las cosas que tienden a un buen fin. Son perfectas en tanto que tienen un fin[3]. Y como la perfección es un punto extremo, se aplica metafóricamente esta palabra a las cosas malas, y se dice: esto está perfectamente perdido, perfectamente destruido, cuando nada falta a la destrucción y al mal, cuando éstos han llegado al último término. Por esto la palabra perfecta se aplica metafóricamente a la muerte: ambos son el último término. Por último, la razón por qué se hace una cosa, es un fin, una perfección.

Perfecto en sí se dice, por tanto, o de aquello a que no falta nada de lo que constituye el bien, de aquello que no es superado en su género propio, o de lo que no tiene fuera de sí absolutamente ninguna parte. Otras cosas, sin ser perfectas por sí mismas, lo son en virtud de aquellas, o porque producen la perfección, o la poseen o están en armonía con ella, o bien porque sostienen alguna otra especie de relación con lo que propiamente se llama perfecto.

---

1. Τελειον.
2. La palabra propia aquí sería más bien *completo*; pero hemos debido emplear el término perfecto a causa de lo que sigue.
3. Τελος, τελειον y más adelante τελευτη: estas analogías faltan en nuestra lengua. De aquí nace que aparece cierta violencia en la traducción, mientras que todo se liga y encadena admirablemente en el original. No es esta la primera vez que hemos tenido motivo para hacer una observación semejante.

-XVII. TÉRMINO.

Término[1] se dice del extremo de una cosa después del cual ya no hay nada y antes del que está todo. Es también el límite de las magnitudes o de las cosas que tienen magnitud. Por término de una cosa entiendo el punto adonde va a parar el movimiento, la acción, y no el punto de partida. Algunas veces, sin embargo, se da este nombre al punto de partida, al punto de detención, a la causa final, a la sustancia de cada ser y a su esencia; porque estos principios son el término del conocimiento, y como término del conocimiento, son igualmente el término de las cosas. Es evidente que, según esto, la palabra término tiene tantas acepciones como principio, y más aún: el principio es un término, pero el término no es siempre un principio.

---

1. Περας.

-XVIII. EN QUÉ O POR QUÉ.

En qué o Por qué[1] se toma en muchas acepciones. En un sentido designa la forma, la esencia de cada cosa; y así aquello en que se es bueno, es el bien en sí. En otro sentido se aplica al sujeto primero en que se ha producido alguna cosa, como a la superficie que ha recibido el color. En qué o por qué en su acepción primera significa, por tanto, en primer lugar la forma; y en segundo la materia, la sustancia primera de cada cosa; en una palabra, tiene todas las acepciones del término causa. En efecto, se dice: ¿por qué ha venido?, como si se dijera: ¿con qué fin ha venido?, ¿por qué se ha hecho un paralogismo o un silogismo?, en el sentido de: ¿cuál ha sido la causa del silogismo o del paralogismo? Por qué y en qué se dice también respecto a la posición: ¿por qué se está en pie?, ¿por qué se anda? En estos dos casos se trata de la posición y del lugar.

Conforme a esto, En sí y Por sí[2] se entenderán también necesariamente de muchas maneras. En sí significará la esencia de un ser, como Calias y la esencia propia de Calias. Expresará además todo lo que se encuentra en la noción del ser: Calias es en sí un animal; porque en la noción de Calias se encuentra el animal: Calias es un animal. En sí se entiende igualmente del sujeto primero que ha recibido en sí o en alguna de sus partes alguna cualidad: la superficie en sí es blanca; el hombre en sí es vivo; porque el alma, parte de la ciencia del hombre, es el principio de la vida. Se dice también de aquello que no tiene otra causa que ello mismo. Es cierto que el hombre tiene muchas causas: lo animal, lo bípedo; sin embargo, el hombre es hombre es sí y por sí. Se dice finalmente de lo que se encuentra solo en un ser, en tanto que es solo; y en este sentido lo que está aislado se dice que existe en sí y por sí.

---

1. Καό ό.
2. Καό αυτο.

-XIX. DISPOSICIÓN.

La Disposición[1] es el orden de lo que tiene partes, o con relación al lugar, o con relación a la potencia, o con relación a la forma. Es preciso, en efecto, que haya en este caso cierta posición, como indica el nombre mismo: disposición.

---

1. Διατεσις.

-XX. ESTADO.

Estado[1] en un sentido significa la actividad o la pasividad en acto; por- ejemplo, la acción o el movimiento; porque entre el ser que hace y el que padece, hay siempre acción. Entre el ser que viste un traje y el traje vestido, hay siempre un intermedio: el vestir y el traje. Evidentemente, el vestir el traje no puede ser el estado del traje vestido; porque se iría así hasta el infinito si se dijese que el estado es el estado de un estado. En otro sentido el estado se toma por disposición, situación buena o mala de un ser, ya en sí, ya con relación a otro. Así la salud es un estado, porque es una disposición particular. Estado se aplica también a las diferentes partes, cuyo conjunto constituye la disposición; en este sentido, la fuerza o la debilidad de los miembros en un estado de los miembros.

---

1. 'Εξις. Véase precedentemente el capítulo de la cualidad, y más abajo el de la posesión.

-XXI. PASIÓN.

Pasión[1] se dice de las cualidades que puede alternativamente revestir un ser; como lo blanco y lo negro, lo dulce y lo amargo, la pesantez y la ligereza, y todas las demás de este género. En otro sentido, es el acto mismo de estas cualidades, el tránsito de una a otra. Pasión, en este último caso, se dice más bien de las cualidades malas, y sobre todo se aplica a las tendencias deplorables y perjudiciales. En fin, se da el nombre de pasión a una grande y terrible desgracia.

---

1. Παθος. Aristóteles sólo hace en las *Categorías* una pequeña observación con respecto a la acción y a la pasión, y esto nace de que están entre sí en una relación de contrariedad, y que son susceptibles de más y de menos. *Categ.*, IX.

-XXII. PRIVACIÓN.

Se dice que hay Privación[1] ya cuando un ser no tiene alguna cualidad que no debe encontrarse en él, y que por su natural no debe tener, y en este sentido se dice que una planta privada de ojos; ya cuando, debiendo naturalmente encontrarse esta cualidad en él, o en el género a que pertenece, sin embargo, no la posee. Así el hombre ciego está privado de vista, de distinta manera que lo está el topo; en el último caso la privación es un hecho general, en el otro es un hecho individual. Hay también privación cuando, debiendo un ser tener naturalmente una cualidad en una época determinada, llega esta época y no la tiene. La ceguera es una privación, pero no se dice que un ser es ciego a una edad cualquiera, sino sólo si no tiene la vista a la edad que naturalmente debe tenerla. Hay igualmente privación cuando no se tiene tal facultad en la parte que se debe tener, aplicada a los objetos a que debe aplicarse, en las circunstancias y manera convenientes. La supresión violenta también se llama privación.

En fin, todas las negaciones indicadas por la partícula *in* o cualquiera otra semejante[2], expresan otras tantas privaciones. Se dice que un objeto es desigual, cuando no hay igualdad que le sea natural; invisible, cuando está absolutamente sin color, o cuando está débilmente coloreado; se llama sin pies, el que no tiene pies o los tiene malos. Hay igualmente privación de una cosa cuando está en pequeña cantidad: como un fruto sin pepita, por un fruto que tiene sólo una pequeña pepita; o bien cuando esta cosa se hace difícilmente o mal: incortable no significa sólo que no puede ser cortado, sino que se corta difícilmente o se corta mal. En fin, privación significa falta absoluta. No se llama ciego al que sólo ve con un ojo, sino al que no ve con ninguno de los dos. Conforme a esto, no es todo ser bueno o malo, justo o injusto; hay grados intermedios entre éstos.

---

1. Στερησις.
2. Nos hemos visto obligados a añadir estas palabras, a causa de la imposibilidad de encontrar un equivalente a απουν, y porque en nuestra lengua son varias las partículas que desempeñan el mismo papel que la *a* privativa en griego.

-XXIII. POSESIÓN.

La Posesión[1] se expresa de muchas maneras. Por de pronto indica lo que imprime una acción en virtud de su naturaleza o de un efecto propio: y así se dice que la fiebre posee al hombre, que el tirano posee la ciudad, que los que están vestidos poseen su vestido. También se entiende por el objeto que padece la acción: por ejemplo, el bronce tiene o posee la forma de una estatua, el cuerpo posee la enfermedad; además, lo que envuelve con relación a lo envuelto, porque el objeto que envuelve otro, es claro que lo contiene. Decimos: el vaso contiene el líquido, la ciudad contiene los hombres, la nave los marineros; así como el todo contiene las partes. Lo que impide a un ser moverse u obrar conforme a su tendencia, retiene este ser. En este sentido se dice: que las columnas sostienen las masas que tienen encima; que Atlas, como dicen los poetas, sostiene el Cielo. Sin sostén, caería sobre la Tierra, como pretenden algunos sistemas de física. En el mismo sentido se aplica también la palabra tener a lo que retiene los objetos; sin esto, se separarían en virtud de su fuerza propia. En fin, lo contrario de la posesión se explica de tanta maneras como la posesión y en correspondencia con las expresiones que acabamos de enumerar.

---

1. 'Εχειν. Aristóteles sólo enumera en las *Categorías* las acepciones más usuales de esta palabra. Él mismo dice que probablemente no ha agotado el asunto. Y en

efecto, muchos de los ejemplos que va a citar aquí no se encuentran allí. Véase *Categ.*, 15.

-XXIV. SER O PROVENIR DE.

Ser o Provenir de[1], se aplica en un sentido a aquello de que está hecha una cosa, como la materia; en cuyo caso hay un doble punto de vista que considerar, la materia primera o tal especie particular de materia. Ejemplo de lo primero: lo que es fusible proviene del agua. Segundo punto de vista: la estatua proviene del bronce. En otro sentido se dice del principio del movimiento. ¿De dónde proviene el combate, por ejemplo? Del insulto, porque es el principio del combate. Se aplica igualmente al conjunto de la materia y de la forma. Y así se dice, las partes provienen del todo; y en verso, de la Ilíada; las piedras de la casa, porque una forma es un fin, y lo que tiene un fin es perfecto[2]. Desde otro punto de vista, el todo viene de la parte; y así el hombre viene del bípedo, la sílaba del elemento. Pero no al modo que la estatua proviene del bronce: la sustancia compuesta viene de la materia sensible; la especie viene de la materia de la especie. Además de estos ejemplos, la expresión de que trata se aplica a las cosas que provienen de alguna de estas maneras, pero provienen sólo de una parte determinada. En este sentido se dice que el hijo viene del padre y de la madre, que las pantas provienen de la tierra, porque provienen de alguna de sus partes.

Provenir, en otro sentido, sólo indica la sucesión en el tiempo. Y así la noche proviene del día, la tempestad de la calma, en vez de decir que lo uno sigue al otro. A veces hay retroceso del uno al otro, como en los ejemplos que acabamos de citar; otras veces hay sucesión invariable: ha partido a seguida el equinoccio para el embarque, es decir, después del equinoccio, los targelianos[3] a seguida de los dionisianos[4], queriendo decir después de los dionisianos[5].

---

1. 'Εκ τινος εiναι.
2. Véase más arriba el cap. XVI.
3. Fiestas en honor de Apolo y de Diana.
4. Fiestas de Baco.
5. Véase el lib. II, 2.

-XXV. PARTE.

Parte[1], en un sentido se dice de aquello en que se puede dividir una cantidad cualquiera. Porque siempre lo que se quita de una cantidad, en tanto que cantidad, se llama parte de esta cantidad. Y así dos pueden considerarse como parte de tres. En otro sentido, se da sólo este nombre a lo que mide exactamente las cantidades; de suerte que, bajo un punto de vista, dos será parte de tres, y bajo otro, no. Aquello en que pueda dividirse un género, el género animal, por ejemplo, de distinta manera que bajo la relación de la cantidad se llama también parte de este género. Parte se dice igualmente de aquello en que puede dividirse un objeto, o de aquello que constituye el todo o la forma, o lo que tiene la forma. El bronce, por ejemplo es una parte de la esfera o del cubo de bronce, es la materia que recibe la forma. El ángulo es también una parte. Por último, los elementos de la definición de cada ser particular son también partes del todo. De suerte que, bajo este punto de vista, puede considerarse el género como parte de la especie; bajo otro, por lo contrario, la especie es parte del género.

---

1. Μερος.

-XXVI. TODO.

Todo[1] se dice de aquello a que no falta ninguna de las partes que constituyen naturalmente un todo; o bien de aquello que abraza otros seres, si tiene unidad; y de los seres comprendidos, si forman una unidad. Bajo este último punto de vista se presentan dos casos: o bien cada uno de los seres comprendidos es uno, o bien la unidad resulta de su conjunto. Y así, en cuanto al primer caso, lo universal (porque lo universal recibe el nombre de todo, en tanto que designa un conjunto) es universal porque abraza muchos seres, a cada uno de los cuales se aplica, y todo estos seres particulares forman una unidad común, por ejemplo, hombre, caballo, dios, porque son todos seres vivos. En el segundo caso, lo continuo determinado se llama todo o conjunto porque es una unidad resultante en muchas partes integrantes, sobre todo cuando éstas existen en potencia, y a veces también cuando existen en acto.

Los objetos naturales tienen más bien este carácter que los de arte, como hemos hecho observar al tratar de la unidad; porque el todo o conjunto es una especie de unidad.

Añádase a esto que las cantidades que tienen un principio, un medio y un fin, las cosas en las que la posición no produce ningún cambio, se las llama Todo; las que experimentan un cambio por la posición, se las llama Conjunto. Las que pueden reunir los dos caracteres son a la vez conjunto y todo[2]. En este caso se encuentran aquellas cuya naturaleza permanece la misma en la dislocación de las partes, pero cuya forma varía; como la cera, un traje. Se aplica a estos objetos las expresiones todo y conjunto, porque tienen los dos caracteres. Pero el agua, los cuerpos líquidos, los números, reciben solamente la denominación de todo. La palabra conjunto no se aplica ni a los números ni al agua, sino metafóricamente. La expresión Todos[3] se aplica a las cosas que se llamarían todo, considerándolas como unidad; si se las considera como divididas, se les aplica el plural: todo este número, todas mónadas.

---

1. 'Ολον.
2. Και ολα και ηαν.
3. Παντα.

-XXVII. TRUNCADO.

Mutilado o truncado[1] se dice de las cantidades, pero no de todas indistintamente; es preciso no sólo que puedan ser divididas, sino también que formen un conjunto: el número dos no resulta mutilado si se quita una de las dos unidades, porque la parte quitada por mutilación jamás es igual a lo que queda del objeto. Lo mismo sucede con todos los números. Para que haya mutilación, es preciso que la esencia persista; cuando una copa se mutila, es aún una copa. Ahora bien, el número, después de la mutilación, no queda el mismo. No basta, sin embargo, para que haya mutilación, que las partes del objeto sean diferentes. Hay números cuyas partes difieren: estas partes pueden ser dos y tres. En general, no hay mutilación respecto de las cosas en que la colocación de las partes es indiferente, como el fuego y el agua; para que haya mutilación, es preciso que la colocación de las partes afecte a la esencia misma del objeto. Es preciso, además, que haya continuidad; porque hay en una armonía tonos diferentes dispuestos en un orden determinado y, sin embargo, no se dice jamás que se mutila una armonía. Unid a esto que esta expresión no se aplica ni a todo conjunto, cualquiera que él sea, ni a un conjunto privado de una parte cualquiera. No es preciso arrancar las partes consecutivas de la esencia; el punto que ocupaban las partes no es tampoco indiferente. No se dice mutilada una copa por estar rajada; lo está cuando el asa o el borde han sido arrancados. Un hombre no está mutilado por haber perdido parte de la gordura o el bazo[2], si no ha perdido alguna extremidad; y esto no respecto a todas las extremidades; es preciso que sea tal que, una vez mutilada, no puede reproducirse jamás. Por esto no se dice de los calvos que están mutilados.

---

1. Κολοβόν.
2. La experiencia ha hecho ver que esta víscera no es absolutamente indispensable para la vida.

-XXVIII. GÉNERO.

Género o Raza[1] se emplea en primer lugar, para expresar la generación continua de los seres que tienen la misma forma[2]. Y así se dice; mientras subsista el género humano; en lugar de decir: mientras haya generación no interrumpida de hombres. Se dice igualmente con relación a aquello de que se derivan los seres, al principio que los ha hecho pasar a ser: los helenos, los jonios. Estos nombres designan razas, porque son seres que tienen los unos a Helen y los otros a Jon por autores de su existencia. Raza se dice más bien con relación al generador con relación a la materia. Sin embargo, el género viene también de la hembra, y así se dice: la raza de Pirra.

Otro sentido de la palabra género: la superficie es el género de las figuras planas, el sólido de las figuras sólidas; porque cada figura es o tal superficie o tal sólido: la superficie y el sólido en general son los objetos que se diferencian en los casos particulares. En las definiciones se da el hombre de género a la noción fundamental y esencial, cuyas cualidades son las diferencias[3].

Tales son las diversas acepciones de la palabra género. Se aplica, pues, o a la generación continua de los seres que tienen la misma forma, o a la producción de una misma especie por un orden motor común, o a la comunidad de materia; porque lo que tiene diferencia, cualidad, es el sujeto común, es lo que llamamos la materia.

Se dice que hay diferencia de género cuando el sujeto primero es diferente, cuando las cosas no pueden resolverse las unas en las otras, ni entrar todas en la misma cosa. Y así la forma y la materia difieren por el género, y lo mismo sucede con todos los objetos que se refieren a categorías del ser diferentes (recuérdese que el ser expresa, ya la forma determinada, ya la cualidad, y todas las demás distinciones que hemos establecido precedentemente): estos modos no pueden efectivamente entrar los unos en los otros ni resolverse en uno solo.

---

1. Γενος.
2. Véase a Porfirio, *Introducción a las Categorías*; cap. II, en la colección de Brandis, *Schol,* pág. 1.
3. Aristóteles ha consagrado al género, considerado bajo este punto de vista, un libro entero en el tratado de los *Tópicos*. Véase *Tópicos,* IV.

-XXIX. FALSO.

Falso[1] se entiende en un sentido la falsedad en las cosas[2], y entonces hay falsedad, o porque las cosas no son realmente, o porque es imposible que sean; como si se dijese, por ejemplo, que la relación de la diagonal con el lado del cuadrado es conmensurable, o que no está sentado: lo uno es absolutamente falso, lo otro lo es accidentalmente; pero en uno y otro caso el hecho no es cierto.

Falso se dice también de las cosas que existen realmente, pero que aparecen de otra manera de como son lo que no son; por ejemplo, la sombra, los ensueños, que tienen alguna realidad, pero que son los objetos cuya imagen representan. Y así se dice que las cosas son falsas, o porque no existen absolutamente, o porque no son más que apariencias y no realidades.

Una definición falsa es la que expresa cosas que no hay; digo falsa en tanto que falsa. Y así una definición será falsa cuando recaiga sobre otro objeto que aquel con relación al que es verdadero: por ejemplo, lo que es verdadero del círculo es falso del triángulo. La definición de cada ser es una, bajo un punto de vista, porque se define por la esencia; bajo otro punto de vista es múltiple, porque hay el ser en sí, y después el ser con sus modificaciones; hay Sócrates y Sócrates músico. Pero la definición falsa no es propiamente definición de cosa alguna.

Estas consideraciones prueban la necedad de lo que dice Antístenes; que no se puede hacer de un mismo ser más que una sola definición, la definición propia; de donde resultaría que no hay contradicción y, en último resultado, que nada es falso. Pero observemos que se puede definir todo ser, no sólo por su propia definición, sino por la de otro ser; definición falsa en tal caso, o absolutamente falsa[3], o verdadera desde cierto punto de vista[4]: puede decirse que ocho es doble, y tal es la noción misma del número dos. Tales son las significaciones de la palabra falso.

Se dice que un hombre es falso cuando ama y busca la falsedad, sin ningún otro fin, y sólo por la falsedad misma, o bien cuando arrastra a otros a la falsedad. En este último sentido damos el nombre de falsas a cosas que presentan una imagen falsa, y por lo tanto es falsa la proposición de Hipias[5], de que el mismo ser es a la vez verídico y mentiroso. Sócrates llama embustero al que puede mentir, y por esto entiende el que es instruido y sagaz. Añade que el que es malo voluntariamente vale más que el que lo es involuntariamente. Y esta falsedad intenta demostrarla por una inducción. El que cojea con intención vale más que el que cojea involuntariamente, y por cojear entiende imitar a un cojo. Pero en realidad, el que cojea con intención será peor seguramente. En éste sucede lo que con la maldad en el carácter.

---

1. Ψευδος.
2. Véase *Met.,* IX, 10.
3. Cuando se define un género por la noción de otro género, una especie por la de otra especie, un individuo por el de otro individuo.
4. Cuando se define un género por la noción de otro género, una especie por la de otra especie, un individuo por el de otro individuo.
5. Platón, *Hipias menor,* IV y XVI hasta el fin del diálogo.

-XXX. ACCIDENTE.

Accidente[1] se dice de lo que se encuentra en un ser y puede afirmarse con verdad, pero que no es, sin embargo, ni necesario ni ordinario. Supongamos que cavando un hoyo para poner un árbol se encuentra un tesoro. Es accidental que el que cava un hoyo encuentre un tesoro; porque ni es lo uno consecuencia ni resultado necesario del otro, ni es ordinario tampoco que plantando un árbol se encuentre un tesoro. Supongamos también que un músico sea blanco; como no es necesario ni general, a esto llamamos accidente. Por tanto, si sucede una cosa, cualquiera que ella sea, a un ser, aun en ciertas circunstancias de lugar y de tiempo, pero sin que haya causa que determine su esencia, sea actualmente, sea en tal lugar, esta cosa será un accidente. El accidente no tiene, pues, ninguna causa determinada; tiene sólo una cosa fortuita; y por lo fortuito es lo indeterminado[2]. Por accidente se arriba a Egina, cuando no se hizo ánimo de ir allí, sino que le ha llevado a uno la tempestad o los piratas. El accidente se produce, existe, pero no tiene la causa en sí mismo, y sólo existe en virtud de otra cosa. La tempestad ha sido causa de que hayáis arribado a donde no queríais, y este punto es Egina.

La palabra accidente se entiende también de otra manera; se dice de lo que existe de suyo en un objeto, sin ser uno de los caracteres distintivos de su esencia: tal es la propiedad del triángulo, de que sus tres ángulos valgan dos ángulos rectos[3]. Estos accidentes pueden ser eternos; los accidentes propiamente dichos no lo son; ya hemos dado la razón de esto en otra parte[4].

---

1. Συμβεβηκος.
2. Véase el lib. VI, 3, y lib. XIII, 8.
3. No se define el triángulo: una figura, cuyos tres ángulos son iguales a dos rectos; ésta es una propiedad que resulta de la demostración.
4. En los caps. IV, V y VI del lib. II de la *Phys.,* Bekk., pág. 195; y lib. I, 30. *Últimos Analíticos,* VI, 3; XI, 8.

LIBRO SEXTO

-I. La ciencia teórica es la que trata del ser. Hay tres ciencias teóricas: la Física, la Ciencia matemática y la Teología.

-II. Del accidente. No hay ciencia del accidente.

-III. Los principios y las causas del accidente se producen y se destruyen, sin que en el mismo acto haya ni producción ni destrucción.

-IV. El ser como verdad y el no-ser como falsedad.

-I. LA CIENCIA TEÓRICA ES LA QUE TRATA DEL SER. HAY TRES CIENCIAS TEÓRICAS: LA FÍSICA, LA CIENCIA MATEMÁTICA Y LA TEOLOGÍA.

Indagamos los principios y las causas de los seres, pero evidentemente de los seres en tanto que seres. Hay una causa que produce la salud y el bienestar; las matemáticas tienen también principios, elementos, causas; y, en general, toda ciencia intelectual o que participa de la inteligencia en cualquier concepto recae sobre las causas y principios más o menos rigurosos, más o menos simples. Pero todas estas ciencias sólo abrazan un objeto determinado; tratan sólo de este género, de este objeto, sin entrar en ninguna consideración sobre el ser propiamente dicho, ni sobre el ser en tanto que ser, ni sobre la esencia de las cosas. Ellas parten del ser, unas del ser revelado por los sentidos, otras de la esencia admitida como hecho fundamental[1]; después, estudiando los problemas esenciales del género de ser de que se ocupan, deducen principios, demostraciones más o menos absolutas, más o menos probables; y es claro que de semejante inducción no resulta ni una demostración de la sustancia, ni una demostración de la esencia, porque para llegar a este resultado se necesita otro género de demostración. Por la misma razón estas ciencias nada dicen de la existencia o de la no existencia del género de seres de que tratan; porque el demostrar qué es la esencia y el probar la existencia dependen de la misma operación intelectual.

La Física es la ciencia de un género de seres determinado; se ocupa de la sustancia que posee en sí el principio del movimiento y del reposo. Evidentemente no es una ciencia práctica ni una ciencia creadora. El principio de toda creación es, en el agente, el espíritu, el arte o cierta potencia. La voluntad es en el agente el principio de toda práctica; es lo mismo que el objeto de acción y el de la elección. Por tanto, si toda concepción intelectual tiene a la vista la práctica, la creación o la teoría[2], la Física será una ciencia teórica, pero la ciencia teórica de los seres que son susceptibles de movimiento, y la ciencia de una sola esencia, de aquella cuya noción es inseparable de un objeto material.

Pero es preciso ignorar lo que es la forma determinada, la noción esencial de los seres físicos; indagar la verdad sin este conocimiento es hacer vanos esfuerzos. En cuanto a la definición, a la esencia, se distinguen dos casos: tomemos por ejemplo lo *chato* y lo *romo.*[3] Estas dos cosas difieren, en cuanto lo chato no se concibe sin la materia: lo chato es la nariz roma; mientras que, por lo contrario, el de nariz arremangada se concibe independientemente de toda materia sensible. Ahora bien, si todos los objetos físicos están en el mismo caso que lo chato, como la nariz, ojo, cara, carne, hueso y, en fin, el animal; las hojas, raíces, corteza y, por último, la planta (porque la noción de cada uno de estos objetos va siempre acompañada de movimiento, y tienen siempre una materia), se ve claramente cómo es preciso indagar y definir la forma esencial de los objetos físicos, y por qué el físico debe ocuparse de esta alma, que no existe independientemente de la materia[4].

Es evidente, en vista de lo que precede, que la Física es una ciencia teórica. La ciencia matemática es teórica igualmente; ¿pero los objetos de que se ocupa son realmente inmóviles e independientes? Esto es lo que no sabemos aún[5], y lo que sabemos, sin embargo, es que hay seres matemáticos que esta ciencia considera en tanto que inmóviles, en tanto que independientes. Si hay algo que sea realmente inmóvil, eterno, independiente, a la ciencia teórica pertenece su conocimiento. Ciertamente este conocimiento no es patrimonio de la Física, porque la Física tiene por objeto seres susceptibles de movimiento; tampoco pertenece a la ciencia matemática; sino que es de la competencia de una ciencia superior a ambas. La Física estudia seres inseparables de la materia, y que pueden ser puestos en movimiento. Algunos de aquellos de que trata la ciencia matemática son inmóviles, es cierto, pero inseparables quizá de la materia, mientras que la ciencia primera tiene por objeto lo independiente y lo inmóvil. Todas las causas son necesariamente eternas, y las causas inmóviles e independientes lo son por excelencia, porque son las causas de los fenómenos celestes[6].

Por lo tanto, hay tres ciencias teóricas: Ciencia matemática, Física y Teología. En efecto, si Dios existe en alguna parte, es en la naturaleza inmóvil e independiente donde es preciso reconocerle. De otro lado la ciencia por excelencia debe tener por objeto el ser por excelencia. Las ciencias teóricas están a la cabeza de las demás ciencias, y ésta de que hablamos está a la cabeza de las ciencias teóricas[7].

Puede preguntarse si la filosofía primera es una ciencia universal, o bien si se trata de un género único y de una sola naturaleza. Con esta ciencia no sucede lo que con las ciencias matemáticas; la Geometría y la Astronomía tienen por objeto una naturaleza particular, mientras la filosofía primera abraza, sin excepción, el estudio de todas las naturalezas. Si entre las sustancias que tienen una materia, no hubiese alguna sustancia de otra naturaleza, la Física sería entonces la ciencia primera. Pero si hay una sustancia inmóvil, esta sustancia es anterior a las demás, y la ciencia primera es la Filosofía. Esta ciencia, por su condición de ciencia primera, es igualmente la ciencia universal, y a ella pertenecería el estudiar el ser en tanto que ser, la esencia, y las propiedades del ser en tanto que ser.

---

1. 'Υπόθεσιν. El sentido de esta palabra no es el mismo en la tecnología de Aristóteles que el de nuestra palabra *hipótesis.* La υπόθεσιν es una proposición cuya verdad se afirma y que sirve de base a la ciencia; base no arbitraria como la hipótesis, sino legítima; no imaginaria, sino real. La υπόθεσιν y la *definición* son las dos fases bajo las cuales se presenta la θεσιν, es decir, el principio de cada ciencia particular.
2. Πρακτικη, ποιητικη, θεωρητικη. M. Ravaisson ha puesto en claro esta distinción de los tres puntos de vista de la ciencia. He aquí cómo muestra su relación: «Lo que se conoce mejor, es lo que se ha practicado: la ciencia *poética,* debe ser el primer objeto de nuestro estudio. La ciencia práctica exige una madurez y una reflexión superiores: pero es más fácil aún y más clara que la especulación, donde la oscuridad aumenta en razón de la profundidad. Poética, práctica, especulación, he aquí, pues, el orden cronológico en que se presentan. Mas de otro lado, la ciencia poética tiene su principio en la ciencia práctica; porque el arte se propone un objeto, un fin, y la ciencia práctica es la ciencia de los fines. A su vez, la práctica tiene su principio en la especulación; porque si bien la razón práctica determina el objeto, el pensamiento es el que antes le concibe. De esta suerte, la ciencia especulativa es la primera en el orden científico; la práctica viene después, y la última la poética. El orden lógico y el orden histórico resultan, pues, en sentido contrario.» Tomo I, pág. 251-52. –Con arreglo a estas consideraciones generales, apoyadas en el testimonio del mismo Aristóteles, M. Ravaisson fija el número de las ciencias, tanto teóricas, como prácticas o poéticas, fundado siempre en la autoridad de Aristóteles y sus diversas relaciones. He aquí la enumeración que de ellas hace: Las ciencias poéticas son, en el orden lógico, «La Dialéctica, la Retórica, la Poética; las ciencias prácticas: la Política, la Economía, la Moral; las ciencias teóricas: la Teología, la Física, las

Matemáticas». –Por lo demás, debemos observar que, en el pasaje griego que nos ocupa, las palabras tienen un sentido muy general, y designan evidentemente el arte en todas sus acepciones, la Estatuaria, la Música, lo mismo que la Dialéctica, la Retórica o la Poética. Por esta razón a la expresión demasiado particular de *ciencia poética,* hemos preferido otra más general: *ciencia creadora.*

3. To σιμόν, το κοιλον.
4. El alma propiamente dicha, según Aristóteles, es exclusivamente y por excelencia el principio activo de la vida, la esencia, la forma primera de todo cuerpo físico capaz de vida, de todo ser organizado. El alma es distinta del cuerpo; pero considerada en tanto que forma, esencia, actividad, es inseparable del cuerpo, y desde este punto de vista es como el estudio del alma pertenece a la Física. Pero el estudio del pensamiento, de la inteligencia activa, del ser divino, increado, imperecedero, este estudio pertenece a otra ciencia que es una parte de la filosofía.
5. El examen de esta cuestión es objeto de los libros XIII y XIV.
6. Asclepio, *Schol.*, pág. 735: «supongamos que un principio perece, se resolverá en otro principio y así sucesivamente hasta el infinito. Es de toda necesidad, como dice Aristóteles, que las causas sean eternas, sobre todo las causas primeras, las causas de los fenómenos celestes, es decir, los principios de los principios.» – Véase también el lib. XII, 7, 8.
7. Véase el lib. I, 2.

-II. DEL ACCIDENTE. NO HAY CIENCIA DEL ACCIDENTE.

El ser propiamente dicho se entiende en muchos sentidos. Por lo pronto hay el ser accidental, después el ser que designa la verdad, y también el no-ser que designa lo falso; además, cada forma de la atribución es una manera de examinar el ser: se le considera bajo la relación de la esencia, de la cualidad, de la cantidad, del lugar, del tiempo, y bajo otros puntos de vista análogos; hay, por último, el ser en potencia y el ser en acto.

Puesto que se trata de las diversas acepciones que se dan al ser, debemos observar, ante todo, que no hay ninguna especulación que tenga por objeto el ser accidental; y la prueba es que ninguna ciencia, ni práctica, ni creadora, ni teórica, toma en cuenta el accidente. El que hace una casa no hace los diversos accidentes, cuyo sujeto es esta construcción, porque el número de los accidentes es infinito. Nada impide que la casa construida parezca agradable a los unos, desagradable a los otros, útil a éstos, y revista, por decirlo así, toda clase de seres diversos, no siendo ninguno de ellos producto del arte de construir. De igual modo el geómetra no se ocupa ni de los accidentes de este género, cuyo sujeto son las figuras, ni de la diferencia que pueda haber entre el triángulo realizado y el triángulo que tiene la suma de los tres ángulos igual a dos rectos. Y hay motivo para que esto sea así; el accidente no tiene, en cierta manera, más que una existencia nominal. Así, no sin razón, bajo cierto punto de vista, Platón ha colocado en la clase del no-ser el objeto de la Sofistica[1]. El accidente es el que los sofistas han tomado, prefiriéndolo a todo, si puedo decirlo así, por texto de sus discursos. Se preguntan si hay diferencia o identidad entre músico y gramático, entre Corisco músico y Corisco; si todo lo que existe, pero que no ha existido en todo tiempo, ha devenido o llegado a ser; y, por consiguiente, si el que es músico se ha hecho gramático, o el que es gramático, músico; y plantean otras cuestiones análogas. Ahora bien, el accidente parece que es algo que difiere poco del no-ser[2], como se ve en semejantes cuestiones. Todos los demás seres de distinta especie se hacen, no devienen y se destruyen, lo cual no sucede con el ser accidental.

Sin embargo, deberemos decir, en cuanto nos sea posible, cuál es la naturaleza de lo accidental, y cuál es su causa de existencia: quizá se verá por este medio, por qué no hay ciencia de lo accidental.

Entre los seres hay unos que permanecen en el mismo estado siempre y necesariamente, no a consecuencia de esa necesidad que equivale a la violencia, sino de la que se define diciendo que es la imposibilidad de ser de otra manera; mientras que los otros no permanecen necesariamente, ni siempre, ni de ordinario: he aquí el principio, la causa del ser accidental. Lo que no subsiste, ni siempre, ni en la mayoría de los casos, es lo que llamamos accidente. Hace gran frío y viento en la canícula, y decimos que es accidental; y nos servimos de otras expresiones, cuando hace calor y sequedad. Esto último es lo que sucede siempre, o al menos ordinariamente, mientras que lo primero es accidental. Es un accidente que el hombre sea blanco, porque no lo es siempre, ni ordinariamente; pero no es accidental el ser animal. Que el arquitecto produzca la salud no deja de ser un accidente, porque no es propio de la naturaleza del arquitecto producir la salud, sino de la del médico, y es un accidente que el arquitecto sea médico. Aun cuando el cocinero sólo atienda a satisfacer el gusto, puede suceder que sus viandas sean útiles a la salud; pero este resultado no proviene del arte culinario, y así decimos que es un resultado accidental: el cocinero llega a veces a conseguir este resultado, pero no absolutamente.

Hay seres que son producto de ciertas potencias: los accidentes, al contrario, no son productos de un arte, ni de ninguna potencia determinada. Lo que existe o deviene accidentalmente, no puede tener sino una causa accidental. No hay necesidad ni eternidad en todo lo que existe o deviene: las más de las cosas no existen sino frecuentemente; es preciso, pues, que haya un ser accidental. Y así, lo blanco no es músico, ni siempre, ni ordinariamente. Esto se verifica algunas veces, y esto es un accidente, porque de otro modo todo sería necesario. De suerte que la causa de lo accidental es la materia, en tanto que es susceptible de ser otra de lo que es ordinariamente.

Una de las dos cosas: o no hay nada que exista siempre, ni ordinariamente, o esta suposición es imposible. Luego hay otras cosas que son efectos del azar y los accidentes. Pero en los seres, ¿tiene lugar sólo el frecuentemente y de ninguna manera el siempre, o bien hay seres eternos? Este es un punto que discutiremos más adelante.

Se ve claramente que no hay ciencia de lo accidental. Toda ciencia tiene por objeto lo que acontece siempre y de ordinario. ¿Cómo sin esta circunstancia puede uno mismo aprender o enseñar a otros? Para que haya ciencia es precisa la condición del siempre o del frecuentemente. Y así: el agua con la miel es ordinariamente buena para la fiebre. Pero no se podrá fijar la excepción, y decir que no es buen remedio, por ejemplo, en la luna nueva, porque lo mismo en la luna nueva que en todos o la mayor parte de casos lo puede ser. Ahora bien, lo accidental es la excepción.

He aquí lo que teníamos que decir en cuanto a la naturaleza del accidente, a la causa que le produce y a la imposibilidad de una ciencia del ser accidental.

---

1. Aristóteles hace las mismas observaciones con respecto al accidente en el lib. XI, 8.
2. En los *Tópicos,* Aristóteles dice que el accidente no tiene ni límite, ni forma, ni esencia; que ninguna definición le conviene, sino una definición negativa. *Tópic.,* I, 5.

-III. LOS PRINCIPIOS Y LAS CAUSAS DEL ACCIDENTE SE PRODUCEN Y SE DESTRUYEN, SIN QUE EN EL MISMO ACTO HAYA NI PRODUCCIÓN NI DESTRUCCIÓN.

Es claro que los principios y causas de los accidentes se producen y destruyen, sin que haya en este caso ni producción ni destrucción. Si no se verificase así, si la producción y destrucción del accidente tuviesen necesariamente una causa no accidental, entonces todo seria necesario.

¿Será o no será esto? Sí, si tal cosa tiene lugar; si no, no. Y esta cosa tendrá lugar, si no tiene otra cosa. Y prosiguiendo de esta manera, y quitando siempre del tiempo un tiempo finito, evidentemente se llegará al instante actual. Tal hombre, ¿morirá de enfermedad o de muerte violenta? De muerte violenta, si sale de la ciudad; saldrá de la ciudad, si tiene sed, y tendrá sed mediante otra condición. De esta manera se llega a un hecho actual, o a algún hecho ya realizado. Por ejemplo, saldrá de la ciudad, si tiene sed; tendrá sed, si come alimentos salados; este último hecho existe o no existe. Es de toda necesidad, por tanto, que este hombre muera o no de muerte violenta. Si nos remontamos a los hechos realizados, también se aplica el mismo razonamiento; porque ya hay en el ser dado la condición de lo que será, a saber, el hecho que se ha realizado. Todo lo que sucederá, por tanto, necesariamente. Así, es necesario que el ser que vive, muera; porque hay ya en él la condición necesaria; por ejemplo, la reunión de los elementos contrarios en un mismo cuerpo. Pero ¿morirá de enfermedad o de muerte violenta? La condición necesaria no está aún cumplida, y no lo estará mientras no tenga lugar tal cosa.

Por lo tanto, es evidente que de esta manera se asciende hasta un principio, el cual no se resuelve en ningún otro. Éste es el principio de lo que sucede de una manera indeterminada; este principio ninguna causa le ha producido. Pero ¿a qué causa y principio conduce semejante reducción? ¿A la materia, a la causa final, a la del movimiento? Esto es lo que examinaremos con el mayor cuidado.

En cuanto al ser accidental, atengámonos a lo que precede, pues que hemos determinado suficientemente cuáles son sus caracteres. Por lo que hace al ser en tanto que verdadero, y al no ser en tanto que falso, sólo consiste en la reunión y la separación del atributo y del sujeto, en una palabra, en la afirmación o la negación. Lo verdadero es la afirmación de la conveniencia del sujeto con el atributo; la negación la afirmación de su disconveniencia. Lo falso es lo opuesto de esta afirmación y de esta negación. Pero ¿en qué consiste que concebimos, ya reunidos, ya separados, el atributo y el sujeto? (Cuando hablo de reunión o de separación, entiendo una reunión que produce, no una sucesión del objeto, sino un ser uno). De esto no se trata al presente[1]. Lo falso y lo verdadero no están en las cosas, como, por ejemplo, si el bien fuese lo verdadero, y el mal lo falso. Sólo existen en el pensamiento; y las nociones simples, la concepción de las puras esencias, tampoco producen nada semejante en el pensamiento[2]. Más adelante nos ocuparemos del ser y del no-ser en tanto que verdadero y falso. Bástenos haber observado que la conveniencia o la disconveniencia del sujeto con el atributo existen en el pensamiento y no en las cosas, y que el ser en cuestión no tiene existencia propia; porque lo que el pensamiento reúne o separa del sujeto, puede ser, o la esencia, o la cualidad, o la cantidad, o cualquiera otro modo del ser. Dejemos, pues, aparte el ser en tanto que verdadero, como lo hemos hecho respecto al ser accidental. En efecto, la causa de éste es indeterminada; la del otro no es más que una modificación del pensamiento. Ambos tienen por objeto los diversos géneros del ser, y no manifiestan, ni el uno ni el otro, naturaleza alguna particular del ser. Pasémoslos, pues, ambos en silencio, y ocupémonos del examen de las causas y de los principios del ser mismo en tanto que ser; y recordemos que, al fijar el sentido de los términos de la filosofía, hemos sentado que el ser se toma en muchas acepciones.

---

1. El examen de esta cuestión ocupa un lugar preferente en el libro VII.
2. Cuando se dice: *hombre, caballo,* &c., no se dice nada que sea verdadero o falso, no se afirma nada, no se niega nada; para que pueda haber verdad o error, se necesita un sujeto y un atributo, y la afirmación o la negación de su conveniencia o su disconveniencia.

LIBRO SÉPTIMO

-I. Del primer ser.

-II. Dificultades relativas a la sustancia.

-III. De la sustancia.

-IV, V y VI. De la forma sustancial.

-VII. De la producción.

-VIII. La forma y la esencia del objeto no se producen.

-IX. Por qué ciertas cosas proceden del arte y el azar.

-X. La definición de las partes, ¿debe o no entrar en la del todo? ¿Son las partes anteriores al todo o el todo a las partes?

-XI. De las partes de la especie.

-XII. Condiciones de la definición.

-XIII. Lo universal no es sustancia.

-XIV. Refutación de los que admiten las ideas como sustancias y que les atribuyen una existencia independiente.

-XV. No puede haber definición ni demostración de la sustancia de los seres sensibles particulares.

-XVI. No hay sustancia compuesta de sustancias.

-XVII. Algunas observaciones sobre la sustancia y la forma sustancial.

-I. DEL PRIMER SER.

El ser se entiende de muchas maneras, según lo hemos expuesto más arriba, en el libro de las *diferentes acepciones*[1]. Ser significa, ya la esencia, la forma determinada[2], ya la cualidad, la cantidad o cada uno de los demás atributos de esta clase. Pero entre estas numerosas acepciones del ser, hay una acepción primera; y el primer ser es sin contradicción la forma distintiva, es decir, la esencia. En efecto, cuando atribuimos a un ser tal o cual cualidad, decimos que es bueno o malo, etc., y no que tiene tres codos o que es un hombre, cuando queremos, por lo contrario, expresar su naturaleza, no decimos que es blanco o caliente ni que tiene tres codos de altura, sino que decimos que es un hombre o un dios. Las demás cosas no se las llama seres, sino en cuanto son: o cantidades del ser primero, o cualidades, o modificaciones de este ser, o cualquier otro atributo de este género. No es posible decidir si *andar, estar sano, sentarse* son o no seres, y lo mismo sucede con todos los demás estados análogos. Porque ninguno de estos modos tiene por sí mismo una existencia propia; ninguno puede estar separado de la sustancia. Si estos son seres, con más razón lo que anda es un ser, así como lo que está sentado, y lo que está sano. Pero estas cosas no parecen tan grabadas con el carácter del ser, sino en cuanto bajo cada una de ellas se oculta un ser, un sujeto determinado. Este sujeto es la sustancia, es el ser particular, que aparece bajo los diversos atributos. *Bueno, sentado*, no significan nada sin esta sustancia. Es evidente que la existencia de cada uno de estos modos depende de la existencia misma de la sustancia. En vista de esto, es claro que la sustancia será el ser primero, no tal o cual modo del ser, sino el ser tomado en su sentido absoluto.

Primero se entiende en diferentes sentidos[3]; sin embargo, la sustancia es absolutamente primera bajo la relación de la noción, del conocimiento, del tiempo y de la naturaleza. Ninguno de los atributos del ser puede darse separado; la sustancia es la única que tiene este privilegio, y en esto consiste su prioridad bajo la relación de la noción. En la noción de cada uno de los atributos es necesariamente preciso que haya la noción de la sustancia misma, y creemos conocer mejor una cosa cuando sabemos cuál es su naturaleza; por ejemplo, qué es el hombre o el fuego, mejor que cuando sabemos cuál es su calidad, su cantidad y el lugar que ocupa. Sólo llegamos a tener un conocimiento perfecto de cada uno de estos mismos modos cuando sabemos en qué consiste, y qué es la cantidad, qué es la cualidad. Así el objeto de todas las indagaciones pasadas y presentes; la pregunta que eternamente se formula: ¿qué es el ser?, viene a reducirse a ésta: ¿qué es la sustancia?

Unos dicen que no hay más que un ser, otros que hay muchos; éstos que hay cierto número de ellos, aquéllos que hay una infinidad. Nuestras indagaciones deben también tener por fin, por primer fin, y en cierta manera único, examinar qué es el ser desde este punto de vista.

---

1. Lib. V, 7.
2. «Τι εστι και τόδε τι: El τόδε τι expresa el objeto inmediato de la intuición, y por consiguiente la esencia, el ser individual en oposición a la cualidad y que puede ser objeto de una concepción general.»
3. Véase lib. V, 11.

-II. DIFICULTADES RELATIVAS A LA SUSTANCIA.

La existencia de la sustancia parece manifiesta, sobre todo en los cuerpos, y así llamamos sustancias a los animales, a las plantas y a las partes de las plantas y de los animales, así como a los cuerpos físicos, como el fuego, el agua, la tierra, o cualquiera de los seres de este género, sus partes y lo que proviene de una de sus partes o de su conjunto, como el cielo; finalmente, las partes del cielo, los astros, la Luna, el Sol. ¿Son éstas las únicas sustancias? ¿Hay, además, otras, o bien ninguna de éstas es sustancia, y pertenece este carácter a otros seres? Esto es lo que debemos examinar.

Algunos creen que los límites de los cuerpos, como la superficie, la línea, el punto, y también la mónada, son sustancias, más sustancias, si se quiere, que el cuerpo y el sólido. Además, unos creen que no hay nada que sea sustancia fuera de los seres sensibles[1]; otros admiten varias sustancias, y son sustancias ante todo, según ellos, los seres eternos; y así Platón dice, que las ideas y los seres matemáticos son por lo pronto dos sustancias y que hay una tercera, la sustancia de los cuerpos sensibles. Espeusipo[2] admite un número mucho mayor de ellas, siendo la primera, en su opinión, la unidad; después aparece un principio particular para cada sustancia, uno para los números, otro para las magnitudes, otro para el alma, y de esta manera, multiplica el número de las sustancias. Hay, por último, algunos filósofos, que consideran como una misma naturaleza las ideas y los números; derivándose, en su opinión, de ellos todo lo demás, como líneas, superficies, hasta la sustancia del cielo, y los cuerpos sensibles.

¿Quién tiene razón, quién no la tiene? ¿Cuáles son las verdaderas sustancias? ¿Hay o no otras sustancias que las sensibles? Y si hay otras, ¿cuál es su modo de existencia? ¿Hay una sustancia separada de las sustancias sensibles? ¿Por qué y cómo? ¿O bien no hay más que las sustancias sensibles? Tales son las cuestiones que es preciso examinar, después de haber expuesto lo que es la sustancia.

---

1. La escuela jónica y la escuela atomística.
2. Sobrino y heredero de Platón, Jenócrates, según Asclepio, participaba de la opinión de Espeusipo. *Schol. in Arist.,* pág. 740.

-III. DE LA SUSTANCIA.

Sustancia, según la distinta inteligencia que se le da, tiene si no muchos, por lo menos cuatro sentidos principales[1]; la sustancia de un ser es, al parecer, o la esencia, o lo universal, o el género, o el sujeto. El sujeto es aquél del que todo lo demás es atributo, no siendo él atributo de nada. Examinemos por de pronto el sujeto: porque la sustancia debe ser, ante todo, el sujeto primero. El sujeto primero es, en un sentido, la materia; en otro, la forma; y en tercer lugar el conjunto de la materia y de la forma[2]. Por materia entiendo el bronce, por ejemplo: la forma es la figura ideal; el conjunto es la estatua realizada. En virtud de esto, si la forma es anterior a la materia; si tiene, más que ella, el carácter del ser, será igualmente anterior, por la misma razón, al conjunto de la forma y de la materia.

Hemos hecho una definición figurada de la sustancia, diciendo qué es lo que no es atributo de un sujeto, aquello de lo que todo lo demás es atributo. Pero necesitamos algo mejor que esta definición; es insuficiente y oscura y, además, conforme a ésta la materia debería considerarse como sustancia; porque si no es una sustancia, no vemos a qué otra cosa podrá aplicársele este carácter; si se suprimen los atributos, no queda más que la materia. Todas las demás cosas son, o modificaciones, acciones, poderes de los cuerpos, o bien, como la longitud, la latitud y la profundidad, cantidades, pero no sustancias, porque la cantidad no es una sustancia; sustancia es más bien el sujeto primero en el que se da la cantidad. Suprímase la longitud, latitud y profundidad, y no quedará nada, sino lo que estaba determinado por estas propiedades. Bajo este punto de vista, la materia es necesariamente la única sustancia; y llamo materia a lo que no tiene en sí forma, ni cantidad, ni ninguno de los caracteres que determinan el ser; porque hay algo de lo que cada uno de estos caracteres es un atributo, algo que difiere, en su existencia, del ser según todas las categorías. Todo lo demás se refiere a la sustancia: la sustancia se refiere a la materia. La materia primera es, por tanto, aquello que, en sí, no tiene forma, ni cantidad, ni ningún otro atributo. No será, sin embargo, la negación de estos atributos, porque las negaciones no son seres sino por accidente.

Considerada la cuestión bajo este punto de vista, la sustancia será la materia; pero por otra parte, esto es imposible. Porque la sustancia parece tener por carácter esencial el ser separable y el ser cierta cosa determinada. Conforme a esto, la forma y el conjunto de la forma y de la materia parecen ser más bien sustancia que materia. Pero la sustancia realizada (quiero decir, la que resulta de la unión de la materia y de la forma), no hay qué hablar de ella. Evidentemente, es posterior a la forma y a la materia, y por otra parte sus caracteres son manifiestos: la materia cae, hasta cierto punto, bajo los sentidos. Resta, pues, estudiar la tercera, la forma. Esta ha dado lugar a prolongadas discusiones. Se reconoce, generalmente, que hay sustancias de los objetos sensibles, y de estas sustancias vamos a ocuparnos en primer lugar.

---

1. Véase el lib. V, 8, y las *Categorías,* cap. V.
2. Esto dista bastante de la teoría de los cuatro principios formulada en el primer libro. Pero la confusión no es más que aparente. Ya se ha visto en el lib. V, cómo tal o cual condición hacía mudar completamente la significación de los términos filosóficos. Cuando se trata de Aristóteles, es preciso fijarse más en el enlace de las ideas, y no atenerse demasiado a la expresión. Tal palabra que ha tomado al principio en sentido vulgar, la toma, a medida que avanzamos en la ciencia, en otros, y concluye, como sucede aquí con la palabra υποκειμενον, por identificarse, bajo un punto de vista, con otras expresiones que parecían tener un sentido del todo diferente.

-IV. DE LA FORMA SUSTANCIAL.

Hemos fijado al principio[1] las diversas acepciones de la palabra sustancia, y una de estas acepciones es la forma esencial; ocupémonos, pues, ante todo de la esencia; porque es bueno pasar de lo más conocido a lo que lo es menos. Así procede todo el mundo en el estudio[2]: se va de lo que no es un secreto de la naturaleza, y sí un conocimiento personal, a los secretos de la naturaleza. Y lo mismo que en la práctica de la vida se parte del bien particular para llegar al bien general, el cual es el bien de todos, en igual forma el hombre parte de sus conocimientos propios para hacerse dueño de los secretos de la naturaleza. Estos conocimientos personales y primeros son muchas veces muy débiles, encierran poca o ninguna verdad y, sin embargo, partiendo de estos conocimientos vagos, individuales, es como se hace un esfuerzo para llegar a conocimientos absolutos; y, como acabamos de decir, por medio de los primeros llegamos a adquirir los demás.

Procedamos, ante todo, por vía de definición, y digamos que la esencia de un ser es este ser en sí. Ser tú no es ser músico; tú no eres en ti músico, y tu esencia es lo que eres tú en ti mismo. Hay, sin embargo, restricciones; no es el ser en sí, al modo que una superficie es blanca, porque ser superficie no es ser blanca. La esencia tampoco es la reunión de las dos cosas: superficie, blanco. ¿Por qué? Porque la palabra superficie se encuentra en la definición. Para que haya definición de la esencia de una cosa es preciso que en la proposición que expresa su carácter no se encuentre el nombre de esta cosa. De suerte que si ser superficie blanca fuera ser superficie lisa, ser blanco y ser liso serían una sola y misma cosa.

El sujeto puede igualmente encontrarse unido a los otros modos del ser, porque cada cosa tiene un sujeto, como la cualidad, el tiempo, el lugar, el movimiento. Es preciso por tanto examinar si hay una definición de la forma sustancial de cada uno de estos compuestos y si tienen una forma sustancial. Para un hombre blanco, ¿hay forma sustancial de hombre blanco? Expresemos hombre blanco por la palabra vestido, y entonces, ¿qué es ser vestido? Seguramente no es un ser en sí. Una definición puede no ser definición de un ser en sí, o porque diga más que este ser, o diga menos. Y así puede definirse una cosa uniéndola a otra; por ejemplo, si queriendo definir lo blanco, se diese la definición del hombre blanco. Definiendo se puede omitir alguna cosa; por ejemplo, si admitiendo que vestido significa hombre blanco, se define el vestido por lo blanco. Hombre blanco es blanco ciertamente; pero la definición de la forma sustancial de hombre blanco no es blanco, sino vestido. Pero ¿hay o no una forma sustancial? Sí, la forma sustancial es lo que es propiamente un ser. Pero cuando una cosa es el atributo de otra, no es una esencia. Y así el hombre blanco no es una esencia; sólo las sustancias tienen una esencia.

Conforme a lo que precede, hay forma sustancial para todas las cosas, cuya noción es una definición. Una definición no es simplemente la expresión adecuada a la noción de un objeto, porque en tal caso todo nombre sería una definición, puesto que todo nombre es adecuado a la noción de la cosa que expresa. La palabra Ilíada sería una definición. La definición es una expresión que designa un objeto primero: y por objeto primero entiendo todo aquel que en su noción se refiere a otro. Por lo tanto no habrá forma sustancial respecto de otros seres que de las especies en el género[3]; ellas tendrán solamente este privilegio, porque la expresión que las designa no indica una relación con otro ser, no muestra que sean modificaciones ni accidentes. En cuanto a todos los demás seres, la expresión que los designa, si tienen un nombre, debe significar que tal se encuentra en otro ser, o bien es una perífrasis en lugar de la expresión simple; pero estos seres no tienen definición ni forma sustancial.

Sin embargo, ¿no podrá la definición entenderse también como el ser de diferentes maneras? Porque el ser significa o la sustancia y la forma esencial, o cada uno de los atributos generales, la cantidad, la cualidad y todos los demás modos de este género. En efecto, así como hay ser en todas estas cosas, pero no bajo el mismo concepto, siendo una un ser primero y consecuencia de ella las demás, en igual forma la definición conviene propiamente a la sustancia y, sin embargo, se aplica desde un punto de vista a las diversas categorías. Podemos preguntar: ¿qué es la cualidad? La cualidad es un ser, pero no absolutamente; con la cualidad sucede lo que con el no-ser, del cual algunos filósofos, para poder hablar de él, dicen que es, no porque propiamente sea, sino que él es el no-ser[4].

Las indagaciones acerca de la definición de cada ser no deben traspasar las que se hagan sobre la naturaleza misma del ser. Y así, puesto que sabemos de los que aquí tratamos, sabemos igualmente que hay forma esencial por de pronto y absolutamente para las sustancias; luego que hay forma esencial lo mismo que ser en las demás cosas; no forma esencial en el sentido absoluto, sino forma de la cualidad, forma de la cantidad. Estos diversos modos son seres, o bien en concepto de equivalentes de la sustancia, o bien en tanto que unidos a la sustancia o separados de ella, al modo que se aplica la calificación de inteligible a la no inteligible. Pero evidentemente, estos diferentes seres no son equivalentes a la sustancia, no son seres de la misma manera. En este caso sucede lo que con las diversas acepciones de la palabra *medicinal*[5], que se refiere a una y sola cosa, pero no son ni tienen el mismo sentido. La palabra *medicinal*, siendo una y sola cosa, puede aplicarse a un cuerpo, a una operación, a un vaso, pero no será bajo el mismo concepto, no expresará en todos los casos una y sola cosa; lo único que sucede es que sus diferentes acepciones se refieren a una misma cosa.

Poco importa la opinión que sobre esto se adopte, cualquiera que ella sea. Lo evidente es que la definición primera, la definición propiamente dicha y la forma pertenecen a las sustancias; que, sin embargo, hay definición y forma respecto de los demás objetos, pero no definición primera. Admitidos estos principios, no resulta necesariamente de ellos que toda expresión adecuada a la noción de un objeto sea una definición. Esto sólo es cierto respecto a ciertos objetos. Lo será, por ejemplo, si el objeto es uno, no uno por continuidad, como la Ilíada, ni por un vínculo, sino uno en las verdaderas acepciones de la palabra[6]. La unidad se entiende de tantas maneras como el ser, y el ser expresa, o tal cosa determinada, o la cantidad, o la cualidad. En virtud de todo esto, habrá igualmente una forma sustancial, una definición de hombre blanco: pero una cosa será definición, otra la definición de lo blanco, y otra la definición de la sustancia.

---

1. En el capítulo precedente.
2. «El punto de partida de toda indagación está en las cosas que ya conocemos. Hay dos órdenes de conocimiento, los personales y los absolutos: la razón nos dice que es preciso partir de lo que nos es conocido personalmente. El que por tanto pretende sacar algún fruto del estudio de lo honesto y de lo justo, en una palabra, de los deberes, debe ser ante todo un hombre bien educado y de buenas costumbres. Un hombre semejante o posee ya los principios de la ciencia o puede fácilmente concebirlos y poseerlos.» *Moral a Nicómaco,* I, 2. –En el primer capítulo del libro primero de la *Física,* Aristóteles había sentado ya claramente el principio del estudio. No transcribimos el pasaje porque no es, como en la *Moral a Nicómaco,* una aplicación del principio, sino una tesis general, como en la *Metafísica,* y según costumbre de Aristóteles, desenvuelta de la misma manera que aquí y casi en los mismos términos.
3. De esto no se sigue que todas las especies indistintamente tengan una forma sustancial. «Neque vero quarumlibet spiecerum quidditas habetur, sed specierum abstractarum a substantiis, id quidditas est individuorum, ex quibus species secernuntur.» Alex. de Afrod., *Schol.,* in Arist., página 744; *Sepúlv.,* pág. 186.
4. Véase el lib. V, 7 y XII, 1.
5. Véase el lib. IV, 2.
6. Véase lib. V, 6.

-V. DE LA FORMA SUSTANCIAL. (CONTINUACIÓN)

Veamos otra dificultad. Si se dice que la proposición que expresa a la vez el sujeto y el atributo no es una definición, ¿en qué caso un objeto, no un objeto simple, sino un objeto compuesto, podrá tener una definición? Porque necesariamente la definición de un objeto compuesto ha de ser compuesta también. He aquí en qué caso. Tenemos de una parte *nariz* y *romo*[1], y de otra chato; chato abraza las dos cosas a la vez, porque la una está en la otra, y esto no es accidental. Lo romo, lo chato no son accidentalmente estados de la nariz; sino estados esenciales. No sucede aquí como con lo blanco, que puede aplicarse a Calias, o a hombre, porque Calias es blanco, y Calias resulta que es un hombre; sucede como con lo macho en el animal, lo igual en la cantidad, y con todas las propiedades llamadas atributos esenciales. Por atributos esenciales entiendo aquellos en cuya definición entra necesariamente la idea o el nombre del objeto del cual son ellos estados; que no pueden ser expresados, hecha abstracción de este objeto: lo blanco puede abstraerse de la idea del hombre; lo macho, por lo contrario, es inseparable de la del animal. En vista de esto, o ninguno de los objetos compuestos tendrá esencia ni definición, o no será una definición primera; esto ya lo hicimos observar.

Otra dificultad ocurre también sobre este asunto. Si nariz roma y nariz chata son la misma cosa, romo y chato no difieren tampoco. Si se dice que difieren, porque es imposible decir chato sin expresar la cosa de la que chato es atributo esencial, porque la palabra chato significa nariz roma entonces, o será imposible emplear la expresión: nariz chata, o decir dos veces la misma cosa, nariz nariz roma, pues nariz chata significará nariz nariz roma. Es, pues, absurdo admitir que tengan una esencia objetos de este género; si la hay, se irá hasta el infinito, porque habrá igualmente una esencia para nariz nariz chata.

Es, pues, evidente, que no hay definición más que de la sustancia. En cuanto a las otras categorías, si se quiere que sean susceptibles de definición, serán definiciones redundantes, como las de la cualidad, de lo impar, el cual no puede definirse sin el número; de lo macho que no se define sin el animal. Por definiciones redundantes entiendo aquellas en las que se dicen dos veces las mismas cosas, en cuyo caso se encuentran estas de que tratamos. Si esto es exacto, no habrá tampoco definición que abrace a la vez el atributo y el sujeto; definición del número impar, por ejemplo. Pero se dan definiciones de esta clase de objetos, sin notar que estas definiciones son artificiales. Concedamos, por lo demás, que estos objetos pueden definirse; y entonces, o habrá que definirlos de otra manera o, como ya hemos dicho, será preciso admitir diferentes especies de definiciones, diferentes especies de esencias. Y así, desde un punto de vista, no puede haber ni definición, ni esencia, sino respecto a las sustancias; desde otro, hay definición de los demás modos del ser.

Es evidente, por otra parte, que la definición es la expresión de la esencia, y que la esencia no se encuentra sino en las sustancias, o cuando menos se encuentra en las sustancias sobre todo, ante todo, y absolutamente.

---

1. Véase lib. VI, 1.

-VI. DE LA FORMA SUSTANCIAL. (CONTINUACIÓN)

Si la forma sustancial es lo mismo que cada ser o es diferente, es el punto que necesitamos examinar. Esto nos vendrá bien para nuestra indagación sobre la sustancia. Un ser no difiere, al parecer, de su propia esencia, y la forma es la esencia misma de cada ser. En los seres accidentales la forma sustancial parece diferir del ser mismo: hombre blanco difiere de la forma sustancial de hombre blanco. Si hubiese identidad, habría identidad igualmente entre la forma sustancial de hombre y la forma sustancial de hombre blanco, porque hombre y hombre blanco es para nosotros la misma cosa; de donde se seguiría que no hay diferencia entre la forma sustancial de hombre blanco y la forma sustancial de hombre. ¿Admitiremos, por tanto, que respecto de todos los seres accidentales el ser y la forma no son necesariamente la misma cosa? Sin duda alguna. Los términos comparados[1] no son, en efecto, idénticos. Quizá se dirá que puede suceder accidentalmente que sean idénticos; por ejemplo, si se trata de la forma sustancial de lo blanco, de la forma sustancial de lo músico. Pero al parecer no es así.

En cuanto a los seres en sí, ¿hay necesariamente identidad entre el ser y la forma sustancial, en el caso, por ejemplo, de las sustancias primeras, si es que las hay, sustancias sobre las que ninguna otra sustancia, ninguna otra naturaleza, tenga la anterioridad, como son las ideas según algunos filósofos? Si se admite la existencia de las ideas, entonces el bien en sí difiere de la forma sustancial del bien, el animal en sí de la forma del animal, el ser en sí de la forma sustancial del ser; y en este caso debe haber sustancias, naturalezas, ideas, fuera de las formas en cuestión, y estas sustancias son anteriores a ellas, puesto que se refiere la forma a la sustancia. Si se separa de esta manera el ser de la forma, no habrá ya ciencia posible del ser, y las formas, por su parte, no serán ya seres; y entiendo por separación que en el ser bueno no se encuentre la forma sustancial del bien, o que en la forma sustancial no se dé el ser bueno. Digo que no hay ciencia, porque la ciencia de un ser es el conocimiento de la forma sustancial de este ser. Esto se aplica al bien y a todos los demás seres; de suerte que si lo bueno no se encuentra unido a la forma sustancial del bien, el ser tampoco estará unido a la forma sustancial del ser, la unidad o la forma sustancial de la unidad. Además, o la forma sustancial es idéntica al ser respecto de todas las ideas, o no lo es respecto de ninguna; de suerte que si la forma sustancial de ser no es el ser, lo mismo sucederá con todo lo demás. Añádase a esto que lo que no tiene la forma sustancial del bien no es bueno. Luego es indispensable que el bien y la forma sustancial del bien sean una sola y misma cosa; que haya identidad entre lo bello y la forma sustancial de lo bello; y que lo mismo suceda con todos los seres que no son atributos de otra cosa, sino que son primeros y en sí. Esta conclusión es legítima, ya haya ideas o no, pero más quizá si las hay.

También es evidente, que si las ideas no son lo que pretenden ciertos filósofos, el sujeto del ser particular no es una sustancia. En efecto, las ideas son necesariamente sustancias y no atributos, de otro modo participarían de su sujeto.

Resulta de lo que precede, que cada ser sólo constituye uno con su forma sustancial, que le es esencialmente idéntica. Resulta igualmente que conocer lo que es un ser es conocer su forma sustancial. Y así resulta de la demostración que estas dos cosas no son realmente más que una sola cosa.

En cuanto al ser accidental, por ejemplo, lo músico, lo blanco, no es exacto que el ser sea idéntico a su forma sustancial. El ser en este caso significa dos cosas: el sujeto del accidente y el accidente mismo; de suerte que bajo un punto de vista hay identidad entre el ser y la forma; bajo otro, no. No hay identidad entre la forma sustancial de hombre y la sustancial de hombre blanco, pero la hay en el sujeto, que experimenta la modificación.

Se advertirá fácilmente lo absurda que es la separación del ser y de la forma sustancial, si se da un nombre a toda forma sustancial. Fuera de este nombre habrá en el caso de la separación, otra forma sustancial, y así habrá una forma sustancial del caballo fuera de la forma sustancial del caballo en general. Y, sin embargo, ¿qué impide decir, desde luego, que algunos seres tienen inmediatamente en sí mismos su forma sustancial, puesto que la forma sustancial es la esencia? No sólo hay identidad entre estas dos cosas, sino que su noción es la misma, como resulta de lo que precede, porque no es accidental que la unidad y la forma sustancial de la unidad sean una misma cosa. Si son dos casos diferentes, se irá así hasta lo infinito. Se tendrá de una parte la forma sustancial de la unidad, y de otra la unidad, y cada uno de estos dos términos estarán a su vez en el mismo caso. Es, por tanto, evidente que por lo que hace a los seres primeros, a los seres en sí, cada ser y la forma sustancial de cada ser son una sola y misma cosa.

En cuanto a todas las objeciones sofísticas que pudieran suscitarse contra esta proposición, evidentemente quedaron ya contestadas al resolver esta cuestión: ¿hay identidad entre Sócrates y la forma sustancial de Sócrates? Las objeciones encierran en sí mismas todos los elementos necesarios para la solución. Y así, bajo qué condición hay identidad entre un ser y su forma sustancial, y mediante qué condición esta identidad no existe, es lo que acabamos de determinar.

---

1. Τα ακρα. *Extrema dicens praedicatos terminos, Philopon,* pág. 27, a. La expresión del traductor de Filopón es demasiado absoluta: de los dos términos comparados no hay más que uno que encierre un sujeto y un atributo, que sea, como dice Patrizzi, un *praedicatus terminus.*

-VII. DE LA PRODUCCIÓN.

Entre las cosas que devienen o llegan a ser, unas son producciones de la naturaleza, otras del arte, y otras del azar[1]. En toda producción hay una causa, un sujeto, luego un ser producido; y por ser entiendo aquí todos los modos del ser, esencia, cantidad, cualidad, lugar[2]. Las producciones naturales son las de los seres que provienen de la naturaleza. Aquello de lo que un ser proviene es lo que se llama la materia; y aquello mediante lo que una cosa es producida, es un ser natural. El ser producido es, o un hombre, o una planta, o alguno de los seres de este género, a los cuales damos sobre todo el nombre de sustancias. Todos los seres que provienen de la naturaleza o del arte, tienen una materia, porque todos pueden existir o no existir, y esta posibilidad depende de la materia, que se da en cada uno de ellos. En general la causa productora de los seres y los seres producidos se llama naturaleza[3]; porque los seres que son producidos, la planta, el animal, por ejemplo, tienen una naturaleza; y la causa productora, bajo la relación de la forma, tiene una naturaleza semejante a la de los seres producidos, sólo que esta naturaleza se encuentra en otro ser: un hombre es el que produce un hombre. Así alcanzan la existencia las producciones de la naturaleza.

Las demás producciones se llaman creaciones[4]. Todas las creaciones son efecto de un arte, o de un poder, o del pensamiento. Algunas provienen también del azar, de la fortuna; éstas son, por decirlo así, producciones colaterales[5]. Hay, por ejemplo, en la naturaleza seres que se producen lo mismo por una semilla que sin semilla[6]. Nos ocuparemos más adelante de las producciones casuales.

Las producciones del arte son aquellas cuya forma está en el espíritu; y por forma entiendo la esencia de cada cosa, su sustancia primera. Los contrarios tienen desde un punto de vista la misma forma sustancial; la sustancia de la privación es la sustancia opuesta a la privación, la salud es la sustancia de la enfermedad, y en prueba de ello la declaración de la enfermedad no es más que la ausencia de la salud. Y la salud es la idea misma que está en el alma, la noción científica; la salud viene de un pensamiento como éste: la salud es tal cosa, luego es preciso, si se quiere producirla, que haya otra tal cosa, por ejemplo, el equilibrio de las diferentes partes; ahora bien, para producir este equilibrio, es preciso el calor. De esta manera se llega sucesivamente por el pensamiento a una cosa última, que puede inmediatamente producirse. El movimiento que realiza esta cosa se llama operación, operación hecha con la mira de la salud. De suerte que, bajo un punto de vista, la salud viene de la salud, la casa de la casa, la casa material de la casa inmaterial; porque la medicina, el arte de construir, son la forma de la salud y de la casa. Por esencia inmaterial entiendo la forma pura.

Entre las producciones y los movimientos, hay unos que se llaman pensamientos, y otros que se dicen operaciones; los que provienen de la causa productora y de la forma son los pensamientos; los que tienen por principio la última idea a que llega el espíritu son operaciones. Lo mismo se aplica a cada uno de los estados intermedios entre el pensamiento y la producción. Y así, para que haya salud, es preciso que haya equilibrio; pero ¿qué es el equilibrio? Es tal cosa: y esta cosa tendrá lugar, si hay calor. ¿Qué es calor? Tal cosa. El calor existe en potencia, y el médico puede realizarla. Por tanto, el principio productor, la causa motriz de la salud, si es fruto del arte, es la idea que está en el espíritu, si es fruto del azar tendrá ciertamente por principio la cosa misma, por medio de la cual la hubiera producido el que la produce por el arte. El principio de la curación es probablemente el calor; y se produce el calor por medio de fricciones. Ahora bien, el calor producido en el cuerpo es un elemento de la salud, o va seguido de otra cosa o de muchas que son elementos de la salud. La última cosa a que se llega, procediendo así, es la causa eficiente; es un elemento de la salud, de la casa, como las piedras; y lo mismo sucede en todo lo demás.

Es, pues, imposible, como hemos dicho, que se produzca cosa

alguna, si no hay algo que preexista: evidentemente es de toda necesidad la preexistencia de un elemento. La materia es un elemento, es el sujeto, y sobre ella tiene lugar la producción. En los mismos seres respecto de los que cabe la definición, también se encuentra la materia. En efecto, en la definición de los círculos realizados, entran en general dos elementos: la materia, el bronce, por ejemplo, y luego la forma, tal figura, es decir, el género primero a que el objeto se refiere. En la definición del círculo de bronce entra la materia.

El objeto producido no toma nunca el nombre del sujeto de donde procede; sólo se dice que es de la naturaleza de este sujeto, que es de *esto*[7], pero no *esto*[8]. No se dice *una estatua piedra*, sino *una estatua de piedra*. El hombre sano no toma el nombre de aquello de donde ha partido para llegar a la salud; la causa de esto es que la salud viene a la vez de la privación de la enfermedad y del sujeto mismo, al cual damos el nombre de materia; y así el hombre sano procede del hombre y del enfermo. Sin embargo, la producción se refiere más bien a la privación: se dice, que de enfermo se hace uno sano, más bien que de hombre se hace sano. Por esta razón el ser sano no recibe la calificación de enfermo, sino de hombre y de hombre sano. En las circunstancias en que la privación es incierta o no tiene nombre, por ejemplo, cuando tal forma es producida sobre el bronce, cuando los ladrillos y maderas de una casa reciben tal forma, lo mismo tiene lugar, al parecer, en esta producción que en la producción de la salud, la cual viene de la enfermedad; y lo mismo que en este último caso el objeto producido no recibe el nombre del objeto de que proviene, en igual forma la estatua no se llama madera, sino que toma su nombre de la madera de que ha sido construida: es de madera y no madera; es de bronce y no bronce, de piedra y no piedra. También se dice: una casa de ladrillos y no una casa ladrillos. En efecto, si fijamos la atención, se verá que no tiene absolutamente la estatua de la madera, ni la casa de los ladrillos. Cuando una cosa proviene de otra, hay transformación de la una en la otra, y el sujeto no persiste en su estado. Éste es el motivo de esta locución.

---

1. Sobre el azar, véase el lib. VI, 2, 3; y más adelante el lib. XI, 8.
2. Evidentemente, Aristóteles no quiere decir que lo que es producido pueda ser un lugar. Habla sólo del ser según la categoría del lugar. La producción de que aquí se trata no es otra cosa que la producción de un ser en un lugar determinado.
3. Véase lib. V, 4.

4. Ποιησεις. Véase el lib. VI, 1. Hemos preferido la palabra *creación* porque es la única que responde al sentido de la expresión griega; pero sin dar a esta palabra el concepto cristiano, *sacado de la nada,* sino teniendo presente el axioma antiguo: *ex nihilo nihil fit.* Hoy decimos las creaciones del arte, del espíritu, &c.
5. Παραπλησιως.
6. Hay también, según Aristóteles, algunas veces azar en las cosas del arte. Véase un poco más adelante.
7. 'Εκεινινον.
8. 'Εκεινο.

-VIII. LA FORMA Y LA ESENCIA DEL OBJETO NO SE PRODUCEN.

Todo ser que deviene o se hace tiene una causa productora, entendiendo por ésta el principio de la producción; hay igualmente un sujeto (el sujeto es, no la privación, sino la materia, en el sentido en que hemos tomado esta palabra, precedentemente); en fin, se hace algo esfera, por ejemplo, círculo, o cualquier otro ejemplo. Por tanto, así como el sujeto no produce el bronce, tampoco produce la esfera, sino accidentalmente, porque la esfera de bronce es accidentalmente una esfera de bronce. Lo que él produce es la esfera de bronce, porque producir un ser particular es hacer de un sujeto absolutamente indeterminado un objeto determinado. Digo, por ejemplo, que hacer redondo el bronce no es producir ni la redondez, ni la esfera, sino que es producir un objeto completamente distinto, es producir esta forma en otra cosa. Si se produjese realmente la esfera, se la sacaría de otra cosa, y entonces sería preciso un sujeto, como en la producción de la esfera de bronce. Producir una esfera de bronce no quiere decir otra cosa sino hacer de tal objeto, que es de bronce, tal otra cosa que es una esfera. Si hay producción de la esfera misma, la producción será de la misma naturaleza; no será una transformación, y la cadena de las producciones se prolongará así hasta el infinito. Es por tanto evidente que la figura[1], o cualquiera que sea el nombre que sea preciso dar a la forma realizada en los objetos sensibles, no puede devenir, que no hay respecto de ella producción, y que, sin embargo, la figura no es una esencia[2]. La figura, en efecto, es lo que se realiza en otro ser, por medio del arte, de la naturaleza, o de una potencia[3]. Lo que ella produce, al realizarse en un objeto, es por ejemplo, una esfera de bronce; la esfera de bronce es el producto del bronce y de la esfera; tal forma ha sido producida en tal objeto, y el producto es una esfera de bronce. Si se quiere que haya verdaderamente producción de la esfera, la esencia provendrá de alguna cosa, porque será preciso siempre que el objeto producido sea divisible, y que tenga en sí una doble naturaleza: de una parte la materia y de otra la forma. La esfera es una figura cuyos puntos están equidistantes del centro; habrá por tanto de una parte el sujeto sobre que obra la causa eficiente y de otra la forma que se realiza en este sujeto, y habrá, por último, el conjunto de estas dos cosas, de la misma manera que respecto de la esfera de bronce.

De lo que precede resulta, evidentemente, que lo que se llama la forma, la esencia, no se produce; la única cosa que deviene o se hace es la reunión de la forma y de la materia, porque en todo ser que ha devenido hay materia: de una parte la materia, de otra la forma.

¿Hay alguna esfera fuera de las esferas sensibles, alguna casa, independientemente de las casas de ladrillos? Si las hubiese, no habría nunca producción de un ser particular, y sólo se producirían cualidades. Ahora bien, la cualidad no es la esencia, la forma determinada, sino lo que da al ser tal o cual carácter, de tal manera que después de la producción se dice: tal ser tiene tal cualidad. El ser realizado, por lo contrario, Sócrates, Calias, tomados individualmente, están en el mismo caso que una esfera particular de bronce. El hombre y el animal son como la esfera de bronce en general. Es, pues, evidente que las ideas consideradas como causas, y éste es el punto de vista de los partidarios de las ideas, suponiendo que haya seres independientes de los objetos particulares, son inútiles para la producción de las esencias, y que no son las ideas las que constituyen las esencias de los seres[4]. También es evidente que en ciertos casos lo que produce es de la misma naturaleza que lo que es producido, pero no idéntico en número; sólo hay identidad de forma, como sucede en las producciones naturales. Y así, el hombre produce al hombre. Sin embargo, puede haber una producción contra naturaleza; el caballo engendra al mulo; y aun la ley de la producción es en este caso la misma, porque la producción tiene lugar en virtud de un tipo común al caballo y al asno, de un género que se aproxima a ambos y que no ha recibido nombre. El mulo es probablemente un género intermedio.

Se ve claramente que no hay necesidad de que un ejemplar particular suministre la forma de los seres, porque sería sobre todo en la formación de los seres individuales en la que serían útiles estos ejemplares, puesto que son estos seres los que tienen principalmente el carácter de esencia. El ser que engendra basta para la producción; él es el que da la producción; él es el que da la forma a la materia. Tal forma general realizada en estos huesos y en esta carne, he aquí a Sócrates y a Calias. Hay, sin embargo, entre ellos diferencia de materia, porque la materia difiere, pero su forma es idéntica: la forma es indivisible.

---

1. Μορφην.
2. Esta distinción entre la forma y la figura es de gran importancia. Hace presentir el fin que se propone Aristóteles; es el primer grado de la teoría, cuya cima es el conocimiento del ser absoluto, eterno, absolutamente acto, absolutamente esencia. La figura no es la materia, pero tampoco es todavía la forma pura, la actualidad, la esencia.
3. «A potestate, ut virtutes. Virtutes enim formae quaedam sunt, animam adornantes, ut formae materiam exornant. Quae quidem virtutes non generantur, non magis quam globus sed fiunt in alio, hoc est in anima, ut globus in aere.» *Alej.*, traducción de Sepúlveda, pág. 197.
4. Véase el lib. I, 7, y más adelante el lib. XIII, 4, 5.

-IX. POR QUÉ CIERTAS COSAS PROCEDEN DEL ARTE Y EL AZAR.

Podría preguntarse por qué ciertas cosas son producidas más bien por el azar que por el arte, como la salud, mientras que con otras no sucede lo mismo, por ejemplo, con una casa. La causa es que la materia, principio de la producción de las cosas que son hechas o producidas por el arte; la materia, que es una parte misma de estas cosas, tiene en ciertos casos un movimiento propio, que no tiene en otros. Tal materia puede tener tal movimiento particular y otra no puede. Una multitud de seres tienen en sí mismos un principio de movimiento, y no les es posible tal movimiento particular; por ejemplo, no podrán bailar a compás. Por tanto, todas las cosas que tienen una materia de este género, las piedras, por ejemplo, no pueden tomar tal movimiento particular, a menos que no reciban un impulso exterior. Ellas tienen, sin embargo, un movimiento que les es propio[1]; así sucede con el fuego. Por esta razón ciertas cosas no existirán independientemente del artista, y otras, por lo contrario, podrán existir. Estas últimas, en efecto, podrán ser puestas en movimiento por seres extraños al arte, porque pueden recibir el movimiento, o de los seres que no poseen el arte, o de sí mismas.

Resulta [evidente] de lo que hemos dicho, que todas las cosas vienen en cierta manera de cosas que tienen el mismo nombre, como las producciones naturales, o bien de un elemento que tiene el mismo nombre; y así la casa viene de la casa, o si se quiere del espíritu; el arte, en efecto, es la forma, la forma considerada como elemento esencial, o como produciendo ella misma un elemento del objeto; porque la causa de la realización es un elemento esencial y primero. De esta manera el calor producido por la fricción es causa del calor en los cuerpos, el cual es la salud o un elemento de la salud, o bien va seguido de algo que es un elemento de la salud o la salud misma. Por esto se dice que la fricción produce la salud, porque el calor produce la salud, a la que sigue y acompaña. Y así como todos los razonamientos tienen por principio la esencia (todo razonamiento parte en efecto del ser determinado)[2], de igual modo la esencia es el principio de toda producción. Con las producciones de la naturaleza sucede lo que con las del arte. El germen desempeña poco más o menos el mismo papel que el artista, porque tiene en potencia la forma del objeto, y aquello de donde procede el germen lleva generalmente el mismo nombre que el objeto producido. Digo generalmente, porque en este punto no hay que exigir un rigor exacto; el hombre procede del hombre ciertamente; pero la mujer procede también del hombre. Por otra parte, es preciso que el animal pueda usar de todos los órganos, y así el mulo no produce el mulo.

Las producciones del azar, en la naturaleza, son aquellas cuya materia puede tomar por sí misma el movimiento que imprime ordinariamente el germen. Todas las cosas que no se encuentran en esta condición no pueden ser producidas de otra manera que por una causa motriz del mismo género de aquellas de que hemos hablado.

No sólo por la forma de la sustancia se prueba que toda producción es imposible; el mismo razonamiento se aplica a todas las categorías, a la cantidad, a la cualidad y a todos los demás modos del ser. Porque así como se produce una esfera de bronce, y no la esfera ni el bronce (y lo mismo se puede decir con aplicación al bronce considerado como una producción, puesto que siempre en las producciones hay una materia y una forma que preexisten), lo propio sucede con la esencia, con la cualidad, con la cantidad y con todas las demás categorías. Lo que se produce no es la cualidad, sino la madera que tiene tal cualidad; tampoco la cantidad, sino la madera, el animal que tiene tal cantidad.

De todo lo que precede resulta que en la producción de un ser es absolutamente preciso que la sustancia productora exista en acto; que haya, por ejemplo, un animal preexistente, si es un animal el producido. Pero no es necesario que haya una cantidad, una cualidad, que preexistan en acto; basta que existan en potencia.

---

1. El cambio.
2. Véase más adelante el lib. XIII, 4. Esta consideración es la que llevó a Sócrates, según Aristóteles, a hacer el primero definiciones exactas de los objetos.

-X. LA DEFINICIÓN DE LAS PARTES, ¿DEBE O NO ENTRAR EN LA DEL TODO? ¿SON LAS PARTES ANTERIORES AL TODO O EL TODO A LAS PARTES?

Toda definición es una noción, y toda noción tiene partes; por otro lado, hay la misma relación entre las partes de la noción y de las partes del objeto definido, que entre la noción y el objeto. Debemos preguntarnos ahora si la noción de las partes debe o no encontrarse en la noción del todo. Se encuentra en ciertos casos al parecer, y en otro no. Y así la noción del círculo no encierra la noción de sus partes; la noción de sílaba, por el contrario, encierra la de los elementos. Y sin embargo, el círculo puede dividirse en sus partes, como la sílaba en sus elementos.

Además de esto, si las partes son anteriores al todo, siendo el ángulo agudo una parte del ángulo recto, el dedo una parte del animal, el ángulo agudo será anterior al recto, y el dedo anterior al hombre; y sin embargo, el hombre y el ángulo recto parecen anteriores: por su noción es como se definen las otras cosas, y son también anteriores, porque pueden existir sin ellas. Pero la palabra parte, ¿no se entiende de diferentes maneras?[1]. Según una de las acepciones de esta palabra, significa aquello que mide [en relación] a la cantidad: dejemos aparte este punto de vista; se trata aquí de las partes constitutivas de la esencia. Si de un lado está la materia, de otro la forma y, por último, el conjunto de la materia y de la forma; y si la materia, la forma, el conjunto de las dos cosas son, como hemos dicho, sustancias, se sigue que la materia es, desde un punto de vista, parte del ser, y desde otro punto de vista no lo es. Las partes que entran en la noción de la forma constituyen solas, en este último caso, la noción del ser: y así, la carne no es una parte de lo romo; es la materia sobre que se opera la producción; pero es una parte de lo chato, el bronce es una parte de la estatua realizada, no una parte de la estatua ideal. Es la forma lo que se expresa, y cada cosa se designa por su forma; jamás se debe designar un objeto por la materia. Por esto en la noción de círculo no entra la de sus partes, mientras que en la noción de la sílaba entra la de sus elementos. Consiste en que los elementos del discurso son partes de la forma, y no materia. Los segmentos del círculo, al contrario, son partes del círculo en concepto de materia; en ellos se realiza la forma. Sin embargo, estos segmentos tienen más relación con la forma que el bronce, en el caso de que la forma circular se realice en el bronce.

Los mismos elementos de la sílaba no entrarán siempre en la noción de la sílaba; las letras formadas sobre la cera, la pronunciación que hiere el aire, todas estas cosas son partes de la sílaba en concepto de materia sensible[2]. Porque la línea no existe, si se la divide en dos partes; porque el hombre si se le divide en huesos, en nervios, en carne, perezca, no es preciso decir por esto que son partes de la esencia, sino que son partes de la materia. Son ciertamente partes del ser realizado, pero no son partes de la forma, en una palabra, de lo que entra en la definición. Las partes, desde este punto de vista, no entran en la noción. En ciertos casos la definición de las partes entrará en la definición del todo, y en otros no entrará, como, por ejemplo, cuando no haya definición del ser realizado. Por esta razón, ciertas cosas tienen por principios los elementos en que se resuelven, y otras no los tienen. Todos los objetos compuestos que tienen forma y materia, lo chato, el círculo de bronce, se resuelven en sus partes, y la materia es una de estas partes. Pero todos aquellos seres, en cuya composición no entra la materia, todos los seres inmateriales, como, por ejemplo, la forma considerada en sí misma, no pueden absolutamente resolverse en sus partes, o se resuelven de otra manera. Ciertos seres tienen en sí mismos sus principios constitutivos, sus partes; pero la forma no tiene principios, ni partes de este género. Por esta razón la estatua de arcilla se resuelve en arcilla, la esfera en bronce, Calias en carne y en huesos, y por lo mismo el círculo se resuelve en diversos segmentos. Porque hay el círculo material, y se aplica igualmente el nombre de círculo a los círculos propiamente dichos y a los círculos particulares, porque no hay nombre propio para designar los círculos particulares. Ésta es la verdad sobre esta cuestión.

Sin embargo, volvamos la vista atrás para aclarar más esta materia. Las partes de la definición, los elementos en que puede ésta descomponerse, son primeros todos o solamente algunos. Pero la definición del ángulo recto no puede dividirse en muchas partes, una de las cuales sea la noción del ángulo agudo; la definición del ángulo agudo, por lo contrario, puede dividirse también con relación al ángulo recto. Porque se define el ángulo agudo con referencia al ángulo recto, diciendo: un ángulo agudo es un ángulo más pequeño que un recto. Lo mismo sucede con el círculo y el semicírculo. Se define el semicírculo por medio del círculo, el dedo por medio del todo: porque el dedo es una parte del cuerpo que tiene tales caracteres. De suerte que todas las cosas que son partes de un ser en tanto que materia, y los elementos materiales en que puede dividirse, son posteriores. Por lo contrario, las cosas que son partes de la definición de la forma sustancial, son todas anteriores, o por lo menos algunas.

Conforme a esto, puesto que el alma de los seres animados es la forma sustancial, la esencia misma del cuerpo animado, porque el alma es la esencia de los seres animados[3], la función de cada parte y el conocimiento sensible que es su condición deberán entrar en la definición de las partes del animal, si se las quiere definir bien. De suerte que hay prioridad de las partes del alma, de todas o de algunas relativamente al conjunto del animal. La misma prioridad hay relativamente a las diferentes partes del cuerpo. El cuerpo y sus partes son posteriores al alma, el cuerpo puede dividirse en sus diversas partes, consideradas como materia; no el cuerpo esencia, sino el conjunto que constituye el cuerpo. Desde un punto de vista las partes del cuerpo son anteriores al conjunto; desde otro son posteriores; no pueden, en efecto, existir independientemente del cuerpo; un dedo no es realmente un dedo en todo estado posible, sino tan sólo cuando tiene vida; sin embargo, se da el mismo nombre al dedo muerto. Hay ciertas partes que no sobreviven al conjunto; por ejemplo, aquellas partes que son esenciales, el asiento primero de la forma y de la sustancia; como el corazón o el cerebro si realmente desempeñan este papel, importando poco que sea el uno o el otro[4]. El hombre, el caballo, todos los universales residen en los individuos; la sustancia no es cierta cosa universal; es un conjunto, un compuesto de tal forma y de tal materia: la materia y la forma son universales; pero el individuo, Sócrates, o cualquier otro, es un conjunto de forma y de materia.

La forma misma, y por forma entiendo la esencia pura, tiene igualmente parte, lo mismo que el conjunto de la forma y de la materia; pero las partes de la forma no son más que partes de la definición, y la definición no es más que la noción general, porque el círculo y la esencia del círculo, el alma y la esencia del alma, son una sola y misma cosa. Pero respecto a lo compuesto, por ejemplo, a tal círculo particular sensible o inteligible (por inteligible entiendo el círculo matemático, y por sensible el círculo de bronce o de madera), no hay definición. No por definiciones, sino por medio del pensamiento y de los sentidos es como se los conoce. Cuando hemos cesado de ver realmente los círculos particulares, no sabemos si existen o no; sin embargo, conservamos la noción general de círculo, no una noción de su materia, porque nosotros no percibimos la materia por sí misma. La materia es sensible o inteligible; la materia sensible es, por ejemplo, el bronce, la madera, y toda materia susceptible de movimiento. La materia inteligible es la que se encuentra ciertamente en los seres sensibles, pero no en tanto que sensibles; por ejemplo, en los seres matemáticos.

Acabamos de determinar todo lo que concierne al todo, a la parte, a la anterioridad y a la posterioridad. Si se pregunta si la línea recta, el círculo, el animal, son anteriores a las partes en que pueden dividirse y que los constituyen, es preciso, para responder, establecer una distinción. Si efectivamente el alma es el animal, o cada ser animado, o la vida de cada ser; si el círculo es idéntico a la forma sustancial del círculo; el ángulo recto a la forma sustancial del ángulo recto; si es la esencia misma del ángulo recto, ¿qué será lo posterior, y qué será lo anterior? ¿Será el ángulo recto en general expresado por la definición, o tal ángulo particular? Porque el ángulo recto material formado de bronce, por ejemplo, es tan ángulo recto como el formado de líneas. El ángulo inmaterial será posterior a las partes que entran en su noción, pero es anterior a las partes del ángulo realizado. Sin embargo, no puede decirse absolutamente que es anterior. Sí el alma, por lo contrario, no es el animal, si difiere de él, habrá anterioridad para las partes. Y así, en ciertos casos es preciso decir que hay anterioridad, y en otros que no la hay.

---

1. Recuérdense las diferentes acepciones de la palabra *parte*; libro V, 25.

2. Véase en el *Tratado del Alma,* II, 2, la teoría de la expresión del pensamiento por la palabra.
3. Véase el *Tratado del Alma,* lib. II, 1; lib. VII, 1, de la *Metafísica.*
4. Con motivo del lib. V, 1, hemos citado ya el pasaje del *Tratado de la generación de los animales,* donde Aristóteles expresa su opinión sobre este punto. Según él, el corazón es el principio de los animales que tienen un corazón, y en los que no le tienen lo es la parte que hace la función análoga a la del corazón.

-XI. DE LAS PARTES DE LA ESPECIE.

Es una verdadera dificultad el determinar qué partes pertenecen a la forma y que partes pertenecen, no a la forma, sino al conjunto de la forma y de la materia; y sin embargo, si este punto no resulta aclarado, no es posible definir los individuos. Lo que entra en la definición es lo universal y la forma; si no se ve, por tanto, qué partes son o no son materiales, no se verá tampoco cuál deberá ser la definición del objeto. En los casos en que la forma se aplica a cosas de especies diferentes, por ejemplo, el círculo, el cual puede aparecer en bronce, en madera, en piedra, en todos estos casos la distinción parecerá fácil; ni el bronce ni la piedra forman parte de la esencia del círculo, puesto que el círculo tiene una existencia independiente de la suya. ¿Pero qué obsta a que suceda lo mismo en todos los casos en que esta independencia no salte a la vista? Aunque todos los círculos visibles fueran de bronce, no por esto el bronce sería una parte de la forma. Sin embargo, es difícil al pensamiento verificar esta separación. Y así lo que a nuestros ojos constituye la forma es la carne, los huesos y las partes análogas. ¿Serán éstas, por tanto, partes de la forma, las cuales entren en la definición, o es más bien la materia? Pero la forma no se aplica nunca a otras cosas que a aquellas de que hablamos, de aquí la imposibilidad para nosotros de separarlas.

La separación parece posible, es cierto, pero no se ve claramente en qué circunstancias, y esta dificultad, según algunos, recae igualmente sobre el círculo y el triángulo. Creen que no se les debe definir por la línea y por la continuidad, las cuales se dan en ellos bajo el mismo concepto que se dan la carne y los huesos en el hombre, y la piedra y el bronce en el círculo. Todo lo reducen a los números, y pretenden que la definición de la línea es la noción misma de la dualidad.

Entre los que admiten las ideas, unos dicen que la díada es la línea en sí, otros que es la idea de la línea, porque si algunas veces hay identidad entre la idea y el objeto de la idea, entre la díada, por ejemplo, y la idea de la díada, la línea no está en este caso. De aquí se sigue que una sola idea es la idea de muchas cosas, que parecen heterogéneas, y a esto conducía ya el sistema de los pitagóricos; y por último, la posibilidad de constituir una sola idea en sí de todas las ideas; es decir, el anonadamiento de las demás ideas y la reducción de todas las cosas a la unidad[1].

Nosotros hemos consignado la dificultad relativa a las definiciones, y hemos dicho la causa de esta dificultad. Y así no tenemos necesidad de reducir de este modo todas las cosas y de suprimir la materia. Lo probable es que en algunos seres hay reunión de la materia y de la forma, en otros de la sustancia y de la cualidad. Y la comparación de que se servía ordinariamente Sócrates el joven[2] con relación al animal, carece de exactitud. Ella nos hace salir de la realidad y da ocasión a pensar que el hombre puede existir independientemente de sus partes, como el círculo existe independientemente del bronce. Pero no hay paridad. El animal es un ser sensible y no se le puede definir sin el movimiento, por consiguiente, sin partes organizadas de cierta y determinada manera. No es la mano absolutamente hablando, la que es una parte del hombre, sino la mano capaz de realizar la obra, la mano animada; inanimada, no es una parte del hombre.

Pero ¿por qué en los seres matemáticos las definiciones no entran como partes en las definiciones? ¿Por qué, por ejemplo, no se define el círculo por los semicírculos? Los semicírculos, se dirá, no son objetos sensibles. Pero ¡qué importa! Puede haber una materia hasta en seres no sensibles; todo lo que no es la esencia pura, la forma propiamente dicha, todo lo que tiene existencia real, tiene materia. El círculo, que es la esencia de todos los círculos, no puede tenerla; pero los círculos particulares deben tener partes materiales, como ya dijimos; porque hay dos clases de materia: la una sensible, la otra inteligible.

Es evidente, por otra parte, que la sustancia primera en el animal es el alma, y que el cuerpo es la materia. El hombre o el animal, en general, es la unión del alma y del cuerpo; pero Sócrates, y lo mismo Corisco es, a causa de la presencia del alma, un animal doble; porque su nombre designa tan pronto un alma como el conjunto de un alma y un cuerpo. Sin embargo, si se dice simplemente: el alma de este hombre, su cuerpo, lo que hemos dicho del hombre en general se aplica entonces al individuo.

¿Existe alguna otra sustancia fuera de la materia de estos seres, y es preciso que averigüemos, si acaso tienen ellos mismos otra sustancia, por ejemplo los números u otra análoga? Este punto lo examinaremos más adelante[3], porque en interés de esta indagación nos esforzamos por llegar a la definición de las sustancias sensibles, sustancias cuyo estudio pertenece más bien a la física y a la segunda filosofía[4]. Lo que efectivamente debe conocer el físico no es sólo la materia, sino también la materia inteligible, y ésta sobre todo. ¿Cómo, pues, las partes son partes en la definición, y por qué hay unidad de noción en la definición de la esencia pura? Ver en qué consiste la unidad de un objeto compuesto de partes, lo examinaremos más adelante[5].

Hemos demostrado respecto de todos los seres en general lo que era la esencia pura, cómo existía en sí, y por qué en ciertos casos las partes del definido entraban en la definición de la esencia pura, mientras que no entraban en las demás. Ya hemos dicho también que las partes materiales del definido no entraban en la definición de la sustancia, porque las partes materiales no son partes de la sustancia y sí sólo de la sustancia total. Ésta tiene una definición y no la tiene, según el punto de vista. No se puede abrazar en la materia, la cual es lo indeterminado, pero se puede definir por la sustancia primera: la definición del alma, por ejemplo, es una definición del hombre. Porque la esencia es la forma intrínseca que mediante su concurso[6] con la materia, constituye lo que se llama sustancia realizada. Tomemos por ejemplo lo romo. Su unión con la nariz es lo que constituye la nariz chata, y lo chato, porque la noción de nariz es común a estas dos expresiones, Pero en la sustancia realizada, en nariz chata, en Calias, hay a la vez esencia y materia.

Respecto a ciertos seres, respecto de las sustancias primeras, ya lo hemos dicho, hay identidad entre la esencia y la existencia individual. Y así hay identidad entre la curvatura y la forma sustancial de la curvatura, con tal que la curvatura sea primera; y entiendo por primero lo que no es atributo de otro ser, que no tiene sujeto, materia. Pero en todo lo que existe materialmente, o formando un todo con la materia, no puede haber identidad, ni aun identidad accidental, como la identidad de Sócrates y del músico, los cuales son idénticos entre sí accidentalmente.

---

1. Véase el lib. I, 7.
2. Santo Tomás cree que es Platón el que Aristóteles ha querido designar con el nombre de Sócrates el joven. *In Met.,* f. 99 b. Esta suposición no puede admitirse, por más que la comparación de que aquí se trata convenga con las doctrinas de Platón. Alejandro de Afrodisia observa que se alude a otro personaje, y en efecto, en el *Político,* de Platón, aparecen dos Sócrates, Sócrates padre de la verdadera filosofía, y otro Sócrates, a quien el autor llama Sócrates el joven, compañero de la niñez de Teetetes, inmortalizado por Platón.
3. Véanse los libros XIII y XIV.
4. Véase el lib. VI, 1. *Phisic. auscult.,* lib. II. Bekk., pág. 192 sgg.
5. En el capítulo siguiente.
6. Συνοδος.

-XII. CONDICIONES DE LA DEFINICIÓN.

Discutamos ante todo los puntos relativos a la definición, que hemos pasado en silencio en los *Analíticos*[1]. La solución de la dificultad que no hemos hecho más que indicar, nos servirá para nuestras indagaciones concernientes a la sustancia. He aquí esta dificultad. ¿Por qué hay unidad en el ser definido, en el ser cuya noción es una definición? El hombre es un animal de dos pies. Admitamos que sea ésta la noción del hombre. ¿Por qué este ser es un solo ser, y no varios, animal y bípedo? Si se dice *hombre* y *blanco* hay pluralidad de objetos, cuando el uno no existe en el otro, pero hay unidad cuando el uno es atributo del otro, cuando el sujeto, el hombre, experimenta cierta modificación. En el último caso, los dos objetos se hacen uno solo, y se tiene el *hombre blanco*; en el primero, por lo contrario, los objetos no participan el uno del otro, porque el género no participa, al parecer, de las diferencias; de no ser así, la misma cosa participaría a la vez de los contrarios, siendo contrarios la una a la otra las diferencias que marcan las distinciones en el género. Si hubiera participación, el resultado sería el mismo. Hay pluralidad en las diferencias: *animal, que anda, con dos pies, sin pluma*. ¿Por qué hay en este caso unidad y no pluralidad? No es porque sean éstos los elementos del ser, porque en tal caso la unidad sería la reunión de todas las cosas[2]. Pero es preciso que todo lo que está en la definición sea realmente uno, porque la definición es una noción una, es la noción de la esencia. La definición debe ser la noción de un objeto uno, puesto que esencia significa, como hemos dicho, un ser determinado.

Por lo pronto tenemos que ocuparnos de las definiciones que se hacen para las divisiones del género. En la definición no hay más que el género primero y las diferencias. Los demás géneros no son más que el género primero y las diferencias reunidas al género primero. Y así el primer género es animal; el siguiente, animal de dos pies; y otro, animal de dos pies sin plumas. Lo mismo sucede si la proposición contiene un número mayor de términos; y en general poco importa que contenga un gran número de ellos o uno pequeño, o dos solamente. Cuando no hay más que dos términos, el uno es la diferencia, el otro el género; en animal de dos pies, animal es el género; la diferencia es el término. Sea, por lo tanto, que el género no exista absolutamente fuera de las especies del género, o bien que exista, pero exista sólo como materia (el sonido es, por ejemplo, género y materia, y de esta materia derivan las diferencias, las especies y los elementos), es evidente que la definición es la noción suministrada por las diferencias.

Aún hay más: es preciso marcar la diferencia en la diferencia; tomemos un ejemplo. Una diferencia en el género animal, es el *animal que tiene pies*. Es preciso conocer en seguida la diferencia del animal que tiene pies, en tanto que tiene pies. Por consiguiente unos que no se debe decir: entre los animales que tienen pies, hay unos que tienen plumas y otros que no las tienen; aunque esta proposición sea verdadera, no deberá emplearse este método, a no mediar la imposibilidad de dividir la diferencia. Se dirá, pues: unos tienen el pie dividido en dedos, otros no tienen el pie dividido en dedos, Estas son las diferencias del pie: la división del pie en dedos es una manera de ser del pie. Y es preciso proseguir de esta manera hasta que se llegue a objetos entre los que no haya diferencias. En este concepto, habrá tantas especies de pies como diferencias, y las especies de animales que tienen pies, serán iguales en número a las diferencias de pie. Ahora bien, si es así, es evidente que la última diferencia debe ser la esencia del objeto y la definición; porque en las definiciones no es preciso repetir muchas veces la misma cosa; esto sería inútil. Y, sin embargo, se hace cuando se dice: animal con pies, bípedo, ¿qué quiere decir esto, si no animal que tiene pies, que tiene dos pies? Y si se divide este último término en las divisiones que le son propias habrá muchas tautologías, tantas como diferencias.

Si se ha llegado a la diferencia de la diferencia, una sola, la última, es la forma, la esencia del objeto. Pero si es por el accidente por el que se distingue, como por ejemplo, si se dividiesen los animales que tienen pies en blancos y negros, entonces habría tantas esencias como divisiones.

Se ve, por tanto, que la definición es la noción suministrada por las diferencias, y que conviene que sea la de la última diferencia. Esto es lo que se demostraría claramente, si se invirtiesen los términos de las definiciones que contienen muchas diferencias, como si por ejemplo se dijese: el hombre es un animal de dos pies, que tiene pies. *Que tiene pies* es inútil, cuando se ha dicho: *que tiene dos pies*. Además, en la esencia no hay precedencia o categorías, porque, ¿cómo se puede concebir en ella la relación de prioridad y de posterioridad?

Tales son las primeras observaciones a hacer sobre las definiciones que se forman por la división del género.

---

1. En el libro II de los *Últimos Analíticos* es donde Aristóteles trata de la definición.
2. Está resuelta la cuestión relativamente al hombre y al ser animado, en el *Tratado del Alma,* lib. II, 2.

-XIII. LO UNIVERSAL NO ES SUSTANCIA.

Lo que nosotros tratamos de estudiar es la sustancia: volvamos, pues, a nuestro asunto. Sustancia se toma por el sujeto, por la esencia pura, por la reunión de ambos, por lo universal[1]. Dos de estas acepciones han sido examinadas: la esencia pura y el sujeto. Hemos dicho que el sujeto se entiende de dos maneras: hay el ser determinado, como el animal, sujeto de las modificaciones: y hay la materia, sujeto del acto. Al parecer el universal es también, y más que ningún otro, causa de ciertos seres, y el universal es un principio. Ocupémonos, pues, del universal.

Es imposible, en nuestra opinión, que ningún universal, cualquiera que él sea, sea una sustancia. Por lo pronto, la sustancia primera de un individuo es aquella que le es propia, que no es la sustancia de otro. El universal, por lo contrario, es común a muchos seres; porque lo que se llama universal es lo que se encuentra, por la naturaleza, en un gran número de seres. ¿De qué será el universal sustancia? Lo es de todos los individuos, o no lo es de ninguno; y que lo sea de todos no es posible. Pero si el universal fuese la sustancia de un individuo, todos los demás serían este individuo, porque la unidad de sustancia y la unidad de esencia constituyen la unidad del ser. Por otra parte, la sustancia es lo que no es atributo de un sujeto, pero el universal es siempre atributo de algún sujeto.

¿El universal no puede ser, por tanto, sustancia a título de forma determinada, el animal no puede ser la esencia del hombre y del caballo? Pero en este caso habrá una definición de lo universal. Ahora bien, que la definición encierre o no todas las nociones que están en la sustancia, no importa; el universal no por eso dejará de ser la sustancia de algo: hombre será la sustancia del hombre en quien él reside. De suerte que pararemos en la misma consecuencia que antes. En efecto, la sustancia será sustancia de un individuo; el animal lo será del individuo en que reside.

Es imposible, por otra parte, es absurdo que la esencia y la sustancia, si son un producto, no sean ni un producto de sustancia ni un producto de esencia, y que ellas procedan de la cualidad. Entonces lo que no es sustancia, la cualidad, tendría la prioridad sobre la sustancia y sobre la esencia, lo cual es imposible. No es posible que ni en el orden de las nociones, ni en el orden cronológico, ni en el de producción, las modificaciones sean anteriores a la sustancia; de otro modo serían susceptibles de tener una existencia independiente. Por otra parte, en Sócrates, en una sustancia existiría entonces otra sustancia, y Sócrates sería la sustancia de dos sustancias. La consecuencia en general es que si el individuo hombre es una sustancia, y todos los individuos como él, nada de lo que entra en la definición es sustancia de cosa alguna, ni existe separada de los individuos, ni en otra cosa que en los individuos; es decir, que, fuera de los animales particulares, no hay ningún otro, ni nada de lo que entra en la definición.

Es, por tanto, evidente, conforme a lo que precede, que nada de lo que se encuentra universalmente en los seres es una sustancia, y que ninguno de los atributos generales señala la existencia determinada, sino que designan el modo de la existencia. Sin esto, prescindiendo de otras muchas consecuencias, se cae en la del tercer hombre[2].

Hay aún otra prueba. Es imposible que la sustancia sea un producto de sustancias contenidas en ella en acto. Dos seres en acto jamás se harán un solo ser en acto. Pero si los dos seres sólo existen en potencia, podrá haber unidad. En potencia, el doble, por ejemplo, se compone de dos mitades. El acto separa los seres. Por consiguiente, si hay unidad en sustancia, la sustancia no puede ser un producto de sustancias contenidas en ella, y de esta manera la expresión de que se sirve Demócrito está fundada en razón: es imposible, dice, que la unidad venga de dos, o dos de la unidad. En efecto, para Demócrito, las magnitudes individuales[3] son las sustancias.

La misma consecuencia se aplica también al número, si el número es, como dicen algunos, una colección de mónadas. O la díada no es una unidad, o la mónada no existe en acto en la díada.

Sin embargo, estas consecuencias suscitan una dificultad. Si el universal no puede constituir ninguna sustancia, porque designa la manera de ser, y no la existencia determinada, y si ninguna sustancia puede componerse de sustancias en acto, en este caso toda sustancia debe ser simple. No podrá, por tanto, definirse ninguna sustancia. Sin embargo, todo el mundo cree, y nosotros lo hemos dicho más arriba, que sólo la sustancia, o al menos ella principalmente, tiene una definición. Y ahora resulta que ni ella la tiene. ¿Será que no es posible la definición de absolutamente nada? ¿O bien lo será en un sentido y en otro no? Éste es un punto que se aclarará más adelante.

---

1. Véase el lib. V, 8, *Categorías.*
2. Véase el lib. I, 7.
3. Los átomos se llaman así a causa de su misma indivisibilidad. Un átomo no puede constituir dos seres. Dos átomos no pueden tampoco constituir un solo ser, y por ser es preciso entender aquí un ser simple, indivisible, otro átomo; porque, según Demócrito, habrá siempre entre ellos un principio de separación, a saber, el vacío, el cual entra siempre con lo lleno en todo cuerpo compuesto. Véase Alej. *Schol.,* pág. 764; *Sepúlv.,* pág. 212; Asclep. *Schol.,* pág. 764, y lib. I, 4, *Met.*

-XIV. REFUTACIÓN DE LOS QUE ADMITEN LAS IDEAS COMO SUSTANCIAS Y QUE LES ATRIBUYEN UNA EXISTENCIA INDEPENDIENTE.

Véanse claramente las consecuencias de lo que precede en el sistema de los que admiten las ideas como sustancias, y como si tuviesen una existencia independiente, y que constituyen al mismo tiempo la especie con el género y las diferencias. Si existen las ideas y si en el hombre y en el caballo está el animal, o el animal y sus especies son una sola y misma cosa numéricamente, o difieren. Es evidente que hay unidad de noción: para definir uno y otro término sería preciso enumerar los mismos caracteres. Luego si hay un hombre en sí que tenga una existencia determinada e independiente, necesariamente en este caso lo que le constituye, el animal y lo bípedo, tienen igualmente una existencia determinada, son independientes, son sustancias; y por consiguiente son el animal en sí. Supongamos que el animal en sí reside en el caballo, en el mismo concepto que tú estás en ti mismo[1], ¿cómo será uno en seres que existen separadamente y por qué en este caso el animal de que hablamos no ha de estar separado de sí mismo?

Pero más aún: si el animal en sí participa del animal que sólo tiene dos pies y del que tiene un mayor número de ellos, resulta de aquí una cosa imposible. El mismo ser, un ser uno y determinado, reunirá a la vez los contrarios.

Pero sí no hay participación, ¿en qué concepto se dirá que el animal es un bípedo, que es un ser que anda? ¿Podrá quizá admitirse que hay composición, contacto, mezcla? Pero todas estas suposiciones son absurdas[2]. ¿Será diferente el animal en cada individuo? Habría en este caso una infinidad de seres, si puede decirse así, que tendrían lo animal por sustancia; porque el hombre no es un accidente de lo animal. Añádase que el animal en sí sería múltiple. Por una parte el animal es efectivamente en cada individuo sustancia; no es el atributo de otro ser, porque si no este ser sería el que constituiría el hombre, y sería su género. De otro lado, todas las cosas que constituyen el hombre son ideas. El animal no será, pues, la idea de una cosa, la sustancia de otra; esto es imposible; el animal en sí sería cada una de las cosas contenidas en los animales. Y, por otra parte, ¿qué animal en sí consistiría los animales, y cómo sería el mismo animal en sí? ¿Cómo es posible que el animal, cuya sustancia es el animal en sí, exista fuera del animal en sí?

Las mismas consecuencias aparecen con respecto a los seres sensibles, y más absurdas todavía. Si hay imposibilidad de mantener la suposición, es evidente que no hay idea de los objetos sensibles, en el sentido en que lo entienden algunos filósofos.

---

1. 'Ωσπερ συ σαυτω. Se ha visto más arriba que el *yo* era idéntico a él mismo, y se confundía completamente con su esencia, su forma sustancial.
2. Véase lib. I, 7, y XIII, 4, 5.

-XV. NO PUEDE HABER DEFINICIÓN NI DEMOSTRACIÓN DE LA SUSTANCIA DE LOS SERES SENSIBLES PARTICULARES.

El conjunto y la forma definida son sustancias diferentes la una de la otra. Entiendo por conjunto la sustancia que se compone mediante la reunión de la forma definida y de la materia; la otra sustancia es pura y simplemente la forma definida. Todo lo que es sustancia en concepto de conjunción está sujeto a la destrucción, porque hay producción de semejante sustancia[1]. Por lo que hace a la forma definida, no está sujeta a destrucción, porque no es producida: es producto, no la forma sustancial de la casa, sino tal casa particular. Las sustancias formales existen o no existen, independientemente de toda producción, de toda destrucción. Hemos demostrado que nadie las produce, que nadie las hace. Y por esta razón no cabe definición ni demostración de las sustancias. sensibles particulares. Estas sustancias tienen una materia, y es tal la naturaleza de la materia que puede ser o no ser; de donde se sigue que todas las sustancias sensibles particulares son sustancias perecederas. Ahora bien, la demostración se aplica a lo que es necesario[2], y la definición pertenece a la ciencia; y así como es imposible que la ciencia sea tan pronto ciencia como ignorancia, y que lo que en este caso es tan sólo una opinión[3], en igual forma no hay tampoco demostración ni definición, sino una opinión relativa a lo que es susceptible de ser de otra manera de como es. Las sustancias sensibles no deben evidentemente tener definición ni demostración. Los seres perecederos no se manifiestan al conocimiento cuando están fuera del alcance de los sentidos y, por lo tanto, aunque las nociones sustanciales se conserven en el alma, no puede haber definición ni demostración de estos seres. Así es que los que sirven de definiciones deben saber que siempre se puede suprimir la definición de un ser particular, no habiendo posibilidad de definir verdaderamente estos seres.

No para en esto: ninguna idea es susceptible de definición. La idea, tal como se entiende, es un ser particular, y es independiente. Ahora bien, la definición se compone necesariamente de palabras, y estas palabras no deben ser obra del que define, porque no tendrían significación conocida. Las expresiones de que se sirva deben ser inteligibles para todos. Sería preciso, además, que las que entrasen en la definición de la idea formaran parte de la definición de los demás seres. Si se tratare de definirte a ti, se diría: *animal, flaco* o *blanco*, o cualquiera otra palabra, la cual puede convenir a otro ser que a ti. Se pretenderá, sin duda, que nada obsta a que todas las expresiones convengan separadamente a un gran número de seres, y que al mismo tiempo sólo convengan a tal ser determinado. Pero por lo pronto animal bípedo es común a los dos seres, quiero decir, al animal y al bípedo. Esta observación se aplica necesariamente a los seres eternos. Son anteriores a todo, y son parte de los compuestos. Son, además, independientes; porque o ningún ser lo es o el hombre y el animal lo son ambos. Ahora bien, si ninguno lo fuese, no habría género fuera de las especies; y si el género es independiente, la diferencia lo es igualmente. Por otra parte, ella tiene la anterioridad de ser, y no hay reciprocidad de destrucción entre el género y la diferencia. Diremos, además, que si las ideas se componen de ideas, las más simples son las ideas componentes. Será preciso también que lo que constituye la idea, que el animal y lo bípedo, por ejemplo, se refieran a un gran número de seres. Sin esto, ¿cómo llegar a conocer? Resultaría una idea particular, que sería imposible aplicar a más de un individuo. Pues bien, en el sistema, por lo contrario, toda idea es susceptible de participación en los seres.

Conforme con lo que hemos dicho, no se ve que hay imposibilidad de definir los seres eternos, y sobre todo lo que son únicos, como el Sol y la Luna. Es un error añadir caracteres cuya supresión no impediría que hubiese aún Sol, como por ejemplo, los epítetos: *que da vuelta a la Tierra, que se oculta durante la noche*. Sin esto, si el Sol se detuviera o apareciera durante la noche, no habría ya Sol, y sería un absurdo que no lo hubiese, porque el Sol es una sustancia[4]. Además, estos caracteres pueden convertir a otros seres, y si otro ser los posee, este ser será el Sol, y habrá comunidad de definición[5]. Pero es cosa admitida que el Sol es un ser particular, como Cleón, como Sócrates. En fin, ¿en qué consiste que ninguno de los que admiten las ideas da una definición de ellas? Si intentasen hacerlo se vería claramente la verdad de lo dicho.

---

1. Véase más adelante.
2. Véase Aristóteles, *Últimos Analíticos,* I, 6.
3. Δόξα.
4. Es preciso completar la frase y la idea de Aristóteles añadiendo: y éstos no son más que caracteres accidentales y no esenciales de esta sustancia.
5. Si además de este mundo, hay otros, como creía Demócrito, los soles, en estos otros mundos, darían también la vuelta alrededor de la tierra, se ocultarían como el nuestro durante la noche, y por consiguiente, su noción sería idéntica, dada la hipótesis, a la noción de nuestro Sol. Alej. *Schol.,* pág. 769; Sepúlv., pág. 215.

-XVI. NO HAY SUSTANCIA COMPUESTA DE SUSTANCIAS.

Es evidente que entre las cosas que parecen ser sustancias, la mayor parte de ellas sólo lo son en potencia, como las partes de los animales, ninguna de las cuales tiene una existencia independiente. Si están separadas de su sujeto, en este caso ya sólo existen en el estado de materia, y lo que con ellas, sucede con la tierra, el fuego y el aire; porque no hay unidad en los elementos; son como un montón de cosas antes de la cocción, antes de componer algo que sea uno. Podría creerse que las partes, sobre todo los seres animales, y las partes del alma, reúnen en cierta manera los dos caracteres, y que existen en acto y en potencia. Hay en las articulaciones principios de movimiento, principios producidos ciertamente por otro principio, pero que hacen que ciertos animales continúen viviendo aún después de ser divididos en partes. Sin embargo, no hay sustancia en potencia, sino cuando hay unidad y continuidad natural; cuando la unidad y la continuidad son resultado de la violencia o de una conexión arbitraria, entonces no es más que una multiplicación.

La unidad se toma en el mismo sentido que el ser[1], y la sustancia de la unidad es una, y los seres, cuya sustancia es una en número, son numéricamente un solo ser. Se ve, puesto que así es, que ni la unidad ni el ser pueden ser sustancias de las cosas, como tampoco pueden serlo el elemento ni el principio, Cuando preguntamos: ¿cuál es el principio?, lo que queremos es referir el objeto en cuestión a un término más conocido. El ser y la unidad tienen más títulos a ser sustancia de las cosas que el principio, el elemento y la causa; y sin embargo no lo son. Lo que es común a los seres no es sustancia; la sustancia no existe en ningún otro ser que sí misma, y en el ser a que pertenece, del que es sustancia. Por otra parte, tampoco la unidad puede ser al mismo tiempo sustancia en muchos seres; pero lo que es común a todos los seres debe encontrarse al mismo tiempo en cada uno de ellos.

Es, pues, evidente que nada que sea universal tiene una existencia aislada de los seres particulares. Sin embargo, los que admiten las ideas tienen razón en un sentido, al darle una existencia independiente, puesto que son sustancias. Pero en otro no tienen razón al hacer de la idea una unidad en la pluralidad. La causa de su error es la imposibilidad en que están de decir cuál es la naturaleza de estas sustancias imperecederas, que están fuera de las particulares y sensibles. De esta manera hacen estas sustancias a imagen de las sustancias perecederas, de aquellas que nosotros conocemos: el hombre en sí, el caballo en sí; no hacen más que añadir al ser sensible la expresión: en sí[2]. Y sin embargo, aun cuando no viésemos los astros, no por eso dejaría de haber, creo, sustancias sensibles, eternas, fuera de las sustancias que nosotros conociésemos. Y así, aun cuando ignoráramos qué sustancias son eternas, deberían, sin embargo, existir algunas.

Hemos demostrado que nada de lo que se aplica a todos los seres es sustancia, y que no hay ninguna sustancia compuesta de sustancias.

---

1. Véase el lib. V, 6.
2. Το ρημα το αυτο. *Addimus hoc verbum, id est, dictionem, id est, per se. Santo Tomás,* f. 106 b, 107 a.

-XVII. ALGUNAS OBSERVACIONES SOBRE LA SUSTANCIA Y LA FORMA SUSTANCIAL.

¿Qué es la sustancia y en qué consiste? Vamos a decirlo. De esta manera haremos, por decirlo así, otro principio; porque saldrá probablemente de esta indagación alguna luz relativamente a esta sustancia, que existe separada de las sustancias sensibles.

La sustancia es un principio y una causa; de este punto de vista debemos partir. Preguntar el porqué es preguntar siempre por qué una cosa existe en otra. En efecto, si se indaga por qué el hombre músico es un hombre músico, o equivale a indagar lo que se acaba de expresar, es decir, por qué el hombre es músico, o bien se indaga otra cosa. Indagar por qué una cosa es una cosa es no indagar nada. Es preciso que el porqué de la cosa que se busca se manifieste realmente; es preciso por ejemplo, que se haya visto que la Luna está sujeta a eclipses. En los casos en que se pregunta por qué un ser es el mismo, por qué el hombre es hombre, o el músico músico, no cabe más que una respuesta a todas estas preguntas, no hay más que una razón que dar, a menos, sin embargo, de que no se responda: es porque cada uno de estos seres es indivisible en sí mismo, es decir, porque es uno; respuesta que se aplica igualmente a todas las preguntas de este género, y que las resuelve en pocas palabras. Pero se puede preguntar: ¿por qué el hombre es tan animal? En este caso, evidentemente no se trata de indagar por qué el ser que es un hombre es un hombre, y sí de indagar por qué un ser se encuentra en otro ser. Es preciso que se vea claro que se encuentra en él, pues de no ser así la indagación no tendría objeto. ¿Por qué truena?, porque se produce un ruido en las nubes. En este ejemplo lo que se busca es la existencia de una cosa en otra, lo mismo que cuando se pregunta: ¿por qué estas piedras y ladrillos son una casa?

Es, pues, evidente que lo que se busca es la causa. Pero la causa, desde el punto de vista de la definición, es la esencia. En ciertos casos la esencia es la razón de ser; como sucede probablemente respecto a la cama y a la casa; ella es el primer motor en otros porque también es una causa. Pero esta última causa sólo se encuentra en los hechos de producción y destrucción, mientras que la causa formal obra hasta en el hecho de la existencia.

La causa se nos oculta, sobre todo, cuando no se refieren los seres a otros: si no se ve por qué el hombre es hombre, es porque el ser no es referido a otra cosa, porque no se determina que es tales cosas o tal cosa. Pero esto es preciso decirlo, y decirlo claramente, antes de indagar la causa; porque si no sería a la vez buscar algo y no buscar nada. Puesto que es preciso que el ser por cuya causa se pregunta tenga una existencia cierta y que se refiera a otro ser, es evidente que lo que se busca es el porqué de los estados de la materia. Esto es una causa, ¿por qué?, porque se encuentra en ella tal carácter, que es su esencia. Por la misma causa, tal hombre, tal cuerpo es tal o cual cosa. Lo que se busca es la causa de la materia. Y esta causa es la forma que determina el ser, es la esencia. Se ve, que respecto de los seres simples no da lugar a pregunta ni respuesta sobre este punto, y que las preguntas que se refieren a estos seres son de otra naturaleza.

Lo que tiene una causa es compuesto, pero hay unidad en el todo; no es una especie de montón, sino que es uno como la sílaba. Pero la sílaba no es solamente las letras que la componen, no es lo mismo que A y B. La carne tampoco es el fuego y la tierra solamente. En la disolución, la carne, la sílaba, cesan de existir, mientras que las letras, el fuego y la tierra subsisten. La silaba es, por tanto, algo más que las letras; la vocal y la consonante son también otra cosa; y la carne no es sólo el fuego y la tierra, lo caliente y lo frío, sino que es también otra cosa[1].

¿Se admitirá como una necesidad que esta otra cosa sea también o un elemento o un compuesto de elementos? Si es un elemento, repetiremos nuestro razonamiento de antes: lo que constituirá la carne será este elemento con el fuego y la tierra, y otra cosa además, y de esta manera se irá hasta el infinito. Si es un compuesto de elementos, evidentemente ya no se compone de uno solo, sino de muchos; de lo contrario, sería el elemento componiéndose a sí mismo. El mismo razonamiento que hacemos respecto de la carne se puede hacer en cuanto a la sílaba.

La causa en cuestión es, al parecer, algo que no es elemento, y que es causa de que aquello sea carne y esto una sílaba, y lo mismo en los demás casos. Ahora bien, esta causa es la sustancia de cada ser, porque ésta es la causa primera de la existencia. Pero entre las cosas las hay que no son sustancias; sólo son sustancias los seres que existen por sí mismos, y cuya naturaleza no está constituida por otra cosa que por ellos mismos. Por consiguiente, esta naturaleza que es en los seres, que es no un elemento sino un principio, es evidentemente una sustancia[2]. El elemento es aquello en que se divide un ser; es una materia intrínseca[3]. Los elementos de la sílaba son A y B.

---

1. Véase el lib. I, 7.
2. La forma esencial.
3. Véase en el lib. V, 3, las diversas acepciones de la palabra elemento.

LIBRO OCTAVO

-I. Recapitulación de las observaciones relativas a la sustancia. De las sustancias sensibles.

-II. De la sustancia en acto de los seres sensibles.

-III. ¿El nombre del objeto designa el conjunto de la materia y de la forma, o sólo el acto y la forma? Consideraciones sobre la producción y la destrucción de las sustancias. Soluciones a las objeciones suscitadas por la escuela de Antístenes.

-IV. De la sustancia material. De las causas.

-V. No todos los contrarios se producen recíprocamente. Diversas cuestiones.

-VI. Causa de la forma sustancial.

-I. RECAPITULACIÓN DE LAS OBSERVACIONES RELATIVAS A LA SUSTANCIA. DE LAS SUSTANCIAS SENSIBLES.

Necesitamos ahora deducir las consecuencias de lo que hemos dicho, y resumiendo sumariamente cada punto llegar a la conclusión. Hemos dicho que el objeto de nuestras indagaciones era averiguar las causas de las sustancias, sus principios y sus elementos. Entre las sustancias hay unas que son universalmente admitidas; otras, por el contrario, sólo son reconocidas por algunos filósofos. Las sustancias universalmente admitidas son las físicas, como, por ejemplo, el fuego, la tierra, el agua, el aire y los demás cuerpos simples; después las plantas y sus partes, los animales y las partes de los animales; en fin, el cielo y las partes del mismo. Las sustancias admitidas sólo por algunos filósofos, son las ideas Y los seres matemáticos. Hay también, como hemos mostrado, otras sustancias, que son la forma sustancial y el sujeto. Además hemos dicho que el género es sustancia más bien que las especies, y lo universal más que lo particular; las ideas son análogas a lo universal y al género, porque por el mismo motivo se las considera como esencias.

Siendo la forma sustancial una esencia, y estando su noción encerrada en la definición y el ser en sí. Y como la definición es la expresión de la noción del ser, y esta noción tiene partes, era necesario ocuparse de las partes, ver cuáles son partes de la sustancia y cuáles no y, por último, si hay identidad entre las de la sustancia y las de la definición.

Después hemos visto que ni lo universal ni el género eran sustancias. De las ideas y de los seres matemáticos nos ocuparemos más tarde; pues algunos hacen de ellas sustancias independientes de las sustancias sensibles. Ocupémonos ahora de las sustancias unánimemente reconocidas. Estas son las sustancias sensibles, y todas las sustancias sensibles tienen una materia: el sujeto es una sustancia, ya se le considere como materia, y por materia entiendo lo que es en potencia tal ser determinado, pero no en acto; ya se le considere como forma y figura del ser, es decir, esta esencia que es separable del ser, pero separable sólo por el pensamiento. En tercer lugar viene el conjunto de la materia y de la forma, único que está sometido a producción y a destrucción, y único que es completamente separable. Porque entre las sustancias que no hacemos más que concebir hay unas que son separables, otras que no.

Es, por tanto, evidente que la materia es una sustancia; porque en todos los cambios de lo contrario a lo contrario hay un sujeto sobre el cual se opera el cambio[1]: y así, en los cambios de lugar, lo que ahora está aquí más tarde estará en otra parte; en los cambios por aumento y disminución, lo que ahora tiene tal magnitud será más tarde menor o mayor; en los cambios por alteración, lo que hoy está sano mañana está enfermo; y de igual modo, por lo que respecta a la sustancia, lo que ahora se produce más tarde se destruye, el que es actualmente sujeto como ser determinado será más tarde sujeto por privación. Todos los demás cambios acompañan siempre a este último, la producción y la destrucción; éste, por lo contrario, no se encuentra necesariamente unido a d de que upa un lugar, esté sujeta otros. Porque no hay necesidad de que porque tenga un ser una materia que ocupa un lugar, esté sujeta una materia a producción y destrucción[2]. ¿Qué diferencia hay entre la producción simple y la que no lo es? Esto es lo que hemos explicado ya en los tratados relativos a la Naturaleza[3].

---

1. Véase *De generatione et corruptione,* I, 5, Bekk., pág. 320.
2. Los astros son, según Aristóteles, seres sensibles eternos.
3. 'Eν τοις φυσικοις, Aristóteles designa aquí por esta expresión no sólo la Física propiamente dicha, sino también el tratado *De generatione et corruptione*; la cuestión se trata principalmente en esta última obra. La producción simple es el tránsito del ser de una forma inferior a una más perfecta; es el aire que se hace fuego; la destrucción simple es, por lo contrario, el tránsito de una forma más perfecta a una que lo es menos, es el fuego que se hace aire. Véase *Fisic. auscult.,* V, 1, Bekker., páginas 224, 225, y *De gener.,* I, 3, Bekk., pág. 317.

-II. DE LA SUSTANCIA EN ACTO DE LOS SERES SENSIBLES.

Puesto que hay acuerdo unánime [con relación a] a la sustancia considerada como sujeto y como materia, y que esta sustancia sólo existe en potencia, nos resta decir cuál es la sustancia en acto de los objetos materiales.

Demócrito, al parecer, cree que hay entre los diversos objetos tres diferencias esenciales[1]: el cuerpo, sujeto común en tanto que materia, es uno e idéntico; pero los objetos difieren o por la *configuración*, es decir, la forma, o por la *estructura*, que es la posición, o por la *colocación*, es decir el orden. Pero hay, al parecer, un gran número de diferencias; y así ciertas cosas resultan de una composición material, por ejemplo, las que provienen de la mezcla, como el aguamiel; en otras entran las clavijas, como en un cofre; en otras las ataduras, como en un manojo; en otras la cola, como en un libro; y en algunos objetos entran varias de estas cosas a la vez. Para ciertas cosas solo hay diferencia de posición, como el umbral de la puerta y el coronamiento; diferencia de tiempo: el comer y el cenar; diferencia de lugar; los vientos[2]. Los objetos pueden diferir también por las cualidades sensibles, la dureza y la blandura, lo denso y lo poroso, lo seco y lo húmedo; unos difieren en algunas de estas relaciones y otros en todas a la vez. En fin, puede haber diferencia en más o en menos. Es evidente, en vista de todo esto, que el ser se tomará en tantas acepciones como diferencias hemos señalado: tal objeto es un umbral de puerta, porque tiene tal posición;

ser respecto de él significa estar colocado de tal manera. Ser hielo significa, respecto del agua, tener tal densidad. En algunas circunstancias, el ser estará determinado por todas estas diferencias a la vez, por la mezcla, la composición, el encadenamiento, la densidad y todas las demás: por ejemplo, la mano y el pie. Necesitamos, por tanto, tomar los géneros de las diferencias, y estos géneros serán los principios del ser. Y así lo más grande y lo más pequeño, lo denso y lo raro, y otros modos análogos pueden referirse a un mismo género; porque todo se reduce al más y al menos. La forma, lo liso, lo áspero, se pueden reducir a lo recto y a lo curvo. Respecto de otros objetos, ser equivaldría a ser mezclado; lo contrario será el no-ser.

Es evidente, según esto, que si la sustancia es la causa de la existencia de cada ser, en la sustancia es donde es preciso buscar cuál es la causa de la existencia de cada una de estas diferencias. Ninguna de estas diferencias es sustancia, ni tampoco lo es la reunión de muchas de estas diferencias: tienen, sin embargo, con la sustancia algo de común. Así como tratándose de sus sustancias, cuando se quiere hablar de la materia, por ejemplo, se habla siempre de la materia en acto, lo mismo y con más razón sucede con las demás definiciones: y así, si se quiere definir el umbral, se dirá que es una piedra o un pedazo de madera dispuesto de tal manera; si de una casa, que son vigas y ladrillos dispuestos de cierto modo. Se define también algunas veces por el fin. Por último, si se quiere definir el hielo, se dirá que es el agua congelada, condensada de tal manera. Un acorde músico será cierta mezcla del sonido agudo y del sonido grave; y lo mismo sucederá en todo lo demás. De aquí resulta claramente que para las diferentes materias hay diferentes actos, nociones diversas: el acto es para la una la composición, para la otra la mezcla, o alguno de los demás caracteres que hemos señalado. De donde sigue que los que definen una casa, diciendo que es piedra, ladrillos, madera, hablan de la casa en potencia, porque todo esto es la materia; los que dicen que es un abrigo destinado a refugiarse los hombres y guardar los muebles, o determinan algún otro carácter de este género, éstos definen la casa en acto. Los que reúnen estas dos especies de caracteres definen la tercera sustancia, el conjunto de la materia y de la forma (en efecto, la definición por las diferencias al parecer es la definición de la forma y del acto: aquella que sólo recae sobre el objeto constitutivo, es más bien la definición de la materia). Las definiciones que ha hecho Arquitas[3] son de este género: recaen sobre el conjunto de la forma y de la materia. Por ejemplo ¿qué es la calma? Es el reposo en la inmensidad de los aires. El aire es, en este caso, la materia, y el reposo es el acto y la esencia. ¿Qué es la bonanza? Es la tranquilidad del mar: el sujeto material es el mar, el acto y la forma es la tranquilidad.

Se ve claramente, después de lo que hemos dicho, qué es la sustancia sensible y en cuántos sentidos se toma; es la materia, o la forma cuando hay acto o, en tercer lugar, el conjunto de la forma y de la materia.

---

1. Véase lib. I, 4.
2. Aristóteles sostiene en el *Tratado de los Meteoros* que no hay entre los vientos ninguna diferencia de naturaleza, que su materia común, como dice él, es una exhalación seca, y que no hay verdadera diferencia entre ellos, sino a causa de los diferentes lugares de donde vienen. Véase *Meteor.*, II, 4, pág. 359, Bekk.
3. Arquitas de Torento, uno de los más famosos pitagóricos; fue contemporáneo de Sócrates, y uno de los numerosos maestros cuya enseñanza influyó sobre el desenvolvimiento del genio de Platón. Véase sobre Arquitas una excelente disertación de M. Egger.

-III. ¿EL NOMBRE DEL OBJETO DESIGNA EL CONJUNTO DE LA MATERIA Y DE LA FORMA, O SÓLO EL ACTO Y LA FORMA? CONSIDERACIONES SOBRE LA PRODUCCIÓN Y LA DESTRUCCIÓN DE LAS SUSTANCIAS. SOLUCIONES A LAS OBJECIONES SUSCITADAS POR LA ESCUELA DE ANTÍSTENES.

No conviene olvidar que a veces no se puede reconocer si el nombre expresa la sustancia compuesta, o solamente el acto y la forma; por ejemplo, si casa quiere decir el conjunto de la forma y de la materia; un abrigo compuesto de ladrillos, maderas y piedras dispuestas de tal manera; o solamente el acto y la forma; un abrigo. *Línea* ¿significa la díada en longitud o simplemente la díada? *Animal* ¿expresa el alma en un cuerpo o simplemente el alma? Porque el alma es la esencia y el acto de un cuerpo. En uno y otro caso podrá decirse animal; pero será en dos sentidos diferentes, aunque ambos se refieren a algo común. Esta distinción puede ser útil en otro concepto; más en nuestras indagaciones sobre la sustancia sensible es inútil, porque respecto a la esencia siempre hay forma y acto. Hay identidad entre alma y forma sustancial del alma. Pero no hay identidad entre hombre y forma sustancial del hombre; a menos, sin embargo, que por hombre se quiera entender sólo el alma. De esta manera hay identidad en un sentido, y en otro no.

Si se reflexiona no se dirá que la sílaba resulte de los elementos y de la composición; que en la casa hay ladrillos y composición; y con razón, porque la composición, la mezcla, no son cosas que se unan a los seres compuestos y mezclados. Y lo mismo sucede en los demás casos: y así, a causa de la posición es tal cosa un umbral; pero la posición no es cosa extraña al umbral, más bien lo contrario. En igual forma el hombre no es el animal, y es bípedo; pero es preciso que además de esto haya algo, si se toman el animal y el bípedo como materia. Este algo no es un elemento, ni proviene de un elemento: es la esencia, aquello que, suprimido, sólo deja subsistente la materia indeterminada. Luego, si esta esencia es la causa de la existencia, si es la sustancia, a ella debe darse el nombre de sustancia, La esencia debe ser necesariamente eterna, o bien perecer en un objeto, sin perecer ella por esto; o producirse en un ser, sin estar ella misma sujeta a la producción. Hemos probado y demostrado más arriba[1], que nadie produce la forma; que no nace, y que solamente se realiza en un objeto. Lo que nace es el conjunto de la materia y de la forma.

Si están separadas las sustancias de los seres perecederos, no es aún una cosa evidente. Sin embargo, sí lo es que respecto a algunos seres no puede ser así, como sucede con los que no pueden tener existencia fuera de lo particular, por ejemplo, una casa, un vaso. Quizá estos objetos no son verdaderamente sustancias, quizá debe decirse que la forma natural es la única sustancia de los seres perecederos.

Esto no da ocasión para resolver la objeción hecha por la escuela de Antístenes[2] y por otros ignorantes de esta especie. Dicen que no se puede definir la forma sustancial, porque la definición es una larga serie de palabras; que se puede muy bien dar a conocer cuál es la cualidad de un objeto, la de la plata, por ejemplo; pero no decir en qué consiste: podrá decirse que la plata es análoga al estaño. Ahora bien, resulta de lo que hemos dicho que hay sustancias respecto de las que son posibles la noción y la definición; éstas son las sustancias compuestas, sean sensibles o inteligibles. Pero no se pueden definir los elementos primeros de estas sustancias, porque definir una cosa es referirla a otra. Es preciso que haya en toda definición, de una parte la materia, de la otra la forma.

Es evidente igualmente que las sustancias, si son números, es a título de definición, y no, según la opinión de algunos, como compuestas de mónadas. La definición, en efecto, es una especie de número (es divisible como el número en partes indivisibles, porque no hay una infinidad de nociones en la definición); hay, pues, bajo esta relación, analogía entre el número y la definición. Y así como si se quita alguna de las partes que constituyen el número, o si se añade, no se tiene ya el mismo número, sino uno diferente, por pequeña que sea la parte añadida o quitada, así la forma sustancial no queda la misma, si de ella se quita o se añade algo.

Además, es preciso que haya en el número algo que constituya su unidad, y los que le componen con mónadas no pueden decirnos en qué consiste esta unidad, si él es uno. Porque, o el número no es uno, y se parece a un montón o, si es uno, es preciso que se nos diga lo que constituyen la unidad de la pluralidad[3]. En igual forma la definición es una; pero tampoco pueden afirmarlo, y es muy natural. Es una por la misma razón que el número; no, como dicen algunos, en tanto que mónada o punto, sino porque cada esencia es un acto, una naturaleza particular. Y así como el número, si permanece el mismo, no es susceptible de más o de menos, lo mismo sucede con la sustancia formal; sin embargo, unida a la materia, es susceptible de más o menos.

Bástenos con lo dicho por lo que hace a la producción y destrucción de las sustancias. Hemos expuesto claramente en qué sentido se puede decir que hay o no posibilidad de producción, y cuál es la analogía entre definición y número.

---

1. Véase lib. VII 8.
2. Los Cínicos.
3. Véase más adelante el cap. VI, al fin de este libro.

-IV. DE LA SUSTANCIA MATERIAL. DE LAS CAUSAS.

En cuanto a la sustancia material, es preciso no perder de vista que si todos los objetos vienen de uno o de muchos elementos primeros, y si la materia es el principio de todos los seres materiales, cada uno, sin embargo, tiene una materia propia. Así la materia inmediata de la flema es lo dulce y craso, la de la bilis lo amargo, o cualquier otra cosa de este género; pero quizá estas diversas sustancias proceden todas de una misma materia. Un mismo objeto puede tener muchas materias, cuando una de estas viene de otra, y en este sentido es como podrá decirse que la flema viene de lo craso y de lo dulce, si lo craso viene de lo dulce. La flema, en fin, podrá venir de la bilis, mediante la resolución de la bilis en su materia prima. Porque una cosa viene de otra de dos maneras: puede haber producción inmediata o bien producción después de la resolución de la una en sus primeros elementos[1].

Es posible que de una sola materia provengan objetos diferentes, en virtud de una causa motriz diferente. Y así de madera pueden provenir un cofre, una cama. Sin embargo, hay también objetos cuya materia debe necesariamente ser diferente; no se puede hacer una sierra con madera; la causa motriz no hará nunca una sierra con lana o madera, si es posible producir las mismas cosas con materias diferentes, es preciso que en este caso el arte, el principio motor, sea el mismo, porque si la materia y el motor difieren a un tiempo, el producto será también diferente.

Cuando se quiera, por tanto, estudiar las causas, será preciso enumerar todas las causas posibles, puesto que la causa se entiende de diferentes maneras[2]. Así ¿cuál es la causa material del hombre? Los menstruos. ¿Cuál es la causa motriz? La esperma, quizá. ¿Cuál es la causa formal? La esencia pura. ¿Cuál es la causa final? El fin. Quizá estas dos últimas causas son idénticas. Es preciso también tener cuidado de indicar siempre la causa más próxima; si se pregunta, por ejemplo, cuál es la materia, no responder el fuego o la tierra, sino decir la materia propia. Tal es, [con relación] a las sustancias físicas sujetas a producción, el orden de indagación que necesariamente debe seguirse, si se quiere proceder en debida forma, puesto que tal es el número y tal la naturaleza de las causas[3], y lo que es preciso conocer son las causas.

En cuanto a las sustancias físicas eternas es preciso proceder de otra manera; porque algunas quizá no tienen materia, o por lo menos su materia no es de la misma naturaleza que la de los demás seres, y sólo es móvil en el espacio. Tampoco hay materia en las cosas que, aunque producciones de la naturaleza, no so sustancias; su sustancia es el sujeto mismo que es modificado Por ejemplo, ¿cuál es la causa, cuál es la materia del eclipse? No la hay, y sólo la Luna experimenta el eclipse. La causa motriz, la causa de la destrucción de la luz, es la Tierra. En cuanto a la causa final, quizá no la hay. La causa formal es la noción misma del objeto, pero esta noción es vaga, si no se le une la de la causa productora. Y así, ¿qué es el eclipse? Es la privación de la luz. Se añade: esta privación resulta de la interposición de la Tierra entre el Sol y la Luna; esto es indicar, al definir el objeto, la causa productora. No se sabe cuál es, en el sueño, la parte que es primero afectada. ¿No es el animal? Sí, sin duda, pero el animal en una de sus partes; ¿cuál es esta parte, asiento primero de la afección? Es el corazón o cualquiera otra parte. En seguida hay que examinar la causa motriz; después en qué consiste esta afección de una parte, que no es común al todo. Se dirá, ¿qué es tal especie de inmovilidad? Muy bien; pero esta inmovilidad, es preciso añadir, proviene de que el asiento primero del sueño ha experimentado cierta afección.

---

1. Véase lib. II, 2.
2. Véase lib. V, 2.
3. Véase lib. I, 3.

-V. NO TODOS LOS CONTRARIOS SE PRODUCEN RECÍPROCAMENTE. DIVERSAS CUESTIONES.

Hay seres que existen o no existen, sin que haya para ellos producción, ni destrucción: como los puntos, si hay realmente puntos: y también las formas y las figuras. No es lo blanco lo que deviene, es la madera la que deviene o se hace blanca. Y todo lo que se produce proviene de algo; y se hace o deviene algo. De aquí se sigue que los contrarios no pueden provenir todos los unos de los otros. El hombre negro se hace un hombre blanco de otra manera que lo negro se hace blanco. Tampoco tienen los seres una materia, sino sólo aquellos para los que hay producción, y que se transforman unos en otros. Todos aquellos seres que existen o no, sin estar sujetos a cambio, no tienen materia.

Pero ocurre una dificultad. ¿Cómo se relaciona la materia de cada ser con los contrarios? Cuando el cuerpo, por ejemplo, tiene la salud en potencia, siendo la enfermedad lo contrario de la salud, ¿es que se encuentran en potencia una y otra en el cuerpo? ¿Es en potencia como el agua es vinagre y vino? ¿O bien uno de los contrarios constituye el estado habitual y la forma de la materia, mientras que el otro no es más que una privación, una corrupción contra la naturaleza? Otra dificultad es la de saber por qué el vino no es ni la materia del vinagre ni el vinagre en potencia, por más que sea del vino de donde provenga el vinagre. ¿Y el ser vivo es un cadáver en potencia, o bien no lo es, y toda destrucción es tan sólo un accidente?

Pero la materia del animal es en potencia el cadáver por el hecho de la destrucción, y es el agua la materia del vinagre. El vinagre y el cadáver vienen del agua y del animal, como la noche viene del día. En todos los casos en que hay, como en éste, transformación recíproca, es preciso que en la transformación los seres vuelvan a sus elementos materiales. Para que el cadáver se haga un animal, debe por lo pronto pasar de nuevo por el estado de materia; y después, mediante esta condición, podrá hacerse un animal. Es preciso que el vinagre se cambie en agua para hacerse vino luego.

-VI. CAUSA DE LA FORMA SUSTANCIAL.

Hemos indicado una dificultad relativamente a las definiciones y a los números[1]. ¿Cuál es la causa de la unidad? Porque la unidad de lo que tiene muchas partes, cuya reunión no es una especie de montón, cuyo conjunto es algo independiente de las partes, tiene sin duda una causa.

La causa de la unidad de los cuerpos es, según unos, el contacto; según otros, la viscosidad o cualquiera otra modificación de este género[2]. En cuanto a la definición, es un discurso que es uno, no a la manera de la Ilíada a causa del encadenamiento, sino mediante la unidad del ser definido. ¿Qué es lo que constituye la unidad del hombre y por qué es uno y no múltiple, animal y bípedo, por ejemplo, sobre todo si hay, como algunos pretenden, un animal en sí y un bípedo en sí? ¿Por qué el hombre en sí no será lo uno y lo otro, existiendo los hombres a causa de su participación, no es un solo ser, el hombre en sí, sino en dos seres en sí, el animal y el bípedo? En la hipótesis en que hablamos[3], el hombre no puede absolutamente ser uno; es varios, animal y bípedo. Se ve, por tanto, que con esta manera de definir las cosas y de tratar la cuestión, es imposible mostrar la causa y resolver la dificultad. Pero si hay, según nuestra opinión, de una parte la materia, de otra la forma, de una el ser en potencia, de otra el ser en acto, tenemos, al parecer, la solución que buscábamos.

Si se da el nombre de vestido al cilindro de bronce, no ofrecería embarazo la dificultad. Entonces la palabra vestido representaría lo que contiene la definición. Sería preciso indagar cuál es la causa de la unidad del ser, del cilindro y del metal, cuestión que se resuelve por sí misma: el uno es la materia, el otro la forma. ¿Cuál es, pues, independiente del agente, la causa que hace pasar de la potencia al acto los seres respecto de los que tiene lugar la producción? No hay otra que la que hemos dicho, que haga que la esfera en potencia sea una esfera en acto: de la esfera, como del hombre, lo es la esencia individual.

Hay dos clases de materia, la materia inteligible y la sensible y, en toda definición, en ésta, *el círculo es una figura plana*, hay la materia de una parte, el acto de la otra. En cuanto a las cosas que no tienen materia ni inteligible ni sensible, cada una es una unidad inmediata, una unidad pura y simple, y cada una pertenece al ser propiamente dicho. Tales son la esencia, la cualidad, la cuantidad, etcétera[4]. Por esto no entran en las definiciones ni el ser ni la unidad. La forma sustancial es igualmente una unidad pura y simple, un ser propiamente dicho. Para estas cosas no hay ninguna causa extraña que constituya su unidad ni su ser; cada una de ellas es por sí misma un ser y una unidad, no porque tengan un género común ni porque tengan una existencia independiente de los seres particulares.

Hay algunos que, para resolver esta cuestión de la unidad admiten la participación[5]; pero no saben, ni cuál es la causa de la participación, ni lo que es particular. Según otros, lo que forma la unidad es el enlace con el alma: la ciencia, dice Licofrón[6], es el enlace del saber con el alma. Otros, en fin, dicen que la vida es la reunión, el encadenamiento del alma con el cuerpo. Lo mismo puede decirse de todas las cosas. La salud será en este caso el enlace, el encadenamiento, la reunión del alma con la salud; el triángulo de metal la reunión del metal y del triángulo; lo blanco la reunión de la superficie y de la blancura.

La indagación de la causa es la que produce la unidad de la potencia y del acto, y el examen de su diferencia es lo que ha dado origen a estas opiniones. Ya dijimos: la materia inmediata y la forma son una y sola cosa, sólo que la una es el ser en potencia, y la otra el ser en acto. Indagar la causa de la unidad y de la forma sustancial, es indagar lo mismo. Porque cada unidad individual, sea en potencia, sea en acto es, desde este punto de vista, la unidad. No hay otra causa de unidad que el motor que hace pasar los seres de la potencia al acto. Respecto a los seres que no tienen materia, no son todos ellos más que pura y simplemente seres.

---

1. Véase más adelante, cap. III de este libro.
2. Véase lib. V, 6.
3. En la teoría de las ideas.
4. Todas las categorías. Véase en el lib. V los capítulos relativos a la unidad y al ser.
5. Los partidarios de la teoría de las ideas.
6. Los comentaristas llaman a este personaje, Licofrón el sofista: nos es perfectamente desconocido. Ha debido de ser posterior a Licofrón, hijo de Periandro y anterior al poeta llamado σκοτεινός, el oscuro, que compuso, bajo el reinado de Tolomeo Filadelfo, el poema de la profecía de Casandra; fue probablemente algún contemporáneo de Gorgias, de Protágoras, o uno de los discípulos inmediatos de éstos.

LIBRO NOVENO

-I. De la potencia y de la privación.

-II. Potencias irracionales, potencias racionales.

-III. Refutación de los filósofos de la escuela de Mégara, que pretendían que no hay potencia sino cuando hay acto y que donde no hay acto no hay potencia.

-IV. ¿Una cosa posible es susceptible de no existir jamás ni en lo presente ni en lo porvenir?

-V. Condiciones de la acción de la potencia.

-VI. Naturaleza y cualidad de la potencia.

-VII. En qué casos no la hay y en qué casos la hay.

-VIII. El acto es anterior a la potencia y a todo principio de cambio.

-IX. La actualidad del bien es superior a la potencia del bien; lo contrario sucede con el mal. Mediante la reducción al tacto es como se ponen en claro las propiedades de los seres.

-X. De lo verdadero y de lo falso.

-I. DE LA POTENCIA Y DE LA PRIVACIÓN.

Hemos hablado del ser primero, de aquel al que se refieren todas las demás categorías; en una palabra, de la sustancia. A causa de su relación con la sustancia de los demás seres son seres, y en este caso están la cuantidad, la cualidad y los atributos análogos. Todos estos seres, como hemos dicho en los libros precedentes, contienen implícitamente la noción de la sustancia. El ser no sólo se toma en el sentido de sustancia, de cualidad, de cuantidad, sino que hay también el ser en potencia y el ser en acto, el ser [con relación] a la acción. Hablemos, pues, de la potencia y del acto. Por lo pronto, en cuanto a la potencia, observemos que la que merece verdaderamente este nombre no es el objeto único de nuestro estudio presente; la potencia, lo mismo que sucede con el acto, se aplica a otros seres que los que son susceptibles de movimiento. Hablaremos de la potencia motriz en lo que vamos a decir de la actualidad; pero también hablaremos de otras clases de potencia.

La potencia y el poder[1], que ya hemos caracterizado en otro lugar[2], se toman en muchas acepciones. No tenemos que ocuparnos de las potencias que sólo son de nombre. Una semejanza ha sido motivo de que se diera a algunos objetos, en la geometría por ejemplo, el nombre de potencias; y otras cosas se las ha supuesto potentes o impotentes a causa de una cierta manera de ser o de no ser.

Las potencias pueden referirse a un mismo género; todas ellas son principios, y se ligan a un poder primero y único, el de cambio, que reside en otro ser en tanto que otro. La potencia de ser modificado es en el ser pasivo el principio del cambio, que es capaz de experimentar mediante la acción de otro ser en tanto que otro. La otra potencia es el estado del ser, que no es susceptible de ser modificado en mal, ni destruido por otro ser en tanto que otro por el ser que es el principio del cambio. La noción de la potencia primera entra en todas estas definiciones. Las potencias de que hablamos se distinguen, además, en potencia simplemente activa o simplemente pasiva, y en potencia de hacer bien o de padecer el bien. Las nociones de estas últimas encierran, por tanto, en cierta manera, las nociones de las potencias de que ellas se derivan.

Un ser tiene poder, ya porque tiene la potencia de modificarse a sí mismo, ya porque tiene la de modificar a otro ser. Ahora bien; es evidente que la potencia activa y la potencia pasiva son, desde un punto de vista, una sola potencia, y desde otro son dos potencias. Se da ante todo la potencia en el ser pasivo; y porque hay en él un principio, porque la materia es un principio, por esto el ser pasivo es modificado, y un ser modifica a otro ser. Y así, lo que es graso es combustible; lo que cede de cierta manera es frágil[3] y lo mismo en todo lo demás. Luego hay la potencia en el agente: como el calor y el arte de construir, el uno en lo que calienta y el otro en la arquitectura. Un agente natural no puede hacerse experimentar a sí mismo ninguna modificación; hay unidad en él, y no es otro que él mismo. La impotencia y la imposibilidad son lo contrario de la potencia, la privación de ésta; de suerte que hay respecto de cada potencia la impotencia de la misma cosa sobre el mismo ser. Pero la privación se entiende de muchas maneras. Hay la privación de una cosa que naturalmente no se tiene, y la privación de lo que se debería naturalmente tener; un ser padece privación, bien absolutamente, bien en la época de la posesión; también la privación es completa o parcial; en fin, cuando la violencia impide a los seres tener lo que es propio de su naturaleza, decimos que estos seres padecen privación[4].

---

1. 'Π δυναμις και το δυνασθαι.
2. Libro V, 12. La expresión εν αλλοις, de que se sirve Aristóteles para designar el libro V, no debe sorprendemos. Es sabido lo vagas que son habitualmente sus citas. 'Εν αλλοις no significa: en otra obra, en una obra diferente de ésta, sino

simplemente: en otra parte, en otro pasaje. Los comentaristas antiguos, que entendían el griego también como nosotros, no lo han entendido de otro modo.

3. Θλαστόν, traducido antiguamente por *impresibile*; Bessar, *pressibile*; Argirop., *premi potest*; Sepúlveda, en la traducción de la paráfrasis: *quod vero certo modo cedit, est fragile*. Hengstenberg, pág. 167: *Zerdrückbar*.
4. Véase lib. V, 22.

-II. POTENCIAS IRRACIONALES, POTENCIAS RACIONALES.

Entre los principios de que hablamos, hay unos que residen en los seres animados, en el alma, en la parte del alma en que se encuentra la razón. Como se ve, debe de haber potencias irracionables y racionales; y todos los actos, todas las ciencias prácticas, todas las ciencias, en fin, son potencias, pues son principio de cambio en otro ser en tanto que otro. Cada potencia racional puede producir por sí sola efectos contrarios, pero cada una de las potencias irracionales produce un solo y mismo efecto. El calor sólo es causa de la calefacción, mientras que la medicina puede serlo de enfermedad y de salud. Se verifica así, porque la ciencia es una explicación racional. Ahora bien, la explicación racional explica el objeto y la privación del objeto, sólo que no es de la misma manera. Desde un punto de vista, el conocimiento de lo uno y de lo otro es el objeto de la explicación racional: pero desde otro punto, es principalmente el del objeto mismo.

Las ciencias de esta especie son por lo mismo necesariamente ciencias de los contrarios, pero uno de los contrarios es su propio objeto, mientras que el otro no lo es. Ellas explican el uno en sí mismo; y sólo accidentalmente, si puede decirse así, tratan del otro. Valiéndose de la negación es como muestran el contrario, haciéndole desaparecer. La privación primera de un objeto es en efecto su contrario; y esta privación es la supresión del objeto.

Los contrarios no se producen en el mismo ser; pero la ciencia es una potencia en tanto que contiene la razón de las cosas, y que hay en el alma el principio del movimiento. Y así lo sano no produce más que salud, lo caliente calor, lo frío la frialdad, mientras que el que sabe produce los dos contrarios. La ciencia conoce lo uno y lo otro, pero de una manera diferente. Porque la noción de los dos contrarios se encuentra, pero no de la misma manera, en el alma que tiene en sí el principio del movimiento; y del mismo principio, del alma, aplicándose a un solo y mismo objeto, hará salir ambos contrarios. Los seres racionalmente potentes están en un caso contrario al en que se encuentran los que no tienen más que una potencia irracional; no hay en la noción de estos últimos más que un principio único.

Es claro que la potencia del bien lleva consigo la idea de la potencia activa o pasiva; pero no acompaña siempre a ésta. El que obra el bien, necesariamente obra; mientras el que solamente obra, no obra necesariamente el bien.

-III. REFUTACIÓN DE LOS FILÓSOFOS DE LA ESCUELA DE MÉGARA, QUE PRETENDÍAN QUE NO HAY POTENCIA SINO CUANDO HAY ACTO Y QUE DONDE NO HAY ACTO NO HAY POTENCIA.

Hay filósofos que pretenden, como los de Mégara, por ejemplo[1], que no hay potencia más que cuando hay acto; que cuando no hay acto no hay potencia; y así que el que no construye no tiene el poder de construir, pero que el que construye tiene este poder cuando construye; y lo mismo en todo lo demás. No es difícil ver las consecuencias absurdas de este principio. Evidentemente, entonces no se será constructor si no se construye, porque la esencia del constructor es el tener el poder de construir. Lo mismo sucede con las demás artes. Es imposible poseer un arte sin haberlo aprendido, sin que se nos haya trasmitido, y el dejar de poseerle sin haberle perdido (se pierde olvidándole, o por cualquiera circunstancia, o por efecto del tiempo; porque no hablo del caso de la destrucción del objeto sobre que el arte opera; en esta hipótesis el arte subsiste siempre). Ahora bien, si se cesa de obrar, no se poseerá ya el arte. Sin embargo, se podrá poner a construir inmediatamente; ¿cómo habrá recobrado el arte? Lo mismo será respecto de los objetos inanimados, lo frío, lo caliente, lo dulce; y en una palabra, todos los objetos sensibles no serán cosa alguna independientemente del ser que siente. Se viene a parar entonces al sistema de Protágoras[2]. Añádase a esto que ningún ser tendrá ni siquiera la facultad de sentir si realmente no siente, si no tiene sensación en acto. Si llamamos ciego al ser que no ve, cuando está en su naturaleza el ver y en la época en que debe por su naturaleza ver, los mismos seres serán ciegos y sordos muchas veces al día. Más aún; como aquello para lo que no hay potencia es imposible, será posible que lo que no es producido actualmente sea producido nunca. Pretender que lo que tiene la imposibilidad de ser existe o existirá, sería sentar una falsedad, como lo indica la misma palabra imposible[3].

Semejante sistema suprime el movimiento y la producción. El ser que está en pie estará siempre en pie; el ser que está sentado estará eternamente sentado. No podrá levantarse si está sentado, porque el que no tiene el poder de levantarse está en la imposibilidad de levantarse. Si no se pueden admitir estas consecuencias, es evidente que la potencia y el acto son dos cosas diferentes: y este sistema lo que hace es identificar la potencia y el acto. Lo que aquí se intenta suprimir es una cosa de grandísima importancia.

Queda, pues, sentado que unas cosas pueden existir en potencia y no existir en acto, y que otras pueden existir realmente y no existir en potencia. Lo mismo sucede con todas las demás categorías. Suele suceder que un ser que tiene el poder de andar no ande; que ande un ser que tiene el de no andar. Digo que una cosa es posible cuando su tránsito de la potencia al acto no entraña ninguna imposibilidad. Por ejemplo: si un ser tiene el poder de estar sentado; si es posible, en fin, que este ser esté sentado, el estar sentado no producirá para este ser ninguna imposibilidad. Igual sucede si tiene el poder de recibir o imprimir el movimiento, de tenerse en pie o mantener en pie a otro objeto, de ser o de devenir, de no ser o de no devenir.

Con relación al movimiento se ha dado principalmente el nombre de acto a la potencia activa y a las demás cosas; él, en efecto, parece ser el acto por excelencia. Por esta razón no se atribuye el movimiento a lo que no existe; se le refiere a algunas de las demás categorías. De las cosas que no existen se dice con razón que son inteligibles, apetecibles, pero no que están en movimiento. Y esto porque no existen al presente en acto, sino que sólo pueden existir en acto; porque entre las cosas que no existen, algunas existen en potencia, aunque realmente no existen porque no existen en acto.

---

1. Es la escuela que se ha llamado erística, y cuyo fundador fue Euclides, discípulo de Parménides y de Sócrates.
2. Véase lib. IV, 5.
3. Véase lib. V, 12.

-IV. ¿UNA COSA POSIBLE ES SUSCEPTIBLE DE NO EXISTIR JAMÁS NI EN LO PRESENTE NI EN LO PORVENIR?

Si lo posible es, como dijimos, lo que pasa al acto, evidentemente no es exacto decir: tal cosa es posible, pero no se verificará. De otra manera el carácter de lo imposible se nos escapa. Decir por ejemplo: la relación de la diagonal con el lado del cuadrado puede ser medida, pero no lo será, es no tener en cuenta lo que es la imposibilidad. Se dirá que nada obsta a que respecto a una cosa que no existe o no existirá haya posibilidad de existir o de haber existido. Pero admitir esta proposición, y suponer que lo que no existe, pero que es posible, existe realmente o ha existido, es admitir que no hay nada imposible. Pero hay cosas imposibles: medir la relación de la diagonal con el lado del cuadrado. No hay identidad entre lo falso y lo imposible. Es falso que estés en pie ahora, pero no es imposible.

Es evidente, por otra parte que si existiendo A lleva consigo necesariamente la existencia de B, pudiendo existir A, necesariamente B puede existir igualmente. Porque si la existencia de B no es necesariamente posible, nada obsta a que su existencia sea posible. Supóngase, pues, que A es posible; en el caso de la posibilidad de la existencia de A, admitir que A existe no supone ninguna imposibilidad. Ahora bien, en este caso B existe necesariamente. Pero hemos admitido que B podría ser imposible. Supóngase a B imposible. Si B es imposible, necesariamente A lo es igualmente. Pero antes A era posible; luego B es posible; luego siendo posible A, necesariamente B es posible si entre A y B hay una relación tal que, existiendo A, B necesariamente existe. Luego si A y B están en este caso, admitir entonces que B no es posible, es admitir que A y B no están entre sí como lo habíamos admitido. Y si siendo posible A, es necesariamente posible B, la existencia de A arrastra tras sí la de B. En efecto, B es necesariamente posible cuando A lo es, lo cual significa: que cuando A existe en cualquier circunstancia y de cualquier manera que pueda existir, entonces B existe igualmente y es necesario que exista en el mismo concepto A.

-V. CONDICIONES DE LA ACCIÓN DE LA POTENCIA.

Unas potencias son puestas en nosotros por la naturaleza, como los sentidos; otras nos vienen de un hábito contraído, como la habilidad de tocar la flauta; y otras son fruto del estudio, por ejemplo, las artes. Es preciso que haya habido un ejercicio anterior para que poseamos las que se adquieren por el hábito o por el razonamiento; pero las que son de otra clase, así como las potencias pasivas, no exigen este ejercicio. Potente es el que puede algo en cualquiera circunstancia y manera y con todos los demás caracteres que entran necesariamente en la definición. Ciertos seres que pueden producir el movimiento racionalmente, y sus potencias son racionales, mientras que los otros están privados de razón y sólo tienen potencias irracionales; las primeras residen necesariamente en un ser animado, mientras que éstas residen en seres animados y en seres inanimados. Respecto a las potencias de esta última especie, desde que el ser pasivo y el ser activo se aproximan en las condiciones requeridas por la acción de la potencia, entonces es necesario que el uno obre y el otro padezca la acción; pero esto no es necesario en las potencias de la otra especie. Esto consiste en que cada una de las primeras, todas sin excepción, sólo producen un solo efecto, mientras que cada una de las racionales produce lo contrario.

La potencia, se dirá, produce entonces simultáneamente lo contrario. Pero esto es imposible. Es preciso, por tanto, que exista alguna otra cosa que determine el modo, la acción; como por ejemplo, el deseo o la resolución. La cosa cuya realización se desee, será la cosa que deberá realizarse cuando haya verdaderamente potencia y el ser activo esté en presencia del ser pasivo. Luego desde el momento en que el deseo se deje sentir en él, el ser dotado de una potencia racional hará la cosa que tiene poder de hacer con tal que la condición requerida se cumpla. Ahora bien, la condición de su acción es la presencia del objeto pasivo y cierta manera de ser en este objeto. En el caso contrario habría imposibilidad de obrar. Por lo demás, no tenemos necesidad de añadir que es indispensable que ningún obstáculo exterior impida la acción de la potencia. Un ser tiene la potencia en tanto que tiene poder de obrar; poder, no absoluto, sino sometido a ciertas condiciones, en las que va embebida la de que no habrá obstáculos exteriores. La supresión de éstos es la consecuencia misma de algunos caracteres que entran en la definición de potencia. Por esto la potencia no puede producir a un tiempo, bien se quiera o desee, dos efectos, o los efectos contrarios. No tiene el poder de producirlos simultáneamente, ni tampoco el poder de producir simultáneamente efectos diversos. Lo que puede hacer es lo que hará.

-VI. NATURALEZA Y CUALIDAD DE LA POTENCIA.

Hemos hablado de la potencia motriz; ocupémonos del acto[1] y determinemos qué es el acto y cuáles son sus modos. Esta indagación nos llevará a demostrar que por potente no se entiende sólo lo que tiene la propiedad de mover otra cosa, o de recibir de ella el movimiento; movimiento propiamente dicho, o movimiento de tal o cual naturaleza, sino que tiene también otras significaciones, y fijaremos estas significaciones en el curso de esta indagación. El acto es respecto a un objeto, el estado opuesto a la potencia: decimos, por ejemplo, que el Hermes está en potencia en la madera; que la mitad de la línea está en potencia en la línea entera, porque podría sacarse de ella. Se da igualmente el nombre de sabio en potencia hasta al que no estudia, si puede estudiar. Puede concluirse de estos diferentes ejemplos particulares lo que entendemos por acto, no precisamente para definirle con exactitud, pues debemos a veces contentarnos con analogías. El acto será el ser que construye, relativamente al que tiene la facultad de al que duerme; el ser que ve de ver; el objeto que sale de la materia, relativamente a la materia; lo hecho, con relación o lo no hecho. Demos el nombre de acto a los primeros términos de estas diversas relaciones; los otros son la potencia.

Acto no se entiende siempre de la misma manera como no sea por analogía. Se dice: tal objeto está en tal otro, o es relativamente a tal otro; se dice igualmente: tal objeto está en acto en tal otro, o es relativamente a tal otro. Porque el acto significa tan pronto el movimiento relativamente a la potencia, como la esencia relativamente a una cierta materia. La potencia y el acto, respecto del infinito, del vacío y de todos los seres del género se entienden de otra manera que respecto de la mayoría de los demás seres tales como lo que se ve, lo que anda o que es visto. En estos últimos casos la afirmación de la existencia puede ser verdadera, ya absolutamente, ya en tal circunstancia dada. Visible se dice, o de lo que es visto realmente, o de lo que puede ser visto. Pero la potencia respecto al infinito no es de una naturaleza tal que el acto pueda jamás realizarse, como no sea por el pensamiento; en tanto que la división se prolonga hasta el infinito, se dice que el acto de la división existe en potencia, pero no existe jamás separado de la potencia[2].

Como todas las acciones que tienen un término no constituyen ellas mismas un fin, sino que tienden a un fin, como el fin de la demacración que es el enflaquecimiento; tales acciones como la demacración son ciertamente movimientos, pero no son el fin del movimiento. Estos hechos no pueden considerarse como actos, como actos completos, porque no constituyen un fin, sino solamente tienden a un fin y al acto. Se puede ver, concebir, pensar y haber visto, concebido, pensado; pero no se puede aprender y haber aprendido la misma cosa, curar y haber sido curado; se puede vivir bien y haber vivido bien, ser dichoso y haber sido dichoso todo a la vez; sin esto sería preciso que hubiera puntos de detenida en la vida, como puede suceder con la demacración; pero jamás se ha verificado esto: se vive y se ha vivido. De estos diferentes modos llamaremos a los unos movimientos, a los otros actos, porque todo movimiento es incompleto, como la demacración, el estudio, la marcha, la construcción; y los diferentes modos incompletos. No se puede dar un paso y haberle dado al mismo tiempo, construir y haber construido, devenir y haber devenido, imprimir o recibir un movimiento y haberle recibido. El motor difiere del ser en movimiento; pero el mismo ser, por el contrario, puede al mismo tiempo ver y haber visto, pensar y haber pensado: estos últimos hechos son los que yo llamo actos; los otros no son más que movimientos. Estos ejemplos, o cualquier otro del mismo género, bastan para probar claramente qué es el acto y cuál es su naturaleza.

---

1. Περι ενεργειας. «Para comprender bien el acto peripatético, es preciso que nuestro

espíritu se despoje de todas las nociones habitualmente admitidas sobre la causa, el efecto y su relación. El *acto* de Aristóteles no es el acto moderno, así como la *potencia* no es la causa tal como nosotros la entendemos. El acto moderno es determinado, como lel acto peripatético; esto es lo que tienen de común. Pero el acto moderno es un simple efecto, una modificación, no es nada por sí mismo. Pura abstracción cuando se le toma independientemente de su causa, no tiene más realidad que en cuanto está ligado a ella. Y a decir verdad, no hay acto independiente de su causa, como no hay causa aislada de su acto. Hay una causa en acto, y nada más. Por lo contrario, el acto peripatético es absoluto: existe por sí mismo; se liga tan poco por su naturaleza a la [259] potencia, que no es puro y perfecto sino en cuanto rompe los lazos que le unían a ella. Él solo posee la energía, la fuerza, la vida, la existencia positiva. En fin, el acto, según Aristóteles, es el ser en toda su plenitud.» Vacherot, *Teoría de los primeros principios,* págs. 31 y 32.

2. Aristóteles demuestra en la *Física,* lib. I, 11; Bekk., pág. 204, libro IV, 8, que ni el infinito ni el vacío existen en acto en los seres.

-VII. EN QUÉ CASOS NO LA HAY Y EN QUÉ CASOS LA HAY.

Necesitamos fijar cuándo un ser es o no es, en potencia, otro ser, porque no hay potencia en todos los casos. Y así, ¿la tierra es o no el hombre en potencia? Tendrá más bien este carácter cuando se haya hecho esperma, y quizá ni aún entonces será el hombre en potencia. En igual forma la salud no lo recibe todo de la medicina y del azar; pero hay seres que tienen esta propiedad. Y son los que se llaman sanos en potencia. El tránsito de la potencia al acto para el pensamiento puede definírse: *la voluntad realizándose sin encontrar ningún obstáculo exterior*: aquí, por el contrario, para el ser que es objeto de curación habrá potencia si no hay en el mismo ningún obstáculo. De igual modo la casa existirá también en potencia, si no hay nada en ella y si nada hay en la materia que se oponga a que una casa sea construida. Si no hay nada que añadir, ni quitar, ni mudar, la materia será la causa en potencia. Lo mismo sucederá con todos los seres que tienen fuera de sí mismos el principio de su producción; y lo mismo con los que, teniendo en sí este principio, existirán por sí mismos, si nada exterior se opone a ello. La esperma no es aún el hombre en potencia; es preciso que esté en otro ser y que sufra un cambio. Cuando ya, en virtud de la acción de su propio principio, tenga este carácter; cuando por fin tenga la propiedad de producir si nada exterior se opone a ello, entonces será el hombre en potencia; pero es preciso para esto la acción de otro principio. Así, la tierra no es todavía la estatua en potencia; es preciso que se convierta en bronce para tener este carácter.

El ser que contiene otro ser en potencia es aquel de quien se dice, no que es *esto*, sino que es de *esto*: un cofre no es madera, sino de madera; la madera no es tierra, sino de tierra. Si es así, si la materia que contiene un ser en potencia es aquella con relación a la cual se dice: este ser es, no este otro, sino de este otro, la tierra no contendrá el ser en potencia sino de una manera secundaria; y así no se dice que el cofre es de tierra o que es tierra, sino que es de madera, porque la madera, es el cofre en potencia: la madera en general es la materia del cofre en general; tal madera es la materia de tal cofre. Si hay algo que sea primero, alguna cosa que no pueda referirse a otra, diciendo es de esto, esta será la materia primera: si la tierra es de aire; si el aire no es fuego, sino de fuego, el fuego será la materia primera, el *esto*[1], la sustancia. En esto es en lo que difieren lo universal y el sujeto; el uno es un ser real, pero no el otro: de este modo el hombre, el cuerpo, el alma son los sujetos de las diversas modificaciones; la modificación es lo músico, lo blanco. Cuando la música es una cualidad de tal sujeto, no se dice que él es música, sino músico; no se dice que el hombre es blancura, sino que es blanco; que es marcha o movimiento, sino que está en marcha o en movimiento, como se dice que el ser es de esto. Los seres que están en este caso, los seres primeros, son sustancias, los otros no son más que formas, el sujeto determinado; el sujeto primero es la materia y la sustancia material. Con razón no se dice cuando se habla de la materia, y lo mismo sucede respecto de las modificaciones, que son de esto; porque la materia y las modificaciones son igualmente indeterminadas.

Hemos visto cuándo debe decirse que una cosa tiene otra en potencia y cuándo que no la contiene.

---

1. Τοδε τι. En este pasaje no hay precisión de explicar rigurosamente esta expresión; no se trata de la esencia, de la figura sensible, sino del sujeto, de lo que se dice *esto,* de lo que se refiere a otra cosa. Es, en [262] una palabra, salvo una ligera modificación, el τοδε de antes en su oposición con εκεινινον. Si se entendiese por τοδε τι el ser determinado, se caería en un error, porque Aristóteles dice al fin de este pasaje, que la materia y las cualidades son completamente indeterminadas, αμφω γαρ αόριστα, designado por la palabra materia lo que acaba de llamarse τοδε τι.

-VIII. EL ACTO ES ANTERIOR A LA POTENCIA Y A TODO PRINCIPIO DE CAMBIO.

Hemos dejado sentado de cuántas maneras se entiende la prioridad[1]; y es evidente, conforme a lo que hemos dicho, que el acto es anterior a la potencia. Y por potencia no entiendo sólo la potencia determinada, aquella que se define diciendo que es el principio del cambio colocado en otro ser en tanto que otro, sino en general todo principio de movimiento o de reposo. La naturaleza[2] se encuentra en este caso; hay entre ella y la potencia identidad de género; es un principio de movimiento, no colocado en otro ser, sino en el mismo ser en tanto que él mismo. En todas las potencias de este género el acto es anterior a la potencia bajo la relación de la noción y de la esencia; bajo la relación del tiempo, el acto es algunas veces anterior, otras no. Que el acto es anterior bajo la relación de la noción, es evidente. La potencia primera no es potente sino porque puede obrar. En este sentido es en el que yo llamado constructor al que puede construir, dotado de vista al que ve, visible aquello que puede ser visto. El mismo razonamiento se aplica a lo demás. Es de toda necesidad que la noción preceda; todo conocimiento debe apoyarse sobre un conocimiento[3].

He aquí, bajo la relación del tiempo, cómo es preciso entender la anterioridad. El ser que obra es anterior genéricamente, pero no en cuanto al número; la materia, la semilla, la facultad de ver son anteriores, bajo la relación del tiempo, a este hombre que existe actualmente en acto, al trigo, al caballo, a la visión; son en potencia el hombre, el trigo, la visión, pero no lo son en acto. Estas mismas potencias vienen de otros seres, los cuales, bajo la relación del tiempo, son en acto anteriores a ellas, porque es preciso siempre que el acto provenga de la potencia mediante la acción de un ser que existe en acto; así el hombre viene del hombre, el músico se forma bajo la dirección del músico; hay siempre un primer motor, y éste existe ya en acto.

Hemos dicho, hablando de la sustancia[4], que todo lo que es producido viene de algo, es producido por alguna cosa; y que el ser producido es de la misma especie que el motor. Y así es imposible, al parecer, ser constructor sin haber construido jamás nada; tocador de flauta sin haber tocado, porque tocando la flauta es como se aprende a tocarla. Lo mismo sucede en todos los demás casos. Y de aquí este argumento sofístico: que el que no conoce una ciencia hará las cosas que son objeto de esta ciencia. Sí, sin duda el que estudia no posee aún la ciencia; pero así como en toda producción existe ya alguna cosa producida, y que en todo movimiento hay ya un movimiento realizado (y ya lo hemos demostrado en nuestro *Tratado sobre el movimiento*)[5], así es de necesidad que el que estudie posea ya algunos elementos de la ciencia. Resulta de lo que precede que en este sentido el acto es anterior a la potencia bajo la relación la producción y del tiempo.

Es igualmente anterior bajo la relación de la sustancia: por lo pronto, porque lo que es posterior en cuanto a la producción es anterior en cuanto a la forma y a la sustancia: y así el hombre formado es anterior al niño, el hombre es anterior a la esperma, porque el uno tiene ya la forma, la otra no la tiene; además, porque todo lo que se produce tiende a un principio y a un fin, porque la causa final es un principio, y la producción tiene por fin este principio. El acto también es un fin, y la potencia existe en vista de este fin. En efecto, los animales no ven por tener vista, sino que tienen la vista para ver; de igual modo se posee el arte de construir para construir y la ciencia especulativa para elevarse a la especulación; pero no se eleva a la especulación para poseer la ciencia, sino cuando se aprende; y aun en este último caso no hay realmente especulación, sino un ejercicio; la especulación pura no tiene por objeto la satisfacción de nuestras necesidades[6]. Igualmente, la materia propiamente dicha es una potencia, pues es susceptible de recibir una forma; cuando existe un acto entonces posee forma, y lo mismo sucede en todos los demás casos, y lo mismo respecto de las cosas cuyo objeto es un movimiento. Con la naturaleza acontece lo que con los maestros, que creen haber conseguido su fin cuando han mostrado trabajando a sus discípulos. Y en efecto, si no fuera así podrían compararse sus discípulos al Hermes de Pasón; no se reconocería si tienen o no la ciencia, como no podría reconocerse si el Hermes estaba dentro o fuera de la piedra. La obra es el fin, y la acción se aplica a la obra y por qué la acción es una dirección hacia el acto.

Añádase a esto que el fin de ciertas cosas es simplemente el ejercicio: el fin de la vista es la visión; y la vista no produce absolutamente otra cosa que la visión; en otros casos, por lo contrario, se produce otra cosa: así del arte de construir se deriva, no sólo la construcción, sino la casa. Sin embargo, no hay realmente fin en el primer caso, y es sobre todo en el segundo donde la potencia tiene un fin. Porque la construcción existe en lo que es construido; nace y existe al mismo tiempo que la casa. Conforme a esto, en todos los casos en que independientemente del ejercicio puro y simple hay alguna cosa producida, la acción se da en el objeto mismo que es producido: la construcción, por ejemplo, en lo construido, la tejedura en lo que es tejido. Lo mismo sucede en todo lo demás; y en general en estos casos el movimiento está en el objeto mismo que está en movimiento. Pero siempre que fuera del acto no hay algo producido, el acto existe en el sujeto mismo: la visión, está en el ser que ve; la teoría en el que hace la teoría, la vida en el alma[7], y por ende la felicidad misma es un acto del alma, porque también es una especie de vida[8].

Es, por tanto, muy claro que la esencia y la forma son actos; de donde se sigue evidentemente que el acto bajo la relación de la sustancia es anterior a la potencia. Por la misma razón el acto es anterior bajo la relación del tiempo; y se asciende, como hemos dicho, de acto en acto hasta que se llega al acto del motor primero y eterno.

Por lo demás, puede hacerse más palpable aún la verdad de nuestra proposición. Los seres eternos son anteriores, en cuanto a la sustancia, a los seres perecederos; y nada de lo que existe en potencia es eterno. Puede probarse así: toda potencia supone al mismo tiempo lo contrario; lo que no tiene la potencia de existir no existirá necesariamente nunca; pero todo lo que existe en potencia puede muy bien pasar al acto: lo que tiene la potencia de ser puede ser o no ser; y la misma cosa tiene entonces la potencia de ser y no ser. Pero puede suceder que lo que tiene la potencia de no ser no sea. Pero lo que puede no ser es perecedero absolutamente, o muy perecedero desde el punto de vista de que puede no ser en cuanto al lugar, a la cuantidad, a la cualidad; y perecedero absolutamente significa perecedero en cuanto a la esencia. Nada de lo que es perecedero absolutamente existe absolutamente en potencia; pero puede existir en potencia desde ciertos puntos de vista, como en cuanto a la cualidad y en cuanto al lugar. Todo lo que es imperecedero existe en acto, y lo mismo sucede con los principios necesarios[9]. Porque son principios primeros, y si no lo fuesen no existiría nada. Lo mismo respecto al movimiento, si hay algún movimiento eterno. Y si hay algún objeto que esté en movimiento eterno, no se mueve en potencia, a no entenderse por esto el poder pasar de un lugar a otro. Nada obsta a que este objeto, sometido a un movimiento eterno, no lo sea. Por esto el Sol, los astros, el cielo, todo existe siempre en acto, y no hay que temer que se detengan nunca como temen los físicos[10]; jamás se cansan en su marcha, pues su movimiento no es como el de los seres perecederos, la acción de una potencia que admite los contrarios. Lo que hace que la continuidad del movimiento sea fatigosa para los últimos es que la sustancia de los seres perecederos es la materia, y que la materia existe sólo en potencia y no en acto. Sin embargo, ciertos seres sometidos a cambio son, bajo esta relación, una imagen de los seres imperecederos; en el caso están el fuego y la tierra. En efecto, ellos existen siempre en acto, porque tienen el movimiento por sí y en sí mismos.

Las demás potencias que hemos consignado admiten todos los contrarios: lo que tiene la potencia de producir un movimiento de tal naturaleza puede igualmente no producirle (hablo aquí de las potencias racionales). En cuanto a las irracionales, también admiten los contrarios en tanto que pueden ser o no ser. Si existiesen naturaleza y sustancias del género de que hablan los partidarios de las doctrinas de las ideas, un ser cualquiera sería más sabio que la ciencia en sí; un objeto en movimiento estaría más en movimiento que el movimiento en sí, porque el uno seria el acto y el otro solamente la potencia. Es evidente que el acto es anterior a la potencia y a todo principio de cambio.

---

1. Véase lib. V, 11.
2. Véase lib. V, 4, y *Phisic. auscult.*, II, 1; Bekk., págs. 192, 193.
3. Véase lib. IV, 3.
4. Véase lib. VII, 7.
5. 'Εν τοις περι κινησεος. Aristóteles designa con esta expresión la Física y más especialmente el lib. VI, 5 de ese tratado, Bekk., pág. 335, donde examina esta cuestión con motivo de la teoría general de movimiento.
6. Hemos seguido para la interpretación de esta frase, muy oscura en el original, las indicaciones de Santo Tomás, pág. 121, b.

7. Véase el *Tratado del alma,* particularmente el lib. I, 1, 4.
8. Véase *La Moral a Nicómaco,* lib. I, 1.
9. Aristóteles en el *Tratado de interpretatione,* cap. 13. Bekk., pág. 23: «lo necesario y lo no necesario son muy probablemente el origen de todo lo que existe y de todo lo que no existe: no se deben considerar las demás cosas sino como consecuencia de estos principios. Se sigue de aquí que lo que es necesario existe en acto; y por último, que teniendo lo que es eterno la prioridad, el acto es anterior a la potencia, &c.».
10. Empédocles principalmente y sus sectarios, según Alejandro y Filopón.

-IX. LA ACTUALIDAD DEL BIEN ES SUPERIOR A LA POTENCIA DEL BIEN; LO CONTRARIO SUCEDE CON EL MAL. MEDIANTE LA REDUCCIÓN AL TACTO ES COMO SE PONEN EN CLARO LAS PROPIEDADES DE LOS SERES.

Es evidente, conforme con lo que va dicho, que la actualidad del bien es preferible a la potencia del bien y es más digna de nuestra veneración. En todos los seres de quienes se dice que *pueden*, el mismo ser puede los contrarios. Aquel de quien se dice por ejemplo: *puede estar sano*, este mismo puede estar enfermo, y esto al mismo tiempo que puede estar sano. La misma potencia produce la salud y la enfermedad; la misma el reposo y el movimiento; es la misma potencia la que construye la casa y la que la destruye; y en virtud de la misma potencia la casa es construida y destruida. El poder de los contrarios reside, simultáneamente, en los seres; pero es imposible que los contrarios existan simultáneamente; imposible que haya simultaneidad en los actos diversos, que haya a la vez salud y enfermedad[1]. Luego el bien en acto es necesariamente uno de los dos contrarios. Pero la potencia o es igualmente uno y otro contrario, o no es ninguno. Luego actualidad del bien es mejor que la potencia del bien.

En cuanto al mal, su fin y su actualidad son por fuerza peores que su potencia. Cuando no hay más que poder, el mismo ser es a la vez los dos contrarios. El mal no tiene existencia independiente de las cosas, porque por su naturaleza es inferior a la potencia. No hay, en los principios, en los seres eternos, ni mal, ni pecado, ni destrucción, porque la destrucción se cuenta también en el número de los males.

Reduciendo al acto las figuras geométricas es como descubrimos sus propiedades, porque por medio de una descomposición encontramos las propiedades de estas figuras. Si estuviesen descompuestas por naturaleza, sus propiedades serían evidentes; pero existen en potencia las propiedades antes de la descomposición. ¿Por qué la suma de los tres ángulos de un triángulo equivalen a dos rectos? Porque la suma de los ángulos formados alrededor de un mismo punto, sobre una misma línea, es igual a dos ángulos rectos. Si se formase el ángulo exterior prolongando uno de los lados del triángulo, la demostración se haría evidente. ¿Por qué el ángulo inscrito en el semicírculo es invariablemente un ángulo recto?, por la igualdad en estas tres líneas, a saber: las dos mitades de la base y la recta llevada del centro del círculo al vértice del ángulo opuesto a la base; esta igualdad, si nos penetramos de la demostración, nos hace reconocer la propiedad del ángulo inscrito. Es, pues, evidente que por medio de la reducción al acto se descubre lo que existe en la potencia; y la causa es que la actualidad es la concepción misma. Luego del acto se deduce la potencia; luego por el acto también se la conoce. En cuanto a la actualidad numérica, ésta es posterior a la potencia en el orden de producción.

---

1. Véase el lib. IV, 3.

-X. DE LO VERDADERO Y DE LO FALSO.

El ser y el no ser se toman en diversas acepciones. Hay el ser según las diversas formas de las categorías; después el ser en potencia o el ser en acto de las categorías; hay los contrarios de estos seres. Pero el ser propiamente dicho es sobre todo lo verdadero; el no ser lo falso[1]. La reunión o separación, he aquí lo que constituye la verdad o la falsedad de las cosas. Por consiguiente, está en lo verdadero el que cree que lo que realmente está separado está separado, que lo que está unido está unido. Pero está en lo falso el que piensa lo contrario de lo que en circunstancias dadas son o no son las cosas. Por tanto, todo lo que se dice es verdadero o falso, porque es preciso que se reflexione lo que se dice. No porque creamos que tú eres blanco, eres blanco en efecto, sino porque eres en efecto blanco, y al decir nosotros que lo eres, decimos la verdad[2].

Hay cosas que están eternamente reunidas y su separación es imposible; otras están eternamente separadas y es imposible reunirlas; otras, en fin, admiten los estados contrarios. Entonces ser es estar reunido, es ser uno; no ser, es estar separado, ser muchos. Cuando se trata de las cosas que admiten estados contrarios, el mismo pensamiento, la misma proposición se hace sucesivamente falsa y verdadera, y se puede estar ya en lo verdadero, ya en lo falso. Pero cuando se trata de cosas que no pueden ser de otra manera, no hay entonces tan pronto verdad como falsedad; estas cosas son eternamente verdaderas o falsas.

¿Pero qué es el ser y qué el no ser, qué lo verdadero y qué lo falso, en las cosas que no son compuestas? En este caso, sin duda alguna, el ser no es la composición; no es que las cosas sean cuando son compuestas, y que no sean cuando no son compuestas, como la madera es blanca, como la relación de la diagonal al lado del cuadrado es inconmensurable. ¿Lo verdadero y lo falso son entonces en estas cosas lo que son en las demás, o bien la verdad, y el ser como la verdad, no son aquí diferentes de lo que son en otra parte? He aquí lo que es verdadero y lo que es falso en estos objetos. Lo verdadero es percibir y decir lo que se percibe, y decir no es lo mismo que afirmar. Ignorar es no percibir, porque sólo se puede estar en lo falso accidentalmente cuando se trata de esencias. Lo mismo sucede respecto a las sustancias simples, porque es imposible estar en lo falso respecto a ellas. Todas ellas existen en acto, no en potencia; de otro modo nacerían y perecerían, porque no hay para el ser en sí producción ni destrucción: sin esto procedería de otro ser. Luego no puede haber error respecto a seres que tienen una existencia determinada, que existen en acto; solamente hay o no pensamiento de estos seres. Sin embargo, se examinan cuáles son sus caracteres, si son o no tales o cuales.

El ser considerado como lo verdadero, y el no ser como lo falso, significan bajo un punto de vista lo verdadero cuando hay reunión, lo falso cuando no la hay. Bajo otro punto de vista el ser es la existencia determinada, y la existencia indeterminada es el no ser. En este caso, la verdad es el pensamiento que se tiene de estos seres, y entonces no hay falsedad ni error; no hay más que ignorancia, la cual no se parece al estado del ciego, porque el estado del ciego equivaldría a no tener absolutamente la facultad de concebir.

Es evidente, además, si se admiten seres inmóviles, que éstos no pueden en ningún tiempo estar sujetos a error. Si el triángulo no está sujeto a cambio, no puede creerse que tan pronto la suma de sus ángulos vale como no vale dos ángulos rectos, pues en otro caso estaría sujeto a cambio. Pero puede creerse que este ser es inmóvil, y aquel otro no. Y así puede pensarse que no hay ningún número par que sea primo, o que entre los números pares hay unos que son primos, los otros no. Pero si se trata de seres que son unos numéricamente, esto no es ni siquiera posible. No se puede tampoco creer que en ciertos casos hay unidad, mientras que no la habría en los otros: entonces se estará en lo verdadero o en lo falso, porque hay siempre unidad.

---

1. Véase el lib. V, 29.
2. Aristóteles demuestra claramente en el *Tratado de interpretatione,* cap. IX; Bekk., págs. 18-19, que no son las proposiciones enunciadas por nosotros las que constituyen la verdad o la falsedad de las cosas.

LIBRO DÉCIMO

-I. De la unidad y de su esencia.

-II. La unidad es en cada género una naturaleza particular; la unidad no constituye por sí misma la naturaleza de ningún ser.

-III. De los diversos modos de oposición entre la unidad y la multiplicidad. Heterogeneidad, diferencia.

-IV. De la contrariedad.

-V. Oposición de lo igual con lo grande y lo pequeño.

-VI. Dificultad relativa a la oposición entre la unidad y la multiplicidad.

-VII. Es preciso que los intermedios entre los contrarios sean de la misma naturaleza que los contrarios.

-VIII. Los seres diferentes de especie pertenecen al mismo género.

-IX. En qué consiste la diferencia de especie; razón por la que hay seres que difieren y otros que no difieren de especie.

-X. Diferencia entre lo perecedero y lo imperecedero.

-I. DE LA UNIDAD Y DE SU ESENCIA.

Hemos dicho precedentemente, en el libro de las diferentes acepciones[1], que la unidad se entiende de muchas maneras. Pero estos modos numerosos pueden reducirse en suma a cuatro principales que abrazan, todo lo que es uno primitivamente y en sí y no accidentalmente. Hay en primer lugar la continuidad, continuidad pura y simple, o bien, y sobre todo, continuidad natural, que no es sólo el resultado de un contacto o de un vínculo. Entre los seres continuos tienen más unidad, y una unidad anterior, aquellos cuyo movimiento es más indivisible y más simple. Hay igualmente unidad, y más fuerte aún en el conjunto, en lo que tiene una figura y una forma, sobre todo si el conjunto es un producto natural, y no, como en las cosas unidas por la cola, por un clavo, por una atadura, resultado de la violencia. Semejante conjunto lleva en sí la causa de su continuidad; y esta causa es que su movimiento es uno, indivisible en el espacio y en el tiempo. Es, pues, evidente que si hay alguna cosa que por su naturaleza tenga el primer principio del movimiento primero, y por movimiento primero entiendo el movimiento circular, esta cosa es la unidad primitiva de magnitud. La unidad de que hablamos es, por tanto, o la continuidad o el conjunto. Pero la unidad se aplica también a aquello cuya noción es una, lo que tiene lugar cuando hay unidad de pensamiento, siendo el pensamiento indivisible. El pensamiento indivisible es el pensamiento de lo que es indivisible, ya bajo la relación de la forma, ya bajo la relación del número. El ser particular es indivisible numéricamente; lo indivisible bajo la relación de la forma es lo que es indivisible bajo la relación del conocimiento y de la ciencia, La unidad primitiva es, por consiguiente, la misma que es causa de unidad de las sustancias.

Cuatro son, pues, los modos de la unidad: continuidad natural, conjunto, individuo, universal. Lo que constituye la unidad en todos los casos es la indivisibilidad del movimiento en ciertos seres; y respecto de los demás la indivisibilidad del pensamiento y de la noción.

Observemos que no hay que confundir todo lo que tiene la denominación de unidad con la esencia misma y la noción de la unidad. La unidad tiene todas las acepciones que acabamos de decir, y es uno todo ser que tiene en sí uno de estos caracteres de la unidad. Pero la unidad esencial puede existir ya en algunas de las cosas que acabamos de indicar, ya en otras cosas que se refieren aún más a la unidad propiamente dicha; las primeras sólo son unidades en potencia.

Cuando se trata del elemento y de la causa, es preciso establecer distinciones en los objetos y dar la definición del nombre. En efecto, el fuego, el infinito quizá, si el infinito existe en sí, y todas las cosas análogas son elementos desde un punto de vista, y desde otro no lo son. Fuego y elemento no son idénticos entre sí en la esencia; pero el fuego es un elemento porque es cierto objeto, cierta naturaleza. Por la palabra elemento se entiende que una cosa es la materia primitiva que constituye otra cosa. Esta distinción se aplica igualmente a la causa, a la unidad, a todos los principios análogos. Y así la esencia de la unidad es, de una parte, la indivisibilidad, es decir, la existencia determinada, inseparable, ya en el espacio, ya bajo la relación de la forma, ya por el pensamiento, ya en el conjunto y en la definición, mientras que, por otra parte, la unidad es sobre todo la medida primera de cada género de objetos, y por excelencia la medida primera de la cuantidad. De esta medida proceden todas las demás; porque la medida de la cuantidad es la que hace conocer la cantidad, y la cantidad, en tanto que cantidad, se conoce por la unidad o por el número. Ahora bien, todo número es conocido por medio de la unidad. Lo que da a conocer toda cantidad, en tanto que cantidad, es por tanto la unidad, y la medida primitiva por la cual se conoce es la unidad misma. De donde se sigue que la unidad es el principio del número en tanto que número.

Por analogía con esta medida se llama en todo lo demás medida a una cosa primera, por cuyo medio se conoce, y la medida de los diversos géneros de ser es una unidad, unidad de longitud, de latitud, de profundidad, de peso, de velocidad. Es que el peso y la velocidad se encuentran a la vez en los contrarios, porque ambos son dobles: hay, por ejemplo, la pesantez de lo que tiene un peso cualquiera, y la pesantez de lo que tiene un peso considerable; hay la velocidad de lo que tiene un movimiento cualquiera, y la velocidad de lo que tiene un movimiento precipitado. En una palabra, lo que es lento tiene su velocidad; lo que es ligero tiene su pesantez. En todos los casos de que ahora se trata, la medida, el principio, es algo uno e indivisible. En cuanto a la medida de las líneas, se llega a considerar el pie como una línea indivisible por la necesidad de encontrar en todos los casos una medida una e indivisible. Esta medida es simple, ya bajo la relación de la cualidad, ya bajo la de la cantidad. Una cosa a la que no se pueda quitar ni añadir nada, he aquí la medida exacta. La del número es por tanto la más exacta de las medidas, se define, en efecto, la mónada, diciendo que es *indivisible en todos los sentidos*. Las otras medidas no son más que imitaciones de la mónada. Si se añadiese o se quitase algo al estadio, al talento, y en general a una grande medida, esta adición o esta sustracción se haría sentir menos que si recayese sobre una cantidad más pequeña. Una cosa primera, a la que no puede quitarse cosa que sea apreciable por los sentidos, tal es el carácter general de la medida para los líquidos y para los sólidos, para la pesantez y para la magnitud, y creemos conocer la cantidad cuando se conoce por esta medida.

La medida del movimiento es el movimiento simple, el más rápido movimiento, porque este movimiento tiene una corta duración. En la astronomía hay una unidad de este género que sirve de principio y de medida; se admite que el movimiento del cielo, al que se refieren todos los demás, es un movimiento uniforme y el más rápido de los movimientos. La unidad en la música es el semitono, porque es el más corto de los sonidos perceptibles; en la sílaba es la letra. Y la unidad en estos diversos casos no es simplemente la unidad genérica; es la unidad en el sentido en que acabamos de entenderla. Sin embargo, la medida no es siempre un objeto numéricamente uno; hay algunas veces pluralidad. Y así, el semitono abraza dos cosas, pues hay el semitono que no percibe el oído, pero que es la noción misma del semitono; hay muchas letras para medir las sílabas; en fin, la diagonal tiene dos medidas[2], y como ella, el lado y todas las magnitudes.

La unidad es, por tanto, la medida de todas las cosas, porque dividiendo la sustancia bajo la relación de la cantidad o bajo la de la forma, conocemos lo que constituye la sustancia. Y la unidad es indivisible porque el elemento primero de cada ser es indivisible. Sin embargo, no todas las unidades son indivisibles de la misma manera, véase el pie y la mónada. Hay unidades absolutamente indivisibles; otras admiten, como ya hemos dicho, una división en partes indivisibles para los sentidos, porque probablemente toda continuidad puede dividirse. Por lo demás, la medida de un objeto es siempre del género de este objeto. En general, la magnitud es la que mide la magnitud, y en particular se mide la longitud por la longitud, la latitud por la latitud, el sonido por el sonido, la pesantez por la pesantez, las mónadas por las mónadas. Así debe expresarse este último término, y no diciendo que el número es la medida de los números; lo cual debería decirse al parecer, puesto que la medida es del mismo género que el objeto. Pero hablar de esta manera no sería decir lo que nosotros hemos dicho; equivaldría más bien a decir: la medida de las mónadas son las mónadas y no es la mónada; el número es una multitud de mónadas.

Damos también a la ciencia y a la sensación el nombre de medida de las cosas por la misma razón que a la unidad, porque nos dan también el conocimiento de los objetos. En realidad tiene una medida[3] más bien que servir de medida; pero relativamente a la ciencia, estamos en el mismo caso que si alguno nos mide; conoceremos cuál es nuestra talla porque se ha aplicado muchas veces la medida del codo de nuestro cuerpo[4]. Protágoras pretende que el hombre es la medida de todas las cosas[5]. Por esto entiende indudablemente el hombre que sabe y el hombre que siente; es decir, el hombre que tiene la ciencia y el hombre que tiene el conocimiento sensible. Ahora bien, nosotros admitimos que éstas son medidas de los objetos. Nada más hay más maravilloso que la opinión de Protágoras, y sin embargo su proposición no carece de sentido.

Hemos hecho ver que la unidad (entendida esta palabra en su significación propia) es la medida por excelencia, que es ante todo la medida de la cantidad, que es después la de la cualidad. Lo indivisible bajo la relación de la cantidad, lo indivisible bajo la relación de la cualidad, he aquí en ambos casos lo que constituye la unidad. La unidad es, por tanto, indivisible o absolutamente indivisible, o en tanto que unidad.

---

1. Véase el lib. V, 6. Aquí tenemos una prueba positiva, irrefragable de que el quinto

libro formaba realmente parte de la *Metafísica.* Aristóteles designa este libro 'Εν τοις περι του ποσαχως y no se contenta con la simple expresión: *ya lo hemos dicho,* como hace ordinariamente; expresión que podría en rigor aplicarse a un tratado diferente de la *Metafísica*; es más explícito y precisa más: *hemos dicho precedentemente,* ειρηται προτερον. ¿Cómo se hubiera servido Aristóteles de la palabra precedentemente si el libro quinto fuese, como se ha pretendido, un tratado separado de la *Metafísica*?

2. La medida sensible, el dedo, el codo, el ojo, el pie o cualquiera unidad de este género, y la medida inteligible.
3. Aristóteles se refiere a los límites impuestos a la ciencia y al conocimiento sensible por la naturaleza misma de las cosas. Véase más adelante el fin del capítulo sexto.
4. Si yo fuese medido por alguno y conociese que yo tenía dos codos, porque se hubiese aplicado dos veces el codo sobre mi persona, podría decir que me he medido, porque sé cuál es mi talla; pero en realidad yo he sido medido. De igual modo decimos que la ciencia sirve de medida, porque nos da a conocer las cosas; pero en realidad ella es medida por las cosas. *Alej. Schol.*, pág. 787; Sepúlv., pág. 271.
5. Véase el lib. IV, 5.

-II. LA UNIDAD ES EN CADA GÉNERO UNA NATURALEZA PARTICULAR; LA UNIDAD NO CONSTITUYE POR SÍ MISMA LA NATURALEZA DE NINGÚN SER.

Nos hemos preguntado cuál es la esencia, cuál es la naturaleza de los seres, procurando resolver las dificultades que se presentaban. ¿Qué es, pues, la unidad y qué idea debe formarse de ella? ¿Consideraremos la unidad como una sustancia, opinión profesada en otro tiempo por los pitagóricos y después por Platón, o bien hay alguna naturaleza que es la sustancia de la unidad? ¿Será preciso reducir la unidad a una forma más conocida y adoptar con preferencia el método de los físicos, quienes pretenden, unos que la unidad es la amistad, otros que es el aire, y otros que es el infinito?

Si no es posible que nada de lo que es universal sea sustancia, como hemos dicho al tratar de la sustancia y del ser[1]; si lo universal no tiene una existencia sustancial, una y determinada, fuera de la multiplicidad de las cosas, porque lo universal es común a todos los seres; si, por último, no es más que un atributo, evidentemente la unidad misma tampoco es una sustancia, porque el ser y la unidad son por excelencia el atributo universal. Y así, por una parte, los universales no son naturalezas y sustancias independientes de los seres particulares, y por otra, la unidad, lo mismo que el ser y por las mismas razones, no puede ser ni un género, ni la sustancia universal de las cosas. Por otra parte, la unidad debe decirse igualmente de todos los seres.

El ser y la unidad se toman en tantas acepciones el uno como la otra. Luego si hay para las cualidades, así como para las cantidades, una unidad, una naturaleza particular, evidentemente debe plantearse esta cuestión en general: ¿qué es la unidad? Así como se pregunta: ¿qué es el ser? No basta decir que la unidad es la naturaleza de la unidad. En los colores, la unidad es un color; es lo blanco, por ejemplo. Todos los colores, al parecer, proceden de lo blanco y de lo negro; pero el negro no es más que la privación de lo blanco, como las tinieblas son la privación de la luz, porque las tinieblas no son realmente más que una privación de luz. Admitamos que los seres sean colores; entonces los seres serían un número, ¿pero qué especie de número? Evidentemente un número de colores; y la unidad, propiamente dicha, sería una unidad particular, por ejemplo, lo blanco. Si los seres fuesen armonías, los seres serían un número, un número de semitonos; pero la sustancia de las armonías no sería un número solamente; y la unidad tendría sustancia, no la unidad pura y simple, semitono. De igual modo, si los seres fuesen los elementos de las sílabas, serían un número, y la unidad sería el elemento vocal; por último, si fueran un número de figuras, la unidad sería el triángulo, si los seres fuesen figuras rectilíneas. El mismo razonamiento se aplica a todos los demás géneros.

Así que en las modificaciones, en las cualidades, en las cantidades, en el movimiento, hay siempre números y una unidad; el número es un número de cosas particulares, y la unidad es un objeto particular; pero no es ella misma la sustancia de este objeto. Las esencias están necesariamente en el mismo caso, porque esta observación se aplica igualmente a todos los seres. Se ve entonces que la unidad es en cada género una naturaleza particular, y que la unidad no es de suyo la naturaleza de lo que quiera; y así como en los colores la unidad que es preciso buscar es un color, de igual modo la unidad que es preciso buscar en las esencias es una esencia.

Lo que prueba, por otra parte, que la unidad significa desde un punto de vista la misma cosa que el ser, es que acompaña, como el ser, a todas las categorías y, como él, no reside en particular en ninguna de ellas, ni en la esencia, ni en la cualidad, para citar ejemplos; que lo mismo significa la expresión *un hombre*, que cuando se dice *hombre*, de la misma manera que el ser no significa otra cosa que sustancia, cualidad o cuantidad; y por último, que la unidad, en su esencia, es la individualidad misma.

---

1. Véase el lib. VII, 13.

-III. DE LOS DIVERSOS MODOS DE OPOSICIÓN ENTRE LA UNIDAD Y LA MULTIPLICIDAD. HETEROGENEIDAD, DIFERENCIA.

La unidad y la pluralidad se oponen en muchos conceptos: en un sentido, la unidad es opuesta a la pluralidad, como lo indivisible lo es a lo divisible. Porque lo que está dividido o es divisible se llama pluralidad; lo que no es divisible ni está dividido se llama unidad. Como la opuesta se toma en cuatro sentidos diferentes[1], uno de los cuales es la oposición por privación, habrá entre la unidad y la pluralidad oposición por contrariedad y no por contradicción o por relación. La unidad se expresa, se define por medio de su contrario; lo indivisible por medio de lo divisible, porque la pluralidad cae más bien bajo los sentidos que la unidad; lo divisible más bien que lo indivisible; de suerte que bajo la relación de la noción sensible la pluralidad es anterior a lo indivisible. Los modos de la unidad, como hemos dicho con motivo de las diversas especies de oposición, son la identidad de la semejanza, la igualdad; los de la pluralidad son la heterogeneidad, la desemejanza, la desigualdad[2]. La identidad tiene diferentes sentidos. Hay, en primer lugar, la identidad numérica, que se designa a veces por estas palabras: es un solo y mismo ser; y esto tiene lugar cuando hay unidad bajo la relación de la noción y del número: por ejemplo, tú eres idéntico a ti mismo bajo la relación de la forma y de la materia. Idéntico se dice igualmente cuando hay unidad de noción respecto de la sustancia primera; y así las líneas rectas iguales son idénticas. También se llama idénticos a cuadriláteros iguales y que tienen sus ángulos iguales, aunque haya pluralidad de objetos: en este caso la unidad consiste en igualdad.

Los seres son semejantes[3] cuando, no siendo absolutamente idénticos y difiriendo bajo la relación de la sustancia y del sujeto son idénticos en cuanto a la forma: un cuadrilátero más grande es semejante a un cuadrilátero más pequeño; líneas y rectas desiguales son semejantes; son semejantes pero no absolutamente idénticas. Se llaman también semejantes las cosas que teniendo la misma esencia, pero siendo susceptibles de más y de menos, no tienen, sin embargo, ni más ni menos, o bien aquellas cuyas cualidades son específicamente unas e idénticas: en este sentido se dice que lo que es muy blanco se parece a lo que es menos, porque hay entonces unidad de especie. Se llaman, por último, semejantes los objetos que presentan más analogías que diferencias, ya sea absolutamente, ya simplemente en apariencia: y así, el estaño se parece más bien a la plata que al oro; el oro se parece al fuego por su color leonado y rojizo.

Es evidente, en vista de esto, que diferente y desemejante tienen también muchos sentidos. La diferencia es opuesta a la identidad; de suerte que todo relativamente a todo es idéntico o diferente. Hay diferencia, si no hay unidad de materia y de forma: tú difieres de tu vecino. Hay una tercera especie de diferencia; la diferencia en los seres matemáticos.

Y así, todo relativamente a todo es diferente o idéntico, con tal, sin embargo, de que haya unidad o ser. No hay negación absoluta de la identidad; se emplea ciertamente la expresión *no-idéntico*, pero nunca cuando se habla de lo que no existe; sino que siempre cuando se trata de seres reales. Porque se dice igualmente uno y no-uno de aquello que por su naturaleza puede ser uno y ser. Tal es la oposición entre la heterogeneidad y la identidad.

La heterogeneidad y la diferencia no son una misma cosa: en dos seres que no son heterogéneos entre sí, la heterogeneidad no recae sobre algún carácter común, porque todo lo que existe es heterogéneo o idéntico. Pero lo que difiere de alguna cosa, difiere de ella en algún punto; de suerte que es preciso que aquello en que difieren necesariamente sea idéntico. Este algo idéntico es el género o la especie, porque todo lo que difiere, difiere de género o de especie: de género, si no hay diferencia común y producción recíproca, como los objetos que pertenecen a categorías diferentes. Las cosas que difieren de especie son las que son del mismo género. El género es aquello en lo que son idénticas dos cosas que difieren en cuanto a la esencia. Los contrarios son diferentes entre sí, y la contrariedad es una especie de diferencia. La inducción prueba la exactitud de este principio que nosotros habíamos anticipado. En todos los contrarios hay, en efecto, a mi parecer, la diferencia, y no sólo heterogeneidad. Los hay que difieren de género; pero otros están comprendidos en la misma serie de atribución[4]; de suerte que son idénticos bajo la relación del género y de la especie. Hemos fijado en otra parte qué cosas son idénticas y cuáles no lo son[5].

---

1. Véase lib. V, 10 y Categorías, 9.
2. Véase lib. V, 9.
3. Véase lib. V, 9.
4. Las categorías se dividen en dos series: la serie positiva y la negativa. Los contrarios pueden pertenecer a ambas, en las categorías en que se encuentran, ya a la serie positiva, ya a la serie negativa. Un hombre de gran talla y un enano son lo contrario el uno del otro; pero están en la *misma serie de la atribución*; son idénticos bajo la relación del género y de la especie.
5. Véase el lib. V, 9.

-IV. DE LA CONTRARIEDAD.

Es posible que las cosas que difieren entre sí difieran más o menos; hay, pues, una diferencia extrema, y esto es a lo que yo llamo contrariedad. Puede asentarse por inducción que la contrariedad es la diferencia extrema: en efecto, respecto de las cosas que difieren de género, no hay tránsito de la una a la otra; hay entre ellas la mayor distancia posible y no cabe entre las mismas combinación posible[1], mientras que respecto de las cosas que difieren de especie hay producción de los contrarios por los contrarios considerados como extremos. Ahora bien, la distancia extrema es la mayor distancia; de suerte que la distancia de los contrarios es la mayor distancia posible. Por otra parte, lo más grande que hay en cada género es lo que hay de más perfecto, porque lo más grande es lo que no es susceptible de aumento, y lo perfecto aquello más allá de lo que no puede concebirse nada[2]. La diferencia perfecta es un fin en el mismo concepto que se dice que es perfecto todo lo que tiene por carácter ser el fin de algo. Más allá del fin no hay nada; porque en todas las cosas el fin es el último término, es el límite. Por esto fuera del fin no hay cosa alguna, y lo que es perfecto no carece de nada absolutamente.

Es evidente, por supuesto, que la contrariedad es una diferencia perfecta; y teniendo la contrariedad numerosas acepciones, este carácter de diferencia perfecta lo tendrá en estos diferentes modos. Siendo así, una cosa única no puede tener muchos contrarios. Porque más allá de lo que es extremo no puede haber cosa que sea más extrema todavía, y una sola distancia no puede tener más de dos extremidades. En una palabra: si la contrariedad es una diferencia, no consistiendo la diferencia más que en dos términos, tampoco habrá más de dos en la diferencia perfecta.

La definición que acabamos de dar de los contrarios debe aplicarse a todos los modos de la contrariedad, porque en todos los casos la diferencia perfecta es la diferencia más grande; en efecto, fuera de la diferencia de género y de la diferencia de especie, no podemos establecer otras diferencias; y queda demostrado que no hay contrariedad entre los seres que no pertenecen al mismo género. La diferencia de género es la mayor de todas las diferencias. Las cosas que difieren más en el mismo género son contrarias, porque su diferencia perfecta es la diferencia más grande. En igual forma, las cosas que en un mismo sujeto difieren más, son contrarias, porque en este caso la materia de los contrarios es la misma. Las cosas que, sometidas a un mismo poder, difieren más, son igualmente contrarias; en efecto, una sola y misma ciencia abraza todo un género, y en el género hay objetos separados por la diferencia perfecta, por la diferencia más grande.

La contrariedad primera es la que tiene lugar entre la posesión y la privación; no toda privación, porque la privación se entiende de muchas maneras[3], sino la privación perfecta. Todos los demás contrarios se los llamará contrarios conforme a éstos, o porque los poseen, o porque los producen o son producidos por ellos; en fin, porque admiten o rechazan estos contrarios u otros contrarios.

La oposición comprende la contradicción, la privación, la contrariedad, la relación; pero la oposición primera es la contradicción, y no puede haber intermedio entre la afirmación y la negación[4], mientras que los contrarios admiten intermedios; es, por lo tanto, evidente que no hay identidad entre la contradicción y la contrariedad. En cuanto a la privación, ella forma con la posesión una especie de contradicción. Se dice que hay privación para un ser cuando está en la imposibilidad absoluta de poseer, o no posee lo que está en su naturaleza poseer. La privación es, o absoluta, o de tal género determinado. Porque privación se toma en diversos sentidos, como dejamos dicho por otra parte[5]. La privación es, por tanto, una especie de negación; es, o en general una impotencia determinada, o bien esta impotencia en un sujeto. Esto es lo que hace que entre la negación y la afirmación no haya intermedio, mientras que en ciertos casos hay intermedio entre la privación y la posesión. Todo es igual o no-igual; pero no es igual o desigual sino en las cosas susceptibles de igualdad.

Si las producciones en un sujeto material son el tránsito de lo contrario a lo contrario (y, en efecto, ellas vienen de la forma, de la realización de la forma, o bien de la privación de la forma o de la figura)[6], es evidente en este caso que toda contrariedad será una privación; pero probablemente no toda privación es una contrariedad. La causa de esto es que lo que está privado puede estar privado de muchas maneras, mientras que no se da el nombre de contrarios más que a los términos extremos de donde proviene el cambio. Por lo demás, se puede probar por la inducción. En toda contrariedad hay la privación de uno de los contrarios; pero esta privación no es de la misma naturaleza en todos los casos: la desigualdad es la privación de la igualdad; la desemejanza privación de la semejanza; el vicio privación de la virtud. Pero hay, como hemos dicho, diversas clases de privaciones. Tan pronto la privación es una simple falta, tan pronto es relativa al tiempo, a una parte especial: por ejemplo, puede haber privación de cierta época; privación en una parte esencial, o privación absoluta. Por esta razón hay intermedios en ciertos casos (hay, por ejemplo, el hombre que no es ni bueno ni malo), y en otros no: es preciso de toda necesidad que todo número sea par o impar. En fin, hay privaciones que tienen un objeto determinado, otras que no lo tienen.

Es, por tanto, evidente que siempre es uno de los contrarios la privación del otro. Bastará, por lo demás, que esto sea verdadero para los primeros contrarios, los mismos que son como los géneros de los otros, como la unidad y la pluralidad, porque todos los demás se reducen a éstos.

---

1. Aristóteles ha demostrado por extenso este principio en el Tratado *de generatione et corruptione,* lib. II, 4, 5, pág. 331. Bekk.
2. Véase lib. V, 16.
3. Véase lib. V, 22.
4. Véase el *De interpretatione,* cap. XII.
5. Véase lib. V, 22.
6. Véase *De generatione et corruptione,* lib. III. Bekk. pág. 317.

-V. OPOSICIÓN DE LO IGUAL CON LO GRANDE Y LO PEQUEÑO.

Siendo la unidad opuesta a una unidad, podría suscitarse esta dificultad: ¿Cómo la unidad se opone a la pluralidad? (porque todos los contrarios se reducen a éstos)[1]. ¿Cómo lo igual se opone a lo grande y a lo pequeño? En toda interrogación de dos términos oponemos siempre dos cosas; y decimos así: ¿es blanco o negro, es blanco o no blanco? Pero no decimos es hombre o blanco sino en una hipótesis particular, cuando preguntamos, por ejemplo: ¿cuál de los dos ha venido, Cleón o Sócrates? Cuando se trata de géneros diferentes, la interrogación no es de la misma naturaleza; no es necesariamente lo uno o lo otro: aquí mismo, si ha podido expresarse de esta suerte, es porque había contrariedad en la hipótesis, porque los contrarios solos no pueden existir al mismo tiempo, y ésta es la suposición que se hace cuando se pregunta: ¿cuál de los dos ha venido? Si fuese posible que hubiesen venido al mismo tiempo, la pregunta sería ridícula. Y sin embargo, hasta en este último caso habría también oposición, oposición de la unidad y de la pluralidad; por ejemplo: ¿han venido ambos o ha venido uno solo de los dos?

Si la interrogación de dos términos es siempre relativa a los contrarios, ¿cómo se hace la interrogación relativamente a lo más grande, a lo más pequeño y a lo igual, y cómo entonces lo igual será opuesto a lo más grande y a lo más pequeño? No puede ser sólo el contrario de uno de los dos; no puede serlo tampoco de ambos; porque, ¿qué razón hay para que lo sea más de lo más grande que de lo más pequeño? De otro lado, lo igual es opuesto también como contrario a lo desigual. De suerte que una cosa sería lo contrario de muchas.

Por otra parte, si lo desigual significa lo mismo que los otros dos términos, grande y pequeño, lo igual será opuesto a ambos, y entonces esta dificultad viene en apoyo de los que dicen que la desigualdad es la díada. Pero resulta de aquí que una cosa es lo contrario de dos, lo cual es imposible. Además, lo igual sería intermedio entre lo grande y lo pequeño; mas al parecer, ningún contrario es intermedio, porque esto no es posible conforme a la definición. La contrariedad no sería una diferencia perfecta si fuese un intermedio; es mucho más exacto decir que hay siempre intermedio entre los contrarios. Resta, pues, añadir que lo igual es opuesto a lo grande y a lo pequeño, como negación o como privación. Por lo pronto no puede ser opuesto de este modo de uno de los dos solamente, porque ¿qué razón hay para que lo sea más bien de lo grande que de lo pequeño? Será, por tanto, la negación privativa de ambos. Por esta razón, cuando se formula la pregunta es preciso siempre que haya comparación de lo igual con los otros dos términos, y no sólo con uno de los dos. No se dirá es más grande o es igual, más pequeño o igual, sino que deberán encontrarse los tres términos reunidos; y aun así no habría necesariamente privación, porque lo que no es ni más grande ni más pequeño no es siempre igual: esto sólo puede tener lugar respecto de las cosas que son naturalmente grandes o pequeñas.

Por lo tanto, lo igual es lo que no es grande ni pequeño, aun teniendo naturalmente la propiedad de ser grande o pequeño. Se opone a ambos como negación privativa, y en este concepto es un intermedio. Asimismo, lo que no es malo ni bueno se opone a lo bueno y a lo malo, pero no ha recibido nombre; y esto procede de que el bien como el mal se toman en muchos sentidos, de que el sujeto no es uno: habría más bien un sujeto único para lo que no es blanco ni negro; y, sin embargo, en esto mismo no hay realmente unidad, porque sólo a ciertos colores determinados se aplica esta negación privativa de negro y de blanco. En efecto, es de necesidad que el color sea moreno o amarillo, o cualquiera otra cosa determinada. Según esto, no tienen razón los que pretenden que lo mismo sucede en todos los casos; habría, pues, entre el calzado y la mano un intermedio que no sería ni el calzado ni la mano, porque hay entre el bien y el mal lo que no es ni bien ni mal. Habría intermedios entre todas las cosas; pero esta consecuencia no es necesaria. Puede haber negación de dos opuestos a la vez en las cosas que admiten algún intermedio, y entre los cuales hay naturalmente un cierto intervalo; pero en el ejemplo que se cita no hay diferencia. Los dos términos comprendidos en la negación común no son ya del mismo género, no hay unidad de sujeto.

---

1. Este paréntesis lo pasan en silencio los traductores latinos, el alemán y los nuevos editores, considerándolo como una repetición inútil de las últimas palabras del capítulo precedente.

-VI. DIFICULTAD RELATIVA A LA OPOSICIÓN ENTRE LA UNIDAD Y LA MULTIPLICIDAD.

Puede suscitarse la misma duda relativamente a la unidad y a la pluralidad. En efecto, si la pluralidad es opuesta absolutamente a la unidad, resultan de aquí dificultades insuperables: la unidad será entonces lo poco o el pequeño número, puesto que la pluralidad es opuesta también al pequeño número. Además, dos es una pluralidad, puesto que el doble es múltiple: en este sentido dos es doble. La unidad es, pues, lo poco, porque ¿con relación a qué sería dos una pluralidad si no es con relación a la unidad y a lo poco? No hay duda de que sea menor que la unidad. Además, hay lo mucho y lo poco en la multitud, como lo largo y lo corto en las longitudes; lo que es mucho es una pluralidad; toda pluralidad es mucho. A no ser, por tanto, que se trate de un continuo indeterminado[1], lo poco será una pluralidad; y entonces la unidad será igualmente una pluralidad porque es un poco. Esta consecuencia es necesaria si dos es una pluralidad. Pero puede decirse que la pluralidad es lo mismo que lo mucho en ciertas circunstancias, y en otras no; y así el agua[2] es mucho y no es una multitud. En todas las cosas que son divisibles, mucho se dice de todo lo que constituye una multitud excesiva, sea absolutamente, sea relativamente a otra cosa; lo poco es una multitud falta o defectuosa.

Multitud se dice también del número, el cual es opuesto sólo a la unidad. Se dice unidad y multitud en el mismo sentido que se diría una unidad y unidades, blanco y blancos, medido y medida; y en este sentido toda pluralidad es una multitud. Todo número, en efecto, es una multitud, porque está compuesto de unidades, porque se puede medir por la unidad; es multitud en tanto que es opuesto a la unidad y no a lo poco. De esta manera el mismo dos es una multitud; pero no lo es en tanto que pluralidad excesiva, sea absolutamente, sea relativamente: dos es la primera multitud. Dos es el pequeño número: absolutamente hablando, porque es el primer grado de la pluralidad falta o defectuosa. Anaxágoras se ha equivocado, por tanto, al decir que todo era igualmente infinito en multitud y en pequeñez. En lugar de *y en pequeñez*, debía decir *y en pequeño número*; y entonces hubiera visto que no había infinidad, porque lo poco no es, como algunos pretenden, la unidad, sino la díada.

He aquí en qué consiste la oposición[3]. La unidad y la multitud son opuestas en los números; la unidad es opuesta a la multitud, como la medida a lo conmensurable. Otras cosas son opuestas por relación; en este caso se encuentran aquellas que no son relativas esencialmente. Hemos visto en otra parte que podría haber relación de dos maneras: relación de los contrarios entre sí, y relación de la ciencia a su objeto: una cosa en este caso se dice relativa en tanto que se la refiere a otra cosa.

Nada obsta, sin embargo, a que la unidad sea más pequeña que otra cosa, por ejemplo, que dos. Una cosa no es poco por ser más pequeña. En cuanto a la multitud, es como el género del número: el número es una multitud conmensurable por la unidad[4]. La unidad y el número son opuestos, no en concepto de contrarios sino como hemos dicho que lo eran ciertas cosas que están en relación: son opuestos en cuanto son el uno la medida, el otro lo que puede ser medido. Por esta razón, todo lo que tiene en sí la unidad no es número, por ejemplo, si en una cosa indivisible.

La ciencia se dice relativa a su objeto; pero la relación no es la misma que respecto del número: sin esto la ciencia tendría la traza de ser la medida, y el objeto de la ciencia la de ser lo que puede ser medido[5]. Es muy cierto que toda ciencia es un objeto de conocimiento; pero no todo objeto de conocimiento es una ciencia: la ciencia es, desde un punto de vista, medida por su objeto.

En cuanto a la pluralidad, no es lo contrario de lo poco; lo mucho es lo opuesto a lo poco, como pluralidad más grande opuesta a una pluralidad más pequeña. Tampoco es siempre lo contrario de la unidad; pero así como lo hemos visto, la unidad puede ser considerada como divisible o indivisible; también se la puede considerar como relativa, de la misma manera que la ciencia es relativa al objeto de la ciencia: supóngase la ciencia un número, y el objeto de la ciencia será la unidad, la medida.

---

1. Un líquido, un fluido cualquiera, el agua, el aire, &c. Véase el Tratado *de generatione et corruptione,* II, 2. Bekk. págs. 229 y 230, y la frase que viene a seguida: *el agua es mucho; no es una multitud.*
2. Argirópulo traduce: *ut vinum dicitur*; traduciendo, como dice Du Bal, el pensamiento de Aristóteles, pero no la expresión de que se valió.
3. Esta frase, aunque útil al sentido, a lo que parece no se encuentra en los traductores latinos, ni en los nuevos editores, ni en la traducción alemana: nosotros hemos creído que debíamos conservarla.
4. Aristóteles dice más adelante, lib. XIV, 1, que el número es una multitud medida y una multitud de medidas.
5. Véase antes, en el presente libro, el fin del capítulo primero.

-VII. ES PRECISO QUE LOS INTERMEDIOS ENTRE LOS CONTRARIOS SEAN DE LA MISMA NATURALEZA QUE LOS CONTRARIOS.

Puesto que es posible que entre los contrarios haya intermedios, y que realmente los hay en algunos casos, es de necesidad que los intermedios provengan de los contrarios, porque todos los intermedios son del mismo género que los objetos entre los que son intermedios. Llamamos intermedio aquello en lo que debe, desde luego, mudarse necesariamente lo que muda; por ejemplo, si se quiere pasar gradualmente de la última cuerda a la primera, habrá de pasarse por los sonidos intermedios. Lo mismo sucede respecto de los colores; si se quiere pasar de lo blanco a lo negro, se pasará por lo encarnado o lo moreno antes de pasar a lo negro; y lo mismo sucede en todo lo demás. Pero no es posible que haya cambio de un género a otro si no es bajo la relación de lo accidental; que se verifique, por ejemplo, un cambio del color en figura. Es preciso, pues, que todos los intermediarios estén en el mismo género, y el mismo género que los objetos entre los que son intermedios. Por otra parte, todos los intermedios son intermedios entre opuestos, porque sólo entre los opuestos, porque sólo entre los opuestos puede verificarse el cambio. Es imposible que haya intermedios sin opuestos, pues de otro modo habría un cambio que no sería de lo contrario a lo contrario.

Los opuestos por contradicción no tienen intermedios. La contradicción es, en efecto, la oposición de dos proposiciones entre las que no hay medio; uno de los dos términos está necesariamente en el objeto.

Las demás oposiciones son la relación, la privación, la contrariedad. Todas las cosas opuestas por relación y que no son contrarias no tienen intermedios: la causa es que no pertenecen al mismo género: ¿qué intermedio hay, en efecto, entre la ciencia y el objeto de la ciencia? Pero lo hay entre lo grande y lo pequeño. Si los intermedios pertenecen al mismo género, como hemos demostrado; si son intermedios entre los contrarios, es de toda necesidad que se compongan de estos contrarios. Porque, o los contrarios tienen un género, o no le tienen. Si el género es algo anterior a los contrarios, las primeras diferencias contrarias serán las que habrán producido los contrarios en concepto de especies en el género. Las especies se componen, en efecto, del género y de las diferencias: por ejemplo, si lo blanco y lo negro son contrarios, y el uno es un color que hace que se distinga los objetos, el otro es un color que los confunde, estas propiedades de hacer que se distinga o se confunda los objetos serán las diferencias primeras, serán los primeros contrarios. Añádase a esto que las diferencias contrarias son más contrarias entre sí que los otros contrarios[1]. Los demás contrarios y los intermedios se compondrán del género y de las diferencias: por ejemplo, todos los colores intermedios entre lo blanco y lo negro serán definidos por el género (el género es el color), y por ciertas diferencias; pero no serán éstos los primeros contrarios. Como no todo color es blanco o negro, habrá otras diferencias; serán intermedias entre los primeros contrarios; pero las primeras diferencias serán las que hacen distinguir o confundir los objetos. Por consiguiente, es preciso buscar por el pronto estos primeros contrarios que no son opuestos genéricamente, y ver de cuáles provienen los intermedios.

Es de toda necesidad que todo lo que está comprendido bajo un mismo género se componga de partes no compuestas en cuanto al género, o que no se componga. Los contrarios no se componen los unos con los otros, y entonces son principios; en cuanto a los intermedios, o son todos compuestos, o ninguno lo es. De los contrarios proviene algo; de suerte que antes de haber transformación en los contrarios habrá transformación en este algo. Este algo no será más y menos que el uno y que el otro contrario; será intermedio entre ellos, y todos los demás intermedios se compondrán lo mismo. Porque ser más que el uno, menos que el otro, es estar compuesto de objetos con relación a los que se ha dicho que eran más que el uno, menos que el otro.

Por otra parte, como no hay otros principios anteriores a los contrarios que sean del mismo género que ellos, todos los intermedios se compondrán de contrarios, y entonces los contrarios y todos los intermedios inferiores se derivarán de los primeros contrarios. Es, pues, evidente que todos los intermedios pertenecen al mismo género, que son intermedios entre los contrarios, y que todos sin excepción se componen de contrarios.

---

1. Ellas son más contrarias que lo son las especies contrarias, porque son anteriores a las especies, y son causas de su contrariedad.

-VIII. LOS SERES DIFERENTES DE ESPECIE PERTENECEN AL MISMO GÉNERO.

La diferencia de especie es la diferencia entre una cosa y otra cosa dentro de alguna cosa que debe ser común a ambas. Y así, si un animal difiere de especie de otro ser, los dos seres son animales. Es indispensable que los seres cuya especie difiere sean del mismo género, porque llamo género a lo que constituye la unidad y la identidad de dos seres, salvas las diferencias esenciales, sea que exista en concepto de materia o de otra manera. No sólo es preciso que haya entre los dos seres comunidad genérica; no animal sea sólo deben ser dos animales, sino que el mismo género abrazaba los contrarios, porque la diferencia perfecta es la contrariedad[1]. Ahora bien, toda diferencia de especie es la diferencia entre una cosa y otra cosa. De suerte que lo que forma la identidad de los dos seres, el género que los abraza a ambos, está en él mismo señalado con el carácter de la diferencia. Se sigue de aquí que todos los contrarios están encerrados entre los dos términos de cada categoría; quiero decir, los contrarios que difieren de especie y no de género, los seres que tienen entre sí la mayor diferencia posible, porque entonces es cuando hay diferencia perfecta, y que no hay jamás producción simultánea. La diferencia es, por tanto, una oposición de dos individuos que pertenecían al mismo género.

La identidad de especie es, por lo contrario, la relación de los individuos que no son opuestos entre sí. En efecto, antes de las oposiciones individuales no hay oposición sino en la división del género, sino en los intermedios entre el género y el individuo. Entonces es evidente que ninguna de las especies comprendidas bajo el género está con el género propiamente dicho, ni en una relación de identidad, ni en una relación de diferencia de especie. Por la negación se demuestra la materia. Ahora bien, el género es la materia de lo que se llama género, no en el sentido de raza[2], como se dice de los heraclidas[3], sino como lo que entra en la naturaleza de los seres. Las especies no difieren de especie de las especies contenidas en otro género: entonces hay diferencia de género; la diferencia de especie no tiene lugar sino para los seres que pertenecen al mismo género. Es preciso, en efecto, que la diferencia de lo que difiere de especie sea una contrariedad. Ahora bien, sólo entre los seres del mismo género puede haber contrariedad.

---

1. Más arriba, cap. IV.
2. Véase lib. V, 28.
3. Argyrop. *Los Pelópidas.*

-IX. EN QUÉ CONSISTE LA DIFERENCIA DE ESPECIE; RAZÓN POR LA QUE HAY SERES QUE DIFIEREN Y OTROS QUE NO DIFIEREN DE ESPECIE.

Se preguntará, sin duda, por qué el hombre no difiere de especie de la mujer, existiendo oposición entre lo femenino y lo masculino y siendo la diferencia de especie una contrariedad; y por qué el macho y la hembra no son animales de especie diferente, puesto que la diferencia que hay entre ellos es una diferencia esencial del animal, y no un accidente como el color blanco o negro, sino que en tanto que animal es el animal masculino o femenino.

Esta objeción viene a reducirse sobre poco más o menos a ésta: ¿por qué una contrariedad produce y otra no produce la diferencia de especie? Hay diferencia de especie, por ejemplo, entre el animal que anda sobre la tierra y el que tiene alas, mientras que la oposición de la blancura y del color negro no produce esta diferencia. ¿Por qué?, se dirá. Porque entre los caracteres de los seres hay unos que son modificaciones propias del género, y otros que no afectan al género mismo. Y, además, hay de una parte la noción pura de los seres, y de otra su materia. Todas las oposiciones que residen en la noción pura constituyen diferencias de especie; todas las que sólo existen en el conjunto de la esencia y de la materia no las producen; de donde se sigue que ni la blancura del hombre ni su color negro constituyen diferencias en el género, y que no hay diferencia de especie entre el hombre blanco y el hombre negro, aun cuando a cada uno se le diese su nombre. En efecto, el hombre es, por decirlo así, la materia de los hombres, y la materia no produce diferencia. Verdaderamente los hombres no son especies del hombre[1]. Y así, bien que haya diferencia entre las carnes y los huesos de que se componen este y aquel hombre, el conjunto ciertamente diferente no difiere específicamente, porque no hay contrariedad en la noción esencial: el conjunto es el último individuo de la especie. Calias es la esencia unida a la materia. Luego porque Calias es blanco, el hombre mismo es blanco; luego es accidental que el hombre sea blanco; luego no es la materia la que puede constituir una diferencia de especie entre el triángulo de metal y el triángulo de madera; es preciso que haya contrariedad en la noción esencial de las figuras.

¿Pero es cierto que la materia, aunque en cierta manera diferente, no produzca jamás diferencia de especie? ¿No la produce en ciertos casos? ¿Por qué tal caballo difiere de tal hombre? La materia, sin embargo, está comprendida en la noción de estos animales. ¿Por qué?, se pregunta. Porque hay entre ellos contrariedad en la esencia. Puede haber oposición entre el hombre blanco y el caballo negro; pero no oposición específica en tanto que el uno es blanco y el otro negro. Si ambos fuesen blancos, diferirían aún de especie entre sí.

En cuanto a los sexos, macho y hembra, son estas modificaciones propias del animal, es cierto, pero no modificaciones en la esencia; existen tan sólo en la materia, en el cuerpo. Y así la misma esperma, sometida a tal o cual modificación, se hace hembra o macho.

Acabamos de ver lo que es diferencia de especie, y por qué ciertos seres difieren y otros no específicamente.

---

1. Véase lib. III, 3.

-X. DIFERENCIA ENTRE LO PERECEDERO Y LO IMPERECEDERO.

Hay diferencia de especie entre los contrarios, y lo perecedero y lo imperecedero son contrarios entre sí, porque la privación es una impotencia determinada[1]. Pero de toda necesidad lo perecedero y lo imperecedero difieren genéricamente: aquí hablamos de lo perecedero y de lo imperecedero considerados como universales. Debería parecer que entre un ser imperecedero cualquiera y un ser perecedero no hay necesariamente diferencia específica, como no la hay entre el ser blanco y el ser negro. En efecto, el mismo ser puede ser blanco y negro simultáneamente, si pertenece a los universales; y así el hombre es blanco y negro sucesivamente, si es un individuo; y el mismo hombre puede ser sucesivamente blanco y negro a pesar de que lo blanco y lo negro son opuestos entre sí. Pero entre los contrarios hay unos que coexisten accidentalmente en ciertos seres, como estos de que acabamos de hablar y muchos más, mientras que otros no pueden existir en el mismo ser, como sucede con lo perecedero y lo imperecedero. No hay cosa alguna que sea perecedera accidentalmente, porque lo que es accidental puede no existir en los seres. Ahora bien, lo perecedero existe de toda necesidad en el ser en que existe; sin esto el mismo ser, un ser único, sería a la vez perecedero e imperecedero, puesto que sería posible que no tuviese en sí el principio de su destrucción. Lo perecedero, por consiguiente, o es la esencia misma de cada uno de los seres perecederos, o reside en la esencia de estos seres. El mismo razonamiento cabe respecto de lo imperecedero, porque lo imperecedero y lo perecedero existen así el uno como el otro de toda necesidad en los seres.

Luego hay una oposición entre los principios mismos que por su relación con los seres hacen que tal ser sea perecedero y tal otro imperecedero. Luego lo perecedero y lo imperecedero difieren genéricamente entre sí.

Conforme a todo esto, es evidente que no puede haber ideas en el sentido en que las admiten ciertos filósofos, porque entonces habría el hombre perecedero de un lado, y del otro el hombre imperecedero. Se pretende que las ideas son de la misma especie que los seres particulares, y no sólo idénticos por el nombre. Ahora bien, hay más distancia entre los seres que difieren genéricamente que entre los que difieren específicamente[2].

---

1. Véase lib. V, 22.
2. Hagamos notar aquí, dice Santo Tomás en su comentario, que si es cierto, como lo demuestra Aristóteles, que ciertos contrarios no producen la diferencia específica, mientras que otros hacen diferir los seres hasta genéricamente; sin embargo, no hay contrario que no produzca la diferencia específica bajo un punto de vista, y algunos también la diferencia genérica. Todos los contrarios hacen diferir los seres específicamente si se particulariza, si se hace la comparación de los contrarios en cualquier género determinado. Lo blanco y lo negro no hacen diferir de especie en el género animado; pero en el género del color difieren específicamente. Lo masculino y lo femenino hacen diferir específicamente bajo el punto de vista del sexo. *Tom. Aquin.*, t. IV, f. 137, a.

LIBRO UNDÉCIMO

-I. Dificultades relativas a la filosofía.

-II. Algunas otras observaciones.

-III. Una ciencia única puede abrazar un gran número de objetos y de especies diferentes.

-IV. La indagación de los principios de los seres matemáticos corresponde a la filosofía primera.

-V. Es imposible que una cosa sea y no sea al mismo tiempo.

-VI. De la opinión de Protágoras que el hombre es la medida de todas las cosas. De los contrarios y de los opuestos.

-VII. La física es una ciencia teórica, y lo mismo que ella la ciencia matemática y la teológica.

-VIII. Del ser accidental.

-IX. El movimiento es la actualidad de lo posible en tanto que posible.

-X. Un cuerpo no puede ser infinito.

-XI. Del cambio.

-XII. Del movimiento.

-I. DIFICULTADES RELATIVAS A LA FILOSOFÍA.

La filosofía es una ciencia de principios, y esto resulta evidentemente de la discusión que hemos sostenido al comenzar [con relación] a las opiniones de los demás filósofos sobre los principios[1]. Pero podría suscitarse esta duda: ¿Debe considerarse la filosofía como una sola ciencia o como muchas? Si se dice que es una sola ciencia, una sola ciencia sólo abraza los contrarios, y los principios no son contrarios[2]. Si no es una sola ciencia, ¿cuáles son las diversas ciencias que es preciso admitir como filosóficas? Además, ¿pertenece a una sola ciencia o a muchas el estudiar los principios de la demostración? Si es éste el privilegio de una ciencia única, ¿por qué dar la preferencia a ésta y no a cualquiera otra? Si corresponde a muchas, ¿cuáles son estas ciencias? Además, ¿se ocupa la filosofía de todas las esencias? Si no se ocupa de todas, es difícil determinar de cuáles debe ocuparse. Pero si una sola ciencia las abraza todas, no se ve cómo una ciencia única pueda tener por objeto muchas esencias. ¿Recae sólo sobre las esencias o recae igualmente sobre los accidentes? Si es la ciencia demostrativa de los accidentes, no es la de las esencias. Si son objetos de dos ciencias diferentes, ¿cuál es una ciencia y cuál otra, y cuál de ellas es la filosofía? La ciencia demostrativa es la de los accidentes; la ciencia de los principios es la ciencia de las esencias[3].

Tampoco deberá recaer la ciencia que buscamos sobre las causas de que hemos hablado en la *Física*[4], porque no se ocupa del fin, y el fin es el bien, y el bien sólo se encuentra en la acción, en los seres que están en movimiento, como que es el principio mismo del movimiento. Tal es el carácter del fin. Ahora bien, el motor primero no se encuentra en los seres inmóviles[5]. En una palabra, puede preguntarse si la ciencia que en este momento nos ocupa es o no la ciencia de la sustancia sensible, o bien si recae sobre otras esencias. Si recae sobre otras, será sobre las ideas o sobre los seres matemáticos. En cuanto a las ideas, es evidente que no existen[6]; y aun cuando se admitiera su existencia, quedaría aun por resolver esta dificultad: ¿por qué no ha de suceder con todos los seres de que se tienen ideas lo que con los seres matemáticos? He aquí lo que yo quiero decir. A los seres matemáticos se les convierte en intermedios entre las ideas y los objetos sensibles formando una tercera especie de seres fuera de las ideas y de los seres sometidos a nuestros sentidos. Pero no hay un tercer hombre, ni un caballo fuera del caballo en sí y de los caballos particulares.

Por lo contrario, si no tiene esto lugar, ¿de qué seres debe decirse que se ocupan los matemáticos? Evidentemente, no es de los seres que conocemos por los sentidos, porque ninguno de ellos tiene los caracteres de los que estudian las ciencias matemáticas. Y, por otra parte, la ciencia que buscamos no se ocupa de materiales matemáticos, porque ninguno de ellos se concibe sin una materia[7]. Tampoco recae sobre las sustancias sensibles, porque son perecederas.

También podría preguntarse: ¿a qué ciencia pertenece estudiar la materia de los seres matemáticos? No a la física, porque todas las especulaciones del físico tienen por objeto los seres que tienen en sí mismos el principio del movimiento y del reposo. Tampoco corresponde a la ciencia que demuestra las propiedades de los seres que da por supuesta, funda sus indagaciones[8]. Resta decir que nuestra ciencia, la filosofía, es la que se ocupa de este estudio.

Otra cuestión es la de saber si la ciencia que buscamos debe considerarse con relación a los principios que algunos filósofos llaman elementos. Pero todo el mundo admite que los elementos están contenidos en los compuestos. Ahora bien, la ciencia que buscamos parecería ser más bien la ciencia de lo general, porque toda noción, toda ciencia, recae sobre lo general y no sobre los últimos individuos. Será, pues, la ciencia de los primeros géneros: estos géneros serán la unidad y el ser, porque son los que principalmente abrazan todos los seres, teniendo por excelencia el carácter de principios, porque son primeros por su naturaleza: suprimid el ser y la unidad; todo lo demás desaparece en el instante, porque todo es unidad y ser. Por otra parte, si se les admite como géneros, las diferencias participarán necesariamente entonces de la unidad del ser; pero ninguna diferencia participa del género, en vista de lo cual no debe considerárselos, al parecer, como géneros ni como principios[9].

Luego lo que es más simple es antes principio que lo que lo es menos. Las últimas especies comprendidas en el género son más simples que los géneros, porque son indivisibles, mientras que el género puede dividirse en una multitud de especies diferentes. Por consiguiente, las especies serán, al parecer, principios más bien que los géneros. Por otra parte, en tanto que la supresión del género lleva consigo la de las especies, los géneros tienen más bien el carácter de los principios, porque es principio aquello que todo lo arrastra tras de sí.

Tales son las dudas que pueden ocurrir y, como éstas, otras muchas de la misma naturaleza.

---

1. Véase lib. I, 3.
2. Véase lib. III, 2.
3. Véanse los *Últimos Analíticos,* II, 3.
4. Los cuatro primeros principios de que se trata en el primer libro, cap. III, y que Aristóteles había enumerado en la *Física,* II, 3.
5. Aristóteles ha respondido ya en parte a la objeción que presenta aquí con relación al objeto de la filosofía primera. El lib. XII resolverá las dificultades relativas a la naturaleza del primer motor. La verdad es, como observa Santo Tomás con motivo de este pasaje, que la filosofía trata de las cuatro causas en cuestión, y singularmente de la causa formal y de la causa final, y que el fin supremo de las cosas, que es el motor primero de todas ellas, es absoluta y eternamente inmóvil. *Santo Tomás,* tom. IV, pág. 136, a.
6. Véase lib. I, 7, y lib. XIII, 4, 5.
7. El texto dice χωριστόν... ουθεν. Recuérdese que, según Aristóteles, hay dos clases de esencias, dos clases de definiciones: el σινολον que no es χωριστόν, y la esencia propiamente dicha que existe de suyo y se concibe sin materia. Los seres matemáticos entran en la primera clase, sólo que su materia no es una materia sensible, sino una materia inteligible. De esta materia inteligible es de la que no se les puede separar.
8. Hemos parafraseado el texto, extremadamente conciso en este punto. La traducción literal hubiera sido completamente ininteligible.
9. Véase lib. III, 3.

-II. ALGUNAS OTRAS OBSERVACIONES.

Fuera de esto, ¿deben o no admitirse otros seres además de los individuos? La ciencia que buscamos, ¿ha de recaer sobre los individuos? Pero hay una afinidad de individuos. Fuera de los individuos están los géneros y las especies; pero ni aquéllos ni éstos son el objeto de nuestra ciencia: y hemos dicho ya por qué era esto imposible. En una palabra, ¿es preciso admitir, sí o no, que existe una esencia separada fuera de las sustancias sensibles, o bien que estas últimas son los únicos seres, y ellas el objeto de la filosofía? Evidentemente nosotros buscamos alguna esencia distinta de los seres sensibles, y nuestro fin es ver si hay algo que exista separado en sí y que no encuentre en ninguno de los seres sensibles. Después, si hay alguna otra esencia independiente de las sustancias sensibles, ¿fuera de qué sustancias sensibles es necesario admitir que existe? Porque ¿qué motivo habrá para decir que esta sustancia independiente existe más bien fuera de los hombres y de los caballos que de los demás animales, o en general de los objetos inanimados? Y, por otra parte, es contrario a la razón, a mi parecer, imaginar sustancias eternas semejantes a las sustancias sensibles y perecederas.

Luego si el principio que buscamos ahora no existe separado de los cuerpos, ¿qué principio podrá admitirse con preferencia a la materia? Pero la materia no existe en acto; no existe más que en potencia. Según esto, la forma y la esencia tienen, al parecer, más derecho al titulo de principio que la materia. Pero la forma material es perecedera; de suerte que no hay absolutamente ninguna sustancia eterna separada y en sí: esto es absurdo. Evidentemente hay alguna, pues casi todo los espíritus más distinguidos se han ocupado de esta indagación, convencidos de la existencia de un principio, de una sustancia de este género ¿Cómo, en verdad, podría subsistir el orden si no hubiese algo eterno, separado, inmutable?

Añádase a esto que si existe un principio, una sustancia de la naturaleza que buscamos; si es la sustancia única de todas las cosas, sustancia de los seres eternos y perecederos a la vez, surge otra dificultad: siendo el principio el mismo, ¿cómo unos seres son eternos y otros no?[1]. Esto es absurdo. Si hay dos sustancias que sean principios, la una de los seres perecederos, la otra de los seres eternos, y si al mismo tiempo la sustancia de los seres perecederos es eterna, la dificultad no es menor. Porque si el principio es eterno, ¿cómo lo que procede del principio no es eterno también? Si es perecedero, tiene por principio otro principio, éste otro, y se irá hasta el infinito.

Y si se admiten por principios la unidad y el ser, que son, al parecer, por excelencia los principios inmóviles, y si al mismo tiempo ninguno de estos dos principios es un ser determinado, una ciencia, ¿cómo existirán separados y en sí? Porque éstos son los caracteres que buscamos en los principios eternos y primeros. Si, por otra parte, la unidad y el ser son el ser determinado y la esencia, entonces todos los seres serán esencias; porque el ser se dice igualmente de todos los seres y la unidad de un cierto número. Pero pretender que todos los seres son esencias, es sostener una cosa falsa.

Además ¿cómo pueden estar en lo cierto los que dicen que el primer principio es la unidad, y que en este concepto la unidad es esencia, que engendran el primer número por medio de la unidad y de la materia, y dicen que este número es la sustancia de los seres sensibles? ¿Cómo comprender que haya unidad en la díada y en cada uno de los otros números compuestos? Nada dicen sobre esto, y no sería fácil dieran una explicación satisfactoria.

Si se consideran como principios las líneas, o lo que depende de las líneas, y por esto entiendo las superficies primeras, no serán sustancias separadas; no serán más que secciones, divisiones, las unas de las superficies, las otras de los cuerpos, los puntos de las líneas. No serán más que los límites de estos cuerpos; pero semejantes seres existen siempre en otros seres: ninguno de ellos existe separado. Además,

¿cómo concebir una sustancia en la unidad y en el punto? Toda sustancia está sujeta a producción[2], y el punto no nace; no es más que una división.

Otra dificultad es que toda ciencia recae sobre lo universal, sobre lo que abraza la multiplicidad de las cosas, mientras que la sustancia no es algo general, sino más bien el ser determinado y separado. Y, por tanto, si la ciencia trata de los principios, ¿cómo concebir que el principio sea una sustancia?[3].

Además, ¿hay o no algo independientemente del conjunto? (entiendo por conjunto la materia unida a la forma). Si no hay nada, todo es material, todo es perecedero; si hay algo que sea independiente, será la forma y la figura. Pero ¿en qué caso la forma es independiente, y en qué caso no lo es? Esto es difícil de resolver. Sin embargo, en ciertos casos la forma, evidentemente, no está separada: en el de una casa, por ejemplo.

Por último, ¿los principios son idénticos en cuanto a la especie, o en cuanto al número? Si son idénticos en número, todo será idéntico.

---

1. Véase lib. III, 4.
2. Es preciso entender por esto toda sustancia natural, la reunión en un individuo de la forma y de la materia, tal hombre, tal o cual animal.
3. Santo Tomas en su comentario, pág. 139, b.: «Et veritas est, quod licet universalia non per se existant, tamen naturas eorum est considerare universaliter. Et secundum hoc, accipiuntur genera et species in praedicamento substantiae, quae dicuntur secundae substantiae, de quibus est scientia. Quaedam etiam per se existentes sunt principia, quae quia inmateriales, pertinent ad inteligibilem cognitionem, licet excedant intellectus nostri comprehensionem.

-III. UNA CIENCIA ÚNICA PUEDE ABRAZAR UN GRAN NÚMERO DE OBJETOS Y DE ESPECIES DIFERENTES.

La ciencia del filósofo es la ciencia del ser, en tanto que ser en todas estas acepciones[1], y no desde un punto de vista particular. El ser no tiene una significación única, sino que se entiende de muchas maneras: si sólo hay analogía de nombre, y no hay en el fondo un género común, el ser no es del dominio de una sola ciencia, pues que no hay entre las diversas clases de seres unidad de género; pero si hay también entre ellas una relación fundamental, entonces el estudio del ser pertenecerá a una sola ciencia. Lo que hemos dicho que tenía lugar respecto de lo *medicinal* y de lo *sano* se verifica igualmente, al parecer, en cuanto al ser. Lo medicinal y lo sano se toman ambos en muchas acepciones: se dan estos nombres a todo lo que puede referirse de tal o cuál manera, ya a la ciencia médica, ya a la salud; pero todas las significaciones de cada una de estas palabras se refieren a una misma cosa. Se da el nombre de medicinal a la noción de la enfermedad y al escalpelo, porque la una viene de la ciencia médica y el otro es útil en esta ciencia. Lo mismo respecto a lo sano: este objeto recibe el nombre de sano porque es el indicio de la salud, aquel otro porque la produce; y lo mismo acontece con las cosas análogas. En fin, lo propio sucede con todos los modos del ser. A cada uno de estos modos se llama ser, o porque es una cualidad, un estado del ser en tanto que ser, o es una disposición, un movimiento u otro atributo de este género.

Todas las acepciones del ser pueden reducirse a una sola acepción común: todas las contrariedades se pueden reducir a las primeras diferencias, a las contrariedades del ser, ya se miren como primeras diferencias del ser la pluralidad y la unidad, la semejanza y la desemejanza, o bien algunas otras diferencias; cuestión que no tenemos necesidad de examinar. Poco importa que se reduzcan los diversos modos del ser al ser o a la unidad. Aun suponiendo que la unidad y el ser no sean idénticos, y sí diferentes, pueden, sin embargo, reemplazarse: la unidad es, desde un punto de vista, el ser, y el ser la unidad[2].

Puesto que una sola y misma ciencia abraza todos los contrarios, y que en todos los contrarios hay privación, podría suscitarse esta duda: ¿Cómo en ciertos casos hay privación, habiendo un intermedio entre los contrarios, entre lo justo y lo injusto, por ejemplo? En todos los casos es preciso decir que no hay para el intermediario privación completa de cada uno de los extremos; esto sólo tiene lugar en los extremos entre sí. Por ejemplo, si el hombre justo es el que se conforma con las leyes en virtud de una cierta disposición de su naturaleza[3], no habrá para el hombre no justo[4] privación completa de todo lo que está comprendido en la definición de lo justo. Si falta en algún punto a la obediencia debida a las leyes, habrá para él privación bajo esta relación. Lo mismo tendrá lugar respecto a todo lo demás. Así como el matemático opera sobre puras abstracciones, puesto que examina los objetos despojados de todos sus caracteres sensibles, como la pesantez, la ligereza, la dureza y su contrario, y como el calor, el frío y todos los demás caracteres sensibles opuestos, respectivamente; sólo les deja la cuantidad y la continuidad en una, en dos, en tres direcciones, y los modos de la cuantidad y de lo continuo en tanto que cuantidad y continuo, y no los estudia bajo otras relaciones; examinando tan pronto sus posiciones relativas y lo que es consecuencia de sus posiciones, tan pronto su conmensurabilidad y su inconmensurabilidad, tan pronto sus proporciones, sin que por eso hagamos de la geometría más que una sola y misma ciencia que estudia los objetos bajo todas estas relaciones; pues lo mismo sucede con el ser, puesto que la filosofía, y no otra ciencia, es la única que estudia los accidentes del ser en tanto que ser, y las contrariedades del ser en tanto que ser. En tanto que susceptible de movimiento, más bien que en tanto que ser, podría atribuirse a la física el estudio del ser. La dialéctica y la sofística se ocupan de los accidentes de los seres, y no de los seres en tanto que seres, ni del ser en sí, ni en tanto que ser.

Resta, por tanto, que digamos que el filósofo es el que trata de los principios de que hemos hablado en tanto que son seres. Y puesto que las diversas significaciones del ser se refieren todas a una significación común y única, así como también las diversas contrariedades, porque todas vienen a reducirse a las primeras contrariedades y a las primeras diferencias del ser, una sola ciencia puede entonces abrazar todas estas cosas, y así se encuentra resuelta la duda que nos habíamos propuesto al principio; quiero hablar de la cuestión acerca de cómo una sola y misma ciencia puede abrazar a la vez muchos seres de géneros diferentes.

---

1. Véase lib. IV, 2.
2. Véase lib. V, 6, 7.
3. Aristóteles, dicen los antiguos comentaristas, ha añadido esta condición, porque es posible que se vea uno forzado violentamente a hacer lo que es justo, en cuyo caso la acción carece de mérito.
4. 'O αδικος. Alejandro, *Schol.*, pág. 794; *Sepúlv.*, pág. 268. La expresión *no-justo* es la negación de lo justo, pero no la afirmación de la injusticia; es el término medio de que habla Alejandro.

-IV. LA INDAGACIÓN DE LOS PRINCIPIOS DE LOS SERES MATEMÁTICOS CORRESPONDE A LA FILOSOFÍA PRIMERA.

1

Así como el matemático se sirve de los axiomas generales, pero deberá sólo desde un punto de vista particular, la filosofía primera deberá igualmente estudiar los principios de los axiomas[2]. Este axioma: si de cantidades iguales se quitan cantidades iguales, las restas serán iguales, se aplica a todas las cantidades. La ciencia matemática acepta ciertamente este principio, pero sólo se ocupa de algunos puntos particulares de la materia que de ella depende; por ejemplo, de las líneas, de los ángulos, de los números, o de cualquier otro modo de la cantidad; pero no estudia estos seres en tanto que son seres, sino sólo en tanto que son continuos en una sola dirección, en dos, en tres. Al contrario, la filosofía no se ocupa de los objetos particulares o de sus accidentes; estudia cada uno de estos objetos bajo la relación del ser en tanto que ser.

En la física sucede lo que en las matemáticas. La física estudia los accidentes y los principios de los seres en tanto que están en movimiento y no en tanto que seres. Pero ya hemos dicho que la ciencia primera es la que estudia los objetos bajo la relación del ser en tanto que ser y no bajo ninguna otra relación. Por esta razón a la física y a las matemáticas no se las debe considerar sino como partes de la filosofía.

---

1. Algunos editores unen este capítulo al precedente y de los dos hacen uno: nosotros hemos seguido la división más generalmente adoptada.
2. Véase lib. IV, 3.

-V. ES IMPOSIBLE QUE UNA COSA SEA Y NO SEA AL MISMO TIEMPO.

Hay un principio en los seres, relativamente al cual no se puede incurrir en error; precisamente ha de suceder lo contrario esto es, que se está siempre en lo cierto[1]. Este principio es el siguiente: no es posible que una misma cosa sea y no sea a un mismo tiempo; y lo mismo sucede en todas las demás oposiciones absolutas. No cabe demostración real de este principio; y, sin embargo, se puede refutar al que lo niegue. En efecto, no hay otro principio más cierto que éste, del cual pudiera deducírsele por el razonamiento, y era preciso que fuera así para que hubiera realmente demostración. Pero si se quiere demostrar al que pretenda que las proposiciones opuestas son igualmente verdaderas que está en un error, será preciso tomar un objeto que sea idéntico a sí propio, en cuanto puede ser y no ser el mismo en un solo y mismo momento, y el cual, sin embargo, conforme al sistema, no sea idéntico. Es la única manera de refutar al que pretende que es posible que la afirmación y la negación de una misma cosa sean verdaderas al mismo tiempo. Por otra parte, los que quieren conversar entre sí deben comprenderse, porque ¿cómo puede sin esta condición haber entre ellos comunicación de pensamientos? Es preciso, por lo tanto, que cada una de las palabras sea conocida, que exprese una cosa, no muchas, sino una sola; o bien, si tiene muchos sentidos, es preciso que indique claramente el objeto que al presente se quiere indicar con la palabra. En cuanto al que dice que tal cosa es y no es, niega lo mismo que afirma, y por consiguiente afirma que la palabra no significa lo que significa. Pero esto es imposible; es imposible, si la expresión *tal cosa es* tiene un sentido, que la negación de la misma cosa sea verdadera. Si la palabra designa la existencia de un objeto, y esta existencia es una realidad, necesariamente es una realidad; pero lo que existe necesariamente no puede al mismo tiempo no existir. Es, por tanto, imposible que las afirmaciones opuestas sean verdaderas al mismo tiempo respecto del mismo ser.

Además, si la afirmación no es más verdadera que la negación, llamar a tal ser hombre o no hombre no será decir la verdad en un caso más que en otro; pero al decir entonces que el hombre no es un caballo, se estará más en lo cierto, o no se estará menos que el que sostiene que no es hombre. Se estará también, pues, en lo cierto diciendo que el hombre es un caballo, porque los contrarios son igualmente verdaderos; resultando de aquí que el hombre es idéntico al caballo o a cualquiera otro animal.

No hay, decimos, ninguna demostración real de estos principios; se puede, sin embargo, demostrar su verdad al que los ataque con tales argumentos. Preguntando al mismo Heráclito en este sentido, se le hubiera precisado a conceder que es completamente imposible que las afirmaciones opuestas sean verdaderas al mismo tiempo con relación a los mismos seres. Por no haberse entendido a sí mismo, Heráclito abrazó esta opinión. Admitamos por un momento que su sistema sea verdadero; en tal caso su principio mismo no será verdadero; no será cierto que la misma cosa puede ser y no ser al mismo tiempo; porque así como se dice verdad, afirmando y negando separadamente cada una de estas dos cosas, el ser y el no-ser, en igual forma se dice verdad afirmando, como una sola proposición, la afirmación y la negación reunidas y negando esta proposición total, considerada como una sola afirmación. Por último, si no se puede afirmar nada con verdad, se incurrirá en error diciendo que ninguna afirmación es verdadera. Si puede afirmarse alguna cosa, entonces cae por su propio peso el sistema de los que rechazan los principios, y que por lo mismo vienen a suprimir en absoluto toda discusión.

---

1. Véase lib. IV, 3.

-VI. DE LA OPINIÓN DE PROTÁGORAS QUE EL HOMBRE ES LA MEDIDA DE TODAS LAS COSAS. DE LOS CONTRARIOS Y DE LOS OPUESTOS.

Lo que dice Protágoras no difiere de lo que precede[1]. En efecto, Protágoras pretendía que el hombre es la medida de todas las cosas, lo cual quiere decir simplemente que todas las cosas son, en realidad, tales como a cada uno le parecen. Si así fuera, resultaría que la misma cosa es y no es, es a la vez buena y mala, y que las demás afirmaciones opuestas son igualmente verdaderas, pues muchas veces la misma cosa parece buena a éstos, mala a aquéllos, y que lo que a cada uno parece es la medida de las cosas.

Para resolver esta objeción basta examinar cuál ha podido ser el principio de doctrina semejante. Unos la han profesado por haber adoptado el sistema de los físicos, y en otros ha nacido de ver que no forman todos los hombres el mismo juicio sobre las mismas cosas; así que tal sabor que parece dulce a los unos, parece a los otros tener la cualidad contraria. Un punto de doctrina común a casi todos los físicos es que nada viene del no-ser, y que todo viene del ser. Lo no-blanco, es cierto, viene de lo que es completamente blanco, de lo que no es en ninguna parte no blanco. Pero cuando hay producción de lo no blanco, lo no-blanco, según ellos, debería provenir de lo que es no-blanco, de donde se sigue, en la hipótesis dicha, que vendría algo del no-ser, a menos que el mismo objeto sea a la vez blanco y no-blanco. Esta dificultad es fácil de resolver. Hemos dicho en la *Física*[2] cómo lo que es producido viene del no-ser y cómo del ser. Por otra parte, dar crédito igualmente a las opiniones y a las falsas aprensiones de los que están en desacuerdo sobre los mismos objetos, es una pura necedad. Evidentemente, es de toda necesidad que unos u otros estén en el error; verdad que se muestra con toda claridad si se considera lo que tiene lugar en el conocimiento sensible. En efecto, jamás la misma cosa parece dulce a unos, amarga a otros, a menos que en los unos el sentido, el órgano que juzga de los sabores en cuestión, esté viciado o alterado. Y si es así, es preciso admitir que unos son y otros no son la medida de las cosas. Esto lo digo igualmente para lo bueno y lo malo, para lo bello y lo feo y demás objetos de este género.

Profesar la opinión de que se trata es creer que las cosas son tales como parecen a los que comprimen el párpado inferior con el dedo, y hacen así que un solo objeto les parezca doble; es creer que hay dos objetos porque se ven dos, y en seguida que no hay más que uno, porque los que no ponen la mano en el ojo no ven más que uno. Por otra parte, es absurdo formar juicio sobre la verdad al tenor de los objetos sensibles que vemos que mudan sin cesar y no persisten nunca en el mismo estado. En los seres que permanecen siendo siempre los mismos, y no son susceptibles de ningún cambio, es donde debe buscarse la verdad. Tales como los cuerpos celestes. No aparecen tan pronto con estos caracteres como con otros; son siempre los mismos, y no experimentan ninguna mudanza.

Además, si el movimiento existe; si algo se mueve, siendo todo movimiento el tránsito de una cosa a otra, es preciso, en el sistema que nos ocupa, que lo que se mueve esté aún en aquello de donde procede y no esté; que esté en movimiento hacia tal fin, y que al mismo tiempo haya llegado ya a él. De no ser así, la negación y la afirmación de una cosa no pueden ser verdaderas al mismo tiempo. Además, si los objetos sensibles están en un flujo y en un movimiento perpetuo bajo la relación de la cantidad, o si por lo menos se admite esto, aunque no sea verdadero, ¿por qué la razón la cualidad no habrá de persistir? Porque una de las razones que han obligado a admitir que las proposiciones contradictorias son verdaderas al mismo tiempo, es el suponer que la cantidad no subsiste la misma en los cuerpos, porque un mismo cuerpo tiene ahora cuatro codos y más tarde no. La cualidad es lo que distingue la forma sustancial, la naturaleza determinada; la cantidad afecta a lo indeterminado.

No para en esto. ¿Por qué cuando su médico les ordena que tomen tal alimento, toman este alimento? ¿Qué más razón hay para creer que esto es pan que para creer lo contrario? Y entonces será indiferente comer o no comer. Y, sin embargo, toman el alimento convencidos de que el médico ha afirmado algo que es verdad y que lo conveniente es el alimento que ha ordenado. Y, no obstante, no deberían creerle si no hay una naturaleza invariable en los seres sensibles; si todos, por el contrario, están en un movimiento, en un flujo perpetuo.

Por otra parte, si nosotros mismos mudamos continuamente; si no permanecemos siendo ni un solo instante los mismos, ¿es extraño que no formemos el mismo juicio sobre los objetos sensibles, que nos parezcan diferentes cuando estamos enfermos? Los objetos sensibles, bien que no parezcan a los sentidos los mismos que antes, no han experimentado por esto un cambio; no producen las mismas sensaciones y sí sensaciones diferentes a los enfermos, porque éstos no se encuentran en el mismo estado, en la misma disposición que cuando están sanos. Lo mismo sucede necesariamente en el cambio de que hablamos antes. Si no mudáramos, si permaneciésemos siempre los mismos, los objetos persistirían para nosotros.

En cuanto a aquellos que, valiéndose del razonamiento, han suscitado las objeciones precedentes, no es fácil convencerles si no admiten algún principio respecto del que no exijan la razón. Porque toda prueba, toda demostración, parte de un principio de este género. El no admitirlo es suprimir toda discusión, y por consiguiente toda prueba. Para tales gentes no hay pruebas que alegar. Pero los que sólo dudan, en razón de las dificultades de que acabamos de hablar, es fácil disipar su incertidumbre y descartar de su espíritu lo que constituye su duda. Esto es evidente conforme a lo que hemos dicho antes.

De aquí resulta claramente que las afirmaciones opuestas no pueden ser verdaderas al mismo tiempo del mismo objeto; que los contrarios tampoco pueden encontrarse simultáneamente, puesto que toda contrariedad contiene una privación, de lo que puede uno asegurarse reduciendo a su principio las nociones de los contrarios. En igual forma, ningún término medio puede afirmarse sino de un solo y mismo ser[3]: supongamos que el sujeto sea blanco; si decimos que no es blanco ni no-blanco, incurriremos en error, porque resultaría de aquí que el mismo objeto sería blanco y no lo sería. Sólo uno de los dos términos comprendidos a la vez en la expresión podrá afirmarse del objeto; será, si se afirma lo no-blanco, la negación de lo blanco. No se puede, por tanto, estar en la verdad admitiendo el principio de Heráclito o el de Anaxágoras; sin esto podrían afirmarse los contrarios del mismo ser.

Porque cuando Anaxágoras sostiene que todo está en todo, dice que lo dulce, lo amargo y todos los demás contrarios se encuentran en ello igualmente, puesto que todo está en todo, no sólo en potencia, sino en acto y distintamente. No es posible tampoco que todo sea verdadero y todo falso; en primer lugar a causa de los numerosos absurdos a que conduce esta hipótesis, según hemos dicho; y luego porque, si todo es falso, no se estará en lo verdadero, al afirmar que todo es falso; en fin, porque si todo es verdadero, el que diga que todo es falso, no dirá una cosa falsa.

---

1. Véase lib. IV, 5.
2. Véase *Phisic. auscult.*, I, 7; Bekk., pág. 189.
3. Véase lib. IV, 7.

-VII. LA FÍSICA ES UNA CIENCIA TEÓRICA, Y LO MISMO QUE ELLA LA CIENCIA MATEMÁTICA Y LA TEOLÓGICA.

Toda ciencia se ocupa de indagar ciertos principios y ciertas causas, con ocasión de cada uno de los objetos a que se extiende su conocimiento[1]. Esto hacen la medicina, la gimnástica y las demás diversas ciencias creadoras, así como las ciencias matemáticas. Cada una de ellas se circunscribe, en efecto, a un género determinado, y trata únicamente de este género; le considera como una realidad y un ser, sin examinarlo, sin embargo, en tanto que ser. La ciencia que trata del ser en tanto que ser, es diferente de todas estas ciencias y está fuera de ellas.

Las ciencias que acabamos de mencionar toman cada una por objeto en cada género la esencia, y tratan de dar, sobre todo lo demás, demostraciones más o menos sujetas a excepciones, más o menos rigurosas. Las unas admiten la esencia percibida por los sentidos; las otras asientan desde luego la esencia como hecho fundamental. Es claro entonces que no ha lugar, con esta manera de proceder, a ninguna demostración, ni de la sustancia, ni de la esencia.

La física es una ciencia; pero no es evidentemente una ciencia práctica, ni una ciencia creadora. En las ciencias creadoras, es en el agente, y no en el objeto que padece la acción, en el que reside el principio del movimiento; y este principio es un arte o cualquiera otra potencia. Lo mismo sucede con las ciencias prácticas; no es en la cosa que es objeto de la acción donde reside el movimiento, y sí más bien en el ser que obra. La ciencia del físico trata de los seres que tienen en sí mismos el principio del movimiento. Por tanto, se ve que la ciencia física no es una ciencia práctica, ni una ciencia creadora, sino que es de toda necesidad una ciencia teórica, porque es imprescindible que esté incluida en uno de estos tres géneros.

Puesto que es necesario que cada ciencia conozca desde cualquier punto de vista la esencia, y que se sirva de ella como de un principio, el físico no puede ignorar la manera de definir; es preciso que sepa qué es verdaderamente la noción sustancial en los objetos de que trata, si aquélla está en el mismo caso que lo *chato*, o más bien en el de lo *romo*. La noción de chato implica la materia del objeto; la de romo es independiente de la materia. En efecto, en una nariz se produce lo chato, y por esto la noción de lo chato implica la de la nariz: el chato es el de nariz roma. Es evidente que la materia debe entrar en la definición de la carne, del ojo y de las otras partes del cuerpo.

Hay una ciencia del ser considerado en tanto que ser e independiente de todo objeto material: veamos, pues, si es preciso admitir la identidad de esta ciencia con la física, o más bien su diferencia. La física trata de los seres que tienen en sí mismos el principio del movimiento. La ciencia matemática es una ciencia teórica ciertamente y que trata de objetos inmóviles; pero estos objetos no están separados de toda materia. La ciencia del ser independiente e inmóvil es diferente de estas dos ciencias; en el supuesto que haya una sustancia que sea realmente sustancia, quiero decir, independiente e inmóvil, lo cual nos esforzaremos por probar. Y si hay entre los seres una naturaleza de esta clase será la naturaleza divina, será el primer principio, el principio por excelencia.

En este concepto hay tres ciencias teóricas: Física, Ciencia matemática y Teología. Ahora bien, las ciencias teóricas están sobre las demás ciencias. Pero la última nombrada supera a todas las ciencias teóricas. Ella tiene por objeto el ser, que está por encima de todos los seres, y la superioridad o inferioridad de la ciencia se gradúa por el valor del objeto sobre que versa su conocimiento.

Importa averiguar si la ciencia del ser en tanto que ser es o no una ciencia universal. Cada una de las ciencias matemáticas trata de un género de seres determinado; la ciencia universal abraza todos los seres. Por tanto, si las sustancias físicas fuesen las primeras entre todas las esencias, entonces la primera de todas las ciencias sería la física. Pero si existe otra naturaleza, una sustancia independiente e inmóvil, es preciso que la ciencia de esta naturaleza sea otra ciencia, una ciencia anterior a la física, una ciencia universal por su misma anterioridad.

---

1. Véase lib. VI, 1.

-VIII. DEL SER ACCIDENTAL.

El ser en general se entiende de varias maneras, y por lo pronto como ser accidental: hablemos, pues, de ser accidental[1]. Es completamente evidente que ninguna de las ciencias que hemos enumerado trata del accidente. El arte de construir de ninguna manera se ocupa de lo que pueda acaecer a los que habrán de servirse de la casa; de saber, por ejemplo, si les desagradarán o les gustarán las habitaciones. Lo mismo sucede con el arte del tejedor, el del zapatero y en el arte culinario. Cada una de estas ciencias se ocupa únicamente del objeto que le es propio, es decir, de su fin propio; ninguna considera un ser en tanto que músico, en tanto que gramático. Razonamientos como éste: un hombre es músico; se hace gramático; luego debe de ser a la vez lo uno y lo otro; pero antes no era ni lo uno ni lo otro; ahora bien, lo que no existe, de todo tiempo ha devenido o llegado a ser; luego este hombre se ha hecho músico y gramático simultáneamente.

Semejantes razonamientos, digo, jamás son los que busca una ciencia reconocida por todos como tal, y sólo la Sofística los hace objeto de ciencia. Sólo la Sofística trata del accidente. Y así el dicho de Platón no carece de exactitud: la Sofística, ha dicho, versa sobre el no-ser.

Se verá claramente que toda ciencia de lo accidental es imposible, si se examina con atención la naturaleza misma de lo accidental.

Hay entre los seres unos que existen siempre y necesariamente, no de una necesidad que es efecto de la violencia, sino de la que sirve de fundamento a las demostraciones; otras cosas sólo existen ordinariamente; otras, por último, no existen ni ordinariamente, ni siempre, ni de toda necesidad, sino sólo según las circunstancias. Que haga frío durante la canícula, por ejemplo, es cosa que no sucede ni siempre, ni necesariamente, ni en el mayor número de casos. Pero puede suceder a veces. El accidente es lo que no sucede ni siempre, ni de toda necesidad, ni en el mayor número de casos. Esto es, en nuestra opinión, el accidente. La imposibilidad de una ciencia de lo accidental es por lo mismo evidente. En efecto, toda ciencia se ocupa, o de lo que existe eternamente, o de lo que existe ordinariamente; el accidente no existe ni eterna ni ordinariamente.

Es claro, por otra parte, que las causas y los principios del ser accidental no son del mismo género que las causas y los principios del ser en sí. Si esto, todo sería necesario. En efecto, si existiendo esta cosa otra cosa existe, y si existe también aquélla, existiendo otra esto se verifica, no según las circunstancias, sino necesariamente, el efecto producido necesariamente debe ser necesario, y así se llega hasta el último efecto. Pues bien, este último efecto es el accidente. Todo sería entonces necesario, lo cual equivale a la supresión absoluta de la acción de las circunstancias sobre los seres que se hacen devenir, y de su posibilidad de devenir o de no devenir; consecuencia a la que se llega aún suponiendo que la causa no es, sino que deviene. Porque entonces todo llegará a ser o devendrá necesariamente. Habrá mañana un eclipse si tal cosa tiene lugar, y tal cosa tendrá lugar a condición de que otra cosa también se verifique, la cual llegará a ser o devendrá bajo otra condición también. Y si de un tiempo limitado, si de este tiempo que separa mañana del instante actual, se rebaja sin cesar tiempo, como acabamos de hacer, se llegará por último al instante presente. Por consiguiente, la existencia de lo que es al presente arrastrará necesariamente la producción de todo lo que deberá seguirse, y, por consiguiente, todo deviene necesariamente.

Respecto al ser que significa lo verdadero y no el accidente, consiste únicamente en lo que el pensamiento afirma o niega del sujeto; es una modificación del pensamiento mismo; no se buscan los principios de este ser, sino los del ser exterior e independiente. En cuanto al otro ser, quiero decir, al accidental, es lo no necesario, es lo indeterminado. Ahora bien, ningún orden hay en las causas del ser accidental y, por otra parte, son infinitas en número, mientras que la causa final es el fundamento de todo lo que se produce en la naturaleza o proviene del pensamiento.

El azar[2] es toda producción accidental, ya de la naturaleza, ya del pensamiento. La misma relación que hay entre el ser en sí y el ser accidental, existe igualmente entre las causas de estos seres. El azar es la causa accidental de lo que se hace con intención y con cierto fin. El azar y el pensamiento se refieren al mismo objeto, no habiendo elección sin pensamiento. Pero las causas que producen los efectos atribuidos al azar son indeterminados; de donde se sigue que el azar es impenetrable a la razón humana, que no es más que una causa accidental, o que no es causa de nada. Un dichoso o desgraciado azar es el advenimiento de un bien o de un mal; grandes bienes o grandes males, he aquí la prosperidad o la adversidad.

Así como ningún ser accidental es anterior a un ser en sí, en igual forma hay posterioridad para las causas del ser accidental. Aun admitiendo que el cielo tiene por causa el azar o un concurso fortuito, habría todavía una causa anterior: la inteligencia y la naturaleza.

---

1. Véase lib. VI, 2, 3.
2. Τυχη. Véase *Physic. auscult.*, II, 4, 5, 6; Bekk., pág. 195.

-IX. EL MOVIMIENTO ES LA ACTUALIDAD DE LO POSIBLE EN TANTO QUE POSIBLE.

Entre los seres hay unos que existen en acto solamente, otros solamente en potencia, otros en potencia y en acto a la vez; y hay, por último, el ser propiamente dicho, el ser bajo la relación de la cantidad y bajo la relación de las otras categorías. En cuanto al movimiento, éste no existe fuera de las cosas: siempre se verifica el cambio [con relación a] alguno de los puntos de vista del ser. Y el cambio difiere, no sólo según las diferentes categorías, sino también en la misma categoría[1]. Cada categoría es doble en los seres: respecto de la esencia, por ejemplo, hay la forma del objeto y la privación de la forma; en cuanto a la cualidad, lo blanco y lo negro; para la cantidad, lo completo y lo incompleto; por último, el objeto sube o baja, es ligero o pesado, si se trata de la velocidad. Hay, por consiguiente, tantas especies de movimiento o de cambio como especies tiene el ser en sí mismo[2].

En cada género de seres se da el ser en potencia y el ser en acto. Llamo movimiento a la actualidad de lo posible en tanto que posible. Veamos la prueba de la exactitud de esta definición. Cuando hay posibilidad de construcción, mediante el paso al acto en esta cualidad misma, decimos que hay acto en tanto que hay construcción, y esto es lo que constituye la construcción.

Lo mismo acontece con la enseñanza, la curación de una enfermedad, la rotación, la marcha, el salto, la degeneración, el crecimiento. Se sigue de aquí que hay movimiento durante esta clase de actualidad, no antes, ni después; y el movimiento es la actualidad de lo que existe en potencia, cuando la actualidad se manifiesta, no en tanto que el ser es, sino en tanto que móvil. Y he aquí lo que yo entiendo por en tanto que móvil. El metal es la estatua en potencia; sin embargo la actualidad del metal en tanto que metal no es el movimiento que produce la estatua. La noción del metal no implica la noción de una potencia determinada. Si hubiese entre estas nociones identidad absoluta, esencial, entonces la actualidad del metal sería cierto movimiento. Pero no hay identidad como lo prueba el examen de los contrarios. La potencia de gozar salud y la de estar enfermo no son una y sola cosa, sin lo cual la salud y la enfermedad serían idénticas. Y, sin embargo, el sujeto de la salud y el de la enfermedad no son más que una y sola cosa, ya sea aquél los humores o la sangre. Puesto que no hay identidad en el caso en cuestión, ni tampoco entre el color y el objeto visible, se sigue de aquí que la actualidad de lo posible en tanto que posible constituye el movimiento.

Esto es el movimiento; durante esta especie de actualidad el objeto se mueve, no antes ni después; esto es completamente evidente. Todo objeto puede tan pronto darse como no darse en acto. Y así, de una parte lo que puede ser construido en tanto que puede ser construido, y de otra la actualidad de lo que puede ser construido en tanto que puede ser construido; he aquí la construcción. La construcción es: o la actualidad misma o la casa. Pero cuando es una casa, la posibilidad de construir no existe ya: lo que podía ser construido está ya construido. Es preciso que el acto verdadero sea en este caso una construcción, porque la construcción es un movimiento. El mismo razonamiento tiene lugar respecto de los demás movimientos.

Una prueba de que nosotros no nos hemos equivocado, nos la suministran los sistemas de los demás filósofos sobre el movimiento y la dificultad que experimentan al definirlo de otra manera que como nosotros lo hemos hecho. Sería imposible colocarlo en otro género que en el que nosotros le hemos asignado; esto se advierte en sus mismas palabras. Hay unos que llaman al movimiento una diversidad, una desigualdad, el no-ser; cosas todas que no implican necesariamente el movimiento. El cambio no se reduce a estos principios más que a sus opuestos, ni tampoco sale de ellos. Lo que hace que se reduzca a los principios negativos es que el movimiento parece algo indefinido. Ahora bien, principios que componen la serie negativa son indefinidos, porque indican la privación, mientras que ni la esencia, ni la cualidad, ni ninguna de las otras categorías son principios indefinidos. La causa de que el movimiento parezca indefinido es que no puede reducir ni a la potencia, ni al acto de los seres, porque ni la cantidad en potencia se mueve necesariamente, ni la cantidad en acto.

El movimiento es, pues, al parecer, una actualidad, pero una actualidad imperfecta, y la causa de esto es que la potencia al pasar al acto es una potencia imperfecta; y he aquí por qué no es fácil concebir la naturaleza del movimiento. En efecto, sólo podía reducírsele a la privación, o a la potencia pura y simple, o al acto puro y simple; pero es evidente que ninguno de estos principios puede constituirle. Resta, pues, que sea lo que ya hemos dicho, a saber: que el movimiento es una actualidad y no es una actualidad; cosa difícil de comprender, pero que al menos es posible.

Es claro, por otra parte, que el movimiento existe en el objeto móvil, porque el movimiento es la actualidad del objeto móvil producida por el motor. Además, la actualidad del motor no difiere de la actualidad del móvil. Para que haya movimiento es preciso que haya actualidad del uno o del otro. Ahora bien, la potencia del motor es el principio del movimiento: su actualidad es este principio que produce el movimiento; pero este movimiento es la actualidad misma del objeto móvil. No hay, por tanto, más que una sola actualidad para ambos. Por lo demás, la misma distancia hay de uno a dos que de dos a uno, de abajo arriba que de arriba abajo, sin que haya, sin embargo, unidad de ser entre estas cosas: tal es la relación del motor con el objeto en movimiento.

---

1. Et propter hoc, motus non est aliquod genus commune omnium motuum. Santo Tomás, f. 146, b.
2. Véase *Phisic. auscult.*, III, 1, 2, 3; Bekk., pág. 200.

-X. UN CUERPO NO PUEDE SER INFINITO.

El infinito[1] es, o lo que no se puede recorrer, porque está en su naturaleza el no poder ser recorrido, a manera que el sonido es invisible, o lo que no puede acabar de recorrer, o lo que no se recorre sino difícilmente o, en fin, lo que no tiene término, ni límite, aunque sea susceptible tenerlo por su naturaleza. También hay el infinito por adición o sustracción, o adición y sustracción a la vez[2].

El infinito no puede tener una existencia independiente, ser algo por sí mismo, y al mismo tiempo ser un objeto sensible. En efecto, si no es una magnitud, ni una cosa múltiple; si es el infinito sustancialmente y no accidentalmente, debe de ser indivisible, puesto que todo lo divisible es una magnitud o una multitud. Pero si es indivisible no es infinito, a no ser que sea en el mismo concepto que el sonido es invisible. Pero no es de este infinito del que se habla ni del que nosotros nos ocupamos, y sí del infinito sin límites. ¿Cómo, por otra parte, es posible que el infinito exista en sí, cuando el número y la magnitud de los cuales no es el infinito más que un modo, no existen por sí mismos? Por lo demás, si el infinito es accidental, no podrá ser, en tanto que infinito, el elemento de los seres, así como lo invisible no es el elemento del lenguaje, no obstante la invisibilidad del sonido. Por último, el infinito no puede evidentemente existir en acto, porque entonces una parte cualquiera tomada en el infinito sería a su vez infinita, habiendo identidad entre la esencia de lo infinito y el infinito, si el infinito tiene una existencia sustancial, y no es el atributo de un sujeto. El infinito será, por lo tanto, o indivisible, o divisible, susceptible de ser dividido en infinitos. Pero un gran número de infinitos no puede ser el mismo infinito, porque el infinito sería una parte del infinito como el aire es una parte del aire, si el infinito fuese una esencia y un principio[3]. El infinito es indivisible. Lo que existe en acto no puede ser infinito, porque hay necesariamente cantidad en lo que existe en acto. El infinito es, pues, accidental. Pero dijimos que en tal caso no podía ser un principio, pues el principio es aquello de que el infinito es un accidente, el aire, el número par.

Tales son las consideraciones generales relativas al infinito: vamos a demostrar ahora que el infinito no forma parte de los objetos sensibles. *Un ser limitado por superficies*: he aquí la noción de cuerpo; no hay, pues, cuerpo infinito, ya sea sensible, ya inteligible[4]. El número mismo, aunque independiente, no es infinito[5], porque el número, como todo lo que tiene un número, puede contarse. Si pasamos a los objetos físicos, prueba que no hay cuerpos infinitos lo siguiente: un cuerpo infinito no podría ser un cuerpo compuesto, ni un cuerpo simple. No es un cuerpo compuesto desde el momento en que los cuerpos componentes son limitados en número. Es preciso, en efecto, que en lo compuesto haya equilibrio entre los elementos contrarios, y ninguno de ellos debe ser infinito. Si uno de dos cuerpos constituyentes fuese de alguna manera inferior en potencia, el finito sería absorbido por el infinito. Por otra parte, es imposible que cada uno de los elementos sea infinito. El cuerpo es el que tiene dimensión en todos sentidos, y el infinito es aquello cuya dimensión no tiene límites: y si hubiese un cuerpo infinito, sería infinito en todos sentidos.

El infinito tampoco puede ser un cuerpo uno y simple ni, como algunos pretenden, una cosa fuera de los elementos, y de la que provienen los elementos. No existe semejante cuerpo fuera de los elementos, porque todos los cuerpos se resuelven, y nada más, en los elementos de donde provienen. Es evidente que no hay fuera de los cuerpos simples un elemento como el fuego, por ejemplo, o cualquier otro; porque sería preciso que fuese infinito, para que el todo, aun siendo finito, pudiese ser o devenir este elemento, como en el caso de que habla Heráclito, el *todo,* dice, deviene o se hace fuego en ciertas circunstancias[6].

El mismo razonamiento cabe respecto de la unidad, que los físicos colocan fuera de los elementos. Todo cambio se verifica de lo contrario a lo contrario, de lo frío a lo caliente, por ejemplo. Mas el cuerpo sensible ocupa un lugar determinado, y es el mismo lugar el que contiene el todo y sus partes: el todo y las partes de la tierra están también en el mismo lugar. Luego si el todo es homogéneo, o será inmóvil o estará en perpetuo movimiento; pero la última suposición es imposible. ¿Por qué se dirigiría hacia arriba más bien que hacia abajo o en una dirección cualquiera? Si el todo fuese una masa de tierra, por ejemplo, ¿en qué punto podría moverse o permanecer inmóvil? El lugar que esta masa ocupa, el lugar de este cuerpo infinito, es infinito, y la masa le llenaría, por tanto, por entero. ¿Y cómo puede ser así? ¿Cuál puede ser en este caso la inmovilidad, cuál puede ser el movimiento? ¿Habría inmovilidad en todas las partes del lugar? Entonces jamás habría movimiento. Por el contrario, ¿hay movimiento en todas las partes del lugar? Entonces jamás habrá reposo. Pero si hay heterogeneidad en el todo, los lugares están entre sí, en la misma relación que las partes que ellos contienen. Por lo pronto, no hay unidad en el cuerpo que constituye el todo, sino unidad por contacto. Luego o el número de las especies de cuerpos que le componen es finito o es infinito. No es posible que este número sea finito; sin esto habría cuerpos infinitos, otros que no lo serían, siendo el todo infinito: lo sería el fuego, por ejemplo, o el agua. Pero semejante suposición es la destrucción de los cuerpos finitos. Mas si el número de las especies de cuerpos es infinito, y si son simples, habrá una infinidad de especies de lugares, de especies de elementos. Ahora bien, esto es imposible: el número de las especies de lugares es finito[7]; luego el número de las especies de cuerpos que componen el todo es necesariamente finito.

En general, un cuerpo no puede ser infinito, y de igual modo tampoco el lugar que contiene los cuerpos, puesto que todo cuerpo sensible es pesado o ligero. El cuerpo infinito tendría un movimiento, ya horizontal, ya de abajo a arriba. Pero ni el infinito todo y entero podría ser susceptible de semejante movimiento, ni la mitad del infinito, ni una parte cualquiera del infinito. ¿Cómo establecer la distinción, y por qué medio determinar que esto es lo bajo del infinito, aquello lo alto, el fin, el medio? Por otra parte, todo cuerpo sensible está en un lugar. Pero hay seis especies de lugar[8]. ¿Dónde encontrarlas en el caso de la existencia de un cuerpo infinito? En una palabra, si es imposible que el lugar sea infinito, lo es que lo sea el cuerpo mismo. Lo que está en algún lugar está en alguna parte, es decir, que está arriba, abajo, o en los otros lugares. Ahora bien, cada uno de éstos es un límite.

No hay identidad entre el infinito en la magnitud, el infinito en el movimiento y el infinito en el tiempo; no son una sola y misma naturaleza. De estos tres infinitos, el que sigue se dice infinito por su relación con el que precede. A causa de su relación con la magnitud que experimenta un movimiento, una alteración, un aumento, se dice que es el movimiento infinito. El tiempo es infinito a causa de su relación con el movimiento[9].

---

1. Sobre el infinito, véase la *Física,* lib. IV, 4; Bekk., pág. 210.
2. Es el infinito, o más bien el indefinido numérico. Toda cantidad es susceptible de aumento o de disminución. Ha lugar, sin embargo, a sostener la distinción que parece hacer Aristóteles entre las cantidades indefinidas. El infinito por adición, κροσθεσει, es más especialmente el número propiamente dicho, al cual se puede sin cesar y sin fin añadir una unidad de la misma naturaleza que las que entran en su composición. [316] El infinito por sustracción o por división, αφαιρεσει, es la magnitud propiamente dicha, la extensión, la cual es divisible hasta el infinito. Por último, el tiempo es infinito por sustracción porque es continuo, y por adición porque es susceptible de ser contado. El movimiento, según Aristóteles, está en el mismo caso que el tiempo, porque el tiempo, en su sistema, es el movimiento mismo o un modo del movimiento.
3. Añádase para completar el razonamiento: habría, por tanto, igualdad entre el todo y la parte; y esto es imposible: la parte es más grande que el todo.
4. Los objetos de que trata la geometría.
5. Se trata aquí del número determinado.
6. Es preciso, en efecto, para llegar a este resultado, que el elemento que absorbe en sí todos los demás sea de otra naturaleza que ellos, y que, como dice Santo Tomás, que supere infinitamente en fuerza y en potencia. El ser finito sólo desaparece completamente en el seno del ser infinito.
7. «Nam species locorum sunt sub aliquo numero determinato, quae sunt sursum deorsum et hujusmodi.» Santo Tomás, pág. 149, b. Véase más adelante.
8. Es decir, que un espacio determinado se nos presenta bajo seis aspectos diferentes: hay lo alto y lo bajo, la derecha y la izquierda, lo anterior y lo posterior.
9. Hemos recordado un poco más arriba que el tiempo, en el sistema de Aristóteles, o era idéntico al movimiento, o no era más que un modo del movimiento.

-XI. DEL CAMBIO.

El ser que muda o experimenta un cambio accidental, como si el músico se pasea, o tiene en sí algo que muda, y éste es el cambio propiamente dicho[1]. Todo cambio parcial está en este último caso: se cura el cuerpo, porque se cura el ojo. En fin, hay aquello cuyo movimiento es esencial y primero; quiero decir, lo que es móvil en sí[2]. La misma distinción cabe respecto al motor. Se mueve accidental, parcial o absolutamente. Todo movimiento supone un primer motor, una cosa movida, en un cierto tiempo, a partir de cierto punto y hacia cierto término. Las formas, modificaciones, lugares, que son el fin del movimiento de los seres que se mueven, son inmobles, como la ciencia, el calor. No es el calor un movimiento, no es la calefacción.

El cambio no accidental no se encuentra en todos los seres, sino solamente en los contrarios y en los intermedios, y en los seres respecto de los cuales hay afirmación y negación. La inducción confirmará esto que anticipo.

El cambio es, en los seres que mudan, un tránsito, o de un sujeto a otro sujeto, o de lo que no es sujeto a otro sujeto; y llamo sujeto aquello que se asienta por la afirmación. Hay, por tanto, necesidad de tres especies de cambios, porque el cambio de lo que no es sujeto a lo que no es sujeto no es un verdadero cambio. Aquí no hay contrarios, no hay tampoco afirmación y negación, no habiendo oposición. El tránsito de lo que no es sujeto al estado del sujeto, en cuyo caso hay contradicción, este cambio es la producción; producción, absolutamente hablando, desde el punto de vista absoluto; producción determinada, si se trata de un ser determinado. El cambio de un sujeto en lo que no es sujeto, es destrucción: destrucción, absolutamente hablando, desde el punto de vista absoluto; destrucción determinada si se trata de un ser determinado.

Si el no ser se toma en muchas acepciones, y si el ser que consiste en la conveniencia o disconveniencia del atributo con el sujeto[3] no puede moverse, lo mismo sucede con el ser en potencia, con el ser opuesto al ser propiamente dicho. Sin embargo, puede haber movimiento accidental de lo que no es blanco o de lo que no es bueno; lo no blanco puede ser un hombre. Pero lo que no tiene absolutamente existencia determinada no puede jamás moverse; es imposible, en efecto, que el no ser esté en movimiento. Por consiguiente, es imposible que la producción sea un movimiento, porque lo que deviene es el no ser. Sólo accidentalmente, sin duda alguna, es como el no ser deviene[4]; es cierto, sin embargo, que el no ser es el fondo de lo que deviene, o llega a ser en el sentido propio de esta expresión[5]. Lo mismo sucede con respecto al reposo. He aquí dificultades insuperables. Añádase a esto que todo objeto en movimiento está en un lugar. Pero el no ser no está en un lugar, pues de otro modo estaría en alguna parte; luego la misma destrucción no es un movimiento. En efecto, lo contrario al movimiento es un movimiento o el reposo; luego lo contrario de la destrucción es la producción.

Puesto que todo movimiento es un cambio; puesto que de los tres cambios que hemos enumerado, el cambio por la producción y el cambio por la destrucción no son movimientos, bien que sean el tránsito de lo contrario a lo contrario, no hay, de toda necesidad, más que un solo cambio verdadero, que es el sujeto en un sujeto. Los sujetos son o contrarios o intermedios. La privación es lo contrario del sujeto[6], y a veces una expresión afirmativa resigna la privación, como en estos ejemplos: *ciego, negro*.

---

1. Véase *Phisic. auscult.*, lib. V, 1, 2; Bekk., pág. 224.
2. Se trata del movimiento total en oposición con el movimiento parcial de que acaba de hablarse. «Tertio modo dicitur aliquid moveri primo et per se, sicut si aliquod totum moveatur secundum totum, ut si lapis deorsum feratur.» Santo Tomás, pág. 150, a.
3. El ser considerado como lo verdadero no tiene una existencia sustancial; sólo existe en virtud del pensamiento. Véase lib. VI, 3.

4. Santo Tomás, pág. 150, b.: «Sed huic processui posset aliquis obviare dicens, quod non ens non generatur, nisi per accidens, per se enim generatur, id quod est (subjectum generationis) id est ens in potentia. Non ens autem significat privationem in materia. Unde non generatur, nisi per accidens.»
5. «Licet non ens generatur, nisi secundum accidens, tamen de eo, quod generatur simpliciter, verum est dicere quod est non ens, et de quoqunque est hoc verum dicere, impossibile est id moveri.» Santo Tomás, ibidem.
6. Aristóteles ha mostrado en el lib. X que la primera contrariedad es la de la posesión y la privación.

-XII. DEL MOVIMIENTO.

Las categorías del ser son la esencia, la cualidad, el lugar, la acción y la pasión, la relación, la cantidad, etc.; el movimiento, por tanto, presenta necesariamente tres casos: movimiento en la cualidad, movimiento en la cantidad, movimiento en el lugar. No hay movimiento [en relación] a la esencia, porque no hay cosa alguna que sea lo contrario de la esencia, no hay nada que lo sea de la relación. Si no hay cambio en algo que no es la relación misma, no hay cambio en la relación; de donde se sigue que el movimiento en las relaciones no es más que un movimiento accidental[1]. Lo mismo sucede respecto del agente y del ser que padece la acción, del motor y del ser en movimiento, pues jamás hay movimiento de movimiento, producción de producción ni, en una palabra, cambio de cambio.

Podría haber dos maneras de admitir un movimiento de movimiento. Podría ser como movimiento en un sujeto, del mismo modo que el hombre está en movimiento, porque de blanco que era se ha cambiado en negro. De esta manera, el movimiento experimentaría el calentamiento, el enfriamiento, el cambio de lugar, el aumento. Pero esto es imposible, porque el cambio no puede ser un sujeto. O sería el movimiento de movimiento el cambio que realiza el tránsito de un sujeto a un sujeto de especie diferente, como el tránsito en el hombre de la enfermedad a la salud. Pero esto mismo es imposible como no sea accidentalmente. En efecto, todo movimiento es el tránsito de un estado a otro estado; la producción misma y la destrucción se encuentran en este caso. Sin embargo, los cambios que son el tránsito de un estado a otro estado opuesto, no son siempre movimientos. Supongamos que hay cambio de la salud a la enfermedad, y al mismo tiempo tránsito de este cambio mismo a otro cambio. Es evidente, sin duda alguna, que si el ser en cuestión está enfermo, puede experimentar al mismo tiempo un cambio de cualquier otra naturaleza, porque nada impide que no esté entonces en reposo. Pero el cambio es siempre de una especie determinada, es siempre el tránsito de un estado al estado opuesto. El estado opuesto al estado de enfermedad sería la vuelta a la salud. Pero éste no es más que un cambio accidental, como el del ser que pasa del recuerdo al olvido; porque el ser en quien se verifica esta clase de cambio, pasa tan pronto de la ignorancia a la ciencia, como de la enfermedad a la salud. Por último, si hay cambio de cambio, producción de producción, será preciso ir hasta el infinito. Si el cambio posterior tiene lugar, es de toda necesidad que el que es anterior tenga también lugar en este supuesto. Admitamos, por ejemplo, que el devenir, absolutamente hablando, deviniese en cierta circunstancia; en este caso también devendría aquello que devenía absolutamente hablando. Por consiguiente, lo que devenía absolutamente hablando, no existía aún; lo que existe es lo que deviene o se hace algo, o aquello que ha devenido o se ha hecho ya algo. Por esto que devenía, absolutamente hablando, devenía igualmente en cierta circunstancia, devenía o se hacía algo; ¿por qué, pues, no existía aún?

En una serie infinita no hay primer término, no habrá primer cambio, ni tampoco cambio que se ligue al primero; por tanto, no es posible que nada devenga, o se mueva, o experimente un cambio. Y luego el mismo ser experimentaría a la vez los dos movimientos contrarios, el reposo, la producción y la destrucción; de suerte que lo que deviene perece en el caso en que aquello que deviene deviniese aún, porque no existe ya, ni en el instante mismo de este devenir, ni después de este devenir, y lo que perece debe existir. Es preciso que lo que deviene, así como lo que cambia, tenga una materia. ¿Qué movimiento, qué producción podrá tener, como el cuerpo sujeto a alteraciones, o como el alma, una existencia determinada, y que fuese aquello que deviene? ¿Y cuál sería el fin del movimiento? El movimiento es tránsito de un sujeto de un estado a otro; el fin del movimiento no debe ser un movimiento. ¿Cómo había de ser un movimiento? La enseñanza no puede tener por fin la enseñanza; no hay producción de producción.

Por lo tanto, el movimiento no se realiza ni en la esencia, ni en la relación, ni en la acción y la pasión. Resta que se verifique en la cualidad, en la cantidad, en el lugar, porque en cada una de estas categorías hay contrariedad.

Llamo en este caso Cualidad, no a la cualidad en la sustancia (porque la diferencia misma sería una cualidad), sino la facultad de ser modificado, lo que hace que un ser sea o no susceptible de ser modificado.

Lo Inmóvil es lo que no puede absolutamente moverse; lo que no se pone en movimiento sino con dificultad, empleando mucho tiempo o lentamente; aquello que siendo susceptible por su naturaleza de movimiento, no puede moverse cuando, donde y como pide su naturaleza el moverse. Lo que yo llamo reposo, sólo se dice de los seres inmóviles, porque el reposo es lo contrario del movimiento, y por consiguiente debe ser una privación en el sujeto.

Reunión con relación al lugar[2] se dice de los seres que están primitivamente en un solo y mismo lugar. Separación se dice de los seres que están en diferentes lugares.

Hay Contacto cuando hay reunión de las extremidades de los objetos en el mismo lugar.

Lo Intermedio es aquello por donde pasa el ser que muda antes de llegar al término a que camina, en el cambio que permite su naturaleza, todo ser cuyo cambio es continuo.

Lo Contrario con relación al lugar es lo que está más distante en línea recta.

Consecuente se dice cuando entre un ser y el principio de donde procede, sea por posición, por forma, cualquiera otra manera determinada, no hay intermedio que forme parte del mismo género, y es lo que sigue como consecuencia. Así las líneas vienen después de la línea, las mónadas después de la mónada, etcétera. Pero nada impide que haya un intermedio de otro género, porque lo consiguiente es siempre resultado de algo posterior: la unidad no lo es de dos, el primer día de la Luna no es consiguiente del segundo.

La Adherencia es el contacto con lo que se sigue.

Todo cambio tiene lugar en los opuestos, es decir, en los contrarios y en la contradicción. No hay medio entre las cosas contradictorias: evidentemente entre los contrarios es donde se encuentra el intermedio.

La Continuidad es una especie de adherencia o de contacto. Se dice que hay continuidad cuando los límites en que dos seres se tocan y se continúan el uno al otro, se confunden entre sí. Se ve entonces que la continuidad se encuentra en los seres que son susceptibles por su naturaleza de llegar a ser o hacerse un ser único por contacto, y que la sucesión es el principio de la continuidad. En consiguiente no está en contacto; pero lo que está es consiguiente. Si hay continuidad, hay contacto; pero si no hay más que contacto, no hay todavía continuidad. En cuanto a los seres que son susceptibles de contacto, no hay conexión. De aquí se sigue que el punto no es lo mismo que la mónada, porque los puntos son susceptibles de tocarse, mientras que las mónadas no lo son; no hay en cuanto a ellas más que la sucesión; hay, por último, un intermedio entre los puntos; no lo hay entre las mónadas.

---

1. No hay cambio de lo igual a lo desigual, como observa con razón Santo Tomás, sin un cambio en la cantidad; de lo desemejante a lo semejante sin un cambio en la cualidad; de la derecha a la izquierda sin un cambio de lugar, &c.
2. 'Αμα κατα τοπον. Este final del capítulo se encuentra casi literal en la *Física*; los antiguos editores hacen de este trozo un capítulo separado, el último del libro.

LIBRO DUODÉCIMO

-I. De la esencia.

-II. De la esencia susceptible de cambio y del cambio.

-III. Ni la materia ni la forma devienen.

-IV. De las causas, de los principios, de los elementos.

-V. De los principios de los seres sensibles.

-VI. Es preciso que exista una esencia eterna, causa primera de todas las cosas.

-VII. Del primer motor. De Dios.

-VIII. De los astros y de los movimientos del cielo. Tradiciones antiquísimas tocantes a los dioses.

-IX. De la inteligencia suprema.

-X. Cómo el Universo contiene el soberano bien.

-I. DE LA ESENCIA.

La esencia es el objeto de nuestro estudio, porque buscamos los principios y las causas de las esencias. Si se considera el Universo como un conjunto de partes, la esencia es la parte primera; si como una sucesión, entonces la esencia tiene el primer puesto, pues de ella viene la cualidad, después la cantidad. Por lo demás, los objetos que no son esencias no son seres propiamente hablando, sino cualidades y movimientos[1]; existen tan sólo en el mismo concepto que lo no blanco y que lo no recto, a los cuales en el lenguaje común atribuimos la existencia, cuando decimos, por ejemplo: lo no-blanco existe. En fin, nada puede tener una existencia separada más que la esencia.

El ejemplo de nuestros mismos antepasados es una prueba de lo que acabamos de asentar; porque lo que inquirían eran los principios de la esencia, sus elementos, sus causas. Los filósofos de hoy prefieren considerar como esencia los universales, pues que los universales son esos géneros con que forman los principios y esencias, preocupados como están con el punto de vista lógico. Para los antiguos, la esencia era lo particular; era el fuego, la tierra, y no el cuerpo en general.

Hay tres esencias, dos sensibles, una de ellas eterna y la otra perecedera; ninguna duda ocurre con respecto a esta última: son las plantas, los animales. En cuanto a la esencia sensible eterna, es preciso asegurarse si sólo tiene un elemento, o si tiene muchos[2]. La tercera esencia es inmóvil; y según algunos filósofos[3], tiene una existencia independiente. Unos la dividen en dos elementos[4]; otros reducen a una sola naturaleza las ideas y los seres matemáticos[5]; otros, por último, sólo reconocen los seres matemáticos. Las dos esencias sensibles son objeto de la física, porque son susceptibles de movimiento. Pero la esencia inmóvil es objeto de una ciencia diferente, puesto que no tiene ningún principio que sea común a ella y a las dos primeras.

---

1. Véase el lib. VII.
2. Véase más adelante todo el cap. VIII.
3. Los Pitagóricos y los Platonianos.
4. El sistema de Platón.
5. «Quizá los sucesores de Platón, Espeusipo y Jenócrates. En el libro XIII de la *Metafísica* se trata de los filósofos que sólo admiten un solo número, a saber: el número matemático, y se distinguen de los que dan a este número una existencia separada de las cosas sensibles. Siriano y Filopón atribuyen esta opinión a Jenócrates.» (Nota de M. Cousin.) –Véase para la aclaración de este punto oscuro de la historia de la filosofía la sabia disertación de M. Ravaisson: «Speusippi de primis rerum principiis placita qualia fuisse videntur ex Aristotele.» VIII, pág. 28.

-II. DE LA ESENCIA SUSCEPTIBLE DE CAMBIO Y DEL CAMBIO.

La sustancia sensible es susceptible de mudanza. Pero si el cambio tiene lugar entre los opuestos o los intermedios, no entre todos los opuestos, porque el sonido es opuesto a lo blanco, sino de lo contrario a lo contrario, hay necesariamente un sujeto que experimenta el cambio de lo contrario a lo contrario, porque no son los contrarios mismos los que mudan. Además, este sujeto persiste después del cambio, mientras que el contrario no persiste. Hay, pues, además de los contrarios, un tercer término: la materia. Hay cuatro clases de cambio: cambio de esencia lo constituyen la producción y la destrucción propiamente dichas; el cambio de cantidad, el aumento y la disminución; el cambio de cualidad, la alteración; el cambio de lugar, el movimiento. El cambio debe verificarse entre contrarios de la misma especie[1], y es preciso que la materia, para mudar del uno al otro, los tenga ambos en potencia. Hay dos clases de ser: el ser en potencia y el ser en acto; todo cambio se verifica pasando de uno a otro, de lo blanco en potencia a lo blanco en acto. Lo mismo sucede respecto al aumento y disminución. Se sigue de aquí que no es siempre accidental el que una cosa provenga del no-ser. Todo proviene del ser; pero sin duda del ser en potencia, es decir, del no-ser, en acto. Esta es la unidad de Anaxágoras, porque este término expresa mejor su pensamiento que las palabras: todo estaba confundido; esta es la mezcla de Empédocles y Anaximandro, y esto es lo que dice Demócrito: todo existía a la vez en potencia, pero no en acto. Estos filósofos tienen, pues, alguna idea de lo que es la materia.

Todo lo que cambia tiene una materia; pero hay diferencias. Aquellos seres eternos que, sin estar sometidos a las leyes de la producción son, sin embargo, susceptibles de ser puestos en movimiento, tienen una materia, pero una materia diferente: esta materia no ha sido producida; está sujeta sólo al cambio de lugar.

Podría preguntarse de qué no-ser provienen los seres, porque el no-ser tiene tres acepciones[2]. Si hay realmente el ser en potencia, de él es de quien provienen los seres; no de todo ser en potencia, sino tal ser en acto de tal ser en potencia. No basta decir que todas las cosas existían confundidas, porque difieren por su materia. ¿Por qué si no se han producido una infinidad de seres y no un solo ser? La inteligencia en este sistema es única y si no hubiera habido más que una materia, sólo se hubiera convertido en acto aquello que hubiera sido la materia en potencia.

Por lo tanto, hay tres causas, tres principios: dos constituyen la contrariedad, de una parte la noción sustancia y la forma, de la otra la privación; el tercer principio es la materia.

---

1. Véase el lib. VII.
2. «Estas tres formas del no-ser son: lo falso, la nada, lo que existe en potencia.» (Nota de M. Cousin.)

-III. NI LA MATERIA NI LA FORMA DEVIENEN.

Probemos ahora que ni la materia ni la forma devienen; hablo de la materia y de la forma primitivas[1]. Todo lo que muda es algo, y el cambio tiene una causa y un fin. La causa es el primer motor, el sujeto es la materia, y el fin es la forma. Se caminaría, por tanto, hasta el infinito, si lo que deviene o llega a ser fuese, no sólo el bronce cilíndrico, sino la misma forma cilíndrica o el bronce: es preciso, pues, pararse[2]. Además, cada esencia proviene de una esencia del mismo nombre[3], como sucede con las cosas naturales, las cuales son esencias y lo mismo con los demás seres, porque hay seres que son producto del arte y otros que vienen de la naturaleza, o de la fortuna, o del azar[4]. El arte es un principio que reside en un ser diferente del objeto producido; pero la naturaleza reside en el objeto mismo, porque es un hombre el que engendra un hombre[5]. Respecto a las demás causas, no son más que privaciones de estas dos.

Hay tres clases de esencia: la materia, que no es más que en apariencia el ser determinado, porque las partes entre las que no hay más que un simple contacto y no conexión no son más que una pura materia y un sujeto; la naturaleza, es decir, esta forma, este estado determinado a que va a parar la producción; la tercera esencia es la reunión de las dos primeras, es la esencia individual, es Sócrates o Calias.

Hay objetos cuya forma no existe independientemente del conjunto de la materia y de la forma, como sucede con la forma de una casa, a menos que por forma se entienda el arte mismo. Las formas de estos objetos no están, por otra parte, sujetas a producción ni a destrucción. De otra manera existen o no existen la casa inmaterial y la salud, y todo lo que es producto del arte. Pero no sucede lo mismo con las cosas naturales. Así, Platón ha tenido razón para decir que no hay más ideas que las de las cosas naturales, si se admite que puede haber otras ideas que los objetos sensibles, por ejemplo, las del fuego, de la carne, de la cabeza; cosas todas que no son más que una materia, la materia integrante[6] de la esencia por excelencia[7].

Preguntemos ahora si subsiste algo después de la disolución del conjunto. Tratándose de ciertos seres nada se opone a ello: el alma, por ejemplo, está en este caso, no el alma toda, sino la inteligencia, porque respecto del alma entera será quizá aquello imposible.

Es, por lo tanto, evidente que en todo lo que acabamos de ver no hay razón para admitir la existencia de las ideas. Un hombre engendra un hombre; el individuo engendra el individuo. Lo mismo sucede en las artes: la medicina es la que contiene la noción de la salud.

---

1. Véase lib. VI, 3, y sobre todo, el cap. VIII del lib. VII y el final del primer libro de la *Física.*
2. Véase lib. II, 2.
3. Véase lib. VII, 7 y 9.
4. Véase lib. VII, 7.
5. Esta especie de aforismo, de que Aristóteles se sirve muchas veces en la *Metafísica,* contiene implícitamente la refutación de una opinión de Espeusipo, como ha demostrado M. Ravaisson. Espeusipo pretendía que la potencia es siempre anterior al acto, y se apoyaba en lo que pasa en la generación de los animales, en que el semen, es decir, el animal en potencia, es anterior a la existencia del animal. Aristóteles responde que el hombre viene realmente, no del semen, sino del hombre, porque el semen proviene del hombre.
6. 'Π τελευταια, la materia a la que vuelve el ser después de la destrucción, sus elementos constitutivos, aquello cuya reunión con la forma le hace ser lo que es.
7. Aristóteles llama aquí esencia por excelencia al compuesto de la materia y de la forma, al individuo, Sócrates o Calias. Todos los comentaristas están unánimes en este punto.

-IV. DE LAS CAUSAS, DE LOS PRINCIPIOS, DE LOS ELEMENTOS.

Las causas y los principios son distintos en los diferentes seres desde un punto de vista, y desde otro punto no lo son. Si se les considera generalmente y por analogía, son los mismos para todos los seres. Podría plantearse esta cuestión: ¿hay diversidad o identidad de principios y de elementos entre las esencias, las relaciones y, en una palabra, cada una de las categorías? Pero es un absurdo admitir la identidad de principios, porque entonces provendrían de los mismos elementos las relaciones y la esencia. ¿Cuál sería entonces el elemento común? Y fuera de la esencia y de las otras categorías no hay nada que sea común a todos los seres, porque el elemento es anterior a aquello de que es elemento. Tampoco es la esencia del elemento de las relaciones, ni una relación cualquiera el elemento de la esencia. ¿Cómo, por otra parte, es posible que los elementos sean los mismos para todos los seres? Jamás podrá haber identidad entre un elemento y lo que se compone de elementos, entre B o A, por ejemplo, y B A. Tampoco hay un elemento inteligible, como la unidad o el ser, que pueda ser el elemento universal; estos son caracteres que pertenecen a todo compuesto. Ni la unidad ni el ser pueden ser esencia ni relación y, sin embargo, esto sería necesario. No tienen todos los seres los mismos elementos, o más bien, y ésta es nuestra opinión, hay identidad desde un punto de vista y desde otro no lo hay. Y así, en los cuerpos sensibles, la forma es lo caliente, y de otra manera lo frío, es decir, la privación de lo caliente; la materia es el principio que de suyo encierra en potencia estos dos opuestos. Estos tres elementos son esencias, así como los cuerpos que constituyen y de lo que son ellos principios. Todo aquello que lo caliente y lo frío pueden producir que sea uno, como carne o un hueso, por ejemplo, es una esencia, porque estos cuerpos tienen necesariamente entonces una existencia distinta de la de los elementos de que provienen.

Los cuerpos tienen los mismos elementos y los mismos principios; pero los principios y los elementos difieren en los diferentes cuerpos. Sin embargo, no se puede decir de una manera absoluta que haya identidad de principios para todos los seres, a no ser por analogía; y por esta razón se dice que no hay más que tres principios: la forma, la privación y la materia. Cada principio es diferente para cada género de seres: para el color es lo blanco, lo negro, la superficie; la luz, las tinieblas y el aire son los principios del día y de la noche.

Los elementos constitutivos no son las únicas causas; hay también causas externas, como el motor. Es claro, conforme a esto, que el principio y el elemento son dos cosas diferentes. Ambos son causas; uno y otro están comprendidos en el término general de principio, y el ser que produce el movimiento o el reposo es también un principio[1].

Así pues, desde el punto de vista de la analogía, hay tres elementos y cuatro causas, o cuatro principios; y desde otro punto de vista hay elementos diferentes para los seres diferentes, y una primera causa motriz diferente también para los diferentes seres. Salud, enfermedad, cuerpo: el motor es el arte del médico; forma determinada, desorden, ladrillos: el motor es el arte del arquitecto. Tales son los principios comprendidos bajo el término general de principio. Por otra parte, puesto que respecto de los hombres, productos de la naturaleza, el motor es un hombre, mientras que para los seres que son productos del arte el motor es la forma o lo contrario de la forma[2], resulta que de una manera hay tres causas, de la otra cuatro; porque el arte del médico es en cierto modo la salud; el del arquitecto la forma de la casa, y es un hombre el que engendra un hombre. Por último, fuera de estos principios hay el primero de todos los seres, el motor de todos los seres.

---

1. Véase sobre la extensión de la significación de la palabra principio, el lib. V, 1.
2. «Aristóteles se sirve de la expresión: hombres producidos por la naturaleza para que no se confunda con el hombre en sí de los Platonianos. Se refiere aquí a lo

que había expuesto en la *Física,* a saber: que muchas veces hay identidad entre la causa eficiente y la causa formal.» *Alej. Schol.,* pág. 801; Sepúlv., pág. 288; *Physic. auscult.,* II, 1; Bekk., páginas 192 y 193.

-V. DE LOS PRINCIPIOS DE LOS SERES SENSIBLES.

Entre los seres hay unos que pueden existir aparte, y otros no pueden: los primeros son sustancias; son, por consiguiente, las causas de todas las cosas, puesto que las cualidades y los movimientos no existen independientemente de las sustancias. Añádase esto que estos principios son probablemente el alma y el cuerpo, bien la inteligencia, el deseo y el cuerpo[1].

Desde otro punto de vista, los principios son por analogía idénticos respecto de todos los seres, y así se reducen al acto y a la potencia. Pero hay otro acto y otra potencia para los diferentes seres, y la potencia y el acto no están siempre señalados con los mismos caracteres. Hay seres, por ejemplo, que existen tan pronto en acto como en potencia, como el vino, la carne, el hombre. Entonces los principios en cuestión están incluidos entre los que hemos enumerado. En efecto, el ser en acto es, por una parte, la forma, en caso que la forma pueda tener una existencia independiente, y el conjunto de la materia y de la forma, y de otra es la privación, como las tinieblas y la enfermedad. El ser en potencia es la materia, porque la materia es lo que puede devenir o llegar a ser uno u otro de los opuestos. Los seres, cuya materia no es la misma, son en potencia y en actos distintos que aquéllos cuya forma no es la misma, sino diferentes: de esta manera el hombre tiene por causas los elementos, a saber: el fuego y la tierra, que son la materia; después su forma propia; después otra causa, una causa externa, su padre, por ejemplo, y además de estas causas el Sol y el círculo oblicuo[2], los cuales no son ni materia, ni forma, ni privación, ni seres del mismo género que él, sino motores.

Es preciso considerar que hay unos principios que son universales y otros que no lo son. Los principios primeros de todos los seres son, de un lado, la actualidad primera, es decir, la forma, y de otro la potencia. Ahora bien, no son éstos los universales, porque es el individuo el que es el principio del individuo, mientras que del hombre universal sólo podría salir un hombre universal; pero no hay hombre universal que exista por sí mismo: Peleo es el principio de Aquiles; tu padre es tu principio; esta B es el principio de esta sílaba, B A; la B universal no sería más que el principio de la sílaba B A en general. Añádase a esto que las formas son los principios de las esencias. Pero las causas y los elementos son, como hemos dicho, diferentes para los diferentes seres, para aquellos, por ejemplo, que no pertenecen al mismo género, como colores, sonidos, esencias, cualidades; a no ser, sin embargo, que sólo se hable por analogía. Lo mismo sucede con los que pertenecen a la misma especie; pero entonces no difieren específicamente, sino que cada principio es diferente para los diferentes individuos: tu materia, tu forma, tu causa motriz no son las mismas que las mías; pero, desde el punto de vista general, hay identidad.

Si se nos hiciese esta pregunta: ¿cuáles son los principios o los elementos de las esencias, de las relaciones, de las cualidades?, ¿son los mismos o son diferentes? Evidentemente, nos sería preciso responder que, tomados en su acepción general, son los mismos para cada ser; pero que, si se establecen distinciones, ya no son los mismos, son principios diferentes. Y, sin embargo, entonces mismos son, desde otro punto de vista, los mismos para todos los seres. Si se considera la analogía, hay identidad, puesto que los principios son siempre materia, forma, privación, motor; y aun entonces las causas de las sustancias son las causas de todas las cosas, porque sí se destruyen las sustancias todo se destruye. Añadamos que el primer principio existe en acto. Hay en este concepto tantos principios como contrarios, que no son ni géneros, ni términos que abracen muchas cosas diferentes. En fin, las materias son primeros principios.

Hemos expuesto cuáles son los principios de los seres sensibles, cuál es su número, en qué casos son los mismos y en qué casos diferentes.

---

1. Es sabido lo que Aristóteles entiende por alma; no es extraño que Alejandro desenvuelva este pasaje presentando tres casos: primero, alma y cuerpo, el vegetal; segundo, cuerpo y deseo, la bestia; tercero, inteligencia, deseo y cuerpo, el hombre. Véase *Schol.*, pág. 801; Sepúlveda, pág. 289.
2. El Zodíaco. Esta es una causa del hombre en el sistema de Aristóteles, porque el sol recorre los signos del Zodíaco, y este movimiento, que es el movimiento de las estaciones, es la causa de la producción y de la destrucción de los seres en el mundo terrestre.

-VI. ES PRECISO QUE EXISTA UNA ESENCIA ETERNA, CAUSA PRIMERA DE TODAS LAS COSAS.

Hay, hemos dicho, tres esencias[1], dos físicas y una inmóvil. De esta última es de la que vamos a hablar, mostrando que hay necesariamente una esencia eterna, que es inmóvil. Las esencias son los primeros seres, y sí todas ellas son perecederas, todos los seres son perecederos. Pero es imposible que el movimiento haya comenzado o que concluya; el movimiento es eterno; lo mismo es el tiempo, porque si el tiempo no existiese, no habría antes ni después. Además, el movimiento y el tiempo tienen la misma continuidad. En efecto, o son idénticos el uno al otro, o el tiempo es un modo del movimiento. No hay más movimiento continuo que el movimiento en el espacio, no todo movimiento en el espacio, sino el movimiento circular. Pero si hay una causa motriz, o una causa eficiente, pero que no pase al acto, no por esto resulta el movimiento, porque lo que tiene la potencia puede no obrar. No adelantaríamos más aun cuando admitiésemos esencias eternas, como hacen los partidarios de las ideas, porque sería preciso que tuviesen en sí mismas un principio capaz de realizar el cambio. No bastan estas sustancias ni ninguna otra sustancia: si esta sustancia no pasase al acto, no habría movimiento ni tampoco existiría el movimiento, aun cuando pasase al acto, si su esencia fuese la potencia, porque entonces el movimiento no sería eterno, puesto que puede no realizarse lo que existe en potencia. Es preciso, por lo tanto, que haya un principio tal que su esencia sea el acto mismo. Por otra parte, las sustancias en cuestión[2] deben ser inmateriales, porque son necesariamente eternas, puesto que hay, en verdad, otras cosas eternas[3]; su esencia es, por consiguiente, el acto mismo.

Pero aquí se presenta una dificultad. Todo ser en acto tiene, al parecer, la potencia, mientras que el que tiene la potencia no siempre pasa al acto. La anterioridad deberá, pues, pertenecer a la potencia. Si es así, nada de lo que existe podría existir, porque lo que tiene la potencia de ser puede no ser aún. Y entonces, ya se participe de la opinión de los filósofos[4], los cuales hacen que todo salga de la noche, ya se adopte este principio de los físicos[5]; todas las cosas existían mezcladas, en ambos casos la imposibilidad es la misma. ¿Cómo podrá haber movimiento, si no hay causa en el acto? No será la materia la que se ponga en movimiento; lo que lo producirá será el arte del obrero. Tampoco son los menstruos ni la tierra los que se fecundarán a sí mismos, son las semillas, el germen, los que los fecundan. Y así algunos filósofos admiten una acción eterna, como Leucipo y Platón[6], porque el movimiento, según ellos, es eterno. Pero no explican ni el porqué, ni la naturaleza, ni el cómo, ni la causa. Y, sin embargo, nada se mueve por casualidad; es preciso siempre que el movimiento tenga un principio; tal cosa se mueve de tal manera, o por su naturaleza misma, o por la acción de una fuerza, o por la de la inteligencia, o por la de cualquier otro principio determinado. ¿Y cuál es el movimiento primitivo? He aquí una cuestión de alta importancia que ellos tampoco resuelven. Platón no puede ni siquiera afirmar, como principio del movimiento, este principio de que habla a veces, este ser que se mueve por sí mismo[7]; porque el alma, según él mismo confiesa, es posterior al movimiento coetáneo del cielo. Así pues, considerar la potencia como anterior al acto es una opinión verdadera desde un punto de vista, errónea desde otro, y ya hemos dicho el cómo[8].

Anaxágoras reconoce la anterioridad del acto, porque la inteligencia es un principio activo; y con Anaxágoras, Empédocles admite como principio la Amistad y la Discordia, así como los filósofos que hacen al movimiento eterno, Leucipo, por ejemplo. No hay necesidad de decir que, durante un tiempo indefinido, el caos y la noche existían solos. El mundo de toda eternidad es lo que es (ya tenga regresos periódicos[9], ya tenga razón otra doctrina) si el acto es anterior a la potencia. Si la sucesión periódica de las cosas es siempre la misma, debe de haber un ser cuya acción subsista siendo eternamente la misma[10]. Aún hay más: para que pueda haber producción es preciso que haya otro principio[11] eternamente activo, tanto en un sentido como en otro. Es preciso que este nuevo principio, desde un punto de vista, obre en sí y por sí; y desde otro, con relación a otra cosa; y esta otra cosa es, o algún otro principio, o el primer principio. Es de toda necesidad que aquel de que hablamos obre siempre en virtud del primer principio, porque el primer principio es la causa del segundo, y lo mismo de este otro principio, con relación al cual el segundo podría obrar. De manera que el primer principio es el mejor. Él es la causa de la eterna uniformidad, mientras que el otro es la causa de la diversidad, y los dos reunidos son evidentemente la causa de la diversidad eterna. Así es como tienen lugar los movimientos. ¿Qué necesidad hay, pues, de ir en busca de otros principios?

---

1. Véase más arriba el cap. II de este libro.
2. Todos los principios motores.
3. Los movimientos celestes.
4. Orfeo, Hesíodo y los demás poetas de la antigüedad heroica y fabulosa. Véase lib. I, 4.
5. «En general los Jónicos y en particular Anaxágoras, por lo menos en una parte de su sistema.» (Nota de M. Cousin.)
6. La materia, según Platón (véase el *Timeo*), estaba animada en todo tiempo de un movimiento sin regla y sin objeto, y los átomos, según Leucipo, se movían en el vacío de toda eternidad.
7. «Jamás Platón, al definir el alma, ha tratado de presentarla como principio eterno de todas las cosas; la considera como el principio del pequeño mundo que ella rige.» (Nota de M. Cousin.)
8. En el *Tratado del alma,* II, 4.
9. Doctrina de Empédocles.
10. Es el primer cielo, según Aristóteles, el cielo de las estrellas fijas, el cual arrastra en su movimiento a todos los demás seres.
11. Se refiere al sol y a los otros planetas que se mueven según el círculo oblicuo o Zodíaco.

-VII. DEL PRIMER MOTOR. DE DIOS.

Es posible que sea así, porque en otro caso sería preciso decir que todo proviene de la noche[1], de la confusión primitiva[2], del no-ser[3]: éstas son dificultades que pueden resolverse. Hay algo que se mueve con el movimiento continuo, el cual es el movimiento circular. No sólo lo prueba el razonamiento, sino el hecho mismo. De aquí se sigue que el primer cielo debe ser eterno[4]. Hay también algo que mueve eternamente, y como hay tres clases de seres, lo que es movido, lo que mueve, y el término medio entre lo que es movido y lo que mueve, es un ser que mueve sin ser movido, ser eterno, esencia pura y actualidad pura.

He aquí cómo mueve. Lo deseable y lo inteligible mueven sin ser movidos, y lo primero deseable es idéntico a lo primero inteligible. Porque el objeto del deseo es lo que parece bello, y el objeto primero de la voluntad es lo que es bello. Nosotros deseamos una cosa porque nos parece buena, y no nos parece mal porque la deseamos: el principio aquí es el pensamiento. Ahora bien; el pensamiento es puesto en movimiento por lo inteligible, y el orden de lo deseable es inteligible en sí y por sí; y en este orden la esencia ocupa el primer lugar; y entre las esencias, la primera es la esencia simple y actual. Pero lo uno y lo simple no son la misma cosa: lo uno designa una medida común a muchos seres; lo simple es una propiedad del mismo ser[5].

De esta manera lo bello en sí y lo deseable en sí entran ambos en el orden de lo inteligible; y lo que es primero es siempre excelente, ya absolutamente, ya relativamente. La verdadera causa final reside en los seres inmóviles, como lo muestra la distinción establecida entre las causas finales, porque hay la causa absoluta y la que no es absoluta. El ser inmóvil mueve con objeto del amor, y lo que él mueve imprime el movimiento a todo lo demás. Luego en todo ser que se mueve hay posibilidad de cambio. Si el movimiento de traslación es el primer movimiento, y este movimiento existe en acto, el ser que es movido puede mudar, si no en cuanto a la esencia, por lo menos en cuanto al lugar. Pero desde el momento en que hay un ser que mueve, permaneciendo él inmóvil, aun cuando exista en acto, este ser no es susceptible de ningún cambio. En efecto, el cambio primero es el movimiento de traslación, y el primero de los movimientos de traslación es el movimiento circular. El ser que imprime este movimiento es el motor inmóvil. El motor inmóvil es, pues, un ser necesario, y en tanto que necesario, es el bien, y por consiguiente un principio, porque hay varias acepciones de la palabra necesario: hay la necesidad violenta, la que coarta nuestra inclinación natural; después la necesidad, que es la condición del bien; y por último lo necesario, que es lo que es absolutamente de tal manera y no es susceptible de ser de otra[6].

Tal es el principio de que penden el cielo y toda la naturaleza. Sólo por poco tiempo podemos gozar de la felicidad perfecta. Él la posee eternamente, lo cual es imposible para nosotros[7]. El goce para él es su acción misma. Porque son acciones, son la vigilia, la sensación, el pensamiento, nuestros mayores goces; la esperanza y el recuerdo sólo son goces a causa de su relación con éstos. Ahora bien; el pensamiento en sí es el pensamiento de lo que es en sí mejor, y el pensamiento por excelencia es el pensamiento de lo que es bien por excelencia. La inteligencia se piensa a sí misma abarcando lo inteligible, porque se hace inteligible con este contacto, con este pensar. Hay, por lo tanto, identidad entre la inteligencia y lo inteligible, porque la facultad de percibir lo inteligible y la esencia constituye la inteligencia, y la actualidad de la inteligencia es la posesión de lo inteligible. Este carácter divino, al parecer, de la inteligencia se encuentra, por tanto, en el más alto grado de la inteligencia divina, y la contemplación es el goce supremo y la soberana felicidad.

Si Dios goza eternamente de esta felicidad, que nosotros sólo conocemos por instantes, es digno de nuestra admiración, y más digno aun si su felicidad es mayor. Y su felicidad es mayor seguramente. La vida reside en él, porque la acción de la inteligencia es una vida, y Dios es la actualidad misma de la inteligencia; esta actualidad tomada en sí, tal es su vida perfecta y eterna. Y así decimos que Dios es un animal eterno, perfecto. La vida y la duración continua y eterna pertenecen, por tanto, a Dios, porque este mismo es Dios.

Los que creen, con los pitagóricos y Espeusipo, que el primer principio no es lo bello y el bien por excelencia, porque los principios de las plantas y de los animales son causas, mientras que lo bello y lo perfecto sólo se encuentra en lo que proviene de las causas[8], tales filósofos no tienen una opinión fundada, porque la semilla proviene de seres perfectos que son anteriores a ella, y el principio no es la semilla, sino el ser perfecto; así puede decirse que el hombre es anterior al semen, no sin duda el hombre que ha nacido del semen, sino aquel de donde él proviene.

Es evidente, conforme con lo que acabamos de decir, que hay una esencia eterna, inmóvil y distinta de los objetos sensibles. Queda demostrado igualmente que esta esencia no puede tener ninguna extensión, que no tiene partes y es indivisible. Ella mueve, en efecto, durante un tiempo infinito. Y nada que sea finito puede tener una potencia infinita. Toda extensión es finita o infinita; por consiguiente, esta esencia no puede tener una extensión finita; y, por otra parte, no tiene una extensión infinita, porque no hay absolutamente extensión infinita[9]. Además, finalmente, ella no admite modificación ni alteración, porque todos los movimientos son posteriores al movimiento en el espacio.

Tales son los caracteres manifiestos de la esencia de que se trata.

---

1. Opinión de los teólogos.
2. Opinión de Anaxágoras.
3. Opinión de los Atomistas.
4. Véase más adelante el cap. VIII, de este libro.
5. Aristóteles explica incidentalmente cómo su esencia simple se distingue de la unidad primitiva de los Platonianos.
6. Véase lib. V, 5.
7. «Toda la vida de los dioses inmortales es una felicidad; los hombres no conocen la felicidad sino en tanto que hay en sus facultades algo que les es común con los dioses. Pero ningún otro animal, fuera del hombre, goza de la felicidad en la vida, porque ningún otro animal tiene con los dioses esta comunidad de naturaleza.» Aristót., *Moral a Nicómaco,* X, 8.
8. «Scilicet Pythagoricis non ut Platoni placuerat primum omnium principium bonum ipsum, bonum per se esse, sed contra, in uno numerorum fonte et omnium principio, impar et par, finitum et infinitum, bonum denique et malum, quasi

unum idemque conflata conjungi; contraria non nisi in rerum natura prodire. De Speusippo, utrum contraria e primo rerum principio prorsus excluserit, an, in eo quoque Pythagóricos secutus, conjunserit, nihil Aristóteles. Versimillimum tamen idem Speusippo ac Pythagoricis placuisse. Quippe ut hi sic elle a plantis et animalibus exemplum sumebat, quibius semina, unde initium habent, pulchri bonique causae sunt.» *Ravaisson, Speusipp,* III, págs. 7, 8. –En lugar de Espeusipo, muchos traductores de Temistio escriben por error Leucipo.

9. No debe concluirse de este argumento, como observa M. Ravaisson, *Ensayo,* t. 1, pág. 567, nota, que en el pensamiento de Aristóteles, el primer motor debe tener un poder infinito, sino que, por lo contrario, necesitaría tener poder si tuviese extensión, pero sólo en este caso. El poder sólo pertenece a lo que existe, como el alma, en una materia, y por consiguiente en una extensión.

-VIII. DE LOS ASTROS Y DE LOS MOVIMIENTOS DEL CIELO. TRADICIONES ANTIQUÍSIMAS TOCANTES A LOS DIOSES.

¿Esta esencia es única o hay muchas? Si hay muchas, ¿cuántas son? He aquí una cuestión que es preciso resolver. Conviene recordar también las opiniones de los demás filósofos sobre este punto. Ninguno de ellos se ha explicado de una manera satisfactoria acerca del número de los primeros seres. La doctrina de las ideas no suministra ninguna consideración que se aplique directamente a este asunto. Los que admiten la existencia de aquéllas dicen que las ideas son números, y hablan de los números, ya como si hubiera una infinidad de ellos, ya como si no fueran más que diez. ¿Por qué razón reconocen Precisamente diez números? Ninguna demostración concluyente dan para probarlo. Nosotros trataremos la cuestión partiendo de lo que hemos determinado y sentado precedentemente.

El principio de los seres, el ser primero, no es susceptible, en nuestra opinión, de ningún movimiento, ni esencial, ni accidental y antes bien él es el que imprime el movimiento primero, movimiento eterno y único. Pero puesto que lo que es movido necesariamente es movido por algo, que el primer motor es inmóvil en su esencia, y que el movimiento eterno es impuesto por un ser eterno, y el movimiento único por un ser único; y puesto que, por otra parte, además del movimiento simple del Universo, movimiento que, como hemos dicho, imprime la esencia primera e inmóvil, vemos que existen también otros movimientos eternos, los de los planetas (porque todo cuerpo esférico es eterno e incapaz de reposo, como hemos demostrado en la *Física*), es preciso en tal caso que el ser que imprime cada uno de estos movimientos sea una esencia inmóvil en sí y eterna. En efecto, la naturaleza de los astros es una esencia eterna, lo que mueve es eterno y anterior a lo que es movido, y lo que es anterior a una esencia es necesariamente una esencia. Es, por lo mismo, evidente que tantos cuantos planetas hay, otras tantas esencias eternas de su naturaleza debe de haber inmóviles en sí y sin extensión, siendo esto una consecuencia que resulta de lo que hemos dicho más arriba.

Por lo tanto, los planetas son ciertamente esencias; y la una es la primera, la otra la segunda, en el mismo orden que el que reina entre los movimientos de los astros. Pero cuál es el número de estos movimientos es lo que debemos preguntar a aquella de las ciencias matemáticas que más se aproxima a la filosofía; quiero decir, a la astronomía; porque el objeto de la ciencia astronómica es una esencia sensible, es cierto, pero eterna, mientras que las otras ciencias matemáticas no tienen por objeto ninguna esencia real, como lo atestiguan la aritmética y la geometría.

Que hay un número de movimientos mayor que el de seres en movimiento es una cosa evidente hasta para aquellos mismos que apenas están iniciados en estas materias. En efecto, cada uno de los planetas tiene más de un movimiento; ¿pero cuál es el número de estos movimientos? Es lo que vamos a decir. Para ilustrar este punto, y para que se forme una idea precisa del número de que se trata, citaremos por el pronto las opiniones de algunos matemáticos, presentaremos nuestras propias observaciones, interrogaremos a los sistemas; y si hay alguna diferencia entre las opiniones de los hombres versados en esta ciencia y las que nosotros hemos adoptado, se deberán tener en cuenta unas y otras, y sólo fijarse en las que mejor resistan al examen.

Eudoxio explicaba el movimiento del Sol y de la Luna admitiendo tres esferas para cada uno de estos dos astros. La primera era la de las estrellas fijas; la segunda seguía el círculo que pasa por el medio del Zodíaco, y la tercera el que está inclinado a todo lo ancho del Zodíaco. El círculo que sigue la tercera esfera de la Luna está más inclinado que el de la tercera esfera del Sol[1]. Colocaba el movimiento de cada uno de los planetas en cuatro esferas. La primera y la segunda eran las mismas que la primera y la segunda del Sol y de la Luna, porque la esfera de las estrellas fijas imprime el movimiento a todas las esferas, y la esfera que está colocada por bajo de ella, y cuyo movimiento sigue el círculo que pasa por medio del Zodíaco, es común a todos los astros. La tercera esfera de los planetas tenía sus polos en el círculo que pasa por medio del Zodíaco, y el movimiento de la cuarta seguía un círculo oblicuo al círculo medio de la tercera[2]. La tercera esfera tenía polos particulares para cada planeta, pero los de Venus y de Mercurio eran los mismos.

La posición de las esferas, es decir, el orden de sus distancias respectivas, era en el sistema de Calipo el mismo que en el de Eudoxio. En cuanto al número de esferas, estos dos matemáticos están de acuerdo respecto a Júpiter y Saturno; pero Calipo creía que era preciso añadir otras dos esferas al Sol y dos a la Luna, si se quiere dar razón de estos fenómenos, y una a cada uno de los otros planetas.

Mas para que todas estas esferas juntas puedan dar razón de los fenómenos, es necesario que haya para cada uno de los planetas otras esferas en número igual, menos una, al número de las primeras, y que estas esferas giren en sentido inverso, y mantengan siempre un punto dado de la primera esfera en la misma posición relativamente al astro que está colocado por debajo. Sólo mediante esta condición se pueden explicar todos los fenómenos por el movimiento de los planetas[3].

Ahora bien, puesto que las esferas en que se mueven los astros son ocho de una parte y veinticinco de otra; puesto que de otro lado las únicas esferas que no exigen otros movimientos en sentido inverso son aquellas en las que se mueve el planeta que se encuentra colocado por debajo de todos los demás[4], habrá entonces para los dos primeros astros seis esferas que giran en sentido inverso, y dieciséis para los cuatro siguientes; y el número total de esferas, de las de movimiento directo y las de movimiento inverso, será de cincuenta y cinco. Pero si no se añaden al Sol y a la Luna los movimientos de que hemos hablado, no habrá en todo más que cuarenta y siete esferas.

Admitamos que es éste el número de las esferas. Habrá entonces un número igual de esencias y de principios inmóviles y sensibles. Así debe creerse racionalmente; pero que por precisión haya de admitirse, esto dejó a otros más hábiles el cuidado de demostrarlo.

Si no es posible que haya ningún movimiento cuyo fin no sea el movimiento de un astro; si, por otra parte, se debe creer que toda naturaleza, toda esencia no susceptible de modificaciones, y que existe en sí y por sí, es una causa final excelente, no puede haber otras naturalezas que éstas de que se trata, y el número que hemos determinado es necesariamente el de las esencias. Si hubiese otras esencias, producirían movimientos, porque serían causas finales de movimiento; pero es imposible que haya otros movimientos que los que hemos enumerado, lo cual es una consecuencia natural del número de los seres que están en movimiento. En efecto, si todo motor existe a causa del objeto en movimiento, y todo movimiento es el movimiento de un objeto movido, no puede tener lugar ningún movimiento que no tenga por fin más que el mismo u otro movimiento; los movimientos existen a causa de los astros. Supongamos que un movimiento tenga un movimiento por fin; éste entonces tendrá por fin otra cosa. Pero no se puede ir así hasta el infinito. El objeto de todo movimiento es, pues, uno de estos cuerpos divinos que se mueven en el cielo.

Es evidente, por lo demás, que no hay más que un solo cielo. Si hubiese muchos cielos como hay muchos hombres, el principio de cada uno de ellos sería uno bajo la relación de la forma, pero múltiple en cuanto al número. Todo lo que es múltiple numéricamente tiene materia, porque cuando se trata de muchos seres, no hay otra unidad ni otra identidad entre ellos que la noción sustancial, y así se tiene la noción del hombre en general; pero Sócrates es verdaderamente uno. En cuanto a la primera esencia, no tiene materia, porque es una entelequia[5]. Luego, el primer motor, el inmóvil, es uno, formal y numéricamente; y lo que está en movimiento eterna y continuamente es único; luego no hay más que un solo cielo.

Una tradición procedente de la más remota antigüedad, y transmitida a la posteridad bajo el velo de la fábula, nos dice que los astros son los dioses, y que la divinidad abraza toda la naturaleza; todo lo demás no es más que una relación fabulosa, imaginada para persuadir al vulgo y para el servicio de las leyes y de los intereses comunes. Así se da a los dioses la forma humana; se les representa bajo la figura de ciertos animales, y se crean mil invenciones del mismo género que se relacionan con estas fábulas. Si de esta relación se separa el principio mismo, y sólo se considera esta idea: que todas las esencias primeras son dioses, entonces se verá que es ésta una tradición verdaderamente divina. Una explicación que no carece de verosimilitud es que las diversas artes y la filosofía fueron descubiertas muchas veces y muchas veces perdidas, lo cual es muy posible, y que estas creencias son, por decirlo así, despojos de la sabiduría antigua conservados hasta nuestro tiempo. Bajo estas reservas aceptamos las opiniones de nuestros padres y la tradición de las primeras edades.

---

1. Los comentaristas de que nos servimos explican así este pasaje: «Cada planeta tiene un cielo aparte, compuesto de esferas concéntricas, cuyos movimientos, modificándose el uno al otro, forman los movimientos del planeta. El sol y la luna tienen tres esferas cada uno: la primera es la de las estrellas fijas; gira de Oriente a Occidente en veinticuatro horas, y explica el movimiento diurno. No se había aún descubierto, dice Santo Tomás, el movimiento de Occidente a Oriente que es propio de estas estrellas. La segunda esfera pasa por medio del Zodíaco; es el movimiento longitudinal del sol, por el cual gira en torno del polo de la eclíptica en trescientos sesenta y cinco días y un cuarto, según el cálculo de Eudoxio. En fin, la tercera esfera gira sobre su eje perpendicular a un círculo inclinado sobre la eclíptica: separa, por consiguiente, el sol de su movimiento longitudinal, arrastrándole a lo ancho del Zodíaco; y en efecto, el sol se separa del camino longitudinal, y se aleja más o menos de los polos de la eclíptica, lo cual produce las estaciones. Finalmente, esta declinación es más pronunciada en la Luna que en el Sol, lo cual Aristóteles expresa diciendo que el eje de la tercera esfera de la luna es perpendicular a un círculo inclinado sobre la eclíptica de un ángulo mayor, o, más sencillo, que el eje de la tercera esfera de la luna tiene más inclinación que el de la tercera esfera del sol.» (Nota de M. Cousin.)
2. «Según Santo Tomás, la tercera esfera, como tiene sus polos en medio del Zodíaco, hubiera dado a los planetas demasiada latitud; la cuarta esfera está destinada a corregir la influencia de la tercera, y por esta razón su eje esta inclinado sobre el círculo del medio, es decir, el mayor círculo de la tercera esfera. Para comprender esta expresión del mayor círculo, es preciso figurarse la esfera dividida en círculos no concéntricos, y entonces el círculo del círculo del medio será el mayor círculo. ¿Pero en qué sentido es preciso hacer la división? ¿Es paralela o perpendicularmente al eje de la tercera esfera? Esto es lo que Santo Tomás no dice.» (Nota de M. Cousin.)
3. Todos los comentaristas convienen en explicar la necesidad de estas nuevas esferas por las razones siguientes: Cada planeta tiene el movimiento diurno, y este movimiento se representa en cada sistema por una esfera. Esta esfera está contenida en otras esferas e influye sobre su movimiento. Como cada una de las otras esferas tiene un movimiento que le es propio, si reciben además y se transmiten mutuamente otro impulso, resultará que su velocidad se aumenta, y que la más lejana del centro se moverá mucho más rápidamente que las demás. Pero las esferas extremas de los diferentes sistemas están casi en contacto las unas con las otras; la esfera extrema de un primer astro comunicará este movimiento demasiado precipitado a la esfera extrema del sistema vecino; esta esfera a la esfera vecina del mismo sistema; ésta a otra, para acelerar el movimiento diurno y para producir así una perturbación completa. Era preciso remediar este inconveniente y corregir esta influencia acelerada por una influencia contraria; de aquí la intercalación, entre las esferas de un mismo sistema, de nuevas esferas, cuyo movimiento se verifique en sentido inverso; y como la esfera más distante y la esfera más próxima del centro deben tener la misma velocidad, el número de estas esferas intermedias es igual al de las otras esferas, menos una. (Nota de M. Cousin.)
4. La luna.
5. 'Εντελεχεια: lo que tiene en sí su fin, y por consiguiente que no depende más que de sí misma, y constituye una unidad indivisible. (Nota de M. Cousin.)

-IX. DE LA INTELIGENCIA SUPREMA.

Tenemos que resolver algunas cuestiones relativas a la inteligencia. La inteligencia es, al parecer, la más divina de las cosas que conocemos[1]. Mas para serlo efectivamente, ¿cuál debe ser su estado habitual? Esto presenta dificultades. Sí la inteligencia no pensase nada, si fuera como un hombre dormido, ¿dónde estaría su dignidad?[2]. Y si piensa, pero su pensamiento depende de otro principio, no siendo entonces su esencia el pensamiento, sino un simple poder de pensar, no puede ser mejor la esencia, porque lo que le da su valor es el pensar. Finalmente, ya sea su esencia la inteligencia, o ya sea el pensamiento, ¿qué piensa? Porque o se piensa a sí misma, o piensa algún otro objeto. Y si piensa otro objeto, o es éste siempre el mismo o varía. ¿Importa que el objeto del pensamiento sea el bien, o lo primero que ocurra? O mejor, ¿no sería un absurdo que tales y cuales cosas fuesen objeto del pensamiento? Es claro que piensa lo más divino y excelente que existe, y que no muda el objeto, porque mudar sería pasar de mejor a peor, sería ya un movimiento. Y por lo pronto, si no fuese el pensamiento, y sí sólo una simple potencia, es probable que la continuidad del pensamiento fuera para ella una fatiga. Además, es evidente que habría algo más excelente que el pensamiento, a saber: lo que es pensado, porque el pensar y el pensamiento pertenecerían a la inteligencia, aun en el acto mismo de pensar en lo más despreciable.

Esto es lo que es preciso evitar (en efecto, hay cosas que es preciso no ver, más bien que verlas); pues de no ser así el pensamiento no sería lo más excelente que hay. La inteligencia se piensa a sí misma, puesto que es lo más excelente que hay, y el pensamiento es el pensamiento del pensamiento. La ciencia, la sensación, la opinión, el razonamiento tienen, por lo contrario, un objeto diferente de sí mismos; no se ocupan de sí mismos sino de paso. Por otra parte, si pensar fuese diferente de ser pensado, ¿cuál de los dos constituiría la excelencia del pensamiento? Porque el pensamiento y el objeto del pensamiento no tienen la misma esencia. ¿O acaso en ciertos casos la ciencia es la cosa misma? En las ciencias creadoras la esencia independiente de la materia y la forma determinada, la noción y el pensamiento en las ciencias teóricas, son el objeto mismo de la ciencia. Respecto a los seres inmateriales, lo que es pensado no tiene una existencia diferente de lo que piensa; hay con ellos identidad, y el pensamiento es uno con lo que es pensado.

Resta que examinar una dificultad, a saber: si el objeto del pensamiento es compuesto, en cuyo caso la inteligencia mudaría, porque recorrería las partes del conjunto, o si todo lo que no tiene materia es indivisible. Sucede eternamente con el pensamiento lo que con la inteligencia humana, con toda inteligencia cuyos objetos son compuestos, en algunos instantes fugitivos. Porque la inteligencia humana no se apodera siempre sucesivamente del bien, sino que se apodera en un instante indivisible de su bien supremo. Pero su objeto no es ella misma, mientras que el pensamiento eterno, que también se apodera de su objeto en un instante indivisible, se piensa a sí mismo durante la eternidad.

---

1. Se trata siempre en este pasaje de la inteligencia de Dios, del νους propiamente dicho.
2. «No debemos figurarnos los dioses durmiendo como Endimión.» *Moral a Nicómaco,* X, 8.

-X. CÓMO EL UNIVERSO CONTIENE EL SOBERANO BIEN.

Es preciso que examinemos igualmente cómo el Universo encierra dentro de sí el soberano bien, si es como un ser independiente que existe en sí y para sí, o como el orden del mundo; o, por último, si es de las dos maneras a la vez, como sucede en un ejército. En efecto, el bien de un ejército lo constituyen el orden que reina en él y su general, y sobre todo su general: no es el general obra del orden, sino que es el general causa del orden. Todo tiene un puesto marcado en el mundo: peces, aves, plantas; pero hay grados diferentes, y los seres no están aislados los unos de los otros; están en una relación mutua, porque todo está ordenado en vista de una existencia única. Sucede con el Universo lo que con una familia. En ella los hombres libres no están sometidos a hacer esto o aquello, según la ocasión; todas sus funciones o casi todas están arregladas. Los esclavos, por lo contrario, y las bestias de carga concurren, formando una débil parte, al fin común, y habitualmente se sirven de ellos como lo piden las circunstancias. El principio es la misión de cada cosa en el Universo, es su naturaleza misma; quiero decir que todos los seres van necesariamente separándose los unos de los otros, y todos, en sus funciones diversas, concurren a la armonía del conjunto.

Debemos indicar todas las consecuencias imposibles, todos los absurdos que son consecuencias de los otros sistemas. Recordemos aquí las doctrinas hasta las más especiosas y que presentan menos dificultades.

Todas las cosas, según todos los filósofos, provienen de los contrarios. *Todas las cosas, contrarios*: he aquí dos términos que están los dos mal sentados; y luego, ¿cómo las cosas en que existen los contrarios pueden provenir de los contrarios? Esto es lo que ellos no explican, porque los contrarios no ejercen acción los unos sobre los otros. Nosotros resolvemos racionalmente la dificultad, reconociendo la existencia de un tercer término[1].

Hay filósofos que hacen de la materia uno de los dos contrarios[2], como los que oponen lo desigual a lo igual, la pluralidad a la unidad. Esta doctrina se refuta de la misma manera. La

materia primera no es lo contrario de nada. Por otra parte, todo participaría del mal, menos la unidad, porque el mal es uno de los dos elementos.

Otros pretenden que ni el bien ni el mal son principios[3]; y sin embargo, es el principio en todas las cosas el bien por excelencia. Sin duda alguna, tienen razón los que admiten el bien como principio; pero no nos dicen cómo el bien es un principio, si en concepto de fin, de causa motriz, o de forma.

La opinión de Empédocles no es menos absurda. El bien para él es la Amistad. Pero la Amistad es al mismo tiempo principio como causa motriz, porque reúne los elementos, y como materia, porque es una parte de la mezcla de los elementos. Suponiendo que pueda suceder que la misma cosa exista a la vez en concepto de materia y de principio, y en concepto de causa motriz, siempre resultaría que no habría identidad en su ser. ¿Qué es, pues, lo que constituye la amistad? Otro absurdo es el haber considerado la Discordia imperecedera, mientras que la Discordia es la esencia misma del mal.

Anaxágoras reconoce el bien como un principio: es el principio motor. La inteligencia mueve, pero mueve en vista de algo. He aquí un nuevo principio, a no ser que Anaxágoras admita como nosotros la identidad, porque el arte de curar es, en cierta manera, la salud. Es absurdo, por otra parte, no reconocer contrario al bien y a la Inteligencia.

Si fijamos la atención, se verá que todos los que asientan los contrarios como principios no se sirven de los contrarios. ¿Y por qué esto es perecedero y aquello imperecedero? Esto ninguno de ellos lo explica[4], porque hacen provenir todos los seres de los mismos principios.

Hay filósofos que sacan los seres del no-ser[5]. Otros, para librarse de esta necesidad, lo reducen todo a la unidad absoluta[6]. En fin, ¿por qué habrá siempre producción, y cuál es la causa de la producción? Esto nadie lo dice.

No sólo los que reconocen dos principios deben admitir otro principio superior, sino que los partidarios de las ideas deben admitir también un principio superior a las ideas, porque ¿en virtud de qué ha habido y hay todavía participación de las cosas en las ideas? Y mientras los demás se ven forzados a reconocer un contrario de la sabiduría y de la ciencia por excelencia, nosotros no nos vemos en esta situación, no reconociendo contrario en lo que es primero, porque los contrarios tienen una materia y son idénticos en potencia. La ignorancia, por ser lo contrario de la ciencia, implicaría un objeto contrario al de la ciencia. Pero lo que es primero no tiene contrario.

Por otra parte, si no hay otros seres que los sensibles, no puede haber ya ni principio, ni orden, ni producción, ni armonía celeste, sino sólo una serie infinita de principios, como la que se encuentra en todos los teólogos y físicos sin excepción. Pero si se admite la existencia de las ideas o de los números no se tendrá la causa de nada; por lo menos no se tendrá la causa del movimiento. Y además, ¿cómo de seres sin extensión podrán salir la extensión y la continuidad? Porque no será el número el que habrá de producir lo continuo, ni como causa motriz ni como forma. Tampoco uno de los contrarios será la causa eficiente y la causa motriz. Este principio, en efecto, podría no existir. Pero la acción es posterior a la potencia. No habría, por lo tanto, seres eternos. Mas hay seres eternos. Por tanto, es preciso abandonar la hipótesis de un contrario. Ya hemos dicho cómo. Además ¿en virtud de qué principio hay unidad en los números, en el alma, en el cuerpo, y en general unidad de forma y de objeto? Nadie lo dice, ni puede, a menos que reconozca con nosotros que esto tiene lugar en virtud de la causa motriz.

En cuanto a los que toman por principio el número matemático, y que admiten también una sucesión infinita de esencia y principios diferentes para las diferentes esencias, forman de la esencia el Universo una colección de episodios[7], porque ¿qué importa entonces a una esencia que otra esencia exista o no exista? Estos tienen una multitud de principios; pero los seres no quieren verse mal gobernados:

El mando de muchos no es bueno.
Basta un solo jefe.[8]

---

1. La materia, sujeto común de dos contrarios.
2. Sistema de Platón.
3. Sistema Pitagórico.
4. Véase el lib. III, 4.
5. Hesíodo, los antiguos teólogos, &c.
6. La Escuela de Elea.
7. Véase el lib. XIV, 3.
8. Homero, *Ilíada,* II, V. 204.

LIBRO DECIMOTERCERO

-I. ¿Hay seres matemáticos?

-II. ¿Son idénticos a los seres sensibles o están separados de ellos?

-III. Su modo de existencia.

-IV. No hay ideas en el sentido en que lo entiende Platón.

-V. Las ideas son inútiles.

-VII. ¿Las unidades son o no compatibles entre sí? Y si son compatibles, ¿cómo lo son?

-VIII. Diferencia entre el número y la unidad. Refutación de algunas opiniones relativas a este punto.

-IX. El número y las magnitudes no pueden tener una existencia independiente.

-X. Dificultades en punto a las ideas.

-I. ¿HAY SERES MATEMÁTICOS?

Hemos dicho en nuestro tratado de *Física* cuál es la naturaleza de la sustancia de las cosas sensibles, primero cuando nos ocupamos de la materia y después al tratar de la sustancia en acto[1]. He aquí cuál es ahora el objeto de nuestras indagaciones: ¿Hay o no fuera de las sustancias sensibles una sustancia inmóvil y eterna? Y si esta sustancia existe, ¿cuál es su naturaleza? Comencemos por examinar los sistemas de otros filósofos para no incurrir en sus errores, caso que algunas de sus opiniones no sean fundadas. Y si por fortuna encontrásemos puntos de doctrina que conviniesen con los nuestros guardémonos de sentir por ello pena alguna. Es para nosotros un motivo de respeto el que sobre ciertas cosas tengan concepciones superiores a las nuestras, y que no sean en otros puntos inferiores a nosotros.

Hay dos sistemas con relación al asunto que nos ocupa. Se admite como sustancias particulares los seres matemáticos, como los números, las líneas, los objetos del mismo género, y con ellos las ideas. Hay unos que de estos seres hacen dos géneros diferentes; de una parte las ideas, y de otra los números matemáticos; otros consideran estos dos géneros una sola y misma naturaleza; y otros, finalmente, pretenden que las sustancias matemáticas son las únicas sustancias. Comencemos por la consideración de las sustancias matemáticas, y examinémoslas independientemente de toda otra naturaleza. No preguntemos, por ejemplo, si son o no ideas, si son o no principios y sustancias de los seres; preguntemos, como si sólo tuviéramos que ocuparnos de los seres matemáticos, si estas sustancias existen o no, y si existen, cuál es el modo de su existencia. Después hablaremos separadamente de las ideas sin grandes desenvolvimientos, y en la medida que conviene al objeto que nos proponemos, porque casi todas las cuestiones que se refieren a este asunto han sido rebatidas ya en nuestros tratados esotéricos[2]. En el curso de nuestro examen habremos de discutir por extenso esta cuestión. Las sustancias y los principios de los seres, ¿son números e ideas? Porque ésta es tercera cuestión que viene después de las ideas.

Los seres matemáticos, si existen están necesariamente en los objetos sensibles, como suponen algunos, o bien están separados de ellos (hay quienes admiten esta opinión). Si no están ni en los objetos sensibles ni fuera de ellos, o no existen o existen de otra manera. Nuestra duda recaerá, por lo tanto, aquí, no sobre el ser mismo, sino sobre la manera de ser.

---

1. Aristóteles trata de la sustancia material en el primer libro de la *Física,* y en el segundo de la sustancia en acto, o de la esencia. Véanse también en la *Metafísica* los libros VII y siguientes.
2. Es sabido que estos tratados no existen.

-II. ¿SON IDÉNTICOS A LOS SERES SENSIBLES O ESTÁN SEPARADOS DE ELLOS?

Hemos dicho, cuando se trataba de las dudas que debían resolverse[1], que era imposible que los seres matemáticos existiesen en los objetos sensibles, y que esto no era más que una pura ficción, porque es imposible que haya a un mismo tiempo dos sólidos en el mismo lugar. Hemos añadido que la consecuencia de esta doctrina es que todas las demás potencias, todas las demás naturalezas, se encontrarían en las cosas sensibles, y que ninguna existiría independiente de ellas. Esto es lo que hemos dicho precedentemente. Es evidente, por otra parte que, en esta suposición, un cuerpo cualquiera no podría ser dividido. En tal caso, el sólido se dividiría por la superficie, la superficie por la línea, la línea por el punto; de suerte que si el punto no puede ser dividido, la línea es indivisible. Pero si la línea es indivisible, todo en el sólido es igualmente. ¿Qué importa, por lo demás, que los seres matemáticos sean o no tales o cuales naturalezas, si estas naturalezas cualesquiera que ellas sean, existen en las cosas sensibles? Se llega siempre al mismo resultado. La división de los objetos sensibles llevaría consigo siempre la división de aquellos, o no habría división ni de los objetos sensibles.

Tampoco es posible que las naturalezas de que se trata tengan una existencia independiente. Si fuera de los sólidos reales hubiera otros sólidos que estuviesen separados de ellos, sólidos anteriores a los reales, evidentemente habría también superficies, puntos, líneas que existirían separadamente: el caso, en efecto, es el mismo. Pero si es así, es preciso admitir, fuera del sólido matemático, la existencia separada de otras superficies, con sus líneas y sus puntos; porque lo simple es anterior a lo compuesto, y puesto que hay cuerpos no sensibles anteriores a los cuerpos sensibles por la misma razón debe haber superficies en sí anteriores a las superficies que existen en los sólidos inmóviles.

He aquí, pues, superficies con sus puntos diferentes de aquéllas cuya existencia va unida a la existencia de los sólidos separados: éstas existen al mismo tiempo que los sólidos matemáticos; aquéllas son anteriores a los sólidos matemáticos. Por otra parte, en estas últimas superficies habrá líneas; y, por la misma razón que antes, deberá haber en ellas líneas con sus puntos anteriores a estas líneas y, en fin, otros puntos anteriores a los puntos de estas líneas anteriores, y más alla de las cuales no habrá ya otros puntos anteriores. Pero ésta es una aglomeración absurda de objetos. En efecto, resulta de la hipótesis que hay fuera de las cosas sensibles, por lo pronto, una especie única de cuerpos, y después tres especies de superficies: las superficies fuera de las superficies sensibles, las superficies de los sólidos matemáticos, las superficies fuera de las superficies de estos sólidos, luego cuatro especies de líneas, y después cinco especies de puntos. ¿Cuáles eran, entonces, entre estos elementos, aquellos de que se ocuparán las ciencias matemáticas? No serán, sin duda, las superficies, las líneas, los puntos que existen en el sólido inmóvil, porque la ciencia tiene siempre por objeto lo que es primero.

El mismo razonamiento se aplica a los números. Habría mónadas diferentes fuera de cada punto diferente; luego mónadas fuera de cada uno de los seres sensibles, y después mónadas fuera de cada uno de los seres inteligibles. Habría, por consiguiente, una infinidad de géneros de números matemáticos.

¿Cómo, por otra parte, llegar a la solución de las dudas que nos hemos propuesto cuando se trataba de las cuestiones que debían resolverse? La Astronomía tiene por objeto cosas suprasensibles, lo mismo que la Geometría[2]. ¿Y cómo se puede concebir la existencia separada del cielo y de sus partes, o de cualquiera otra cosa que está en movimiento? El mismo embarazo ocurre con la óptica, con la Música. Habrá un sonido, una vista, aisladas de los seres sensibles, de los seres particulares. La consecuencia evidente es que los demás sentidos y los demás objetos sensibles tendrían una existencia separada: ¿por qué la habrían de tener unos y no otros? Pero si es así, si hay sentidos separados, debe haber también animales separados. En fin, los matemáticos admiten ciertos universales fuera de las sustancias de que hablamos. Ésta sería otra sustancia intermedia, separada de las ideas y de los seres intermedios, sustancia que no sería ni un número, ni puntos, ni una magnitud, ni un tiempo. Pero esta sustancia no puede existir, y por consiguiente es imposible que los objetos de que acabamos de hablar tengan una existencia separada de las cosas sensibles.

En una palabra, no se reconocen las magnitudes matemáticas como naturalezas separadas, la consecuencia está en oposición con la verdad y con la opinión común. Es necesario, si tal es su modo de existencia, que sean anteriores a las magnitudes sensibles: ahora bien, en la realidad son posteriores. La magnitud incompleta tiene, en verdad, la prioridad de origen, pero sustancialmente es posterior; siendo ésta la relación del ser inanimado al ser animado. Por otra parte, ¿qué principio, qué circunstancia podría constituir la unidad de las magnitudes matemáticas? La que constituye la de los cuerpos terrestres es el alma, es una parte del alma, es cualquiera otro principio que participa de la inteligencia, principio sin el que hay pluralidad, disolución sin fin[3]. Pero respecto de las magnitudes matemáticas, que son divisibles, que son cantidades, ¿cuál es la causa de su unidad y de su persistencia? La producción es una prueba también: la producción obra, por lo pronto, en el sentido de la longitud, después en el sentido de la latitud y, por último, en el de la profundidad, siendo éste el término definitivo. Ahora, si lo que tiene la posteridad de origen es anterior sustancialmente, el cuerpo debe de tener la prioridad sobre la superficie y sobre la longitud. De este modo, el cuerpo tiene una existencia más completa, es más un todo que la magnitud y la superficie, se hace animado. Pero ¿cómo concebir una linea, una superficie animada? Semejante concepción estaría fuera del alcance de nuestros sentidos. Finalmente, el cuerpo es una sustancia, porque en cierta manera es una cosa completa; pero las líneas, ¿cómo podrán ser sustancias? No en concepto de forma, de figura, como lo es el alma, si tal es efectivamente el alma; tampoco en concepto de materia, como lo es el cuerpo. Se ve claramente que nada se puede constituir con las líneas, ni con las superficies, ni con los puntos. Y, sin embargo, si estos seres fuesen una sustancia material, serían susceptibles evidentemente de esta modificación.

Los puntos, las líneas y la superficie tienen, convengo en ello, la prioridad lógica. Pero todo lo que es anterior lógicamente, no por ello es sustancialmente anterior. La prioridad sustancial es patrimonio de los seres que, tomados aisladamente, no pierden por esto su existencia; aquéllos, cuyas nociones entran en otras nociones, tienen la prioridad lógica. Pero la prioridad lógica y la prioridad sustancial no se encuentran unidas. Las modificaciones no existen independientemente de las sustancias, independientemente de un ser que se mueve, por ejemplo, o que es blanco. Lo blanco tiene sobre el hombre blanco la prioridad lógica, pero no la prioridad sustancial; no puede existir separadamente; su existencia va siempre unida a la del conjunto, y aquí llamo conjunto al hombre que es blanco. Según esto, es evidente que ni las existencias abstractas tienen la anterioridad ni las existencias concretas la posterioridad sustancial. Y así, por estar unido a lo blanco, damos al hombre blanco el nombre de blanco.

Lo que precede basta para probar que los seres matemáticos son menos sustancia que los cuerpos; que no son anteriores, en razón al ser mismo, a las cosas sensibles; que sólo tienen una anterioridad lógica; y, finalmente, que no pueden tener en ningún lugar una existencia separada. Y como, por otra parte, no pueden existir en los mismos objetos sensibles, es evidente o que no existen absolutamente, o bien que tienen un modelo particular de existencia, y por consiguiente que no tienen una existencia absoluta. En efecto, el ser se toma en muchas acepciones[4].

---

1. Véase el lib. III, 2, y particularmente el cap. IV.
2. Véase el lib. III, 2.
3. Véase, en el tratado *Del Alma,* la teoría a que se refiere esta opinión.
4. Véase el lib. V, 7.

-III. SU MODO DE EXISTENCIA.

Así como en las matemáticas los universales no abrazan existencias separadas, existencias fuera de las magnitudes y de los números, y estos números y estas magnitudes son el objeto de la ciencia, pero no en tanto que susceptibles de magnitud y división, de igual forma es posible que haya razonamientos, demostraciones relativas a las mismas magnitudes sensibles, no consideradas en tanto que sensibles, sino en tanto que tienen tal o cual propiedad. Se discute mucho sobre los seres considerados únicamente en tanto que se mueven, sin atención alguna a la naturaleza de estos seres ni a sus accidentes, y no es necesario para esto, o que el ser en movimiento tenga una existencia separada de los seres sensibles, o que haya en los seres en movimiento una naturaleza determinada. Así que puede haber razonamientos, conocimientos relativos a los seres que se mueven, no en tanto que experimentan el movimiento, sino únicamente en tanto que los cuerpos; después únicamente en tanto que superficies: luego únicamente en tanto que longitudes; después en tanto que son divisibles o indivisibles, teniendo una posición; en fin, en tanto que son absolutamente indivisibles. Puesto que no hay absolutamente ningún error en dar nombre de seres, no sólo a las existencias separadas, sino también a las que no se pueden separar, a los objetos en movimiento, por ejemplo; no hay tampoco absolutamente error atribuir el ser a los objetos matemáticos y en considerarlos como se los considera. Y así como las demás ciencias no merecen el título de ciencia sino cuando tratan del ser de que nosotros hablamos, y no de lo accidental[1], cuando tales ciencias se preguntan, por ejemplo, no si lo que produce la salud es lo blanco, porque el ser que produce la salud es blanco, sino qué es este ser que la produce; cuando cada una de ellas es la ciencia de su objeto propio, ciencia del ser que produce salud, si su objeto es lo que produce la salud; ciencia del hombre si examina al hombre como tal; en igual forma, la Geometría no indaga sí los objetos de que se ocupa son accidentalmente seres sensibles; no los estudia en tanto que seres sensibles.

Por consiguiente, las ciencias matemáticas no tratan de los seres sensibles, ni tampoco tienen por objeto otros seres separados. Pero hay una multitud de accidentes que son esenciales a las cosas, en tanto que cada uno de ellos reside esencialmente en ellas. El animal, en tanto que hembra y en tanto que macho, es una modificación propia del género; sin embargo, no hay nada que sea hembra o macho independientemente de los animales. Puede considerarse los objetos sensibles únicamente en tanto que longitudes, en tanto que superficies. Y cuanto más primitivos sean los objetos de la ciencia, según el orden lógico, y más simples sean, tanto más rigor tiene la ciencia, porque el rigor es la simplicidad. La ciencia de lo que no tiene magnitud es más rigurosa que la ciencia de lo que tiene magnitud; si su objeto no tiene movimiento, es mucho más riguroso aún. Y la ciencia del primer movimiento lo es más entre las ciencias de movimientos; porque es el movimiento más simple, y el movimiento uniforme es el más simple entre los movimientos primeros. El mismo razonamiento cabe respecto de la Música y de la óptica. Ni una ni otra consideran la vista en tanto que vista, ni el sonido en tanto que sonido; tratan de las líneas en tanto que líneas, de los números en tanto que números, los cuales son modificaciones propias de la vista y del sonido. Lo mismo acontece con la Mecánica.

Así pues, cuando se admiten como existencias separadas algunos de estos accidentes esenciales; cuando se trata de estos accidentes en tanto que existencias separadas, no se incurre en error, como se incurriría, por ejemplo, si midiendo la tierra se diese al pie otro nombre que el de pie. El error jamás se encuentra en lo primero que se afirma y se asienta. Puede llegarse a resultados excelentes afirmando como separado lo que no existe separado; y así lo hacen el aritmético y el geómetra. El hombre es, en efecto, uno e indivisible en tanto que hombre. El aritmético, después de haberlo afirmado como uno e indivisible, buscará cuáles son los accidentes propios del hombre en tanto que indivisible; mientras que el geómetra no lo considera ni en tanto que hombre ni en tanto que indivisible, sino en tanto que cuerpo sólido. Porque suponiendo las propiedades que se manifiestan en el hombre una división real, estas propiedades existen en él en potencia, hasta cuando no hay división. Y así los geómetras tienen razón. Sobre seres giran sus discusiones; los objetos de su ciencia son seres: hay dos clases de seres, el ser en acto y el ser material.

El bien y lo bello difieren el uno del otro: el primero reside siempre en las acciones, mientras que lo bello se encuentra igualmente en los seres inmóviles. Incurren en un error los que pretenden que las ciencias matemáticas no hablan ni de lo bello ni del bien[2]. De lo bello es de lo que principalmente hablan, y lo bello es lo que demuestran. No hay razón para decir que no hablan de lo bello porque no lo nombren; mas indican sus efectos y sus relaciones. ¿No son las más imponentes formas de lo bello el orden, la simetría y la limitación? Pues esto es en lo que principalmente hacen resaltar las ciencias matemáticas. Y puesto que estos principios, esto es, el orden y la limitación, son evidentemente causa de una multitud de cosas, las Matemáticas deberían considerarse como causa, desde cierto punto de vista, la causa de que hablamos; en una palabra, lo bello. Pero de este asunto trataremos en otra parte con más detención.

Acabamos de demostrar que los seres matemáticos son seres, y cómo son seres, en qué concepto no tienen la prioridad, y en cuál son anteriores.

---

1. Véase el lib. VI, 2.
2. Aristóteles refuta aquí la opinión de Aristipo. Ha observado ya en otra parte, pero sin examinar el valor de esta idea, que Aristipo proscribe las matemáticas, lib. III, 2. Se encuentran algunos detalles sobre este punto en los comentaristas. Véase a Filopón, página 556; *Alej. Schol.*, pág. 817; Siriano, *Pet. Schol.*, pág. 298; Bagolini, pág. 55, b.: *Cod. Reg.*, *Schol.*, página 817.

-IV. NO HAY IDEAS EN EL SENTIDO EN QUE LO ENTIENDE PLATÓN.

1

Llegamos ya a las ideas; comencemos por el examen del concepto mismo de la idea. No uniremos a su explicación la de la naturaleza de los números; la examinaremos tal como nació en el espíritu de los primeros que admitieron la existencia de las ideas.

La doctrina de las ideas nació en los que la proclamaron como consecuencia de este principio de Heráclito, que aceptaron como verdadero: todas las cosas sensibles están en un flujo perpetuo; de cuyo principio se sigue que, si hay ciencia y razón de alguna cosa, debe de haber, fuera del mundo sensible, otras naturalezas, naturalezas persistentes porque no hay ciencia de lo que pasa perpetuamente. Sócrates se encerró en la especulación de las virtudes morales, y fue el primero que indagó las definiciones universales de estos objetos. Antes de este filósofo, Demócrito se había limitado a una parte de la Física (apenas sí definió lo caliente y lo frío); y los pitagóricos, anteriores a Demócrito, habían definido pocos objetos, cuyas nociones referían a los números: tales eran las definiciones de la Oportunidad, de lo Justo, del Matrimonio. No sin motivo Sócrates intentaba determinar la esencia de las cosas. La argumentación regular era el punto a que dirigía sus esfuerzos. Ahora bien, el principio de todo silogismo es la esencia[2]. La dialéctica aún no tenía en este tiempo un poder bastante fuerte para razonar sobre los contrarios independientemente de la esencia, y para determinar si es la misma ciencia la que trata de los contrarios. Y así, con razón puede atribuirse a Sócrates el descubrimiento de estos dos principios: la inducción y la definición general. Estos dos principios son el punto de partida de la ciencia.

Sócrates no concedía una existencia separada, ni a los universales ni a las definiciones. Los que vinieron después de él las separaron, y dieron a esta clase de seres el nombre de ideas. La consecuencia a que les condujo esta doctrina es que hay ideas de todo aquello que es universal. Se encontraron próximamente en el caso del hombre que, queriendo contar un pequeño número de objetos, y persuadido de que no podría conseguirlo, aumentase el número para mejor contarlos. Hay, en efecto, si no me engaño, un número mayor de ideas que de estos seres sensibles particulares, cuyas causas tratan de averiguar, indagación que les condujo de los seres sensibles a las ideas. Hay, por lo pronto, independientemente de las ideas de las sustancias, la idea de cada ser particular; idea que es la representación de este ser; después ideas que abrazan un gran número de seres en su unidad respecto de los objetos sensibles y de los seres eternos.

No para en esto: ninguna de las razones en que se apoya la existencia de las ideas tiene un valor demostrativo. Muchas de estas razones no conducen a la conclusión que de ellas se deduce; otras ideas llevan a admitir ideas de objetos, de los que la teoría no reconoce que las haya. Si de la naturaleza de las ciencias se toman las pruebas habrá ideas de todo lo que es objeto que una ciencia. Habrá hasta negaciones, si se arguye que hay algo que es uno en la multiplicidad; si se trata del concepto de lo que es destruido, se tendrán ideas de cosas perecederas, porque hasta cierto punto se puede formar una imagen de lo que ha perecido. Los más rigurosos razonamientos de que es posible servirse, conducen, los unos a ideas de las relaciones, de las que no hay género en sí, y otros a asentar la existencia del tercer hombre. En una palabra, todo lo que se alega para probar la existencia de las ideas destruye el principio que a los partidarios de las ideas importa sostener con más interés que la existencia misma de las ideas. En efecto, la consecuencia de esta doctrina es que no es la díada la primera, sino el número; que la relación es anterior al número, y al ser en sí; y todas las demás contradicciones con sus principios, en que han incurrido los partidarios de la doctrina de las ideas.

Añadamos que si hay ideas, debe de haber ideas, no sólo de las esencias, sino también otra multitud de cosas, porque la esencia no es la única cosa que la inteligencia concibe con un mismo pensamiento: concibe también lo que no es esencia. Finalmente, la esencia no sería el único objeto de la ciencia, y prescindimos de todas las demás consecuencias del mismo género que lleva consigo la suposición. Ahora bien, es de toda necesidad, atendidos los caracteres que se atribuyen a las ideas, que si se admite la participación de los seres en ellas, sólo pueda haber ideas de las esencias. La participación de los seres en las ideas no es una participación accidental; cada uno de ellos puede participar tan sólo en tanto que no es el atributo de algún sujeto. He aquí, por lo demás, lo que yo entiendo por participación accidental. Admitamos que un ser participa del doble: entonces participará de lo eterno también, pero accidentalmente, porque sólo accidentalmente lo doble es eterno. Se sigue de aquí que las ideas deben de ser esencias. Las ideas son en este mundo, y en el mundo de las ideas, la representación de las esencias. De otra manera, ¿qué significaría esta proposición: la unidad en la pluralidad es algo que está fuera de los objetos sensibles? Y por otra parte, si todas las ideas son del mismo género que las cosas que participan de ellas, habrá alguna relación común entre estas cosas y las ideas; porque ¿qué razón hay para que haya unidad e identidad del carácter constitutivo de la díada entre las díadas perecederas, y las díadas, que son también varias, pero eternas, más bien que entre la díada ideal y la particular? Si no hay comunidad de género sólo quedará de común el nombre de hombre a Calias y a un trozo de madera sin haber observado nada de común entre ellos.

¿Admitiremos, por otra parte, que hay concordancia entre las definiciones generales y las ideas, esto es, en cuanto al círculo matemático, concordancia con las ideas, de la noción de figura plana y de todas las demás partes que entran en la definición del círculo? ¿Estará unida la idea al objeto de que es ella la idea? Tengamos cuidado, no sea que no haya aquí más que palabras vacías de sentido. En efecto, ¿a qué se unirá la idea? ¿Se unirá al centro del círculo, a la superficie, a todas sus partes esenciales? Todo en la esencia es una idea; el animal es una idea, el bípedo es una idea. Se ve por lo demás claramente que la idea de que se trata sería necesariamente algo y, al modo que el plano, una cierta naturaleza, que se encontraría en concepto de género en todas las ideas.

---

1. Este capítulo y el siguiente son una reproducción literal de una parte del cap. VII del lib. I.
2. Véase el lib. VII, 9.

-V. LAS IDEAS SON INÚTILES.

La mayor dificultad que se presenta es la de saber cuál puede ser la utilidad de las ideas para los seres sensibles eternos o para aquellos de estos seres que nacen y los que mueren. No son ellas por sí mismas causa de ningún movimiento, de ningún cambio en ellos, ni tampoco auxiliar a la ciencia de los demás seres. En efecto, las ideas no constituyen la esencia de estos seres, porque entonces estarían en ellos; tampoco son ellas las que los traen a la existencia, puesto que no residen en los seres que participan de las ideas. Quizá se creerá que son causas, en el mismo concepto que la blancura es causa del objeto blanco con que ella se mezcla. Esta opinión, que tiene su origen en las doctrinas de Anaxágoras, y que Eudoxio abrazó después, no sabiendo qué partido tomar, y que algunos otros han admitido, también es muy fácil combatirla. Podría acumularse contra semejante doctrina argumentos sin número. Voy más lejos: es imposible que los demás seres provengan de las ideas en ninguno de los sentidos en que se emplea la expresión provenir. Decir que las ideas son ejemplares y que los demás seres participan de las ideas es contentarse con palabras vacías de sentido, es formar metáforas poéticas. El que trabaja en su obra, ¿tiene necesidad para esto de tener los ojos fijos en las ideas? Un ser cualquiera puede ser, puede hacerse, sin que nada le haya servido de modelo. Y así, exista o no Sócrates, puede nacer un hombre como Sócrates. La misma consecuencia resultaría evidentemente aun cuando

Sócrates fuese eterno. Habría, además, muchos modelos de una misma cosa, y por consiguiente muchas ideas. Así, para el hombre habría el animal, el bípedo, el hombre en sí.

Hay más aún. No sólo las ideas serían modelos de los objetos sensibles, sino que serían también modelos de ellas mismas; tal sería el género en tanto que género de ideas; de donde se sigue que la misma cosa sería a la vez modelo y copia. En fin, no es posible, al parecer, que la esencia exista separadamente de aquello de que es la esencia. ¿Cómo entonces es posible que las ideas que son las esencias de las cosas tengan una existencia separada?

Se dice en el *Fedón* que las ideas son las causas del ser y del devenir. Pues bien, aun cuando hubiese ideas, no habría producción si no hay una causa motriz. Y, además, hay una multitud de cosas que devienen: una casa, un anillo, por ejemplo, y no se pretende que existan ideas de ellas; de donde se sigue que los seres respecto de los que se admiten ideas son susceptibles de ser y de devenir, mediante la acción de causas análogas a las que obran sobre las cosas que acabamos de hablar, y que no son las ideas las causas de estos seres.

Por lo demás, es posible, valiéndose de este modo de refutación que acabamos de emplear, y por medio de argumentos todavía más concluyentes y más rigurosos, acumular, contra la doctrina de las ideas, una multitud de argumentos semejantes a los que acabamos de indicar.

-VI. DOCTRINA DE LOS NÚMEROS.

Hemos fijado el valor de la teoría de las ideas, y ahora debemos examinar las consecuencias de la teoría de los números considerados como sustancias independientes y como causas primeras de los seres.

Si el número es una naturaleza particular; si para el número no hay otra sustancia que el número mismo, como lo pretenden algunos, en tal caso cada número difiere necesariamente de especie; éste es primero, aquél entra en segunda línea. Y, por consiguiente, o hay una diferencia inmediata entre las mónadas, y una mónada cualquiera no puede combinarse con otra mónada cualquiera, o todas las mónadas se siguen inmediatamente, y una mónada cualquiera puede combinarse con otra mónada cualquiera (esto tiene lugar en el número matemático, porque en el número matemático no hay ninguna diferencia entre una mónada y otra mónada), o unas pueden combinarse y otras no pueden (si admitimos, por ejemplo, que la díada es la primera después de la unidad, que la tríada lo es después de la díada, y así sucesivamente para los demás números, que hay contabilidad entre las mónadas de cada número particular, entre las que componen la primera díada, después entre las que componen la primera tríada, luego entre las que componen cada uno de los otros números; pero que las de la díada ideal no son combinables con los de la tríada ideal, y que lo mismo sucede con los demás números sucesivos, se sigue de aquí que mientras que en los números matemáticos el número dos, que sigue a la unidad, no es más que la adición de otra unidad a la unidad precedente, el número tres la adición de otra unidad al número dos, y así de los demás, en los números ideales, por el contrario, el número dos, que viene después de la unidad, es de otra naturaleza e independiente de la unidad primera, y la tríada es independiente de la díada, y así de los demás números), o bien entre los números hay unos que están en el primer caso, otros que son números en el sentido en que lo entienden los matemáticos, y otros que están en el último de los tres casos en cuestión. En fin, o los números están separados de los objetos, o no están separados; existen en las cosas sensibles, no como en la hipótesis que hemos examinado más arriba[1], sino en tanto que constituyan las cosas sensibles los números que residen en ellas, y entonces, o bien entre los números hay unos que existen y otros que no existen en las cosas sensibles, o bien todos los números existen en ellas igualmente.

Tales son los modos de existencia que pueden afectar los números, y son necesariamente los únicos. Los mismos que asientan la unidad como principio, como sustancia y como elemento de todos los seres, y el número como producto de la unidad y de otro principio, todos han adoptado alguno de estos puntos de vista, excepto el de la incompatibilidad absoluta de las mónadas entre sí. Esto no carece de razón. No puede imaginarse otro caso fuera de los enumerados.

Hay quien admite dos especies de números, los números en que hay prioridad y posterioridad (que son las ideas) y el número matemático fuera de las ideas y de los objetos sensibles[2]; estas dos clases de números están igualmente separadas de los objetos sensibles. Otros sólo reconocen el número matemático, que consideran como el primero de los seres, y que separan de los objetos sensibles[3]. El único número para los pitagóricos es también el número matemático, pero no separado, y él, en su opinión, constituye las esencias sensibles. Organizan el cielo con los números, sólo que éstos no se componen de mónadas verdaderas. Atribuyen la magnitud a las mónadas. Pero como la unidad primera puede tener una magnitud, nace de aquí una dificultad que, a nuestro parecer, no resuelven. Otro filósofo sólo admite un número primitivo ideal[4]; otros identifican el número ideal con el número matemático[5].

Los mismos sistemas aparecen con relación a las longitudes, a las superficies, a los sólidos. Hay unos que admiten dos clases de magnitudes: las magnitudes matemáticas y las que proceden de las ideas. Entre los que son de distinta opinión, hay unos que admiten, pero les atribuyen algo más que una existencia matemática; éstos son los que no reconocen ni las ideas números, ni las ideas; otros admiten las magnitudes matemáticas, pero les atribuyen algo más que una existencia matemática. No toda magnitud se divide en magnitudes, según ellos, y la díada no se compone indistintamente de cualesquiera mónadas. El número lo constituyen las mónadas. Todos los filósofos están de acuerdo en este punto, excepto algunos pitagóricos, que pretenden que la unidad es el elemento y el principio de todos los seres; éstos atribuyen la magnitud a las mónadas, como hemos dicho precedentemente.

Hemos demostrado de cuántas maneras se podían considerar los números; y acabamos de ver la enumeración completa de las diversas hipótesis. Todas estas hipótesis son inadmisibles, pero probablemente unas los son más que otras.

---

1. En el cap. II de este libro.
2. Esta hipótesis es la de Platón.
3. Los comentaristas antiguos atribuyen esta opinión a Jenócrates, *Alej. Schol.*, pág. 818; Siriano, *Pet. Schol.*, pag. 304; Bagol., pág. 71, a.; Filipón, pág. 56, b., &c.; M. Ravaisson, *Ensayo,* t. I, pág. 178: en nota, y en su precioso trabajo sobre Espeusipo, VII, página 28, ha intentado demostrar que a este último filósofo y no a Jenócrates, debe atribuirse [363] esta opinión. Según M. Ravaisson, la verdadera doctrina de Jenócrates es la de la identidad del número ideal y del número matemático. No nos toca decidir la cuestión; nos parece, sin embargo, que el dictamen de los comentaristas sobre un hecho que podía comprobarse en su tiempo, y sobre el que, independientemente de su testimonio, nosotros sólo podemos formar conjeturas, no es cosa de desdeñar, como parece hacerlo este sabio crítico, y vacilamos en condenarlos.
4. No se sabe a qué filósofo debe atribuirse esta opinión.
5. Jenócrates, según M. Ravaisson.

-VII. ¿LAS UNIDADES SON O NO COMPATIBLES ENTRE SÍ? Y SI SON COMPATIBLES, ¿CÓMO LO SON?

Necesitamos examinar, por lo pronto, como nos hemos propuesto, si las unidades son combinables o incombinables; y caso de que sean combinables, de cuántas maneras lo son. Es posible que una unidad cualquiera sea incombinable con otra unidad cualquiera, o bien que las unidades de la díada en sí sean incombinadas con las de la tríada en sí, y que las unidades de cada número primo sean igualmente incombinables entre sí. Si todas las unidades son combinables y no difieren, se tiene entonces el número matemático, no hay más número que éste, y no es posible que las ideas sean números. Porque ¿qué número serían el hombre en sí, el animal en sí, o cualquiera otra idea? No hay más que una sola idea para cada ser, una sola idea para el hombre en sí, una sola igualmente para el animal en sí, y por lo contrario, hay una infinidad de números semejantes y que no difieren. No sería, por tanto, esta tríada más bien que aquella otra la que fuese el hombre en sí. Por otra parte, si las ideas no son números, es imposible que existan, porque ¿de qué principios podrían venir las ideas? El número viene de la unidad y de la díada indefinida; estos son los principios y elementos del número; pero no se puede afirmar un orden de prioridad ni de posterioridad entre los elementos y los números.

Si las unidades son incombinables, si toda unidad es incombinable con toda unidad, entonces el número matemático no puede existir (porque el número matemático se compone de unidades que no difieren, y todas las operaciones que se hacen con el número implican esta condición), ni el número ideal (porque la primera díada no se compondrá de la unidad y de la díada indefinida). Después, en los números, hay un orden de sucesión, dos, tres, cuatro. En cuanto a la díada primera, las unidades que la componen son coetáneas bajo la relación de la producción, ya sea, como lo ha dicho el primero que trató esta cuestión, porque resulten ellas de la desigualdad hecha igual, o ya sea de otra manera. Por otra parte, si una de estas dos unidades es anterior a la otra, será anterior igualmente al número dos compuesto de dos unidades; porque cuando de dos cosas, la una es anterior, la otra posterior; el compuesto de estas dos cosas es anterior a la una y posterior a la otra. En fin, puesto que hay la unidad en sí, que es la primera, y luego la primera unidad real, habrá una segunda después de aquélla, y luego una tercera; la segunda después de la segunda, es la tercera después de la primera, y entonces las unidades serán anteriores a los números que las comprenden. Por ejemplo, es preciso que una tercera unidad se una a la díada antes que se tenga el número tres, y que una cuarta se añada a la tríada, después una quinta, para obtener los números siguientes.

Ninguno de los filósofos de que se trata ha podido decir que las unidades sean incombinables de esta manera. Sin embargo, así resulta de sus principios. Pero esto es contrario a la realidad. Es natural decir que hay anterioridad y posterioridad en las unidades, si hay una unidad primera y un primer uno; y lo mismo de las díadas, si hay una primera díada. Porque después de lo primero, es natural, es necesario que haya el segundo; y si hay un segundo, es preciso que haya un tercero, y así sucesivamente. Mas por otra parte es imposible afirmar que después de la unidad primera y en sí, hay al mismo tiempo una primera unidad, una segunda unidad, y una díada primera. Porque se admite una primera mónada, una primera unidad, y jamás se habla de segunda ni de tercera; se dice que hay una primera díada, y no se admite una segunda, una tercera. Es evidente que no es posible, si todas las unidades son incombinables, que el mismo número dos, que el tres, existan; y lo mismo puede decirse de los demás números.

Que las unidades todas difieran o no entre sí, es preciso que los números se formen necesariamente por adición; y así el número dos resultará de la unidad unida a otra unidad; el número tres del número dos aumentado con una unidad y lo mismo sucederá con el número cuatro. Conforme a esto, es imposible que los números sean producidos, como se ha dicho, por la díada y la unidad. La díada, en efecto, es una parte del número tres, éste del número cuatro y, en el mismo caso, están los números siguientes. El número cuatro se dice que encierra dos díadas, procedente de la primera díada y de la díada indeterminada, ambas diferentes de la díada en sí. Pero si la díada en sí no entra como parte en esta composición, será preciso decir entonces que una segunda díada se ha unido a la primera; y la díada, a su vez, resultará de la unidad en sí y de otra unidad. Sí es así, no es posible que uno de los elementos del número dos sea la díada indeterminada, porque ella no engendra más que una unidad, y no la díada determinada. Además, fuera de la díada y de la tríada en sí, ¿cómo podrá haber otras tríadas y otras díadas? ¿Cómo podrán componerse de las primeras mónadas y de las siguientes? Todo esto no es más que una pura ficción, y es imposible que haya por el pronto una primera díada y en seguida una tríada en sí, lo cual es una consecuencia necesaria, sin embargo, si se admite la unidad y la díada indeterminada como elementos de los números. Si la consecuencia no puede ser aceptada, es imposible que sean éstos los principios de los números. Tales son las consecuencias a que se ve uno conducido necesariamente y a otras análogas, si todas las unidades son diferentes entre sí.

Si las unidades difieren en los números diferentes y son idénticas entre sí sólo en un mismo número, también en este caso se presentan dificultades no menores en número. Así, en la década en sí se encuentran diez unidades; pero el número diez se compone de estas unidades, y también de dos veces el número cinco. Y como esta década no es un número cualquiera, porque no se compone de dos números cinco cualesquiera, ni de cualesquiera unidades, es de toda necesidad que las unidades que la componen difieran entre sí. Si no difieren, los dos números cinco que componen el número diez no diferirán tampoco. Si estos números difieren, habrá diferencia igualmente en las unidades. Si las unidades difieren, ¿no habrá en el número diez otros números cinco, no habrá más que los dos números en cuestión? Que no haya otros, esto es absurdo; y si hay otros, ¿qué número diez no hay otro número diez fuera de él mismo? Por otra parte, es de necesidad que el número cuatro se componga de díadas que no se toman al azar; porque se dice, es la díada indeterminada la que mediante su unión con la díada determinada, ha formado dos díadas. Con aquello que ha tornado es con lo que podía producir díadas.

Además, ¿cómo pueden ser la díada una naturaleza particular fuera de las dos unidades, y la tríada fuera de las tres unidades? Porque, o bien la una participa de la otra, como el hombre blanco participa de lo blanco y del hombre, aunque sea distinto de ambos; o bien la una será una diferencia de la otra, así como hay el hombre independiente del animal y del bípedo. Además, hay unidad por contacto, unidad por la mezcla, unidad por posición[1]; pero ninguno de estos modos conviene a las unidades que componen la díada o la tríada. Pero así como los hombres no son un objeto uno, independientemente de los dos individuos, lo mismo sucede necesariamente respecto a las unidades. Y no podrá decirse que el caso no es el mismo, por ser indivisibles las unidades; los puntos son también indivisibles y, sin embargo, los dos puntos, tomados colectivamente, no son una cosa independiente de cada uno de los dos. Por otra parte, no debe olvidarse que las díadas son unas anteriores, otras posteriores, y los demás números son como las díadas. Porque supongamos que las dos díadas que entran en el número cuatro sean coetáneas; por lo menos son anteriores a las que entran en el número ocho; ellas son las que han producido los dos números cuatro que se encuentran en el número ocho, así como ellas mismas habían sido producidas por la díada. Conforme a esto, si la primera díada es una idea, estas díadas serán igualmente ideas. El mismo razonamiento cabe respecto de las unidades. Las unidades de la primera díada producen las cuatro unidades que forman el número cuatro; por consiguiente, todas las unidades son ideas, y hay por tanto ideas compuestas por ideas. Por consiguiente, es claro que los mismos objetos de que estas unidades son ideas, se compondrán de la misma manera; habría, por ejemplo, animales compuestos de animales, si hay ideas de los animales.

Finalmente, establecer una diferencia cualquiera entre las unidades, es un absurdo, una pura ficción; digo ficción, porque esto va contra la idea misma de la unidad. Porque la unidad no difiere, al parecer, de la unidad, ni en cantidad, ni en cualidad; es la necesidad que el número sea igual o desigual; todo número, pero sobre todo el número compuesto de unidades. De suerte que, si no es ni más grande ni más pequeño, es igual. Ahora bien, cuando dos números son iguales y no difieren en nada, se dice que son los mismos. Si no fuese así, las díadas que entren en el número diez podrían diferir a pesar de su igualdad; porque, ¿qué razón podría haber para decir que no difieren? Además, si toda unidad unida a otra unidad forma el número dos, la unidad sacada de la díada formará, con la unidad sacada de la tríada, una díada, díada compuesta de unidades diferentes; y entonces esta díada, ¿será anterior a la tríada o posterior? parece que debe más bien ser necesariamente anterior, porque una de estas dos unidades es coetánea de la tríada, y la otra coetánea de la díada. Es cierto, en general, que toda unidad unida a otra unidad, ya sean iguales o desiguales, forman dos: como el bien y el mal, el hombre y el caballo. Pero los filósofos de que se trata no admiten ni siquiera que esto tenga lugar en cuanto a las mónadas. Sería extraño, por otra parte, que el número tres no fuese más grande que el número dos: ¿se admite que es más grande? Pero hemos visto que era igual. De suerte que ni diferirá del mismo número dos. Pero esto no es posible, si hay un número que sea primero, otro que sea segundo; y entonces las ideas no serán números, y bajo esta relación tienen razón los que dicen que las unidades difieren; en efecto, si fuesen ideas no habría, como dijimos más arriba, más que una sola idea en la hipótesis contraria. Si, por el contrario, las mónadas no difieren, las díadas, las tríadas, tampoco diferirán; y entonces será preciso decir que se cuenta de esta manera: *uno, dos*, sin que el número siguiente resulte del precedente unido la otra unidad, sin lo cual el número no sería ya producido por la díada indeterminada y no habría ya ideas. Una idea se encontraría en otra idea, y todas las ideas serían partes de una idea única.

Los que pretenden, por tanto, que las unidades no difieren, razonan bien en la hipótesis de las ideas, pero no en absoluto. Necesitan suprimir muchas cosas. Ellos mismos confiesan que, sobre esta cuestión, cuando contamos y decimos, *uno, dos, tres*, ¿el segundo número no es más que el primero unido a una unidad, o bien es considerado aparte en sí mismo? Confesarán, digo, que es dudoso. Y en realidad podemos considerar los números desde este doble punto de vista. Es, pues, ridículo admitir que hay en los números tan gran diferencia de esencia.

---

1. Véase lib. V, 6.

-VIII. DIFERENCIA ENTRE EL NÚMERO Y LA UNIDAD. REFUTACIÓN DE ALGUNAS OPINIONES RELATIVAS A ESTE PUNTO.

Ante todo es bueno determinar qué diferencia hay entre el número y la unidad, si es que la hay. Sólo podría haber diferencia bajo la relación de la cantidad o bajo la de la cualidad; pero no se puede aplicar aquí ni uno ni otro supuesto; sólo los números difieren en cantidad. Si las unidades difieren en cantidad, un número diferiría de otro, aun conteniendo la misma suma de unidades. En seguida, ¿las primeras unidades serían las más grandes o serían las más pequeñas? ¿Irían creciendo o sucedería lo contrario? Todas estas hipótesis son irracionales.

Por otra parte, las unidades tampoco pueden diferir por la cualidad, porque no pueden tener en sí ninguna modificación propia; en los números, en efecto, se dice que la cualidad es posterior a la cantidad. Por otra parte, esta diferencia de cualidad no podría venir sino del uno o del dos; pero la unidad no tiene cualidad, y el dos sólo tiene cualidad en tanto que es una cantidad, y por ser esta su naturaleza puede producir la pluralidad de los seres. Si la mónada puede tener cualidad de cualquiera otra manera, sería preciso comenzar por decirlo; debería determinarse antes, porque las mónadas deben necesariamente diferir; y si esta necesidad no existe, ¿de dónde puede proceder esta cualidad de que se habla? Es, pues, evidente, que si las ideas son números, no es posible que todas las mónadas sean absolutamente combinables, como no lo es que sean todas incombinables entre sí.

Lo que otros filósofos dicen de los números no es más verdadero; quiero hablar de los que creen que las ideas no existen, ni absolutamente, ni en tanto que números; pero que admiten la existencia de los seres matemáticos, pretendiendo que los números son los primeros seres, y que tienen por principio la unidad en sí. Sería un absurdo que hubiese, como quieren, una unidad primera, anterior a las unidades realizadas, y que la misma cosa no tuviese lugar también respecto de la díada y de la tríada, porque las mismas razones hay en ambos casos. Por lo tanto, si lo que se hay en ambos es exacto, y si se admite que el número matemático existe solo, no tiene la unidad por principio. Esta unidad, en efecto, debería necesariamente diferir de las otras mónadas; y por consiguiente, la díada primitiva diferiría igualmente de las demás díadas, y lo mismo sucedería con todos los números sucesivamente. Si la unidad es principio, el punto de vista de Platón, relativamente a los números, es mucho más verdadero, y es necesario decir con él que hay también una díada, una tríada primitiva, y que los números no son combinables entre sí. Por otra parte, si se admite esta opinión, ya hemos demostrado todas las consecuencias absurdas que de ella resultan. Sin embargo, es preciso optar entre una y otra de estas dos opiniones. Si ni la una ni la otra son verdaderas, no será posible que el número exista separado.

Es evidente, conforme a esto, que el tercer sistema que admite que el mismo número es a la vez el número ideal y el número matemático, es el más falso de todos porque este sistema reúne él solo todos los defectos de los otros dos. El número matemático no es ya verdaderamente el número matemático; pero como se transforma hipotéticamente su naturaleza, se ve uno forzado a atribuirle otras propiedades, además de las propiedades matemáticas; y todo lo que resulta de suponer la existencia de un número ideal, es verdadero igualmente respecto a este número considerado de esta manera.

El sistema de los pitagóricos presenta, desde un punto de vista, menos dificultades que los precedentes; pero desde otro tienen algunas otras que le son propias. Decir que el número no exista separado es suprimir ciertamente un gran número de consecuencias imposibles que nosotros hemos indicado; pero admitir, por otra parte, que los cuerpos se componen de números, y que el número componente es el número matemático, he aquí lo que es imposible. En efecto, no es cierto que las magnitudes sean indivisibles; precisamente porque son indivisibles es por lo que las mónadas no tienen magnitud; ni ¿cómo es posible componer las magnitudes con elementos indivisibles? Pero el número aritmético se compone de mónadas indivisibles; y sin embargo, se dice que los números son los seres sensibles; se aplican a los cuerpos las propiedades de los números como si vinieran de los números. Además, es necesario, si el número es un ser, en sí, que lo sea de alguna de las maneras que hemos indicado, pero no puede serlo de ninguna de ellas. Por lo tanto, es evidente que la naturaleza del número no es la que le atribuyen los filósofos que le consideran como un ser independiente.

No es esto todo: ¿es cada mónada el resultado de la igualdad de lo grande y de lo pequeño, o preceden unas de lo grande y otras de lo pequeño? En este último caso no viene cada número de todos los elementos del número, y por lo tanto las mónadas son diferentes; porque en las unas entre lo grande, en las otras lo pequeño, que es por su naturaleza lo contrario de lo grande. Por otra parte, ¿cuál es la naturaleza de las que forman la tríada? Porque en este número hay una mónada impar. Por esto mismo, se dirá se admite que la unidad ocupa un medio entre el par y el impar. Sea así; pero si cada mónada es el resultado de la igualdad de lo grande y de lo pequeño, ¿cómo la díada constituirá una sola y misma naturaleza estando compuesta de lo grande y de lo pequeño? ¿En qué diferirá de la mónada? Además, la mónada es anterior a la díada, porque su supresión lleva consigo la de la díada. La mónada será necesariamente una idea de idea, puesto que es anterior a una idea, y la mónada primera procederá de otra cosa. La mónada en sí es la que produce la primera mónada; lo mismo que la díada indeterminada produce el número dos.

Añádase a esto que es de toda necesidad que el número sea infinito o finito, porque se forma de él un ser separado; y es, por lo tanto, necesariamente un ser en una u otra de estas dos condiciones. Por lo pronto, no puede ser infinito, y esto es evidente, porque el número infinito no sería par ni impar, y todos los números producidos son siempre pares o impares. Si una unidad llega a unirse a un número par, se hace impar; si la díada indefinida se junta a la unidad, se tiene el número dos; y se tiene un número par, si dos números impares se juntan.

Además, si toda idea corresponde a un objeto, y si los números son ideas, habrá un objeto sensible o de cualquiera otra especie que corresponderá al número infinito. Pero esto no es posible conforme a la doctrina misma, ni conforme a la razón. En la hipótesis de que nos ocupamos, toda idea tiene un objeto correspondiente; pero si el número es finito, ¿cuál es el límite? No basta afirmarlo; es preciso dar la demostración. Si el número ideal no pasa de diez, como algunos pretenden, las ideas faltarán bien pronto; si, por ejemplo, el número tres es el hombre en sí, ¿qué número será el caballo en sí? Los números hasta diez son los únicos que pueden representar los seres en sí, y todos los objetos deberán tener por idea alguno de estos números, porque sólo ellos son sustancias e ideas. Pero faltarán números para los demás objetos, porque no bastarán ni siquiera para las especies del género animal. Es evidente también que si el número tres es el hombre en sí, siendo todos semejantes, puesto que entran en los mismos números habrá entonces un número infinito de hombres. Si cada número tres es una idea, cada hombre es el hombre en sí; si no, habrá solamente el ser en sí, correspondiendo al hombre en general. Además, si el número más pequeño es una parte del más grande, los objetos representados por las mónadas componentes serán parte del objeto representado por el número compuesto. Y así, si el número cuatro es la idea de un ser, del caballo o de lo blanco, por ejemplo, el hombre será una parte del caballo si el hombre es el número dos. Es, pues, un absurdo decir que el número diez es una idea, y que el número once y siguientes no son ideas. Añádase a esto que existen y se producen seres de los que no hay ideas. ¿Por qué, pues, no hay también ideas de estos seres? Las ideas no son, por tanto, causas. Por otra parte, es un absurdo que los números hasta el diez sean más bien seres e ideas que el mismo número diez. Es cierto que estos números, en la hipótesis que discutimos, no son engendrados por la unidad, mientras que sucede lo contrario con la década; y esto quieren explicarlo diciendo que todos los números hasta el diez son números perfectos. En cuanto a todo lo que se liga a los números, como el vacío, la analogía, el impar, son, según ellos, producciones de los diez primeros números. Atribuyen ciertas cosas a la acción de los principios, como el movimiento, el reposo, el bien, el mal; y todas las demás cosas resultan de los números. La unidad es el impar, porque si fuese el número tres, ¿cómo el número cinco sería el impar? En fin, ¿hasta qué límite llega la cantidad para las magnitudes y las demás cosas de este género? La línea primera es indivisible, después la díada, y después los demás números hasta la década.

Además, si el número se ha separado, podría preguntarse ¿quién tiene la prioridad, la unidad o la tríada y la díada? En tanto que los números son compuestos, la unidad en tanto que el universal y la forma son anteriores, el número. Cada unidad es una parte del número, como materia: el número es la forma. Asimismo, desde un punto de vista el ángulo agudo es posterior al ángulo recto, porque se le define por el recto; desde otro, es anterior, porque es una parte de él, puesto que el ángulo recto pude dividirse en ángulos agudos. En tanto que materia, el ángulo recto, el elemento, la unidad son anteriores; pero bajo la relación de la forma y de la moción sustancial, lo que es anterior es el ángulo recto que se compone de la materia y de la forma; porque lo compuesto de la materia y de la forma se aproxima más a la forma y a la moción sustancial; pero bajo la relación de la producción, es posterior. ¿Cómo, por tanto, es la unidad principio? Es, se dice, porque es indivisible. Pero lo universal, lo particular, el elemento, son indivisibles igualmente, pero no de la misma manera: lo universal es indivisible en su noción; el elemento lo es en el tiempo. ¿De qué manera, por último, la unidad es un principio? El ángulo recto, acabamos de decir, es anterior al agudo, y el agudo parece anterior al recto, y cada uno de ellos es uno. Se dirá que la unidad es principio desde estos dos puntos de vista. Pero esto es imposible; lo sería por una parte, a título de forma y de esencia, y por otra a título del parte de materia. En la díada verdaderamente sólo hay unidades en potencia. Si el número es, como se pretende, una unidad y no un montón; si cada número se compone de unidades diferentes, las dos unidades se dan en él en potencia y o en acto.

He aquí la causa del error en que se incurre: se examina a la vez la cuestión desde el punto de vista matemático y desde el punto de vista de las nociones universales. En el primer caso se considera la unidad y el principio como un punto, porque la mónada es un punto sin posición; y entonces los partidarios de este sistema componen, como lo hacen también algunos otros, los seres con el elemento más pequeño. La mónada es la materia de los números, y así es anterior a la díada; pero bajo otra relación es posterior, siendo la díada considerada como un todo, una unidad, como la forma misma. El punto de vista de lo universal condujo a considerar la unidad como el principio general: por otra parte se le consideró como parte, como elemento: dos caracteres que no podrán encontrarse a la vez en la unidad. Si solamente la unidad en sí debe existir sin posición, porque lo que únicamente la distingue es que es principio y que la díada es divisible, mientras que la mónada no lo es, se sigue de aquí que lo que se aproxima más a la unidad en sí es la mónada; y si es la mónada, la unidad en sí tiene más relación con la mónada que con la díada. Por consiguiente, la mónada y la unidad en sí deben ser anteriores a la díada. Pero se pretende lo contrario; que lo que se produce primero es la díada. Por otra parte, si la díada en sí y la tríada en sí son ambas una unidad, ambas son la díada. ¿Qué es, pues, lo que constituye esta díada?

-IX. EL NÚMERO Y LAS MAGNITUDES NO PUEDEN TENER UNA EXISTENCIA INDEPENDIENTE.

Podría presentarse esta dificultad: no hay contacto en los números, no hay más que sucesión: ahora bien, ¿todas las mónadas entre las que no hay intermedios, por ejemplo, las de la díada o de la tríada, siguen a la unidad en sí? ¿La díada es anterior sólo a las unidades que se encuentran en los números siguientes, o bien es anterior a toda unidad? La misma dificultad tiene lugar respecto de los otros géneros del número, de la línea, de la superficie, del cuerpo. Algunos los componen con las diversas especies de lo grande y de lo pequeño: así componen las longitudes con lo largo y lo corto; las superficies con lo ancho y lo estrecho; los sólidos con lo profundo y lo no profundo, cosas todas que son especies de lo grande y de lo pequeño. En cuanto a la unidad considerada como principio de estos números hay diversas opiniones, las cuales están llenas de mil contradicciones, de mil ficciones evidentes y que repugnan al buen sentido. En efecto, las partes del número quedan sin ningún vínculo, si los principios mismos no tienen ninguno entre sí: se tienen separadamente lo ancho y lo estrecho, lo largo y lo corto; y si así fuese, la superficie sería una línea y el sólido un plano. Además, ¿cómo darse razón, en este sistema, de los ángulos, de las figuras, etc.? Estos objetos se encuentran en el mismo caso que los componentes del número; porque son modos de la magnitud. Mas la magnitud no resulta de los ángulos y de las figuras; lo mismo que la longitud no resulta de lo curvo ni de lo recto, ni los sólidos de lo áspero y de lo liso.

Pero hay una dificultad común a todos los géneros considerados como universales: se trata de las ideas que encierran un género. Y así, ¿el animal en sí está en el animal o es diferente de él? Si no existe separado de él, no hay dificultad; pero si existe independientemente de la unidad y de los números, como pretenden los partidarios del sistema, entonces la solución es difícil, a no ser que por *fácil* se quiera entender lo imposible. En efecto, cuando se considera la unidad en la díada, o en general en un número, ¿se considera la unidad en sí u otra unidad?

Lo grande y lo pequeño constituyen, según algunos, la materia de las magnitudes; según otros, el punto (el punto les parece ser, no la unidad, sino algo análogo a la unidad), y otra materia del género de la cantidad, pero no cantidad. Las mismas dificultades se producen igualmente en este sistema. Porque si no hay más que una sola materia, hay identidad entre la línea, la superficie y el sólido; si hay muchas, una para la línea, otra para la superficie, otra para el sólido, ¿estas diversas materias se acompañan o no? Se tropezará por este camino con las mismas dificultades: la superficie, o no contendrá la línea o bien será una línea. Además, ¿cómo el número puede componerse de unidad y de pluralidad? Esto es lo que no se intenta demostrar. Cualquiera que sea la respuesta, se tropieza con las mismas dificultades que cuando se compone el número con la díada indefinida. Unos componen el número con la pluralidad tomada en su acepción general, y no con la pluralidad determinada; otros con una pluralidad determinada, la primera pluralidad; porque la díada es una especie de pluralidad primera. No hay ninguna diferencia, por decirlo así; los mismos embarazos se encuentran en los dos sistemas con relación a la posición, a la mezcla, a la producción y a todos los modos de este género.

Veamos una de las más graves cuestiones que puedan proponérsenos para su resolución. Si cada mónada es una, ¿de dónde viene? No es cada una de ellas la unidad en sí; es una necesidad, por tanto, que vengan de la unidad en sí y de la pluralidad o de una parte de la pluralidad. Pero es imposible decir que la mónada es una pluralidad, puesto que es indivisible; si se dice que vienen de una parte de la pluralidad, surgen otras dificultades. Porque es necesario que cada una de las partes sea indivisible o que sea una pluralidad; y en este último caso la mónada sería divisible y los elementos del número no serían ya la unidad ni la pluralidad. Por lo demás, no se puede suponer que cada mónada venga de la pluralidad y de la unidad. Por otra parte, el que compone así la mónada, no hace más que dar un número nuevo, porque el número es una pluralidad de elementos indivisibles. Además es preciso preguntar a los partidarios de este sistema si el número es finito o infinito. Debe ser, al parecer, una pluralidad finita, la cual, junto con la unidad, ha producido las mónadas finitas; una cosa es la pluralidad en sí, y otra la pluralidad infinita. ¿Qué pluralidad con y en qué unidad se dan aquí los elementos?

Las mismas objeciones podrían hacerse [con relación] al punto y al elemento con que se componen las magnitudes. No hay un punto único, el punto generador: ¿de dónde vienen, pues, cada uno de los demás puntos? Seguramente no proceden de cierta dimensión y del punto en sí. Más aún; no es siquiera posible que las partes de esta dimensión sean indivisibles, como lo son las partes de la pluralidad, con las cuales se producen las mónadas, porque el número se compone de elementos indivisibles y no de magnitudes[1].

Todas estas dificultades y otras muchas del mismo género prueban hasta la evidencia que no es posible que el número y las magnitudes existan separadas. Además, la divergencia de opinión entre los primeros filósofos, con relación al número, prueba la perpetua confusión a que les conduce la falsedad de sus sistemas. Los que sólo han reconocido los seres matemáticos son independientes de los objetos sensibles, han desechado el número ideal y admitido el número matemático, porque vieron las dificultades, las hipótesis absurdas que entrañaba la doctrina de las ideas. Los que han querido admitir a la vez la existencia de las ideas y la de los números, no viendo claramente cómo, reconociendo dos principios, se podría hacer el número matemático independiente del número ideal, han identificado verbalmente el número ideal y el número matemático. Esto, en realidad, equivale a suprimir el número matemático, porque el número es en tal caso un ser particular, hipotético, y no el número matemático. El primero que admitió que había números e ideas, separó con razón los números de las ideas. En este punto de vista de cada uno hay, por tanto, algo de verdadero; pero no están completamente en la verdad. Ellos mismos los confirman con su desacuerdo y sus contradicciones. La causa de esto es que sus principios son falsos, y es difícil, dice Epicarmo, decir la verdad partiendo de lo que es falso; porque la falsedad se hace evidente desde el momento en que se habla.

Estas objeciones y estas observaciones [con relación] al número son ya bastantes: mayor número de pruebas convencería más a los que ya están persuadidos; pero no persuadiría más a los que no lo están. En cuanto a los primeros principios, a las primeras causas y a los elementos que admiten los que sólo tratan de la sustancia sensible, una parte de esta cuestión ha sido ya tratada en la *Física*, y el estudio de los demás principios no entran en la indagación presente[2]. Debemos estudiar ahora estas otras sustancias que algunos filósofos consideran como independientes de las sustancias sensibles. Los hay que han pretendido que las ideas y los números son sustancias de este género, y que sus elementos son los elementos y los principios de los seres, y es preciso examinar y juzgar sus opiniones sobre este punto. En cuanto a los que se admiten sólo los números y los hacen números matemáticos, nos ocuparemos de ellos más adelante; ahora vamos a examinar el sistema de aquellos que admiten las ideas, y ver las dificultades que lleva consigo.

Por lo pronto consideran las ideas a la vez, primero como esencias universales, después como esencias separadas, y por último como la sustancia misma de las cosas sensibles; pero nosotros hemos demostrado precedentemente que esto era imposible. Lo que dio lugar a que los que afirman las ideas como esencias universales las reunieran así en un solo género, fue que no atribuyeron la misma sustancia a los objetos sensibles. Creían que los objetos sensibles están en un movimiento perpetuo, sin que ninguno de ellos persista; pero que fuera de estos seres particulares, existe lo universal, y que lo universal tiene una existencia propia. Sócrates, como precedentemente dijimos, se ocupó de lo universal en sus definiciones; pero no lo separó de los seres particulares, y tuvo razón en no separarlo. Una cosa resulta probada por los hechos, y es que sin lo universal no es posible llegar hasta la ciencia; pero la separación de lo general de lo particular es la causa de todas las dificultades que lleva consigo el sistema de las ideas.

Algunos filósofos, creyendo que sí hay otra sustancia además de las sustancias sensibles, que pasan perpetuamente, era imprescindible que tales sustancias estuviesen separadas, y no viendo, por otra parte, otras sustancias, admitieron esencias universales; de suerte que en su sistema no hay casi ninguna diferencia de naturaleza entre las esencias universales y las sustancias particulares. Esta es, en efecto, una de las dificultades que lleva consigo la doctrina de las ideas.

---

1. Esta idea está desenvuelta en el cap. I, del lib. VI de la *Física*: Bekk, pág. 231.
2. Siriano dice, a propósito de este pasaje: «Aristóteles expone por extenso sus opiniones sobre los principios físicos en la *Física* y en el tratado de la *producción* y de la *destrucción,* y refuta aquí la mayor parte de los sistemas de los antiguos. En cuanto a los principios morales o lógicos no entra en su plan tratarlos aquí: ha hablado ya de ellos en los tratados de Ética y de la demostración.» *Petit. Schol.,* pág. 322; Bagolini, pág. 98, a.

-X. DIFICULTADES EN PUNTO A LAS IDEAS.

Hemos dicho al principio, al proponer las cuestiones que debían resolverse[1], las dificultades que se presentan, ya se admita, ya se deseche la doctrina de las ideas. Volvamos a tratar este punto.

Si se quiere que no sean sustancias separadas a manera de seres individuales, entonces se anonada la sustancia tal como nosotros la concebimos. Si se supone, al contrario, que son sustancias separadas, ¿cómo representarse sus elementos y principios? Si estos elementos son particulares y no universales, habrá tantos elementos como seres, y no habrá ciencia posible de los elementos. Supongamos, por ejemplo, que las sílabas que componen la palabra sean sustancias, y que sus elementos sean los elementos de éstas; será preciso que la sílaba BA sea lo mismo que cada una de las demás sílabas, porque no son universales, y no son idénticas por una relación de la especie; cada una de ellas es una en número, es un ser determinado, es sola de su especie. Luego en esta hipótesis cada sílaba existe aparte e independiente, y si esto son las sílabas, lo mismo lo serán también sus elementos. De suerte que no habrá mas que una sola A, y lo mismo sucederá con cada uno de los otros elementos de las sílabas en virtud de este principio, según el que una misma sílaba no puede representar papeles diferentes. Si es así, no habrá otros seres fuera de los elementos, no habrá más que elementos. Añádase a esto que no hay ciencia de los elementos, pues no tienen el carácter de la generación, y la ciencia abraza lo general.

Esto se ve claramente en las definiciones y demostraciones: no se concluiría que los tres ángulos de un triángulo particular son iguales a dos rectos si los tres ángulos de todo triángulo no fuesen iguales a dos rectos; no se diría que este hombre es un animal si no fuese todo hombre un animal.

Si, de otro lado, los principios son universales, o si constituyen las esencias universales, lo que no es sustancia será anterior a la sustancia, porque lo universal no es una sustancia, y los elementos y los principios son universales. Todas estas consecuencias son legítimas, si se componen las ideas de elementos, si se admite que independientemente de las ideas y de las sustancias de la misma especie hay otra sustancia separada de las primeras. Pero nada obsta a que con las demás sustancias suceda lo que con los elementos de los sonidos; esto es, que se tienen muchas A y muchas B, que sirven para formar una infinidad de sílabas, sin que por esto haya, independientemente de estas letras, la A en sí, ni la B en sí.

La dificultad más importante que debemos tener en cuenta es la siguiente: toda ciencia recae sobre lo universal, y es de necesidad que los principios de los seres sean universales y no sustancias separadas. Esta aserción es verdadera desde un punto de vista, y desde otro no lo es. La ciencia y el saber son dobles en cierta manera: hay la ciencia en potencia y la ciencia en acto. Siendo la potencia, por decirlo así, la materia de lo universal y la indeterminación misma, pertenece a lo universal y a lo indeterminado, pero el acto es determinado: tal acto determinado recae sobre tal objeto determinado. Sin embargo, el ojo ve accidentalmente el color universal, porque tal color que él ve es color en general. Esta A particular que estudia el gramático es una A en general. Porque si es necesario que los principios sean universales, lo que de ellos se deriva lo es necesariamente, como se ve en las demostraciones. Y si esto es así, nada existe separado, ni aun la sustancia misma. Por lo tanto, es cosa clara que desde un punto de vista la ciencia es universal y que desde otro no lo es.

1. Véase el lib. III, 2.

LIBRO DECIMOCUARTO

-I. Ningún contrario puede ser el principio de todas las cosas.

-II. Los seres eternos no se componen de elementos.

-III. Refutación de los pitagóricos y de su doctrina sobre los números.

-IV. De la producción de los números. Otras objeciones a las opiniones de los pitagóricos.

-V. El número no es la causa de las cosas.

-VI. Más objeciones contra la doctrina de los números y de las ideas.

-I. NINGÚN CONTRARIO PUEDE SER EL PRINCIPIO DE TODAS LAS COSAS.

Por lo que toca a esta sustancia, atengámonos a lo que precede. Los filósofos de que se trata hacen derivar de los contrarios lo mismo las sustancias inmobles que los seres físicos. Pero si no es posible que haya nada anterior al principio de todas las cosas, el principio, cuya existencia constituye otra cosa, no puede ser un verdadero principio. Sería como decir que lo blanco es un principio, no en tanto que otro, sino en tanto que blanco, reconociendo que lo blanco se da siempre unido a un sujeto, y que está constituido por otra cosa que él mismo; esta cosa tendría ciertamente la anterioridad. Todo proviene de los contrarios, convengo en ello, pero de los contrarios inherentes a un sujeto. Luego necesariamente los contrarios son ante todo atributos; luego siempre son inherentes a un sujeto, y ninguno de ellos tiene una existencia independiente, pues que no hay nada que sea contrario a la sustancia, como es evidente y atestigua la noción misma de la sustancia. Ningún contrario es, pues, el principio primero de todas las cosas; luego es preciso otro principio.

Algunos filósofos hacen de uno de los dos contrarios la materia de los seres. Unos oponen a la unidad, a la igualdad, la desigualdad, que constituye, según ellos, la naturaleza de la multitud; otros oponen la multitud misma a la unidad. Los números se derivan de la díada, de lo desigual, es decir, de lo grande y de lo pequeño, en la doctrina de los primeros; y en la de los otros, de la multitud; pero en ambos casos bajo la ley de unidad como esencia. Y en efecto, los que admiten como elementos lo uno y lo desigual, y lo desigual como díada de lo grande y de lo pequeño, admiten la identidad de lo desigual con lo grande y lo pequeño, sin afirmar en la definición que es una identidad lógica y no una identidad numérica. Y así no es posible entenderse sobre los principios a que se da el nombre de elementos. Los unos admiten lo grande y lo pequeño con la unidad; admiten tres elementos de los números; los dos primeros constituyen la materia; la forma es la unidad. Otros admiten lo poco y lo mucho; elementos que se aproximan más a la naturaleza de la magnitud, porque no son más que lo grande y lo pequeño. Otros admiten elementos más generales: el exceso y el defecto.

Todas las opiniones de que se trata conducen, por decirlo así, a las mismas consecuencias. No difieren, bajo esta relación, más que en un punto: algunos evitan las dificultades lógicas, porque dan demostraciones lógicas. Observemos, sin embargo, que la doctrina que asienta como principios el exceso y el defecto, y no lo grande y lo pequeño, es en el fondo la misma que la que concede el número, compuesto de elementos, la anterioridad sobre la díada. Pero los filósofos que nos ocupan adoptan aquélla y rechazan ésta.

Hay algunos que oponen a la unidad lo diferente y lo otro; algunos oponen la multitud a la unidad. Si los seres son, como ellos pretenden, compuestos de contrarios, o la unidad no tiene contrario, o si lo tiene, este contrario es la multitud. En cuanto a lo desigual, es el contrario de lo igual, lo diferente lo es de lo idéntico, lo otro lo es de lo mismo. Sin embargo, aunque los que oponen la unidad a la multitud tengan razón hasta cierto punto, no están en lo verdadero. Según su hipótesis, la unidad sería lo poco, porque lo opuesto del pequeño número es la multitud, de lo poco es lo mucho. Pero el carácter de la unidad es ser la medida de las cosas, y la medida, en todos los casos, es un objeto determinado que se aplica a otro objeto; para la música, por ejemplo, es un semitono; para la magnitud, el dedo o el pie, u otra unidad análoga; para el ritmo, la base o la sílaba. Lo mismo pasa con la pesantez: la medida es un peso determinado. Y finalmente, lo propio sucede con todos los objetos, siendo una cualidad particular la medida de las cualidades, y la de las cantidades una cantidad determinada. La medida es indivisible, indivisible en ciertos casos bajo la relación de la forma; en otros indivisible para los sentidos; lo que prueba que la unidad no es por sí misma una esencia. Se puede uno convencer de ello examinándolo. En efecto, el carácter de la unidad es el ser la medida de una multitud; el del número el ser una multitud y una multitud de medidas. Así que, con razón, la unidad no se considera como un número; porque la medida no se compone de medidas, sino que es ella el principio, la medida, la unidad. La medida siempre debe ser una misma cosa, común a los seres medidos. Si la medida, por ejemplo, es el caballo, los seres medidos son caballos; son hombres si la medida es un hombre. Si se trata de un hombre, un caballo, un dios, será probablemente la medida del animal, y el número formado por estos tres será un número de animales. Si se trata, por lo contrario, de un hombre blanco, que anda, entonces no puede haber número, porque en este caso todo reside en el mismo ser, en un ser numéricamente uno. Puede haber, sin embargo, el número de los géneros o de las otras clases de seres a que pertenecen estos objetos.

La opinión de los que reconocen lo desigual como unidad, y que admiten la díada indefinida de lo grande y de lo pequeño, se separa mucho de las ideas recibidas y hasta de lo posible. Aquellas son, en efecto, modificaciones, accidentes, más bien que sujetos de los números y de las magnitudes. Al número pertenecen lo mucho y lo poco; a la magnitud lo grande y lo pequeño; lo mismo que lo par y lo impar, lo liso y lo áspero, lo recto y lo curvo. Añádase a este error que lo grande y lo pequeño son necesariamente una relación, así como todas las cosas de este género. Pero de todas las categorías, la relación es la que tiene una naturaleza menos determinada, la que es menos sustancia, y es al mismo tiempo posterior a la cualidad y a la cantidad. La relación es, como dijimos, un modo de la cantidad y no una materia u otra cosa. En el género y sus partes y en las especies reside la relación. No hay, en efecto, grande ni pequeño, mucho y poco; en una palabra, no hay relación que sea esencialmente mucho y poco; grande y pequeño; relación en fin. Una prueba basta para demostrar que la relación no es en manera alguna una sustancia y un ser determinado, y es porque no está sujeta ni al devenir, ni a la destrucción, ni al movimiento. En la cantidad hay el aumento y la disminución; en la cualidad, la alteración; el movimiento, en el lugar; en la sustancia, el devenir y la destrucción propiamente dicha; nada semejante hay en la relación. Sin que ella se mueva, puede ser una relación, ya más grande, ya más pequeña; puede ser una relación de igualdad; basta el movimiento de uno de los dos términos en el sentido de la cantidad. Y luego la materia de cada ser es necesariamente este ser en potencia, y por consiguiente una sustancia en potencia. Pero la relación no es una sustancia, ni en potencia, ni en acto.

Es, pues, absurdo o, por mejor decir, es imposible admitir como elemento de la sustancia, y como anterior a la sustancia, lo que no es una sustancia. Todas las categorías son posteriores; y por otra parte, los elementos no son atributos de los seres de que ellos son elementos; y lo mucho y lo poco, ya separados, ya reunidos, son atributos del número; lo largo y lo corto lo son de la línea; y la superficie tiene por atributos lo ancho y lo estrecho. Y si hay una multitud, cuyo carácter sea siempre lo poco (como díada, porque si la díada fuese lo mucho, la unidad sería lo poco), o si hay un mucho absoluto, si la década, por ejemplo, es lo mucho (o si no se quiere tomar la década por lo mucho) un número más grande que el mayor, ¿cómo pueden derivarse semejantes números de lo poco o de lo mucho? Deberían estar señalados con estos dos caracteres o no tener ni el uno ni el otro. Pero en el caso de que se trata, el número sólo está señalado como uno de los dos caracteres.

-II. LOS SERES ETERNOS NO SE COMPONEN DE ELEMENTOS.

Debemos examinar de paso esta cuestión: ¿es posible que los seres eternos estén formados de elementos? En este caso tendrían una materia, porque todo lo que proviene de elementos es compuesto. Pero un ser, ya exista de toda eternidad, o ya haya sido producido, proviene de aquel que lo constituye; por otra parte, todo lo que deviene o se hace sale de lo que es en potencia el ser que deviene, porque no saldría de lo que no tuviese el poder de producir, y su existencia, en esta hipótesis, sería imposible; en fin, lo posible es igualmente susceptible de pasar al acto y de no pasar. Luego el número o cualquier otro objeto que tenga una materia, aun cuando existiese esencialmente de todo tiempo, sería susceptible de no ser, como ser el que no tiene más que un día. El ser que tiene un número cualquiera de años está en el mismo caso que el que no tiene más que un día y, por tanto, como aquel cuyo término no tiene límites. Estos seres no serían eternos, puesto que lo que no es susceptible de no ser no es eterno, y hemos tenido ocasión de probarlo en otro tratado[1]. Y si lo que vamos a decir es una verdad universal, a saber: que ninguna sustancia es eterna, si no existe en acto y si, de otro lado, los elementos son la materia de la sustancia, ninguna sustancia eterna puede tener elementos constitutivos.

Hay algunos que admiten por elemento, además de la unidad, una aliada indefinida, y que rechazan la desigualdad, y no sin razón, a causa de las consecuencias imposibles que se derivan de este principio. Pero estos filósofos sólo consiguen hacer desaparecer las dificultades que necesariamente lleva consigo la doctrina de los que constituyen un elemento con la desigualdad y la relación. En cuanto a los embarazos, que son independientes de esta opinión, tienen que reconocerlos de toda necesidad, si componen de elementos, ya el número ideal, ya el matemático.

Estas opiniones erróneas proceden de muchas causas, siendo la principal el haber planteado la cuestión al modo de los antiguos. Se creyó que todos los seres se reducirían a uno solo ser, al ser en sí, si no se resolvía una dificultad, si no se salía al encuentro de la argumentación de Parménides: «es imposible, decía éste, que no hay en ninguna parte no-seres»[2]. Se creía, por lo mismo que era preciso probar la existencia del no-ser; y en tal caso los seres provendrían del ser y de alguna otra cosa, y de esta manera la pluralidad quedaría explicada.

Pero observemos, por lo pronto, que el ser se toma en muchas acepciones[3]. Hay el ser que significa sustancia; después el ser según la cualidad, según la cantidad; en fin, según cada una de las demás categorías. ¿Qué clase de unidad serán todos los seres, si el no-ser existe? ¿Serán las sustancias o las modificaciones, etc.? ¿O serán a la vez todas estas cosas, y habrá identidad entre el ser determinado, la cualidad, la cantidad, en una palabra, entre todo lo que es uno? Pero es absurdo, digo más, es imposible que una naturaleza única haya sido la causa de todos los seres, y que este ser, que el mismo ser constituya a la vez por un lado la esencia, por otro la cualidad, por otro la cantidad, y por otro finalmente el lugar. ¿Y de qué no-ser y de qué ser provendrían los seres? Porque si se toma el ser en varios sentidos, el no-ser tiene varias acepciones; no-hombre significa la no existencia de un ser determinado, no-ser derecho la no existencia de una cualidad; no tener tres codos de altura la no existencia de una cuantidad. ¿De qué ser y de qué no-ser proviene, por tanto, la multiplicidad de los seres?

Se llega a pretender que lo falso es la naturaleza, este no-ser que con el ser produce la multiplicidad de los seres[4]. Esta opinión es la que ha obligado a decir que es preciso admitir desde luego una falsa hipótesis, como los geómetras, que suponen que lo que no es un pie es un pie. Pero es imposible aceptar semejante principio. En primer lugar, los geómetras no admiten hipótesis falsas, porque no es de la línea realizada de la que se trata en el razonamiento. Además, no es de esta especie de no-ser de donde provienen los seres, ni en él se resuelven, sino que el no-ser, desde el punto de vista de la pérdida de la existencia, se toma en tantas acepciones como categorías hay; viene después el no-ser que significa lo falso, y luego el no-ser que es el ser en potencia; de este último es del que provienen los seres. No es del no-hombre, y sí de un hombre en potencia de donde proviene el hombre; lo blanco proviene de lo que no es blanco, pero que es blanco en potencia. Y así se verifica, ya no haya más que un solo ser que devenga, ya haya muchos.

En el examen de esta cuestión, ¿cómo el ser es muchos?, no se han ocupado, al parecer, más que del ser entendido como esencia; lo que se hace devenir o llegar a ser son números, longitudes y cuerpos. Al tratar esta cuestión: ¿cómo el ser es muchos seres? Es, pues, un absurdo fijarse únicamente en el ser determinado, y no indagar los principios de la cualidad y cantidad de los seres. No son, en efecto, ni la díada indefinida, ni lo grande, ni lo pequeño, causa de que dos objetos sean blancos, o que haya pluralidad de colores, sabores, figuras. Se dice que éstos son números y mónadas. Pero si se hubiera abordado esta cuestión, se habría descubierto la causa de la pluralidad de que yo hablo: esta causa es la identidad analógica de los principios[5]. Resultado de la omisión que yo señalo, la indagación de un principio opuesto al ser y a la unidad, que constituyese con ellos todos los seres, hizo que se encontrara este principio en la relación, en la desigualdad, los cuales no son ni lo contrario, ni la negación del ser y de la unidad, y pertenecen, como la esencia y la cualidad, a una sola y única naturaleza entre los seres.

Era preciso también preguntarse asimismo: ¿cómo hay pluralidad de relaciones? Se indaga, en verdad, cómo es que hay muchas mónadas fuera de la unidad primitiva; pero cómo hay muchas cosas desiguales fuera de la desigualdad es lo que no se ha tratado de averiguar. Y, sin embargo, se reconoce esta pluralidad; se admite lo grande y lo pequeño, lo mucho y lo poco, de donde se derivan los números; lo largo y lo corto, de donde se deriva la longitud; lo ancho y lo estrecho, de donde se derivan las superficies; lo profundo y su contrario, de donde se derivan los volúmenes; por último, se enumeran muchas especies de relaciones. ¿Cuál es, pues la causa de la pluralidad? Es preciso asentar el principio del ser en potencia, del cual se derivan todos los seres. Nuestro adversario[6] se ha hecho esta pregunta: ¿qué son en potencia el ser y la esencia? Pero no el ser en sí, porque sólo hablaba de un ser relativo, como si dijera la cualidad, la cual no es ni la unidad, ni el ser en potencia, ni la negación de la unidad o del ser, sino uno de los seres. Principio en el que se hubiera fijado más si, como dijimos, hubiera promovido la cuestión: ¿cómo hay pluralidad de seres? Si la hubiera promovido, no respecto de una sola clase de seres, no preguntándose: ¿cómo hay muchas esencias o cualidades?, sino preguntándose: ¿cómo hay pluralidad de seres? Entre los seres, en efecto, hay unos que son esencias, otros modificaciones, otros relaciones.

Respecto de ciertas categorías, hay una consideración que explica su pluralidad; hablo de las que son inseparables del sujeto: porque el sujeto deviene porque se hace muchos; por esto tiene muchas cualidades y cantidades; es preciso que, bajo cada género, haya siempre una materia, materia que es imposible, sin embargo, separar de las esencias. En cuanto a las esencias, es preciso, al contrario, una solución especial a esta cuestión: ¿cómo hay pluralidad de esencias?, a menos que no haya algo que constituya la esencia y toda naturaleza análoga a la esencia. O, más bien, he aquí bajo qué forma se presenta la dificultad: ¿cómo hay muchas sustancias en acto y no una sola? Pero si esencia y cantidad no son una misma cosa, no se nos explica, en el sistema de los números, cómo y por qué hay pluralidad de seres, sino cómo y por qué hay muchas cantidades. Todo número designa una cantidad; y la mónada no es más que una medida, porque es indivisible en el sentido de la cantidad. Si cantidad y esencia son dos cosas diferentes, no se explica cuál es el principio de la esencia, ni cómo hay pluralidad de esencia. Pero si de admite su identidad, resulta una multitud de contradicciones.

Podría suscitarse otra dificultad con motivo de los números, y examinar dónde están las pruebas de su existencia. Para quien afirma en principio la existencia de las ideas, ciertos números son la causa de los seres, puesto que cada uno de los números es una idea, y que la idea es, de una manera o de otra, la causa de la existencia de los demás objetos. Quiero concederles este principio. Pero al que no es de su dictamen, al que no reconoce la existencia de los números ideales, en razón de las dificultades que a sus ojos son consecuencia de las teorías de las ideas, y que reduce los números al número matemático, ¿qué pruebas se le darán de que tales son los caracteres del número, y que éste entra por algo en los demás seres? Y estos mismos que admiten la existencia del número ideal no prueban que sea la causa de ningún ser: sólo reconocen una naturaleza particular que existe por sí; en fin, es evidente que este número no es una causa, porque todos los teoremas de la aritmética se explican muy bien, según hemos dicho[7], con números sensibles[8].

---

1. 'Εν αλλοις λογοις. Aristóteles con estas palabras alude, según los comentaristas, a su tratado περι ουρανου. Aristóteles demuestra, en efecto, en esta obra, lib. I, 7, que ningún ser en potencia puede permanecer eternamente en potencia; que toda potencia, en un instante dado, pasa necesariamente al acto. *De Caelo,* I, 7; Bekk., pág. 274.
2. Simon Karsten, *Parmenid. Eleat. Reliq.*, pág. 48, 130 y siguiente.
3. Veáse el lib. V, 7.
4. Se trata de Platón, según algunos comentaristas; pero Siriano pretende que Aristóteles ha violentado el sentido de los términos, y que astutamente asimila el procedimiento de sus adversarios con el de los geómetras: *quibus versutissime subjunxit quod imitari forte nituntur geometras.* Bagolini, f. 106.
5. Veáse los primeros capítulos del lib. XII.
6. Platón.
7. En el libro precedente.
8. Esto es, con números de cosas sensibles, que se considerarán hecha abstracción de estas cosas mismas; εξ αφαιρεσεως αριθμοι, como dice Alejandro de Afrodisia, *Schol.*, página 826.

-III. REFUTACIÓN DE LOS PITAGÓRICOS Y DE SU DOCTRINA SOBRE LOS NÚMEROS.

Los que admiten la existencia de las ideas, y dicen que las ideas son números, se esfuerzan en explicar cómo y por qué, dado su sistema, puede haber unidad en la pluralidad; pero como sus conclusiones no son necesarias ni tampoco admisibles, no puede justificarse la existencia del número. En cuanto a los pitagóricos, viendo que muchas de las propiedades de los números se encontraban en los cuerpos sensibles, han dicho que los seres eran números: estos números, según ellos, no existen separados; sólo los seres vienen de los números. ¿Qué razones alegan? Que en la música, en el cielo y en otras muchas cosas se encuentran las propiedades de los números. El sistema de los que sólo admiten el número matemático no conduce a las mismas consecuencias que el precedente; pero hemos dicho que, según ellos, no habría ciencia posible. En cuanto a nosotros, deberemos atenernos a lo que hemos dicho anteriormente: es evidente que los seres matemáticos no existen separados de los objetos sensibles, porque si estuviesen separados de ellos, sus propiedades no se encontrarían en los cuerpos. Desde este punto de vista, los pitagóricos son ciertamente intachables; pero cuando dicen que los objetos naturales vienen de los números, que lo pesado o ligero procede de lo que no tiene peso ni ligereza, al parecer hablan de otro cielo y de otros cuerpos distintos de los sensibles. Los que admiten la separación del número, porque las definiciones sólo se aplican al número y en modo alguno a los objetos sensibles, tienen razón en este sentido. Seducidos por este punto de vista, dicen que los números existen, y que están separados; y lo mismo de las magnitudes matemáticas. Pero es evidente que, bajo otro aspecto, se llegaría a una conclusión opuesta; y los que aceptan esta otra conclusión resuelven por este medio la dificultad que acabamos de presentar. ¿Por qué las propiedades de los números se encuentran en los objetos sensibles si los números mismos no se encuentran en estos objetos?

Algunos, en vista de que el punto es el término, la extremidad de la línea, la línea de la superficie, la superficie del sólido, concluyen que éstas son naturalezas que existen por sí mismas. Pero es preciso parar la atención, no sea que este razonamiento sea débil. Las extremidades no son sustancias. Más exacto es decir que toda extremidad es el término, porque la marcha y el movimiento en general tienen igualmente un término. Este sería un ser determinado, una sustancia; y esto es absurdo. Pero admitamos que los puntos y líneas son sustancias. No se dan nunca sino en objetos sensibles, como hemos probado por el razonamiento. ¿Por qué, pues, hacer de ellos seres separados?

Además, al no admitir ligeramente este sistema, deberá observarse, con relación al número y a los seres matemáticos, que los que siguen nada toman de los que preceden. Porque admitiendo que el número no exista separado, las magnitudes no por eso dejan de existir para los que sólo admiten los seres matemáticos. Y si las magnitudes no existen como separadas, el alma y los cuerpos sensibles no dejarían por eso de existir. Pero la naturaleza no es, al parecer, un montón de episodios sin enlace, al modo de una mala tragedia[1]. Esto es lo que no se ven los que admiten la existencia de las ideas: hacen magnitudes con la materia y el número, componen longitudes con la díada, superficies con la tríada, sólidos con el número cuatro o cualquier otro, poco importa. Pero si estos seres son realmente ideas, ¿cuál es su lugar y qué utilidad prestan a los seres sensibles? No son de ninguna utilidad, como tampoco los números puramente matemáticos.

Por otra parte, los seres que nosotros observamos no se parecen en nada a los seres matemáticos, a no ser que se quiera conceder a estos últimos el movimiento y formar hipótesis particulares. Pero aceptando toda clase de hipótesis, no es difícil construir un sistema y responder a las objeciones. Por este lado es por donde pecan los que identifican las ideas y los seres matemáticos.

Los primeros que admitieron dos especies de números, el ideal y el matemático, no han dicho ni podrían cómo existe el número matemático y de dónde proviene. Forman con él un intermedio entre el número ideal y el sensible. Pero si le componen de lo grande y de lo pequeño, en nada diferirá del número ideal. ¿Se dirá que se compone de otro grande y otro pequeño porque produce las magnitudes? En este caso se admitirían, por una parte, muchos elementos, y por otra, si el principio de los dos números es la unidad, la unidad será una cosa común a ambos. Sería preciso indagar cómo la unidad puede producir la pluralidad, y cómo al mismo tiempo, según este sistema, no es posible que el número provenga de otra cosa que de la unidad y de la díada indeterminada. Todas estas hipótesis son irracionales; ellas se destrozan entre sí y están en contradicción con el buen sentido. Mucho se parecen al largo discurso de que habla Simónides[2], porque un largo discurso se parece al de los esclavos cuando hablan sin reflexión. Los elementos mismos, lo grande y lo pequeño, parecen sublevarse contra un sistema que los violenta, porque no pueden producir otro número que el dos. Además, es un absurdo que seres eternos hayan tenido un principio, o más bien es imposible. Pero respecto a los pitagóricos, ¿admiten o no la producción del número? Esta no es cuestión. Dicen evidentemente que la unidad preexistía, ya procediese de las superficies, del color, de una semilla, o de alguno de los elementos que ellos reconocen; que esta unidad fue en el momento arrastrada hacia el infinito[3], y que entonces el infinito fue circunscrito por un límite. Pero como quieren explicar el mundo y la naturaleza, han debido tratar principalmente de la naturaleza, y separarse de este modo del orden de nuestras indagaciones, pues lo que buscamos son los principios de los seres inmutables. Veamos, pues, cómo se producen, según ellos, los números, que son los principios de las cosas.

---

1. Véase el lib. XII, 10.
2. Es sabido que Simónides de Ceos, a la vez poeta y crítico, escribió en verso y prosa. En sus misceláneas trata de la cuestión del μακρος λογος. Siriano considera la observación de Aristóteles y su comparación como una majadería.
3. Principium enim formale dicentes unum, materialem (materiale?) autem numerum, quem infinitum vocabant ob oequalem eorum in infinitum augmentum, &c. Filopón, pág. 65, a.

-IV. DE LA PRODUCCIÓN DE LOS NÚMEROS. OTRAS OBJECIONES A LAS OPINIONES DE LOS PITAGÓRICOS.

Ellos dicen que no hay producción de lo impar, porque, añaden, evidentemente es lo par lo que se produce. Algunos pretenden que el primer número par viene de lo grande y pequeño, desiguales al pronto y reducidos después de la igualdad. Es preciso admitan que la desigualdad existía antes que la igualdad. Pero si la igualdad es eterna, la desigualdad no podría ser anterior, porque nada hay antes de lo que existe de toda eternidad. Es claro, pues, que su sistema, con relación a la producción del número es defectuoso.

Pero he aquí una nueva dificultad que, si se mira bien, acusa a los partidarios de este sistema. ¿Qué papel desempeñan, en relación al bien y a lo bello, los principios y elementos? La duda consiste en lo siguiente: ¿hay algún principio que sea lo que nosotros llamamos el bien en sí, o no, y el bien y lo excelente son posteriores bajo la relación de la producción? Algunos teólogos de nuestro tiempo adoptan, al parecer, esta última solución; no adoptan el bien como principio, sino que dicen que el bien y lo bello aparecieron después que los seres del Universo alcanzaron la existencia. Adoptaron esta opinión para evitar una dificultad real que lleva consigo la doctrina de los que pretenden, como han hecho algunos filósofos, que las unidades son principio. La dificultad nace, no de que se diga que el bien se encuentra unido al principio, sino de que se admite la unidad como principio en tanto que elemento, y se hace proceder al número de la unidad. Los antiguos poetas, parece participaron de esta opinión. En efecto, lo que reina y manda, según ellos, no son los primeros seres, no es la Noche, el Cielo, el Caos, ni el Océano, sino Júpiter. Pero a veces mudan los jefes del mundo, y dicen que la Noche, el Océano, son el principio de las cosas. Aun aquellos que han mezclado la filosofía con la poesía, y que no encubren siempre su pensamiento bajo el velo de la fábula, por ejemplo Ferecides[1], los Magos y otros, dicen que el bien supremo es el principio productor de todos los seres. Los sabios que vinieron después, como Empédocles y Anaxágoras, pretendieron, el uno que es la amistad el principio de los seres, y el otro que es la inteligencia.

Entre los que admiten que los principios de los seres son sustancias inmóviles, hay algunos que sentaron que la unidad en sí es el bien en sí; pero creían, sin embargo, que su esencia era sobre todo la unidad en sí. La dificultad es la siguiente: el principio, ¿es la unidad o es el bien? Ahora bien, extraño sería si hay un ser primero, eterno, si ante todo se basta a sí mismo, que no sea el bien el que constituye este privilegio e independencia. Porque este no es imperecedero y no se basta a sí mismo sino porque posee el bien.

Decir que éste es el carácter del principio de los seres es afirmar la verdad, es hablar conforme a la razón. Pero decir que este principio es la unidad o, si no la unidad, por lo menos un elemento, el de los números, esto es inadmisible. De esta suposición resultarían muchas dificultades, y por huir de ellas es por lo que algunos han dicho que la unidad era realmente un primer principio, un elemento, pero que era el del número matemático. Porque cada mónada es una especie de bien, y así se tiene una multitud de bienes. Además, si las ideas son números, cada idea es un bien particular. Por otra parte, poco importa cuáles sean los seres de que se diga que hay ideas. Si sólo hay ideas de lo que es bien, las sustancias no serán ideas; si hay ideas de todas las sustancias, todos los animales, todas las plantas, todo lo que participe de las ideas será bueno. Pero ésta es una consecuencia absurda; y, por otra parte, el elemento contrario, ya sea la pluralidad o desigualdad, o lo grande y pequeño, sería el mal en sí. Así un filósofo[2] ha rehusado reunir en un solo principio la unidad y el bien, porque sería preciso decir que el principio opuesto, la pluralidad, era el mal, puesto que la producción viene de los contrarios.

Hay otros, sin embargo, que pretenden que la desigualdad es el mal. De donde resulta que todos los seres participan del mal, excepto la unidad en sí, y además que el número participa menos de él que las magnitudes; que el mal forma parte del dominio del bien; que el bien participa del principio destructor, y que aspira a su propia destrucción, porque lo contrario es la destrucción de lo contrario. Y si, como hemos reconocido, la materia de cada ser es este ser en potencia, como el fuego en potencia es la materia del fuego en acto, entonces el mal será el bien en potencia.

Todas estas consecuencias resultan de admitir que todo principio es un elemento, o que los contrarios son principios, que la unidad es principio o, por último, los números son las primeras sustancias, que existen separados y son ideas.

---

1. Se cree que fue el maestro de Pitágoras.
2. Espeusipo.

-V. EL NÚMERO NO ES LA CAUSA DE LAS COSAS.

Es imposible colocar a la vez el bien entre los principios, y no colocarlo. Entonces es evidente que los principios, las primeras sustancias, no han sido bien determinados. Tampoco están en lo verdadero aquellos que asimilan los principios del conjunto de las cosas a los de los animales y plantas, y dicen que lo más perfecto viene siempre de lo indeterminado, imperfecto[1]. Tal es también, dicen, la naturaleza de los primeros principios; de suerte que la unidad en sí no es un ser determinado. Pero observemos que los principios que producen los animales y las plantas son perfectos: el hombre produce al hombre. ¿No es la semilla el primer principio?[2].

Es absurdo decir que los seres matemáticos ocupan el mismo lugar que los sólidos. Cada uno de los seres individuales tiene su lugar particular, y por esta razón se dice que existen separados respecto al lugar; pero los seres matemáticos no ocupan lugar; y es absurdo pretender que lo ocupan sin precisarlo. Los que sostienen que los seres vienen de elementos y que los primeros seres son números, han debido determinar cómo un ser viene de otro, y decir de qué manera el número viene de los principios.

El número, ¿procederá de la composición como la sílaba? Pero entonces los elementos ocuparían diversas posiciones, y el que pensase el número pensaría separadamente la unidad y la pluralidad. El número, en este caso, será la mónada y la pluralidad, o bien lo uno y lo desigual.

Además, como proceder de un ser significa componerse de este ser tomado como parte integrante, y significa también otra cosa[3], ¿en qué sentido debe decirse que el número viene de los principios? Sólo los seres sujetos a producción y no el número pueden venir de principios considerados como elementos constitutivos. ¿Procede como de una semilla? Es imposible que salga nada de lo indivisible. ¿El número precederá entonces de los principios como de contrarios que no persisten en tanto que sujeto? Pero todo lo que se produce así viene de otra cosa que persiste como sujeto. Puesto que unos oponen la unidad a la pluralidad como contrario, y otros la oponen a la desigualdad, tomando la unidad por la igualdad, el número procederá de los contrarios; pero entonces será preciso que haya algo que sea diferente de la unidad, que persista como sujeto, y de que proceda el número. Además, estando todo lo que viene de los contrarios y todo lo que tiene en sí contrario sujeto a la destrucción, aunque contuviese por entero todos los principios, ¿por qué es el número imperecedero? Esto es lo que no se explica. Y, sin embargo, lo contrario destruye su contrario, esté o no comprendido en el sujeto: la discordia es en verdad la destrucción de la mezcla[4]. Pero no debería ser así, si lo contrario no destruyese su contrario, porque aquí no hay siquiera contrariedad[5].

Pero nada de esto se ha determinado. No se ha precisado de qué manera los números son causas de las sustancias y de la existencia: es decir, si es a título de límites, como los puntos son causas de las magnitudes; y sí, conforme al orden inventado por Eurito[6], cada número es la causa de alguna cosa, éste, por ejemplo, del hombre, aquél del caballo, porque se puede, siguiendo el mismo procedimiento que los que reducen los números a figuras, al triángulo, al cuadrilátero, representar las formas de las plantas por operaciones de cálculo; o bien, si el hombre y cada uno de los demás seres vienen de los números, como vienen la proporción y el acorde de música. Y respecto a las modificaciones, como lo blanco, lo dulce, lo caliente, ¿cómo son números? Evidentemente los números no son esencias ni causas de la figura. Porque la forma sustancial es la esencia; el número de carne, de hueso, he aquí lo que es: tres partes de fuego, dos de tierra[7]. El número, cualquiera que sea, es siempre un número de ciertas cosas, de fuego, tierra, unidades; mientras la esencia es la relación mutua de cantidades que entran en la mezcla: pero esto no es un número, es la razón misma de la mezcla de los números corporales o cualesquiera otros. El número no es, pues, una causa eficiente; y ni el número en general ni el compuesto de unidades son la materia constituyente, o la esencia, o forma de las cosas; voy más lejos: no es siquiera la causa final.

---

1. Espeusipo, y probablemente también Jenócrates.
2. *Physic. auscult,* II. 2; Bekk., pág. 193, 194.
3. Véase el lib. V, 24.
4. En el sistema de Empédocles.
5. Ita et unum et non unum ad se invicem pugnantia, corrumpent se ipsa. Attamen non est contrarium rixa mixto. Attamen subintrans ipsunt corrumpit: multo magis contraria, coexistentia ideiis, corrumpent ipsas. Filopón, pág. 66, a.
6. Era, según los comentaristas, un Pitagórico.
7. Los comentaristas creen que Aristóteles hace alusión en este pasaje a los versos de Empédocles sobre la constitución de los huesos de que hemos hablado al final del libro I.

-VI. MÁS OBJECIONES CONTRA LA DOCTRINA DE LOS NÚMEROS Y DE LAS IDEAS.

Una dificultad que podría todavía suscitarse es la de saber qué clase de bien resulta de los números, ya sea el número que preside a la mezcla par, ya impar. No se ve que el aloja valga más para la salud, por ser mezcla arreglada por la multiplicación de tres por tres. Será mejor, al contrario, si no se encuentra entre sus partes esta relación, si la cantidad de agua supera a las demás: suponed la relación numérica en cuestión, la mezcla ya no tiene lugar. Por otra parte, las relaciones que arreglan las mezclas consisten en adición de números diferentes, y no en multiplicación de unos números por otros: son tres que se añaden a dos, no son dos que se multiplican por tres. En las multiplicaciones, los objetos deben ser del mismo género: es preciso que la clase de seres que son producto de los factores uno, dos y tres, tenga uno por medida; que los mismos que provienen de los factores cuatro, cinco y seis, sean medidos por cuatro. Es preciso, pues, que todos los seres que entran en la multiplicación tengan una medida común. En la suposición de que nos ocupamos, el número del fuego podría ser el producto de los factores dos, cinco, tres y seis y el del agua el producto de tres multiplicado por dos.

Añádase a esto que si todo participa necesariamente del número, es necesario que muchos seres se hagan idénticos, y que el mismo número sirva a la vez a muchos seres. ¿Pueden los números ser causas? ¿Es número el que determina la existencia del objeto o más bien la causa está oculta a nuestros ojos? El Sol tiene cierto número de movimientos; la Luna igualmente; y como ellos la vida y desenvolvimiento de cada animal. ¿Qué impide que, entre estos números, haya cuadrados, cubos u otros iguales o dobles? No hay en ello obstáculo alguno. Es preciso entonces que todos los seres estén, de toda necesidad, señalados con algunos de estos caracteres, si todo participa del número; y seres diferentes serán susceptibles de caer bajo el mismo número. Y si el mismo se encuentra, pues, común a muchos seres, estos que tienen la misma especie de número serán idénticos unos a otros; habrá identidad entre Sol y Luna.

Pero ¿por qué los números son causas? Hay siete vocales, siete cuerdas tiene la lira, siete acordes; las Pléyades son siete; en los siete primeros años pierden los animales, salvo excepciones, los primeros dientes; los jefes que mandaban delante de Tebas eran siete. ¿Es porque el número siete es siete el haber sido siete los jefes, y que la Pléyade se compone de siete estrellas, o sería, respecto a los jefes, a causa del número de las puertas de Tebas, por otra razón? Este es el número de estrellas que atribuimos la Pléyade; pero sólo contamos doce en la Osa, mientras que algunos distinguen más[1]. Hay quien dice que *xi*, *psi* y *dzeta* son sonidos dobles, y por lo mismo que hay tres acordes, hay tres letras dobles; pero admitida esta hipótesis, habría gran cantidad de letras dobles. No se presta atención a esta consecuencia; no se quiere representar la unión de *gamma* con *rho*. Se dirá que, en el primer caso, la letra compuesta es el doble de cada uno de los elementos que la componen, lo cual no se demuestra. Nosotros responderemos que no hay más que tres disposiciones del órgano de voz propias para la emisión de la *sigma* después de la primera consonante de la sílaba. Ésta es la única razón de que no haya más que tres letras dobles, y no porque haya tres acordes, porque hay más de tres mientras que no puede haber más de tres letras dobles.

Los filósofos de que hablamos son, como los antiguos intérpretes de Homero, quienes notaban las pequeñas semejanzas y despreciaban las grandes. He aquí algunas de las observaciones de estos últimos:

Las cuerdas intermedias son la uno como la nueve, la otra como ocho; y así el verso heroico es de diecisiete[2], número que es la suma de los otros dos, apoyándose a la derecha sobre nueve y a la izquierda sobre ocho sílabas[3]. La misma distancia hay entre el *alpha* y *omega*, que entre el agujero más grande de la flauta, el que da la nota más grave, y el pequeño, que da el más agudo; y el mismo número es el que constituye la armonía completa del cielo.

Es preciso no preocuparse con semejantes pequeñeces. Estas son relaciones que no deben buscarse ni encontrarse en los seres eternos, puesto que ni siquiera es preciso buscarlas en los seres perecederos.

En una palabra, vemos desvanecerse delante de nuestro examen los caracteres con que honraron a esas naturalezas, que entre los números pertenecen a la clase del bien, y a sus contrarios, a los seres matemáticos, en fin, los filósofos que los constituyen en causas del Universo: ningún ser matemático es causa en ninguno de los sentidos que hemos determinado al hablar de los principios[4]. Sin embargo, ellos nos revelan el bien que reside en las cosas, y a la clase de lo bello pertenecen lo impar, lo recto, lo igual y ciertas potencias de los números. Hay paridad numérica entre las estaciones del año y tal número determinado, pero nada más. A esto es preciso reducir todas estas consecuencias que se quieren sacar de las observaciones matemáticas. Las relaciones en cuestión se parecen mucho a coincidencias fortuitas: éstas son accidentes; pero éstos pertenecen igualmente a dos géneros de seres: tienen una unidad, la analogía. Porque en cada categoría hay algo análogo: lo mismo que en la longitud la analogía es lo recto, lo es el nivel en lo ancho; en el número es probablemente el impar; en el color, lo blanco. Digamos también que los números ideales no pueden ser tampoco causa de los acordes de música: aunque iguales bajo la relación de especie, difieren entre sí, porque las mónadas difieren unas de otras. De aquí se sigue que no se pueden admitir las ideas.

Tales son las consecuencias de estas doctrinas. Podrían acumularse contra ellas más objeciones aún. Por lo demás, los despreciables embarazos en que pone el querer mostrar cómo los números producen, y la imposibilidad absoluta de responder a todas las objeciones, son una prueba convincente de que los seres matemáticos no existen, como algunos pretenden, separados de los objetos sensibles, y que estos seres no son principios de las cosas.

Fin de la Metafísica.

---

1. Los caldeos, según los comentaristas.
2. El verso heroico o hexámetro se componía primitivamente de cinco pies dáctilos y un pie tróqueo; en conjunto diez y siete sílabas.

3. Se llamaba la derecha del verso la primera parte desde el principio hasta el medio, y la izquierda era la última parte.
4. Véase el lib. V, 1.

www.ingramcontent.com/pod-product-compliance
Lightning Source LLC
LaVergne TN
LVHW101918190826
846094LV00002B/58

* 9 7 8 2 3 5 7 2 8 4 8 8 3 *